政府性债务、PPP 和政府购买服务管理相关法律法规实用手册

政府性债务、PPP 和政府购买服务管理相关法律法规实用手册　编写组编

中国财经出版传媒集团
中国财政经济出版社

图书在版编目（CIP）数据

政府性债务、PPP和政府购买服务管理相关法律法规实用手册/《政府性债务、PPP和政府购买服务管理相关法律法规实用手册》编写组编．—北京：中国财政经济出版社，2019.1

ISBN 978-7-5095-8753-9

Ⅰ.①政… Ⅱ.①政… Ⅲ.①地方财政-债务-融资-金融法-研究-中国 ②政府投资-合作-社会资本-行政法-研究-中国 ③社会服务-政府采购法-研究-中国 Ⅳ.①D922.280.4 ②D922.104

中国版本图书馆CIP数据核字（2018）第302145号

责任编辑：李　冰　　　　责任校对：张　凡
封面设计：孙俪铭

中国财政经济出版社出版

URL：http：//www.cfeph.cn

E-mail：cfeph@cfeph.cn

社址：北京市海淀区阜成路甲28号　邮政编码：100142

营销中心电话：010-88191537　北京财经书店电话：64033436　84041336

北京富生印刷厂印刷　各地新华书店经销

787×1092毫米　16开　22.75印张　549 000字

2019年3月第1版　2019年3月北京第1次印刷

定价：80.00元

ISBN 978-7-5095-8753-9

（图书出现印装问题，本社负责调换）

本社质量投诉电话：010-88190744

打击盗版举报热线：010-88191661　QQ：2242791300

简　介

十九大报告中指出：要坚决打好防范化解重大风险、精准脱贫、污染防治的攻坚战，使全面建成小康社会得到人民认可、经得起历史检验。而这其中，防范化解重大金融风险被放在首位突出强调。在未来相当长的时间内，防范化解政府性债务风险，是我们国家一项重要任务。

近年来，覆盖政府债务风险各个管理环节的“闭环”体系逐步形成，开前门、堵后门，建立规范举债机制、将地方政府债务全部纳入预算、实行限额管理、发行地方政府债券置换存量债务、完善地方政府专项债券制度、开展风险预警、建立应急处置机制、实施风险分类处置、构建常态化监督机制、依法查处问责违法违规行为。为了使相关人员全面了解、掌握这些法律、法规，特编辑出版了这本相关法律法规实用手册。

本手册收录了国家最新颁布的政府性债务相关法律法规，分为领导讲话、综合性法律法规、政府性债务风险防控相关法规、债券管理相关法规、外债管理相关法规、政府购买服务管理相关法规、PPP 管理相关法规、政府投资基金管理相关法规、融资企业管理相关法规、政府性债务甄别监督相关法规和其他管理法规共十一个部分，按颁布的时间排序。

权威、全面、实用。本手册是由具有丰富实践经验的省级直接从事政府性债务管理专家编写而成，并由国家权威部门审定的政府性债务相关法律法规专业工具书。收集了国家颁布的现行有效的政府性债务相关法律法规。是各级党委政府人大领导、财政、行政事业单位、银行等金融机构国有企业相关人员了解和掌握国家政府性债务管理制度的必备工具书，也是广大高校和科研机构的研究人员从事政府性债务研究的必备工具书，请加入 QQ 群：673019766，进行政府性债务的分享交流。

目　录

第一部分　领导讲话

习近平总书记关于防范化解重大风险工作论述摘编

防范化解金融风险，事关国家安全、发展全局、人民财产安全，是实现高质量发展必须跨越的重大关口。

《在中央财经委员第一次会议上的讲话》
2018 年 4 月 2 日

要按照十六大、十七大、十八大提出的全面建成小康社会各项要求，紧扣我国社会主要矛盾变化，统筹推进经济建设、政治建设、文化建设、社会建设、生态文明建设，坚定实施科教兴国战略、人才强国战略、创新驱动发展战略、乡村振兴战略、区域协调发展战略、可持续发展战略、军民融合发展战略，突出抓重点、补短板、强弱项，特别是要坚决打好防范化解重大风险、精准脱贫、污染防治的攻坚战，是全面建成小康社会得到人民认可、经得起历史检验。

加快建立现代财政制度，建立权责清晰、财力协调、区域均衡的中央和地方财政关系。建立全面规范透明、标准科学、约束有力的预算制度，全面实施绩效管理。深化税收制度改革，健全地方税体系。深化金融体制改革，增强金融服务实体经济能力，提高直接融资比重，促进多层次资本市场健康发展。健全货币政策和宏观审慎政策双支柱调控框架，深化利率和汇率市场化改革。健全金融监管体系，守住不发生系统性金融风险的底线。

《在中国共产党第十九次全国代表大会上的讲话》
2017 年 10 月 18 日

强化监管，提高防范化解金融风险能力，要以强化金融监管为重点，以防范系统性金融风险为底线，加快相关法律法规建设，完善金融机构法人治理结构，加强宏观审慎管理制度建设，加强功能监管，更加重视行为监管。

防止发生系统性金融风险是金融工作的永恒主题，要把主动防范化解系统性金融风险放在更加重要的位置，科学防范，早识别、早预警、早发现、早处置，着力防范化解重点领域风险，着力完善金融安全防线和风险应急处置机制。要推动经济去杠杆，坚定执行稳健的货币政策，处理好稳增长、调结构、控总量的关系。要把国有企业降杠杆作为重中之重，抓好处置“僵尸企业”工作。各级地方党委和政府要树立正确政绩观，严控地方政府债务增量，终身问责，倒查责任。要坚决整治严重干扰金融市场秩序的行为，严格规范金融市场交易行为，规范金融综合经营和产融结合，加强互联网金融监管，强化金融机构防范风险主体责任。要加强社会信用体系建设，健全符合我国国情的金融法治体系。

要加强金融监管协调、补齐监管短板。设立国务院金融稳定发展委员会，强化人民银行宏观审慎管理和系统性风险防范职责。地方政府要在坚持金融管理主要是中央事权的前提下，按照中央统一规则，强化属地风险处置责任。金融管理部门要努力培育恪尽职守、敢于监管、精于监管、严格问责的监管精神，形成有风险没有及时发现就是失职、发现风险没有及时提示和处置就是读职的严肃监管氛围。要健全风险监测预警和早期干预机制，加强金融基础设施的统筹监管和互联互通，推进金融业综合统计和监管信息共享。

《在2017年全国金融工作会议上的讲话》
2017年7月14日

党的十八大以来，我们反复强调要把防控金融风险放到更加重要的位置，牢牢守住不发生系统性风险底线，采取一系列措施加强金融监管，防范和化解金融风险，维护金融安全和稳定，把住了发展大势。

准确判断风险隐患是保障金融安全的前提，总体看，我国金融形势是良好的，金融风险是可控的。同时，在国际国内经济下行压力因素综合影响下，我国金融发展面临不少风险和挑战。在经济全球化深入发展的今天，金融危机外溢性突显，国际金融风险点仍然不少。一些国家的货币政策和财政政策调整形成的风险外溢效应，有可能对我国金融安全形成外部冲击。对存在的金融风险点，我们一定要胸中有数，增强风险防范意识，未雨绸缪，密切监测，准确预判，有效防范，不忽视一个风险，不放过一个隐患。

维护金融安全，要坚持底线思维，坚持问题导向，在全面做好金融工作基础上，着力深化金融改革，加强金融监管，科学防范风险，强化安全能力建设，不断提高金融业竞争能力、抗风险能力、可持续发展能力，坚决守住不发生系统性金融风险底线。发展金融业需要学习借鉴外国有益经验，但必须立足国情，从我国实际出发，准确把握我国金融发展特点和规律，不能照抄照搬。

《在中共中央政治局维护国家金融安全第四十次
集体学习会议上的讲话》
2017年4月25日

防控金融风险，要加快建立监管协调机制，加强宏观审慎监管，强化统筹协调能力，防范和化解系统性风险，要及时弥补监管短板，做好制度监管漏洞排查工作，参照国际标准，提出明确要求。

《在中央财经工作领导小组第十五次会议上的讲话》
2017年2月28日

当前重点是“三去一降一补”，五大任务相互关联、环环相扣，去产能、去库存，是为了调整供求关系、缓解工业品价格下行压力，也是为了企业去杠杆，既减少实体经济债务和利息负担，又在宏观上防范金融风险。降成本，补短板，是为了提高企业竞争力、改善企业发展外部条件、增加经济潜在增长能力。

《在中央财经领导小组第十三次会议上的讲话》
2016 年 5 月 16 日

要增强忧患意识、未雨绸缪、抓紧工作，确保我国发展的连续性和稳定性。各级党委和政府要增强责任感和自觉性，提高风险监测防控能力，做到守土有责、主动负责、敢于担当，积极主动防范风险，发现风险，消除风险。

《在中共中央政治局第三十次集体学习会议上的讲话》
2016 年 1 月 29 日

需要注意的是，各种风险往往不是孤立出现的，很可能是相互交织并形成一个风险综合体。对可能发生的各种风险，各级党委和政府要增强责任感和自觉性，把自己职责范围内的风险防控好，不能把防风险的责任都推给上面，也不能把防风险的责任都留给后面，更不能在工作中不负责任地制造风险。要加强对各种风险源的调查研判，提高动态监测、实时预警能力，推进风险防控工作科学化、精细化，对各种可能的风险及其原因都要心中有数、对症下药、综合施策，出手及时有力，力争把风险化解在源头，不让小风险演化为大风险，不让个别风险演化为综合风险，不让局部风险演化为区域性或系统性风险，不让经济风险演化为社会政治风险，不让国际风险演化为国内风险。

《在党的十八届五中全会第二次全体会议上的讲话》
2015 年 10 月 29 日

中央经济工作会议要点（摘录）

会议指出，今年三大攻坚战初战告捷，明年要针对突出问题，打好重点战役。打好防范化解重大风险攻坚战，要坚持结构性去杠杆的基本思路，防范金融市场异常波动和共振，稳妥处理地方政府债务风险，做到坚定、可控、有序、适度。

会议确定，明年要推进财税体制改革，健全地方税体系，规范政府举债融资机制。

2018年12月21日

中央财经委员会第一次会议要点（摘录）

打好防范化解金融风险攻坚战，要坚持底线思维，坚持稳中求进，抓住主要矛盾。要以结构性去杠杆为基本思路，分部门、分债务类型提出不同要求，地方政府和企业特别是国有企业要尽快把杠杆降下来，努力实现宏观杠杆率稳定和逐步下降。要稳定大局，推动高质量发展，提高全要素生产率，在改革发展中解决问题。要统筹协调，形成工作合力，把握好出台政策的节奏和力度。要分类施策，根据不同领域、不同市场金融风险情况，采取差异化、有针对性的办法。要集中力量，优先处理可能威胁经济社会稳定和引发系统性风险的问题。要强化打好防范化解金融风险攻坚战的组织保障，发挥好金融稳定发展委员会重要作用。要抓紧协调建立中央和地方金融监管机制，强化地方政府属地风险处置责任。

2018 年 4 月 2 日

2018年政府工作报告（摘录）

推动重大风险防范化解取得明显进展。当前我国经济金融风险总体可控，要标本兼治，有效消除风险隐患。严厉打击非法集资、金融诈骗等违法活动。加快市场化法治化债转股和企业兼并重组。加强金融机构风险内控。强化金融监管统筹协调，健全对影子银行、互联网金融、金融控股公司等监管，进一步完善金融监管。防范化解地方政府债务风险。严禁各类违法违规举债、担保等行为。省级政府对本辖区债务负总责，省级以下地方政府各负其责，积极稳妥处置存量债务。健全规范的地方政府举债融资机制。今年安排地方专项债券1.35万亿元，比去年增加5500亿元，优先支持在建项目平稳建设，合理扩大专项债券使用范围。我国经济基本面好，政策工具多，完全能够守住不发生系统性风险的底线。

第二部分　综合性管理法律法规

中华人民共和国预算法（摘录）

第三十四条　中央一般公共预算中必需的部分资金，可以通过举借国内和国外债务等方式筹措，举借债务应当控制适当的规模，保持合理的结构。

对中央一般公共预算中举借的债务实行余额管理，余额的规模不得超过全国人民代表大会批准的限额。

国务院财政部门具体负责对中央政府债务的统一管理。

第三十五条　地方各级预算按照量入为出、收支平衡的原则编制，除本法另有规定外，不列赤字。

经国务院批准的省、自治区、直辖市的预算中必需的建设投资的部分资金，可以在国务院确定的限额内，通过发行地方政府债券举借债务的方式筹措。举借债务的规模，由国务院报全国人民代表大会或者全国人民代表大会常务委员会批准。省、自治区、直辖市依照国务院下达的限额举借的债务，列入本级预算调整方案，报本级人民代表大会常务委员会批准。举借的债务应当有偿还计划和稳定的偿还资金来源，只能用于公益性资本支出，不得用于经常性支出。

除前款规定外，地方政府及其所属部门不得以任何方式举借债务。

除法律另有规定外，地方政府及其所属部门不得为任何单位和个人的债务以任何方式提供担保。

国务院建立地方政府债务风险评估和预警机制、应急处置机制以及责任追究制度。国务院财政部门对地方政府债务实施监督。

第四十八条　全国人民代表大会和地方各级人民代表大会对预算草案及其报告、预算执行情况的报告重点审查下列内容：

（七）预算安排举借的债务是否合法、合理，是否有偿还计划和稳定的偿还资金来源；

第五十八条　各级预算的收入和支出实行收付实现制。

特定事项按照国务院的规定实行权责发生制的有关情况，应当向本级人民代表大会常务委员会报告。

第六十六条　各级一般公共预算年度执行中有超收收入的，只能用于冲减赤字或者补充预算稳定调节基金。

各级一般公共预算的结余资金，应当补充预算稳定调节基金。

省、自治区、直辖市一般公共预算年度执行中出现短收，通过调入预算稳定调节基金、减少支出等方式仍不能实现收支平衡的，省、自治区、直辖市政府报本级人民代表大会或者其常务委员会批准，可以增列赤字，报国务院财政部门备案，并应当在下一年度预算中予以弥补。

第六十七条 经全国人民代表大会批准的中央预算和经地方各级人民代表大会批准的地方各级预算，在执行中出现下列情况之一的，应当进行预算调整：

（四）需要增加举借债务数额的。

第七十九条 县级以上各级人民代表大会常务委员会和乡、民族乡、镇人民代表大会对本级决算草案，重点审查下列内容：

（七）经批准举借债务的规模、结构、使用、偿还等情况；

第九十四条 各级政府、各部门、各单位违反本法规定举借债务或者为他人债务提供担保，或者挪用重点支出资金，或者在预算之外及超预算标准建设楼堂馆所的，责令改正，对负有直接责任的主管人员和其他直接责任人员给予撤职、开除的处分。

中华人民共和国担保法（摘录）

第五条 担保合同是主合同的从合同，主合同无效，担保合同无效。担保合同另有约定的，按照约定。

担保合同被确认无效后，债务人、担保人、债权人有过错的，应当根据其过错各自承担相应的民事责任。

第八条 国家机关不得为保证人，但经国务院批准为使用外国政府或者国际经济组织贷款进行转贷的除外。

第九条 学校、幼儿园、医院等以公益为目的的事业单位、社会团体不得为保证人。

第三十七条 下列财产不得抵押：

（三）学校、幼儿园、医院等以公益为目的的事业单位、社会团体的教育设施、医疗卫生设施和其他社会公益设施；

（六）依法不得抵押的其他财产。

贷款通则

第一章 总 则

第一条 为了规范贷款行为，维护借贷双方的合法权益，保证信贷资产的安全，提高贷款使用的整体效益，促进社会经济的持续发展，根据《中华人民共和国中国人民银行法》、《中华人民共和国商业银行法》等有关法律规定，制定本通则。

第二条 本通则所称贷款人，系指在中国境内依法设立的经营贷款业务的中资金融机构。

本通则所称借款人，系指从经营贷款业务的中资金融机构取得贷款的法人、其他经济组织、个体工商户和自然人。

本通则中所称贷款系指贷款人对借款人提供的并按约定的利率和期限还本付息的货币资金。

本通则中的贷款币种包括人民币和外币。

第三条 贷款的发放和使用应当符合国家的法律、行政法规和中国人民银行发布的行政规章，应当遵循效益性、安全性和流动性的原则。

第四条 借款人与贷款人的借贷活动应当遵循平等、自愿、公平和诚实信用的原则。

第五条 贷款人开展贷款业务，应当遵循公平竞争、密切协作的原则，不得从事不正当竞争。

第六条 中国人民银行及其分支机构是实施《贷款通则》的监管机关。

第二章 贷款种类

第七条 自营贷款、委托贷款和特定贷款：自营贷款，系指贷款人以合法方式筹集的资金自主发放的贷款，其风险由贷款人承担，并由贷款人收回本金和利息。

委托贷款，系指由政府部门、企事业单位及个人等委托人提供资金，由贷款人（即受托人）根据委托人确定的贷款对象、用途、金额、期限、利率等代为发放、监督使用并协助收回的贷款。贷款人（受托人）只收取手续费，不承担贷款风险。

特定贷款，系指经国务院批准并对贷款可能造成的损失采取相应补救措施后责成国有独资商业银行发放的贷款。

第八条 短期贷款、中期贷款和长期贷款：

短期贷款，系指贷款期限在1年以内（含1年）的贷款。

中期贷款，系指贷款期限在1年以上（不含1年）5年以下（含5年）的贷款。

长期贷款，系指贷款期限在5年（不含5年）以上的贷款。

第九条　信用贷款、担保贷款和票据贴现：

信用贷款，系指以借款人的信誉发放的贷款。

担保贷款，系指保证贷款、抵押贷款、质押贷款。

保证贷款，系指按《中华人民共和国担保法》规定的保证方式以第三人承诺在借款人不能偿还贷款时，按约定承担一般保证责任或者连带责任而发放的贷款。

抵押贷款，系指按《中华人民共和国担保法》规定的抵押方式以借款人或第三人的财产作为抵押物发放的贷款。

质押贷款，系指按《中华人民共和国担保法》规定的质押方式以借款人或第三人的动产或权利作为质物发放的贷款。

票据贴现，系指贷款人以购买借款人未到期商业票据的方式发放的贷款。

第十条　除委托贷款以外，贷款人发放贷款，借款人应当提供担保。贷款人应当对保证人的偿还能力，抵押物、质物的权属和价值以及实现抵押权、质权的可行性进行严格审查。

经贷款审查、评估，确认借款人资信良好，确能偿还贷款的，可以不提供担保。

第三章　贷款期限和利率

第十一条　贷款期限：贷款期限根据借款人的生产经营周期、还款能力和贷款人的资金供给能力由借贷双方共同商议后确定，并在借款合同中载明。自营贷款期限最长一般不得超过10年，超过10年应当报中国人民银行备案。票据贴现的贴现期限最长不得超过6个月，贴现期限为从贴现之日起到票据到期日止。

第十二条　贷款展期：不能按期归还贷款的，借款人应当在贷款到期日之前，向贷款人申请贷款展期。是否展期由贷款人决定。申请保证贷款、抵押贷款、质押贷款展期的，还应当由保证人、抵押人、出质人出具同意的书面证明。已有约定的，按照约定执行。

短期贷款展期期限累计不得超过原贷款期限；中期贷款展期期限累计不得超过原贷款期限的一半；长期贷款展期期限累计不得超过3年。国家另有规定者除外。借款人未申请展期或申请展期未得到批准，其贷款从到期日次日起，转入逾期贷款账户。

第十三条　贷款利率的确定：

贷款人应当按照中国人民银行规定的贷款利率的上下限，确定每笔贷款利率，并在借款合同中载明。

第十四条　贷款利息的计收：

贷款人和借款人应当按借款合同和中国人民银行有关计息规定按期计收或交付利息。

贷款的展期期限加上原期限达到新的利率期限档次时，从展期之日起，贷款利息按新的期限档次利率计收。

逾期贷款按规定计收罚息。

第十五条　贷款的贴息：

根据国家政策，为了促进某些产业和地区经济的发展，有关部门可以对贷款补贴利息。

对有关部门贴息的贷款，承办银行应当自主审查发放，并根据本通则有关规定严格管理。

第十六条 贷款停息、减息、缓息和免息：

除国务院决定外，任何单位和个人无权决定停息、减息、缓息和免息。贷款人应当依据国务院决定，按照职责权限范围具体办理停息、减息、缓息和免息。

第四章 借款人

第十七条 借款人应当是经工商行政管理机关（或主管机关）核准登记的企（事）业法人、其他经济组织、个体工商户或具有中华人民共和国国籍的具有完全民事行为能力的自然人。借款人申请贷款，应当具备产品有市场、生产经营有效益、不挤占挪用信贷资金、恪守信用等基本条件，并且应当符合以下要求：

一、有按期还本付息的能力，原应付贷款利息和到期贷款已清偿；没有清偿的，已经做了贷款人认可的偿还计划。

二、除自然人和不需要经工商部门核准登记的事业法人外，应当经过工商部门办理年检手续。

三、已开立基本账户或一般存款账户。

四、除国务院规定外，有限责任公司和股份有限公司对外股本权益性投资累计额未超过其净资产总额的50%。

五、借款人的资产负债率符合贷款人的要求。

六、申请中期、长期贷款的，新建项目的企业法人所有者权益与项目所需总投资的比例不低于国家规定的投资项目的资本金比例。

第十八条 借款人的权利；

一、可以自主向主办银行或者其他银行的经办机构申请贷款并依条件取得贷款；

二、有权按合同约定提取和使用全部贷款；

三、有权拒绝借款合同以外的附加条件；

四、有权向贷款人的上级和中国人民银行反映、举报有关情况；

五、在征得贷款人同意后，有权向第三人转让债务。

第十九条 借款人的义务：

一、应当如实提供贷款人要求的资料（法律规定不能提供者除外），应当向贷款人如实提供所有开户行、账号及存贷款余额情况，配合贷款人的调查、审查和检查；

二、应当接受贷款人对其使用信贷资金情况和有关生产经营、财务活动的监督；

三、应当按借款合同约定用途使用贷款；

四、应当按借款合同约定及时清偿贷款本息；

五、将债务全部或部分转让给第三人的，应当取得贷款人的同意；

六、有危及贷款人债权安全情况时，应当及时通知贷款人，同时采取保全措施。

第二十条　对借款人的限制：

一、不得在一个贷款人同一辖区内的两个或两个以上同级分支机构取得贷款。

二、不得向贷款人提供虚假的或者隐瞒重要事实的资产负债表、损益表等。

三、不得用贷款从事股本权益性投资，国家另有规定的除外。

四、不得用贷款在有价证券、期货等方面从事投机经营。

五、除依法取得经营房地产资格的借款人以外，不得用贷款经营房地产业务；依法取得经营房地产资格的借款人，不得用贷款从事房地产投机。

六、不得套取贷款用于借贷牟取非法收入。

七、不得违反国家外汇管理规定使用外币贷款。

八、不得采取欺诈手段骗取贷款。

第五章　贷款人

第二十一条　贷款人必须经中国人民银行批准经营贷款业务，持有中国人民银行颁发的金融机构法人许可证或金融机构营业许可证，并经工商行政管理部门核准登记。

第二十二条　贷款人的权利：

根据贷款条件和贷款程序自主审查和决定贷款，除国务院批准的特定贷款外，有权拒绝任何单位和个人强令其发放贷款或者提供担保。

一、要求借款人提供与借款有关的资料；

二、根据借款人的条件，决定贷与不贷、贷款金额、期限和利率等；

三、了解借款人的生产经营活动和财务活动；

四、依合同约定从借款人账户上划收贷款本金和利息；

五、借款人未能履行借款合同规定义务的，贷款人有权依合同约定要求借款人提前归还贷款或停止支付借款人尚未使用的贷款；

六、在贷款将受或已受损失时，可依据合同规定，采取使贷款免受损失的措施。

第二十三条　贷款人的义务：

一、应当公布所经营的贷款的种类、期限和利率，并向借款人提供咨询。

二、应当公开贷款审查的资信内容和发放贷款的条件。

三、贷款人应当审议借款人的借款申请，并及时答复贷与不贷。短期贷款答复时间不得超过1个月，中期、长期贷款答复时间不得超过6个月；国家另有规定者除外。

四、应当对借款人的债务、财务、生产、经营情况保密，但对依法查询者除外。

第二十四条　对贷款人的限制：

一、贷款的发放必须严格执行《中华人民共和国商业银行法》第三十九条关于资产负债比例管理的有关规定，第四十条关于不得向关系人发放信用贷款、向关系人发放担保贷款的条件不得优于其他借款人同类贷款条件的规定。

二、借款人有下列情形之一者，不得对其发放贷款：

（一）不具备本通则第四章第十七条所规定的资格和条件的；

（二）生产、经营或投资国家明文禁止的产品、项目的；

（三）违反国家外汇管理规定的；

（四）建设项目按国家规定应当报有关部门批准而未取得批准文件的；

（五）生产经营或投资项目未取得环境保护部门许可的；

（六）在实行承包、租赁、联营、合并（兼并）、合作、分立、产权有偿转让、股份制改造等体制变更过程中，未清偿原有贷款债务、落实原有贷款债务或提供相应担保的；

（七）有其他严重违法经营行为的。

三、未经中国人民银行批准，不得对自然人发放外币币种的贷款。

四、自营贷款和特定贷款，除按中国人民银行规定计收利息之外．不得收取其他任何费用；委托贷款，除按中国人民银行规定计收手续费之外，不得收取其他任何费用。

五、不得给委托人垫付资金，国家另有规定的除外。

六、严格控制信用贷款，积极推广担保贷款。

第六章　贷款程序

第二十五条　贷款申请：借款人需要贷款，应当向主办银行或者其他银行的经办机构直接申请。借款人应当填写包括借款金额、借款用途、偿还能力及还款方式等主要内容的借款申请书并提供以下资料：

一、借款人及保证人基本情况；

二、财政部门或会计（审计）事务所核准的上年度财务报告，以及申请借款前一期的财务报告；

三、原有不合理占用的贷款的纠正情况；

四、抵押物、质物清单和有处分权人的同意抵押、质押的证明及保证人拟同意保证的有关证明文件；

五、项目建议书和可行性报告；

六、贷款人认为需要提供的其他有关资料。

第二十六条　对借款人的信用等级评估：

应当根据借款人的领导者素质、经济实力、资金结构、履约情况、经营效益和发展前景等因素，评定借款人的信用等级。评级可由贷款人独立进行，内部掌握，也可由有权部门批准的评估机构进行。

第二十七条　贷款调查：

贷款人受理借款人申请后，应当对借款人的信用等级以及借款的合法性、安全性、盈利性等情况进行调查，核实抵押物、质物、保证人情况，测定贷款的风险度。

第二十八条　贷款审批：

贷款人应当建立审贷分离、分级审批的贷款管理制度。审查人员应当对调查人员提供的资料进行核实、评定，复测贷款风险度，提出意见，按规定权限报批。

第二十九条　签订借款合同：

所有贷款应当由贷款人与借款人签订借款合同。借款合同应当约定借款种类，借款用途、金额、利率，借款期限，还款方式，借、贷双方的权利、义务，违约责任和双方认为需要约定的其他事项。

保证贷款应当由保证人与贷款人签订保证合同，或保证人在借款合同上载明与贷款人协商一致的保证条款，加盖保证人的法人公章，并由保证人的法定代表人或其授权代理人签署姓名。抵押贷款、质押贷款应当由抵押人、出质人与贷款人签订抵押合同、质押合同，需要办理登记的，应依法办理登记。

第三十条 贷款发放：

贷款人要按借款合同规定按期发放贷款。贷款人不按合同约定按期发放贷款的，应偿付违约金。借款人不按合同约定用款的，应偿付违约金。

第三十一条 贷后检查：

贷款发放后，贷款人应当对借款人执行借款合同情况及借款人的经营情况进行追踪调查和检查。

第三十二条 贷款归还：

借款人应当按照借款合同规定按时足额归还贷款本息。

贷款人在短期贷款到期三个星期之前、中长期贷款到期 1 个月之前，应当向借款人发送还本付息通知单；借款人应当及时筹备资金，按期还本付息。

贷款人对逾期的贷款要及时发出催收通知单，做好这期贷款本息的催收工作。

贷款人对不能按借款合同约定期限归还的贷款，应当按规定加罚利息；对不能归还或者不能落实还本付息事宜的，应当督促归还或者依法起诉。

借款人提前归还贷款，应当与贷款人协商。

第七章 不良贷款监管

第三十三条 贷款人应当建立和完善贷款的质量监管制度，对不良贷款进行分类、登记、考核和催收。

第三十四条 不良贷款系指呆账贷款、呆滞贷款、逾期贷款。

呆账贷款，系指按财政部有关规定列为呆账的贷款。

呆滞贷款，系指按财政部有关规定，逾期（含展期后到期）超过规定年限以上仍未归还的贷款，或虽未逾期或逾期不满规定年限但生产经营已终止、项目已停建的贷款（不含呆账贷款）。

逾期贷款，系指借款合同约定到期（含展期后到期）未归还的贷款（不含呆滞贷款和呆账贷款）。

第三十五条 不良贷款的登记：

不良贷款由会计、信贷部门提供数据，由稽核部门负责审核并按规定权限认定，贷款人应当按季填报不良贷款情况表。在报上级行的同时，应当报中国人民银行当地分支机构。

第三十六条 不良贷款的考核：

贷款人的呆账贷款、呆滞贷款、逾期贷款不得超过中国人民银行规定的比例。贷款人应当对所属分支机构下达和考核呆账贷款、呆滞贷款和逾期贷款的有关指标。

第三十七条 不良贷款的催收和呆账贷款的冲销：

信贷部门负责不良贷款的催收，稽核部门负责对催收情况的检查。贷款人应当按照国家有关规定提取呆账准备金，并按照呆账冲销的条件和程序冲销呆账贷款。

未经国务院批准，贷款人不得豁免贷款。除国务院批准外，任何单位和个人不得强令贷款人豁免贷款。

第八章 贷款管理责任制

第三十八条 贷款管理实行行长（经理、主任，下同）负责制。

贷款实行分级经营管理，各级行长应当在授权范围内对贷款的发放和收回负全部责任。行长可以授权副行长或贷款管理部门负责审批贷款，副行长或贷款管理部门负责人应当对行长负责。

第三十九条 贷款人各级机构应当建立有行长或副行长（经理、主任，下同）和有关部门负责人参加的贷款审查委员会（小组），负责贷款的审查。

第四十条 建立审贷分离制：

贷款调查评估人员负责贷款调查评估，承担调查失误和评估失准的责任；贷款审查人员负责贷款风险的审查，承担审查失误的责任；贷款发放人员负责贷款的检查和清收，承担检查失误、清收不力的责任。

第四十一条 建立贷款分级审批制：

贷款人应当根据业务量大小、管理水平和贷款风险度确定各级分支机构的审批权限，超过审批权限的贷款，应当报上级审批。各级分支机构应当根据贷款种类、借款人的信用等级和抵押物、质物、保证人等情况确定每一笔贷款的风险度。

第四十二条 建立和健全信贷工作岗位责任制：

各级贷款管理部门应将贷款管理的每一个环节的管理责任落实到部门、岗位、个人，严格划分各级信贷工作人员的职责。

第四十三条 贷款人对大额借款人建立驻厂信贷员制度。

第四十四条 建立离职审计制：

贷款管理人员在调离原工作岗位时，应当对其在任职期间和权限内所发放的贷款风险情况进行审计。

第九章 贷款债权保全和清偿的管理

第四十五条 借款人不得违反法律规定，借兼并、破产或者股份制改造等途径，逃避银行债务，侵吞信贷资金；不得借承包、租赁等途径逃避贷款人的信贷监管以及偿还贷款本息的责任。

第四十六条 贷款人有权参与处于兼并、破产或股份制改造等过程中的借款人的债务重组，应当要求借款人落实贷款还本付息事宜。

第四十七条 贷款人应当要求实行承包、租赁经营的借款人，在承包、租赁合同中明确落实原贷款债务的偿还责任。

第四十八条　贷款人对实行股份制改造的借款人，应当要求其重新签订借款合同，明确原贷款债务的清偿责任。

对实行整体股份制改造的借款人，应当明确其所欠贷款债务由改造后公司全部承担；对实行部分股份制改造的借款人，应当要求改造后的股份公司按占用借款人的资本金或资产的比例承担原借款人的贷款债务。

第四十九条　贷款人对联营后组成新的企业法人的借款人，应当要求其依据所占用的资本金或资产的比例将贷款债务落实到新的企业法人。

第五十条　贷款人对合并（兼并）的借款人，应当要求其在合并（兼并）前清偿贷款债务或提供相应的担保。

借款人不清偿贷款债务或未提供相应担保，贷款人应当要求合并（兼并）企业或合并后新成立的企业承担归还原借款人贷款的义务，并与之重新签订有关合同或协议。

第五十一条　贷款人对与外商合资（合作）的借款人，应当要求其继续承担合资（合作）前的贷款归还责任，并要求其将所得收益优先归还贷款。借款人用已作为贷款抵押、质押的财产与外商合资（合作）时必须征求贷款人同意。

第五十二条　贷款人对分立的借款人，应当要求其在分立前清偿贷款债务或提供相应的担保。借款人不清偿贷款债务或未提供相应担保，贷款人应当要求分立后的各企业，按照分立时所占资本或资产比例或协议，对原借款人所欠贷款承担清偿责任。对设立子公司的借款人，应当要求其子公司按所得资本或资产的比例承担和偿还母公司相应的贷款债务。

第五十三条　贷款人对产权有偿转让或申请解散的借款人，应当要求其在产权转让或解散前必须落实贷款债务的清偿。

第五十四条　贷款人应当按照有关法律参与借款人破产财产的认定与债权债务的处置，对于破产借款人已设定财产抵押、质押或其他担保的贷款债权，贷款人依法享有优先受偿权；无财产担保的贷款债权按法定程序和比例受偿。

第十章　贷款管理特别规定

第五十五条　建立贷款主办行制度：借款人应按中国人民银行的规定与其开立基本账户的贷款人建立贷款主办行关系。借款人发生企业分立、股份制改造、重大项目建设等涉及信贷资金使用和安全的重大经济活动，事先应当征求主办行的意见。一个借款人只能有一个贷款主办行，主办行应当随基本账户的变更而变更。

主办行不包资金，但应当按规定有计划地对借款人提供贷款，为借款人提供必要的信息咨询、代理等金融服务。

贷款主办行制度与实施办法，由中国人民银行另行规定。

第五十六条　银团贷款应当确定一个贷款人为牵头行，并签订银团贷款协议，明确各贷款人的权利和义务，共同评审贷款项目。牵头行应当按协议确定的比例监督贷款的偿还。银团贷款管理办法由中国人民银行另行规定。

第五十七条 特定贷款管理：

国有独资商业银行应当按国务院规定发放和管理特定贷款。

特定贷款管理办法另行规定。

第五十八条 非银行金融机构贷款的种类、对象、范围，应当符合中国人民银行规定。

第五十九条 贷款人发放异地贷款，或者接受异地存款，应当报中国人民银行当地分支机构备案。

第六十条 信贷资金不得用于财政支出。

第六十一条 各级行政部门和企事业单位、供销合作社等合作经济组织、农村合作基金会和其他基金会，不得经营存贷款等金融业务。企业之间不得违反国家规定办理借贷或者变相借贷融资业务。

第十一章 罚 则

第六十二条 贷款人违反资产负债比例管理有关规定发放贷款的，应当依照《中华人民共和国商业银行法》第七十五条，由中国人民银行责令改正，处以罚款，有违法所得的没收违法所得，并且应当依照第七十六条对直接负责的主管人员和其他直接责任人员给予处罚。

第六十三条 贷款人违反规定向关系人发放信用贷款或者发放担保贷款的条件优于其他借款人同类贷款条件的，应当依照《中华人民共和国商业银行法》第七十四条处罚，并且应当依照第七十六条对有关直接责任人员给予处罚。

第六十四条 贷款人的工作人员对单位或者个人强令其发放贷款或者提供担保未予拒绝的，应当依照《中华人民共和国商业银行法》第八十五条给予纪律处分，造成损失的应当承担相应的赔偿责任。

第六十五条 贷款人的有关责任人员违反本通则有关规定，应当给予纪律处分和罚款；情节严重或屡次违反的，应当调离工作岗位，取消任职资格；造成严重经济损失或者构成其他经济犯罪的，应当依照有关法律规定追究刑事责任。

第六十六条 贷款人有下列情形之一，由中国人民银行责令改正；逾期不改正的，中国人民银行可以处以 5 千元以上 1 万元以下罚款：

一、没有公布所经营贷款的种类、期限、利率的；

二、没有公开贷款条件和发放贷款时要审查的内容的；

三、没有在规定期限内答复借款人贷款申请的。

第六十七条 贷款人有下列情形之一．由中国人民银行责令改正；有违法所得的，没收违法所得，并处以违法所得 1 倍以上 3 倍以下罚款；没有违法所得的．处以 5 万元以上 30 万元以下罚款；构成犯罪的，依法追究刑事责任：

一、贷款人违反规定代垫委托贷款资金的；

二、未经中国人民银行批准，对自然人发放外币贷款的；

三、贷款人违反中国人民银行规定，对自营贷款或者特定贷款在计收利息之外收取其他任何费用的，或者对委托贷款在计收手续费之外收取其他任何费用的。

第六十八条　任何单位和个人强令银行发放贷款或者提供担保的，应当依照《中华人民共和国商业银行法》第八十五条，对直接负责的主管人员和其他直接责任人员或者个人给予纪律处分；造成经济损失的，承担全部或者部分赔偿责任。

第六十九条　借款人采取欺诈手段骗取贷款，构成犯罪的，应当依照《中华人民共和国商业银行法》第八十条等法律规定处以罚款并追究刑事责任。

第七十条　借款人违反本通则第九章第四十五条规定，蓄意通过兼并、破产或者股份制改造等途径侵吞信贷资金的，应当依据有关法律规定承担相应部分的赔偿责任并处以罚款；造成贷款人重大经济损失的，应当依照有关法律规定追究直接责任人员的刑事责任。

借款人违反本通则第九章其他条款规定，致使贷款债务落空，由贷款人停止发放新贷款，并提前收回原发放的贷款。造成信贷资产损失的，借款人及其主管人员或其他个人，应当承担部分或全部赔偿责任。在未履行赔偿责任之前，其他任何贷款人不得对其发放贷款。

第七十一条　借款人有下列情形之一，由贷款人对其部分或全部贷款加收利息；情节特别严重的，由贷款人停止支付借款人尚未使用的贷款，并提前收回部分或全部贷款：

一、不按借款合同规定用途使用贷款的。

二、用贷款进行股本权益性投资的。

三、用贷款在有价证券、期货等方面从事投机经营的。

四、未依法取得经营房地产资格的借款人用贷款经营房地产业务的；依法取得经营房地产资格的借款人，用贷款从事房地产投机的。

五、不按借款合同规定清偿贷款本息的。

六、套取贷款相互借贷牟取非法收入的。

第七十二条　借款人有下列情形之一，由贷款人责令改正。情节特别严重或逾期不改正的，由贷款人停止支付借款人尚未使用的贷款，并提前收回部分或全部贷款：

一、向贷款人提供虚假或者隐瞒重要事实的资产负债表、损益表等资料的；

二、不如实向贷款人提供所有开户行、账号及存贷款余额等资料的；

三、拒绝接受贷款人对其使用信贷资金情况和有关生产经营、财务活动监督的。

第七十三条　行政部门、企事业单位。股份合作经济组织、供销合作社、农村合作基金会和其他基金会擅自发放贷款的；企业之间擅自办理借贷或者变相借贷的，由中国人民银行对出借方按违规收入处以1倍以上至5倍以下罚款，并由中国人民银行予以取缔。

第七十四条　当事人对中国人民银行处罚决定不服的，可按《中国人民银行行政复议办法（试行）》的规定申请复议，复议期间仍按原处罚执行。

第十二章　附　则

第七十五条　国家政策性银行、外资金融机构（含外资、中外合资、外资金融机构的分支机构等）的贷款管理办法，由中国人民银行另行制定。

第七十六条　有关外国政府贷款、出口信贷、外商贴息贷款、出口信贷项下的对外担保以及与上述贷款配套的国际商业贷款的管理办法，由中国人民银行另行制定。

第七十七条 贷款人可根据本通则制定实施细则，报中国人民银行备案。

第七十八条 本通则自实施之日起，中国人民银行和各贷款人在此以前制定的各种规定，与本通则有抵触者，以本通则为准。

第七十九条 本通则由中国人民银行负责解释。

第八十条 本通则自一九九六年八月一日起施行。

中国人民银行

1996 年 6 月 28 日

关于授权国务院提前下达部分新增地方政府债务限额的决定（2018 年 12 月 29 日第十三届全国人民代表大会常务委员会第七次会议通过）

为了加快地方政府债券发行使用进度，保障重点项目资金需求，发挥政府债券资金对稳投资、扩内需、补短板的重要作用，更好发挥积极的财政政策作用，保持经济持续健康发展，第十三届全国人民代表大会常务委员会第七次会议决定：在 2019 年 3 月全国人民代表大会批准当年地方政府债务限额之前，授权国务院提前下达 2019 年地方政府新增一般债务限额 5800 亿元、新增专项债务限额 8100 亿元，合计 13900 亿元；授权国务院在 2019 年以后年度，在当年新增地方政府债务限额的 60% 以内，提前下达下一年度新增地方政府债务限额（包括一般债务限额和专项债务限额）。授权期限为 2019 年 1 月 1 日至 2022 年 12 月 31 日。

为了进一步规范和完善地方政府债务管理制度，防范和化解地方政府债务风险，国务院每年提前下达的部分新增地方政府债务限额，应当按照党中央决策部署，并根据经济形势和宏观调控的需要来确定。提前下达情况应当报全国人民代表大会常务委员会备案。各省、自治区、直辖市人民政府按照国务院批准的提前下达的新增政府债务限额编制预算，经本级人民代表大会批准后执行，并向下级人民政府下达新增债务限额。下级人民政府新增债务限额经本级人民代表大会或其常务委员会批准后执行。

在每年国务院提请全国人民代表大会审查的预算报告和草案中，应当报告和反映提前下达部分新增地方政府债务限额的规模和分省、自治区、直辖市下达的情况。预算报告和草案经全国人民代表大会批准后，地方政府新增债务规模应当按照批准的预算执行。国务院应当采取措施，确保地方政府债务余额不得突破批准的限额。

本决定自 2019 年 1 月 1 日起施行。

地方政府债务信息公开办法（试行）

财预〔2018〕209号

第一条【目的和依据】为依法规范地方政府债务管理，切实增强地方政府债务信息透明度，自觉接受监督，防范地方政府债务风险，根据《中华人民共和国预算法》、《中华人民共和国政府信息公开条例》、《国务院关于加强地方政府性债务管理的意见》（国发〔2014〕43号）等法律法规和制度规定，制定本办法。

第二条【适用范围】本办法适用于县级以上各级财政部门地方政府债务信息公开工作。

本办法所称地方政府债务包括地方政府一般债务和地方政府专项债务；地方政府债务信息包括预决算公开范围的地方政府债务限额、余额等信息以及预决算公开范围之外的地方政府债券发行、存续期、重大事项等相关信息；重大事项是指可能引起地方政府一般债券、专项债券投资价值发生增减变化，影响投资者合法权益的相关事项。

第三条【公开原则】地方政府债务信息公开应当遵循以下原则：

（一）坚持以公开为常态、不公开为例外；

（二）坚持谁制作、谁负责、谁公开；

（三）坚持突出重点，真实、准确、完整、及时公开；

（四）坚持以公开促改革、以公开促规范，推进国家治理体系和治理能力现代化。

第四条【公开渠道】预决算公开范围的地方政府债务限额、余额、使用安排及还本付息等信息应当在地方政府及财政部门门户网站公开。财政部门未设立门户网站的，应当在本级政府门户网站设立专栏公开。

预决算范围之外的地方政府债券等信息应当在省级财政部门、发行场所门户网站公开。财政部设立地方政府债务信息公开平台或专栏，支持地方财政部门公开地方政府债务（券）相关信息。

第五条【预决算公开】县级以上地方各级财政部门（以下简称“地方各级财政部门”）应当随同预决算公开地方政府债务限额、余额、使用安排及还本付息等信息。

（一）随同预算公开上一年度本地区、本级及所属地区地方政府债务限额及余额（或余额预计执行数），以及本地区和本级上一年度地方政府债券（含再融资债券）发行及还本付息额（或预计执行数）、本年度地方政府债券还本付息预算数等。

（二）随同调整预算公开当年本地区及本级地方政府债务限额、本级新增地方政府债券资金使用安排等。

（三）随同决算公开上年末本地区、本级及所属地区地方政府债务限额、余额决算数，地方政府债券发行、还本付息决算数，以及债券资金使用安排等。

第六条【债券发行安排公开】省级财政部门应当在每月二十日前公开本地区下一月度新增地方政府债券和再融资债券发行安排，鼓励有条件的地区同时公开多个月份地方政府债券发行安排。

第七条【新增一般债券发行公开】省级财政部门应当在新增一般债券发行前，提前5个以上工作日公开以下信息：

（一）经济社会发展指标。包括本地区国内生产总值、居民人均可支配收入等；

（二）地方政府一般公共预算情况；

（三）一般债务情况。包括本地区一般债务限额及余额、地区分布、期限结构等；

（四）拟发行一般债券信息。包括规模、期限、项目、偿债资金安排等；

（五）第三方评估材料。包括信用评级报告等；

（六）其他按规定需要公开的信息。

省级财政部门应当在新增一般债券发行后2个工作日内，公布发行债券编码、利率等信息。

第八条【新增专项债券发行公开】省级财政部门应当在新增专项债券发行前，提前5个以上工作日公开以下信息：

（一）经济社会发展指标。包括本地区国内生产总值、居民人均可支配收入等；

（二）地方政府性基金预算情况。包括本地区、本级或使用专项债券资金的市县级政府地方政府性基金收支、拟发行专项债券对应的地方政府性基金预算收支情况；

（三）专项债务情况。包括本地区专项债务限额及余额、地区分布、期限结构等；

（四）拟发行专项债券信息。包括规模、期限及偿还方式等基本信息；

（五）拟发行专项债券对应项目信息。包括项目概况、分年度投资计划、项目资金来源、预期收益和融资平衡方案、潜在风险评估、主管部门责任等；

（六）第三方评估信息。包括财务评估报告（重点是项目预期收益和融资平衡情况评估）、法律意见书、信用评级报告等；

（七）其他按规定需要公开的信息。

省级财政部门应当在新增专项债券发行后2个工作日内，公布发行债券编码、利率等信息。

第九条【再融资债券发行公开】省级财政部门应当在再融资债券发行前，提前5个以上工作日公开再融资债券发行规模以及原债券名称、代码、发行规模、到期本金规模等信息。

第十条【一般债券存续期公开】地方各级财政部门应当组织开展本地区和本级一般债券存续期信息公开工作，督促和指导使用一般债券资金的部门不迟于每年6月底前公开以下信息：

（一）截至上年末一般债券资金余额、利率、期限、地区分布等情况；

（二）截至上年末一般债券资金使用情况；

（三）截至上年末一般债券项目建设进度、运营情况等；

（四）其他按规定需要公开的信息。

第十一条【专项债券存续期公开】地方各级财政部门应当组织开展本地区和本级专项债券存续期信息公开工作，督促和指导使用专项债券资金的部门不迟于每年6月底前公开以下信息：

（一）截至上年末专项债券资金使用情况；

（二）截至上年末专项债券对应项目建设进度、运营情况等；

（三）截至上年末专项债券项目收益及对应形成的资产情况；

（四）其他按规定需要公开的信息。

第十二条【违法违规情形公开】涉及违法违规举债担保行为问责的，各级财政部门应当在收到问责决定后20个工作日内公开问责结果。

第十三条【一般债券重大事项公开】一般债券存续期内，发生可能影响使用一般债券资金地区的一般公共预算收入的重大事项的，财政部门应当按照《国务院办公厅关于印发地方政府性债务风险应急处置预案的通知》（国办函〔2016〕88号）等有关规定提出具体补救措施，经本级政府批准后向省级财政部门报告，并由省级财政部门公告或以适当方式告知一般债券持有人。

第十四条【专项债券重大事项公开】专项债券存续期内，对应项目发生可能影响其收益与融资平衡能力的重大事项的，专项债券资金使用部门和财政部门应当按照《国务院办公厅关于印发地方政府性债务风险应急处置预案的通知》（国办函〔2016〕88号）等有关规定提出具体补救措施，经本级政府批准后向省级财政部门报告，并由省级财政部门公告或以适当方式告知专项债券持有人。

第十五条【债券资金调整用途公开】地方政府债券存续期内确需调整债券资金用途的，按规定履行相关程序后，由省级财政部门予以公告或以适当方式告知债券持有人。

第十六条【财政经济信息】地方各级财政部门在公开政府债务信息时，应当根据本级政府及其相关部门信息公开进展，一并提供本级政府工作报告、预决算报告、预算执行和其他财政收支的审计工作报告等信息或其网址备查。

第十七条【政府债务管理制度】地方各级财政部门应当及时公开本地区政府债务管理制度规定。

第十八条【职责分工】财政部负责指导、监督全国地方政府债务信息公开工作。地方各级财政部门负责组织实施本地区和本级政府债务信息公开工作，指导、监督和协调本级使用债券资金的部门和下级政府债务信息公开工作。

第十九条【绩效评价】地方各级财政部门要将地方政府债务信息公开情况纳入地方政府债务绩效评价范围，加强绩效评价结果应用。

第二十条【日常监督】财政部驻各省、自治区、直辖市、计划单列市财政监察专员办事处应当将地方政府债务信息公开工作纳入日常监督范围，对发现问题的予以督促整改。

第二十一条【法律责任】对未按规定公开地方政府债务信息的，应当依照《中华人民共和国预算法》、《中华人民共和国政府信息公开条例》等法律法规的规定，责令改正，对负有直接责任的主管人员和其他直接责任人员依法依规给予处分。

第二十二条【社会监督】公民、法人或者其他组织认为有关部门不依法履行地方政府债务信息公开义务的，可以向同级或上一级财政部门举报。财政部门收到举报后应当依法依规予以处理。

第二十三条　省、自治区、直辖市、计划单列市财政部门可以根据本办法规定，结合本地区实际制定实施细则。

第二十四条　中央转贷地方国际金融组织和外国政府贷款信息公开办法由财政部另行制定。

第二十五条　本办法由财政部负责解释。

第二十六条　本办法自 2019 年 1 月 1 日起实施。

财政部

2018 年 12 月 20 日

关于进一步做好信贷工作提升服务实体经济质效的通知

银保监办发〔2018〕76号

各银监局、各保监局、各政策性银行、大型银行、股份制银行、邮储银行、金融资产管理公司、各保险集团（控股）公司、保险公司、保险资产管理公司、保险专业中介机构：

为深入贯彻党中央、国务院决策部署，把防范化解金融风险和服务实体经济更好结合起来，在坚决打好防范化解金融风险攻坚战的同时，必须着力疏通货币信贷传导机制，提升金融服务实体经济质效，推动稳就业、稳金融、稳外贸、稳外资、稳投资、稳预期，实现金融与实体经济良性循环。现就有关要求通知如下：

一、进一步疏通货币政策传导机制，满足实体经济有效融资需求。根据企业生产、建设、销售的周期和行业特征，合理确定贷款期限、还款方式，适当提高中长期贷款比例，合理确定考核指标，避免贷款在同一时间特别是月末、季末集中到期而引发企业资金紧张。对符合授信条件但遇到暂时经营困难的企业，要继续予以资金支持，不应盲目抽贷、断贷。对成长型先进制造业企业，要丰富合格押品种类，创新担保和融资方式，合理确定抵质押率，在资金供给、贷款利率方面给予适当倾斜。

二、大力发展普惠金融，强化小微企业、“三农”、民营企业等领域金融服务。充分利用当前市场流动性宽裕、银行业和保险业盈利稳定等有利条件，坚持“保本微利”原则，加大对小微企业、“三农”、扶贫和民营企业等领域的资金支持，降低融资成本。对于流动资金贷款到期后仍有融资需求的小微企业，要提前开展贷款调查与评审，符合标准和条件的，依照程序办理续贷，缩短资金接续间隔，降低贷款周转成本。对于主业突出、公司治理良好、负债率较低、风控能力较强的龙头民营企业，要进一步加大融资支持，充分发挥其行业带动作用，稳定上下游企业生产经营。鼓励信托公司开展慈善信托业务，加大对扶贫、教育、留守儿童等领域的支持。

三、支持基础设施领域补短板，推动有效投资稳定增长。在不增加地方政府隐性债务的前提下，加大对资本金到位、运作规范的基础设施补短板项目的信贷投放。保险资金要发挥长期投资优势，通过债权、股权、股债结合、基金等多种形式，积极服务国家重大战略、重点工程和重要项目。积极配合地方政府对在建基础设施项目的建设情况和融资需求进行调查分析，按照市场化原则满足融资平台公司的合理融资需求，对必要的在建项目要避免资金断供、工程烂尾。

四、积极发展消费金融，增强消费对经济的拉动作用。适应多样化多层次消费需求，提供和改进差异化金融产品与服务。支持发展消费信贷，满足人民群众日益增长的美好生活需要。创新金融服务方式，积极满足旅游、教育、文化、健康、养老等升级型消费的金融需求。

五、做好进出口企业金融服务，发挥金融在稳外贸中的积极作用。联合地方政府、行业协会调查摸底出口导向型企业情况，对受国际市场冲击较大、遇到暂时困难但仍有发展前景的重点优质企业，在资金安排上予以适当倾斜。加强与外贸企业、信用保险机构、融资担保机构和地方政府的合作，扩大出口信用保险保单和出口退税账户质押融资。统筹境内外金融资源，发挥合力，满足进出口企业跨市场金融服务需求。

六、盘活存量资产，提高资金使用效率。加快推动“僵尸企业”出清，释放转移沉淀在限控领域和低效项目的存量资金，腾出信贷空间，投向支持类领域和项目。积极运用资产证券化、信贷资产转让等方式，盘活存量资产，提高资金配置和使用效率。充分利用拨备充足的有利条件，在严格资产分类基础上，综合运用核销、现金清收、批量转让等方式，加大不良贷款处置力度，严禁隐匿隐瞒不良贷款，严查不良资产虚假出表、虚假转让等违规行为。鼓励商业银行、金融资产投资公司、金融资产管理公司、信托公司、保险机构等积极参与市场化法治化债转股，推动已签约项目尽快落地。

七、有效运用保险资金，切实发挥风险管理和保障功能。深化保险资金运用在投资范围、比例、偿付能力等方面的改革，进一步缩短投资链条，降低投资成本，提高投资效率。发挥保险业风险管理和保障功能，不断丰富财产保险、人身保险等产品和业务模式，改进保险服务，稳定企业和居民财务预期。

八、规范经营行为，严禁附加不合理贷款条件。规范贷款行为，严格按照标准和程序进行贷前调查、贷时审查、贷后检查。一律不得协商约定或强制设定条款进行贷款返存，一律不得在发放贷款时捆绑或搭售理财、基金、保险等其他金融产品。严禁将贷款发放和管理等核心职能外包，严禁银行员工内外勾结，违规通过中介发放贷款或参与过桥贷款。

九、深化体制机制改革，加强服务实体经济能力建设。大力开展调查研究，坚持“知悉客户”原则，根据实体经济需要开发金融产品，提供个性化金融服务，实现金融资源精准投入。进一步完善内部激励约束，优化绩效考核体系，建立容错纠错机制，落实尽职免责要求，激发员工做好金融服务特别是普惠金融服务的能动性。充分利用现代科技手段，构建线上线下综合服务渠道，提高信贷审批和金融效率。

中国银保监会办公厅

2018 年 8 月 17 日

关于做好2018年地方政府债务管理工作的通知

财预〔2018〕34号

各省、自治区、直辖市、计划单列市财政厅（局）：

为贯彻落实党中央、国务院决策部署，按照推动高质量发展的要求，加强地方政府债务管理，发挥政府规范举债对经济社会发展的促进作用，有效防范化解地方政府债务风险，坚决打好防范化解重大风险的攻坚战，现就做好2018年地方政府债务管理工作通知如下：

一、高度重视地方政府债务管理工作

党中央、国务院高度重视地方政府债务管理工作。党的十九大报告指出，从现在到二〇二〇年是全面建成小康社会决胜期，要紧扣我国社会主要矛盾变化，突出抓重点、补短板、强弱项，特别是要坚决打好防范化解重大风险、精准扶贫、污染防治的攻坚战，使全面建成小康社会得到人民认可、经得起历史检验。中央经济工作会议要求，切实加强地方政府债务管理。全国金融工作会议明确，各级地方党委和政府要树立正确政绩观，严控地方政府债务增量，终身问责、倒查责任。国务院常务会议强调，严格规范地方政府举债行为，积极稳妥化解累积的债务风险，各地要落实属地责任，堵住"后门"，坚决遏制违法违规举债。

地方政府举债要与偿还能力相匹配，是必须遵循的经济规律。地方各级财政部门要全面贯彻党的十九大精神，坚持新发展理念，按照高质量发展的要求，牢固树立政治意识、大局意识、核心意识、看齐意识，严格落实属地管理责任，将防范化解地方政府债务风险作为当前财政管理工作的重中之重，依法健全规范的地方政府举债融资机制，既要开好"前门"，稳步推进政府债券管理改革，强化政府债券资金绩效管理，提高政府债券资金使用效益，发挥政府规范举债的积极作用，支持补齐民生领域短板，又要严堵"后门"，守住国家法律"红线"，坚守财政可持续发展底线，加大财政约束力度，硬化预算约束，坚决制止和查处各类违法违规或变相举债行为，促进经济社会健康持续发展。

二、依法规范地方政府债务限额管理和预算管理

（一）合理确定分地区地方政府债务限额。地方政府债务限额分配要充分体现立足财力水平、防范债务风险、保障融资需求、注重资金效益、公平公开透明的原则，不得超越财力实际将上级政府批准的地方政府债务限额过多留用本级或下达下级，实现不同地区地

方政府债务限额与其偿债能力相匹配。

（二）加快地方政府债务限额下达进度。省级财政部门要提前做好各项工作准备，自收到经国务院批准后下达的分地区地方政府债务限额起，尽快提请完成本地区政府债务安排的法定审批程序，原则上于1个月之内下达各市县级政府，具备条件的地区应当尽量提前下达。

（三）用好地方政府债务限额。在严格执行法定限额管理的同时，鼓励各地区按照《财政部关于试点发展项目收益与融资自求平衡的地方政府专项债券品种的通知》（财预〔2017〕89号）规定，积极利用上年末专项债务未使用的限额，结合项目对应的政府性基金收入、专项收入情况，合理选择重点项目试点分类发行项目收益与融资自求平衡的专项债券（以下简称项目收益专项债券），保障重点领域合理融资需求。

（四）落实全面实施绩效管理要求。建立健全"举债必问效、无效必问责"的政府债务资金绩效管理机制，推进实施地方政府债务项目滚动管理和绩效管理，加强债务资金使用和对应项目实施情况监控，引导各地按照轻重缓急顺序合理安排使用债务资金，地方政府债务资金只能用于公益性资本支出，不得用于经常性开支，要优先保障在建工程项目建设，提高债务资金使用绩效。

（五）推进地方政府债务领域信息公开。及时公开本地区地方政府债务限额、余额、期限、用途等信息。完善地方政府债券信息披露机制，发行一般债券应当重点披露本地区生产总值、财政收支、债务风险等财政经济信息，以及债券规模、利率、期限、具体使用项目、偿债计划等债券信息；发行专项债券应当重点披露本地区及使用债券资金相关地区的政府性基金预算收入、专项债务风险等财政经济信息，以及债券规模、利率、期限、具体使用项目、偿债计划等债券信息，发行项目收益专项债券还应当披露债券投向的公益性项目概况、投资规模及分年投资计划、建设资金来源、项目融资平衡方案、潜在风险评估等信息，以及由第三方专业机构出具的财务审计报告、信用评级报告、法律意见书等。

三、及时完成存量地方政府债务置换工作

（六）加快存量地方政府债务置换进度。各地应当尽早启动置换债券发行，确保在国务院明确的期限内完成全部非政府债券形式存量政府债务置换工作。债权人不同意在规定期限内置换为政府债券的，仍由原债务人依法承担偿债责任，对应的地方政府债务限额由中央统一收回；地方政府作为出资人的，在出资范围内承担有限责任。

涉及按规定核减（销）存量政府债务的，应当有可验证的合法书面凭据。涉及工程款结算延期的，可以根据工程完成进度协商置换一部分对应的存量政府债务，后续工程建设通过财政预算资金或地方政府新增债券资金等统筹支持。

（七）强化置换债券资金管理。各地要督促本地区各级政府和相关单位对照《财政部关于做好2016年地方政府置换债券核查情况整改工作的函》（财预函〔2017〕31号）各项整改要求，规范使用置换债券资金，置换债券资金要严格用于偿还清理甄别认定的截至2014年末存量政府债务，严禁用于其他用途。

四、着力加强债务风险监测和防范

（八）健全地方政府性债务风险评估和预警机制。加强风险评估和预警结果应用，动态监测高风险地区债务风险状况并向本地区政府性债务领导小组报告，提请建立风险评估和预警结果对高风险地区的约束机制，督促高风险地区采取有效措施逐步化解风险，研究制定对高风险地区政府投融资行为的约束性措施。

（九）发挥地方政府财政重整计划作用。按照《国务院办公厅关于印发地方政府性债务风险应急处置预案的通知》（国办函〔2016〕88号）规定，督促相关高风险地区通过实施一系列增收、节支、资产处置等短期和中长期措施安排，使债务规模和偿债能力相一致，恢复财政收支平衡状态。

五、进一步强化地方政府债券管理

（十）加快实现地方政府债券管理与项目严格对应。坚持以健全市场约束机制为导向，依法规范地方政府债券管理。严格遵循地方政府举借的债务只能用于公益性资本支出的法律规定，地方政府债券发行必须一律与公益性建设项目对应，一般债券和专项债券发行信息披露时均要将债券资金安排明确到具体项目；债券资金使用要严格按照披露的项目信息执行，确需调整支出用途的，应当按照规定程序办理，保护投资者合法权益。

（十一）稳步推进地方政府专项债券管理改革。完善专项债券管理，在严格将专项债券发行与项目一一对应的基础上，加快实现债券资金使用与项目管理、偿债责任相匹配，以及债券期限与项目期限相匹配。继续推进发行土地储备和政府收费公路专项债券。合理扩大专项债券使用范围，鼓励地方按照《财政部关于试点发展项目收益与融资自求平衡的地方政府专项债券品种的通知》（财预〔2017〕89号）要求，创新和丰富债券品种，按照中央经济工作会议确定的重点工作，优先在重大区域发展以及乡村振兴、生态环保、保障性住房、公立医院、公立高校、交通、水利、市政基础设施等领域选择符合条件的项目，积极探索试点发行项目收益专项债券。

各地利用上年末地方政府专项债务未使用限额的部分试点发行项目收益专项债券的，应当按照财预〔2017〕89号文件要求，组织制定实施方案以及专项债券管理办法，报财政部备案后实施。

（十二）完善地方政府债券本金偿还机制。将防范地方政府债务风险和促进政府债券资金集约使用有机结合，既要根据公益性项目建设进展合理确定发债规模和期限，又要结合实际情况灵活创新地方政府债券本金偿还机制。在按照市场化原则保障债权人合法权益的前提下，地方政府发行政府债券时可以约定到期偿还、提前偿还、分年偿还等不同形式的本金偿还条款，避免偿债资金闲置，防范资金挪用风险。

（十三）大力发展地方政府债券市场。稳妥利用银行间市场、证券交易所市场发行地方政府债券，积极探索在商业银行柜台销售地方政府债券，推动地方政府债券投资主体多元化。完善地方政府债券市场化定价机制，各地要自觉增强市场化意识，严禁采取非市场化手段干预地方政府债券发行定价，充分发挥市场在地方政府债券发行中的决定性作用。鼓励各地通过政府购买服务等方式，引入第三方机构参与地方政府债券发行准备工作，提高地方政府债券管理专业化程度。

省级财政部门和财政部驻各地财政监察专员办事处要加强债务调研、核查和检查，发现问题的及时督促整改、严肃问责。

特此通知。

财政部

2018 年 2 月 24 日

新增地方政府债务限额分配管理暂行办法

财预〔2017〕35号

第一章　总　　则

第一条　为健全地方政府债务限额管理机制，规范新增地方政府债务限额分配管理，发挥地方政府债务促进经济社会发展的积极作用，防范财政金融风险，根据《中华人民共和国预算法》、《国务院关于加强地方政府性债务管理的意见》（国发〔2014〕43号）、《财政部关于对地方政府债务实行限额管理的通知》（财预〔2015〕225号）等规定，制定本办法。

第二条　新增地方政府一般债务限额、新增地方政府专项债务限额（以下均简称新增限额）分别按照一般公共预算、政府性基金预算管理方式不同，单独测算。

第三条　新增限额分配管理应当遵循立足财力水平、防范债务风险、保障融资需求、注重资金效益、公平公开透明的原则。

第二章　管理权限和程序

第四条　各省、自治区、直辖市、计划单列市新增限额由财政部在全国人大或其常委会批准的地方政府债务规模内测算，报国务院批准后下达地方。

第五条　省本级及市县新增限额由省级财政部门在财政部下达的本地区新增限额内测算，报经省级政府批准后，按照财政管理级次向省本级及市县级财政部门下达。

第三章　新增限额分配

第六条　新增限额分配选取影响政府债务规模的客观因素，根据各地区债务风险、财力状况等，并统筹考虑中央确定的重大项目支出、地方融资需求等情况，采用因素法测算。各客观因素数据来源于统计年鉴、地方财政预决算及相关部门提供的资料。

第七条　新增限额分配应当体现正向激励原则，财政实力强、举债空间大、债务风险低、债务管理绩效好的地区多安排，财政实力弱、举债空间小、债务风险高、债务管理绩效差的地区少安排或不安排。新增限额分配用公式表示为：

某地区新增限额＝［该地区财力×系数1＋该地区重大项目支出×系数2］×该地区

债务风险系数×波动系数＋债务管理绩效因素调整＋地方申请因素调整。

系数1和系数2根据各地区财力、重大项目支出以及当年全国新增地方政府债务限额规模计算确定。用公式表示为：

系数1＝（某年新增限额－某年新增限额中用于支持重大项目支出额度）/（∑i各地政府财力）

i＝省、自治区、直辖市、计划单列市

某地区政府财力＝某地区一般公共预算财力＋某地区政府性基金预算财力

系数2＝（某年新增债务限额中用于支持重大项目支出额度）÷（∑i各地重大项目支出额度）

i＝省、自治区、直辖市、计划单列市

第八条 本办法第七条所称地区财力分别为一般公共预算财力和政府性基金预算财力，按照政府收支分类科目分项测算，部分收入项目结合每年政府收支分类科目变动作适当调整。公式表示为：

某地区一般公共预算财力＝本级一般公共预算收入＋中央一般公共预算补助收入－地方一般公共预算上解

某地区政府性基金预算财力＝本级政府性基金预算收入＋中央政府性基金预算补助收入 地方政府性基金预算上解

第九条 重大项目支出主要根据各地区落实党中央、国务院确定的“一带一路”、京津冀协同发展、长江经济带等国家重大战略以及打赢脱贫攻坚战、推进农业供给侧结构性改革、棚户区改造等重点方向的融资需求测算。

根据经济社会发展程度、基本公共服务保障程度等差异，各地区部分项目额度可以作适当调整。

第十条 债务风险系数反映地方政府举债空间和偿债风险，根据各地区上年度政府债务限额与标准限额等比较测算。

某地区地方政府债务标准限额＝该地区可以用于偿债的财力状况×全国地方政府债务平均年限。

全国地方政府债务平均年限是全国地方政府债券余额平均年限和非债券形式债务余额平均年限的加权平均值。用公式表示：

全国地方政府债务平均年限＝（地方政府债券余额×地方政府债券平均年限＋非政府债券形式债务余额×非政府债券形式债务平均年限）÷地方政府债务余额

第十一条 为防范地方政府债务风险，避免债务过快增长和异常波动，保障年度间地方财政运行的稳定性，以全国人大批准的新增限额平均增长率为基准确定波动系数区间，即各地区新增限额增长率最高不超过波动系数区间上限，最低不低于波动系数区间下限。

第十二条 为促进地方加强政府债务管理，保障债权人合法权益，提高债务资金使用效益，财政部应当根据地方政府债务收支预算编制、项目管理、执行进度、存量债务化解等因素，加快开展地方政府债务管理绩效评估，根据管理绩效情况对该地区予以适当调整。

第十三条 为合理反映各地区公益性项目建设融资需求，各地区的新增限额不应超过本地区申请额。

第十四条 按本办法第六条至第十三条测算分地区新增限额后，对一般债务率、专项债务率超过风险警戒线标准的地区，在分配该地区新增限额总量不变的前提下，应当优化其一般债务、专项债务结构，防控地方政府债务风险。

第十五条 按照地方政府性基金收入项目分类发行专项债券的，在年度地方政府专项债务新增限额内，根据相关领域融资需求、项目期限、政府性基金收入项目规模等因素，测算确定分地区分类专项债务额度，报国务院批准后在下达分地区专项债务新增限额时单独列示。

第四章 附 则

第十六条 各级财政部门及其工作人员在新增地方政府债务限额分配管理工作中，存在违反本办法规定的行为，以及其他滥用职权、玩忽职守、徇私舞弊等违法违纪行为的，按照《预算法》、《公务员法》、《行政监察法》、《财政违法行为处罚处分条例》等国家有关规定追究相应责任；涉嫌犯罪的，移送司法机关处理。

第十七条 省级财政部门可以参照本办法，综合考虑本地区各级政府融资需求、财政实力、项目管理、风险防控等情况，制定本地区新增限额分配管理的具体规定，报财政部备案。

第十八条 本办法由财政部负责解释，自公布之日起施行。

财政部

2017年3月23日

地方政府专项债务预算管理办法

财预〔2016〕155号

第一章　总　　则

第一条　为规范地方政府专项债务预算管理，根据《中华人民共和国预算法》、《国务院关于加强地方政府性债务管理的意见》（国发〔2014〕43号）等有关规定，制定本办法。

第二条　本办法所称地方政府专项债务（以下简称专项债务），包括地方政府专项债券（以下简称专项债券）、清理甄别认定的截至2014年12月31日非地方政府债券形式的存量专项债务（以下简称非债券形式专项债务）。

第三条　专项债务收入、安排的支出、还本付息、发行费用纳入政府性基金预算管理。

第四条　专项债务收入通过发行专项债券方式筹措。

省、自治区、直辖市政府为专项债券的发行主体，具体发行工作由省级财政部门负责。设区的市、自治州，县、自治县、不设区的市、市辖区政府（以下简称市县级政府）确需发行专项债券的，应当纳入本省、自治区、直辖市政府性基金预算管理，由省、自治区、直辖市政府统一发行并转贷给市县级政府。经省政府批准，计划单列市政府可以自办发行专项债券。

第五条　专项债务收入应当用于公益性资本支出，不得用于经常性支出。

第六条　专项债务应当有偿还计划和稳定的偿还资金来源。

专项债务本金通过对应的政府性基金收入、专项收入、发行专项债券等偿还。

专项债务利息通过对应的政府性基金收入、专项收入偿还，不得通过发行专项债券偿还。

第七条　专项债务收支应当按照对应的政府性基金收入、专项收入实现项目收支平衡，不同政府性基金科目之间不得调剂。执行中专项债务对应的政府性基金收入不足以偿还本金和利息的，可以从相应的公益性项目单位调入专项收入弥补。

第八条　非债券形式专项债务应当在国务院规定的期限内置换成专项债券。

第九条　加强地方政府债务管理信息化建设，专项债务预算收支纳入本级财政预算管理信息系统，专项债务管理纳入全国统一的管理信息系统。

第二章　专项债务限额和余额

第十条　财政部在全国人民代表大会或其常务委员会批准的专项债务限额内，根据债务风险、财力状况等因素并统筹考虑国家调控政策、各地区公益性项目建设需求等，提出分地区专项债务限额及当年新增专项债务限额方案，报国务院批准后下达省级财政部门。

省级财政部门应当于每年 10 月底前，提出本地区下一年度增加举借专项债务和安排公益性资本支出项目的建议，经省、自治区、直辖市政府批准后报财政部。

第十一条　省级财政部门在财政部下达的本地区专项债务限额内，根据债务风险、财力状况等因素并统筹考虑本地区公益性项目建设需求等，提出省本级及所辖各市县当年专项债务限额方案，报省、自治区、直辖市政府批准后下达市县级财政部门。

市县级财政部门应当提前提出省级代发专项债券和安排公益性资本支出项目的建议，经本级政府批准后按程序报省级财政部门。

第十二条　省、自治区、直辖市应当在专项债务限额内举借专项债务，专项债务余额不得超过本地区专项债务限额。

省、自治区、直辖市发行专项债券偿还到期专项债务本金计划，由省级财政部门统筹考虑本级和各市县实际需求提出，报省、自治区、直辖市政府批准后按规定组织实施。

第三章　预算编制和批复

第十三条　增加举借专项债务收入，以下内容应当列入预算调整方案：

（一）省、自治区、直辖市在新增专项债务限额内筹措的专项债券收入；

（二）市县级政府从上级政府转贷的专项债务收入。

专项债务收入应当在政府性基金预算收入合计线下反映，省级列入“专项债务收入”下对应的政府性基金债务收入科目，市县级列入“地方政府专项债务转贷收入”下对应的政府性基金债务转贷收入科目。

第十四条　增加举借专项债务安排的支出应当列入预算调整方案，包括本级支出和转贷下级支出。专项债务支出应当明确到具体项目，纳入财政支出预算项目库管理，并与中期财政规划相衔接。

专项债务安排本级的支出，应当在政府性基金预算支出合计线上反映，根据支出用途列入相关预算科目；转贷下级支出应当在政府性基金预算支出合计线下反映，列入“债务转贷支出”下对应的政府性基金债务转贷支出科目。

第十五条　专项债务还本支出应当根据当年到期专项债务规模、政府性基金财力、调入专项收入等因素合理预计、妥善安排，并列入年度预算草案。

专项债务还本支出应当在政府性基金预算支出合计线下反映，列入“地方政府专项债务还本支出”下对应的政府性基金债务还本支出科目。

第十六条　专项债务利息和发行费用应当根据专项债务规模、利率、费率等情况合理预计，并列入政府性基金预算支出统筹安排。

专项债务利息、发行费用支出应当在政府性基金预算支出合计线上反映。专项债务利息支出列入“地方政府专项债务付息支出”下对应的政府性基金债务付息支出科目，发行费用支出列入“地方政府专项债务发行费用支出”下对应的政府性基金债务发行费用支出科目。

第十七条　增加举借专项债务和相应安排的支出，财政部门负责具体编制政府性基金预算调整方案，由本级政府提请本级人民代表大会常务委员会批准。

第十八条　专项债务转贷下级政府的，财政部门应当在本级人民代表大会或其常务委员会批准后，及时将专项债务转贷的预算下达有关市县级财政部门。

接受专项债务转贷的市县级政府在本级人民代表大会或其常务委员会批准后，应当及时与上级财政部门签订转贷协议。

第四章　预算执行和决算

第十九条　省级财政部门统筹考虑本级和市县情况，根据预算调整方案、偿还专项债务本金需求和债券市场状况等因素，制定全省专项债券发行计划，合理确定期限结构和发行时点。

第二十条　省级财政部门发行专项债券募集的资金，应当缴入省级国库，并根据预算安排和还本计划拨付资金。

代市县级政府发行专项债券募集的资金，由省级财政部门按照转贷协议及时拨付市县级财政部门。

第二十一条　省级财政部门应当按照规定做好专项债券发行的信息披露和信用评级等相关工作。披露的信息应当包括政府性基金预算财力情况、发行专项债券计划和安排支出项目方案、偿债计划和资金来源，以及其他按照规定应当公开的信息。

第二十二条　省级财政部门应当在发行专项债券后3个工作日内，将专项债券发行情况报财政部备案，并抄送财政部驻当地财政监察专员办事处（以下简称专员办）。

第二十三条　地方各级财政部门应当依据预算调整方案及专项债券发行规定的预算科目和用途，使用专项债券资金。确需调整支出用途的，应当按照规定程序办理。

第二十四条　省级财政部门应当按照合同约定，及时偿还全省、自治区、直辖市专项债券到期本金、利息以及支付发行费用。市县级财政部门应当按照转贷协议约定，及时向省级财政部门缴纳本地区或本级应当承担的还本付息、发行费用等资金。

第二十五条　市县级财政部门未按时足额向省级财政部门缴纳专项债券还本付息、发行费用等资金的，省级财政部门可以采取适当方式扣回，并将违约情况向市场披露。

第二十六条　预算年度终了，地方各级财政部门编制政府性基金预算决算草案时，应当全面、准确反映专项债务收入、安排的支出、还本付息和发行费用等情况。

第五章　非债券形式专项债务纳入预算管理

第二十七条　县级以上地方各级财政部门应当将非债券形式专项债务纳入本地区专项

债务限额，实行预算管理。

对非债券形式专项债务，应当由政府、债权人、债务人通过合同方式，约定在国务院规定的期限内置换成专项债券的时限，转移偿还义务。

偿还义务转移给地方政府后，地方财政部门应当根据相关材料登记总预算会计账。

第二十八条 对非债券形式专项债务，债务人为地方政府及其部门的，应当在国务院规定的期限内置换成专项债券；债务人为企事业单位或个人，且债权人同意在国务院规定的期限内置换成专项债券的，地方政府应当予以置换，债权人不同意在国务院规定的期限内置换成专项债券的，不再计入地方政府债务，由债务人自行偿还，对应的专项债务限额由财政部按照程序予以调减。

第六章 监督管理

第二十九条 县级以上地方各级财政部门应当按照法律、法规和财政部规定，向社会公开专项债务限额、余额、期限结构、使用、项目收支、偿还等情况，主动接受监督。

第三十条 县级以上地方各级财政部门应当建立和完善相关制度，加强对本地区专项债务的管理和监督。

第三十一条 专员办应当加强对所在地专项债务的监督，督促地方规范专项债务的举借、使用、偿还等行为，发现违反法律法规和财政管理规定的行为，及时报告财政部。

第三十二条 违反本办法规定情节严重的，财政部可以暂停相关地区专项债券发行资格。违反法律、行政法规的，依法追究有关人员责任；涉嫌犯罪的，移送司法机关依法处理。

第七章 附 则

第三十三条 省、自治区、直辖市可以根据本办法制定实施细则。

第三十四条 本办法由财政部负责解释。

第三十五条 本办法自印发之日起施行。

财政部

2016年11月9日

地方政府一般债务预算管理办法

财预〔2016〕154号

第一章　总　　则

第一条　为规范地方政府一般债务预算管理，根据《中华人民共和国预算法》、《国务院关于加强地方政府性债务管理的意见》（国发〔2014〕43号）等有关规定，制定本办法。

第二条　本办法所称地方政府一般债务（以下简称一般债务），包括地方政府一般债券（以下简称一般债券）、地方政府负有偿还责任的国际金融组织和外国政府贷款转贷债务（以下简称外债转贷）、清理甄别认定的截至2014年12月31日非地方政府债券形式的存量一般债务（以下简称非债券形式一般债务）。

第三条　一般债务收入、安排的支出、还本付息、发行费用纳入一般公共预算管理。

第四条　除外债转贷外，一般债务收入通过发行一般债券方式筹措。

省、自治区、直辖市政府为一般债券的发行主体，具体发行工作由省级财政部门负责。设区的市、自治州，县、自治县、不设区的市、市辖区政府（以下简称市县级政府）确需发行一般债券的，应当纳入本省、自治区、直辖市一般债务预算管理，由省、自治区、直辖市政府统一发行并转贷给市县级政府。经省政府批准，计划单列市政府可以自办发行一般债券。

第五条　一般债务收入应当用于公益性资本支出，不得用于经常性支出。

第六条　一般债务应当有偿还计划和稳定的偿还资金来源。

一般债务本金通过一般公共预算收入（包含调入预算稳定调节基金和其他预算资金）、发行一般债券等偿还。

一般债务利息通过一般公共预算收入（包含调入预算稳定调节基金和其他预算资金）等偿还，不得通过发行一般债券偿还。

第七条　非债券形式一般债务应当在国务院规定的期限内置换成一般债券。

第八条　加强地方政府债务管理信息化建设，一般债务预算收支纳入本级财政预算管理信息系统，一般债务管理纳入全国统一的管理信息系统。

第九条　外债转贷预算管理办法由财政部另行制定。

第二章　一般债务限额和余额

第十条　财政部在全国人民代表大会或其常务委员会批准的一般债务限额内，根据债务风险、财力状况等因素并统筹考虑国家调控政策、各地区公益性项目建设需求等，提出分地区一般债务限额及当年新增一般债务限额方案，报国务院批准后下达省级财政部门。

省级财政部门应当于每年10月底前，提出本地区下一年度增加举借一般债务和安排公益性资本支出项目的建议，经省、自治区、直辖市政府批准后报财政部。

第十一条　省级财政部门在财政部下达的本地区一般债务限额内，根据债务风险、财力状况等因素并统筹考虑本地区公益性项目建设需求等，提出省本级及所辖各市县当年一般债务限额方案，报省、自治区、直辖市政府批准后下达市县级财政部门。

市县级财政部门应当提前提出省级代发一般债券和安排公益性资本支出项目的建议，经本级政府批准后按程序报省级财政部门。

第十二条　省、自治区、直辖市应当在一般债务限额内举借一般债务，一般债务余额不得超过本地区一般债务限额。

省、自治区、直辖市发行一般债券偿还到期一般债务本金计划，由省级财政部门统筹考虑本级和各市县实际需求提出，报省、自治区、直辖市政府批准后按规定组织实施。

第三章　预算编制和批复

第十三条　增加举借一般债务收入，以下内容应当列入预算调整方案：

（一）省、自治区、直辖市在新增一般债务限额内筹措的一般债券收入；

（二）市县级政府从上级政府转贷的一般债务收入。

一般债务收入应当在一般公共预算收入合计线下反映，省级列入“一般债务收入”下对应的预算科目，市县级列入“地方政府一般债务转贷收入”下对应的预算科目。

第十四条　增加举借一般债务安排的支出应当列入预算调整方案，包括本级支出和转贷下级支出。一般债务支出应当明确到具体项目，纳入财政支出预算项目库管理，并与中期财政规划相衔接。

一般债务安排本级的支出，应当在一般公共预算支出合计线上反映，根据支出用途列入相关预算科目；转贷下级支出应当在一般公共预算支出合计线下反映，列入“债务转贷支出”下对应的预算科目。

第十五条　一般债务还本支出应当根据当年到期一般债务规模、一般公共预算财力等因素合理预计、妥善安排，并列入年度预算草案。

一般债务还本支出应当在一般公共预算支出合计线下反映，列入“地方政府一般债务还本支出”下对应的预算科目。

第十六条　一般债务利息和发行费用应当根据一般债务规模、利率、费率等情况合理预计，并列入一般公共预算支出统筹安排。

一般债务利息、发行费用支出应当在一般公共预算支出合计线上反映。一般债务利息支出列入“地方政府一般债务付息支出”下对应的预算科目，发行费用支出列入“地方政府一般债务发行费用支出”下对应的预算科目。

第十七条　增加举借一般债务和相应安排的支出，财政部门负责具体编制一般公共预算调整方案，由本级政府提请本级人民代表大会常务委员会批准。

第十八条　一般债务转贷下级政府的，财政部门应当在本级人民代表大会或其常务委员会批准后，及时将一般债务转贷的预算下达有关市县级财政部门。

接受一般债务转贷的市县级政府在本级人民代表大会或其常务委员会批准后，应当及时与上级财政部门签订转贷协议。

第四章　预算执行和决算

第十九条　省级财政部门统筹考虑本级和市县情况，根据预算调整方案、偿还一般债务本金需求和债券市场状况等因素，制定全省一般债券发行计划，合理确定期限结构和发行时点。

第二十条　省级财政部门发行一般债券募集的资金，应当缴入省级国库，并根据预算安排和还本计划拨付资金。

代市县级政府发行一般债券募集的资金，由省级财政部门按照转贷协议及时拨付市县级财政部门。

第二十一条　省级财政部门应当按照规定做好一般债券发行的信息披露和信用评级等相关工作。披露的信息应当包括一般公共预算财力情况、发行一般债券计划和安排支出项目方案、偿债计划和资金来源，以及其他按照规定应当公开的信息。

第二十二条　省级财政部门应当在发行一般债券后3个工作日内，将一般债券发行情况报财政部备案，并抄送财政部驻当地财政监察专员办事处（以下简称专员办）。

第二十三条　地方各级财政部门应当依据预算调整方案及一般债券发行规定的预算科目和用途，使用一般债券资金。确需调整支出用途的，应当按照规定程序办理。

第二十四条　省级财政部门应当按照合同约定，及时偿还全省、自治区、直辖市一般债券到期本金、利息以及支付发行费用。市县级财政部门应当按照转贷协议约定，及时向省级财政部门缴纳本地区或本级应当承担的还本付息、发行费用等资金。

第二十五条　市县级财政部门未按时足额向省级财政部门缴纳一般债券还本付息、发行费用等资金的，省级财政部门可以采取适当方式扣回，并将违约情况向市场披露。

第二十六条　预算年度终了，地方各级财政部门编制一般公共预算决算草案时，应当全面、准确反映一般债务收入、安排的支出、还本付息和发行费用等情况。

第五章　非债券形式一般债务纳入预算管理

第二十七条　县级以上地方各级财政部门应当将非债券形式一般债务纳入本地区一般债务限额，实行预算管理。

对非债券形式一般债务，应当由政府、债权人、债务人通过合同方式，约定在国务院规定的期限内置换成一般债券的时限，转移偿还义务。偿还义务转移给地方政府后，地方财政部门应当根据相关材料登记总预算会计账。

第二十八条 对非债券形式一般债务，债务人为地方政府及其部门的，应当在国务院规定的期限内置换成一般债券；债务人为企事业单位或个人，且债权人同意在国务院规定的期限内置换成一般债券的，地方政府应当予以置换，债权人不同意在国务院规定的期限内置换成一般债券的，不再计入地方政府债务，由债务人自行偿还，对应的一般债务限额由财政部按照程序予以调减。

第六章 监督管理

第二十九条 县级以上地方各级财政部门应当按照法律、法规和财政部规定，向社会公开一般债务限额、余额、期限结构、使用、偿还等情况，主动接受监督。

第三十条 县级以上地方各级财政部门应当建立和完善相关制度，加强对本地区一般债务的管理和监督。

第三十一条 专员办应当加强对所在地一般债务的监督，督促地方规范一般债务的举借、使用、偿还等行为，发现违反法律法规和财政管理规定的行为，及时报告财政部。

第三十二条 违反本办法规定情节严重的，财政部可以暂停相关地区一般债券发行资格。违反法律、行政法规的，依法追究有关人员责任；涉嫌犯罪的，移送司法机关依法处理。

第七章 附 则

第三十三条 省、自治区、直辖市可以根据本办法制定实施细则。

第三十四条 本办法由财政部负责解释。

第三十五条 本办法自印发之日起施行。

财政部

2016年11月9日

关于对地方政府债务实行限额管理的实施意见

财预〔2015〕225号

各省、自治区、直辖市、计划单列市人民政府：

为进一步规范地方政府债务管理，更好发挥政府债务促进经济社会发展的积极作用，防范和化解财政金融风险，根据预算法、《国务院关于加强地方政府性债务管理的意见》（国发〔2014〕43号）和全国人民代表大会常务委员会批准的国务院关于提请审议批准2015年地方政府债务限额的议案有关要求，经国务院同意，现就地方政府债务限额管理提出以下实施意见：

一、切实加强地方政府债务限额管理

（一）合理确定地方政府债务总限额。对地方政府债务余额实行限额管理。年度地方政府债务限额等于上年地方政府债务限额加上当年新增债务限额（或减去当年调减债务限额），具体分为一般债务限额和专项债务限额。

地方政府债务总限额由国务院根据国家宏观经济形势等因素确定，并报全国人民代表大会批准。年度预算执行中，如出现下列特殊情况需要调整地方政府债务新增限额，由国务院提请全国人大常委会审批：当经济下行压力大、需要实施积极财政政策时，适当扩大当年新增债务限额；当经济形势好转、需要实施稳健财政政策或适度从紧财政政策时，适当削减当年新增债务限额或在上年债务限额基础上合理调减限额。

（二）逐级下达分地区地方政府债务限额。各省、自治区、直辖市政府债务限额，由财政部在全国人大或其常委会批准的总限额内，根据债务风险、财力状况等因素并统筹考虑国家宏观调控政策、各地区建设投资需求等提出方案，报国务院批准后下达各省级财政部门。

省级财政部门依照财政部下达的限额，提出本地区政府债务安排建议，编制预算调整方案，经省级政府报本级人大常委会批准；根据债务风险、财力状况等因素并统筹本地区建设投资需求提出省本级及所属各市县当年政府债务限额，报省级政府批准后下达各市县级政府。市县级政府确需举借债务的，依照经批准的限额提出本地区当年政府债务举借和使用计划，列入预算调整方案，报本级人大常委会批准，报省级政府备案并由省级政府代为举借。

（三）严格按照限额举借地方政府债务。省级财政部门在批准的地方政府债务限额内，统筹考虑地方政府负有偿还责任的中央转贷外债情况，合理安排地方政府债券的品种、结构、期限和时点，做好政府债券的发行兑付工作。中央和省级财政部门每半年向本级人大有关专门委员会书面报告地方政府债券发行和兑付等情况。对2015年地方政府债务限额下达前举借的在建项目后续贷款中需要纳入政府债务的，由各地在2015年地方政府债务限额内调整结构解决。今后，需要纳入政府债务的在建项目后续融资需求在确定每年新增地方政府债务限额时统筹考虑，依法通过发行地方政府债券举借。地方政府新发生或有债务，要严格限定在依法担保的外债转贷范围内，并根据担保合同依法承担相关责任。

（四）将地方政府债务分类纳入预算管理。地方政府要将其所有政府债务纳入限额，并分类纳入预算管理。其中，一般债务纳入一般公共预算管理，主要以一般公共预算收入偿还，当赤字不能减少时可采取借新还旧的办法。专项债务纳入政府性基金预算管理，通过对应的政府性基金或专项收入偿还；政府性基金或专项收入暂时难以实现，如收储土地未能按计划出让的，可先通过借新还旧周转，收入实现后即予归还。

二、建立健全地方政府债务风险防控机制

（一）全面评估和预警地方政府债务风险。地方各级政府要全面掌握资产负债、还本付息、财政运行等情况，加快建立政府综合财务报告制度，全面评估风险状况，跟踪风险变化，切实防范风险。中央和省级财政部门要加强对地方政府债务的监督，根据债务率、新增债务率、偿债率、逾期债务率、或有债务代偿率等指标，及时分析和评估地方政府债务风险状况，对债务高风险地区进行风险预警。

（二）抓紧建立债务风险化解和应急处置机制。各省、自治区、直辖市政府要对本地区地方政府债务风险防控负总责，建立债务风险化解激励约束机制，全面组织做好债务风险化解和应急处置工作。列入风险预警范围的地方各级政府要制订中长期债务风险化解规划和应急处置预案，在严格控制债务增量的同时，通过控制项目规模、减少支出、处置资产、引入社会资本等方式，多渠道筹集资金消化存量债务，逐步降低债务风险。市县级政府难以自行偿还债务时，要启动债务风险应急处置预案并及时上报；省级政府要加大对市县级政府债务风险应急处置的指导力度，并督促其切实化解债务风险，确保不发生区域性和系统性风险。

（三）健全地方政府债务监督和考核问责机制。地方各级政府要主动接受本级人大和社会监督，定期向社会公开政府债务限额、举借、使用、偿还等情况。地方政府举债要遵循市场化原则，强化市场约束。审计部门要依法加强债务审计监督，财政部门要加大对地方政府违规举债及债务风险的监控力度。要将政府债务管理作为硬指标纳入政绩考核，强化对地方政府领导干部的考核。地方政府主要负责人要作为第一责任人，切实抓好本级政府债务风险防控等各项工作。对地方政府防范化解政府债务风险不力的，要进行约谈、通报，必要时可以责令其减少或暂停举借新债。对地方政府违法举债或担保的，责令改正，并按照预算法规定追究相关人员责任。

三、妥善处理存量债务

（一）切实履行政府债务偿还责任。对甄别后纳入预算管理的地方政府存量债务，属于公益性项目债务的，由地方政府统筹安排包括债券资金在内的预算资金偿还，必要时可以处置政府资产；属于非公益性项目债务的，由举借债务的部门和单位通过压减预算支出

等措施偿还，暂时难以压减的可用财政资金先行垫付，并在以后年度部门和单位预算中扣回。取消融资平台公司的政府融资职能，推动有经营收益和现金流的融资平台公司市场化转型改制，通过政府和社会资本合作（PPP）、政府购买服务等措施予以支持。

地方政府存量债务中通过银行贷款等非政府债券方式举借部分，通过三年左右的过渡期，由省级财政部门在限额内安排发行地方政府债券置换。为避免地方竞相发债对市场产生冲击，财政部根据债务到期、债务风险等情况予以组织协调，并继续会同人民银行、银监会等有关部门做好定向承销发行置换债券等工作。

（二）依法妥善处置或有债务。对政府负有担保责任或可能承担一定救助责任的或有债务，地方政府要依法妥善处置。对确需依法代偿的或有债务，地方政府要将代偿部分的资金纳入预算管理，并依法对原债务单位及有关责任方保留追索权；对因预算管理方式变化导致原偿债资金性质变化为财政资金、相应确需转化为政府债务的或有债务，在不突破限额的前提下，报经省级政府批准后转化为政府债务；对违法违规担保的或有债务，由政府、债务人与债权人共同协商，重新修订合同，明确责任，依法解除担保关系。地方政府通过政府和社会资本合作等方式减少政府债务余额腾出的限额空间，要优先用于解决上述或有债务代偿或转化问题。

各地区、各部门要进一步统一思想认识，高度重视，严格执行地方政府债务管理的各项规定，结合本地区、本部门实际，明确任务分工、落实工作职责，积极研究解决新问题，及时总结经验做法，加强舆论引导，切实发挥规范地方政府债务管理对“稳增长”和“防风险”的积极作用，推动各项政策措施落实到位。

财政部

2015 年 12 月 21 日

关于深化预算管理制度改革的决定（摘录）

国发〔2014〕45号

三、全面推进深化预算管理制度改革的各项工作

（二）改进预算管理和控制，建立跨年度预算平衡机制。

2. 改进年度预算控制方式。一般公共预算审核的重点由平衡状态、赤字规模向支出预算和政策拓展。强化支出预算约束，各级政府向本级人大报告支出预算的同时，要重点报告支出政策内容。预算执行中如需增加或减少预算总支出，必须报经本级人大常委会审查批准。收入预算从约束性转向预期性，根据经济形势和政策调整等因素科学预测。中央一般公共预算因宏观调控政策需要可编列赤字，通过发行国债予以弥补。中央政府债务实行余额管理，中央国债余额限额根据累计赤字和应对当年短收需发行的债务等因素合理确定，报全国人大或其常委会审批。经国务院批准，地方一般公共预算为没有收益的公益性事业发展可编列赤字，通过举借一般债务予以弥补，地方政府一般债务规模纳入限额管理，由国务院确定并报全国人大或其常委会批准。加强政府性基金预算编制管理。政府性基金预算按照以收定支的原则，根据政府性基金项目的收入情况和实际支出需要编制；经国务院批准，地方政府性基金预算为有一定收益的公益性事业发展可举借专项债务，地方政府专项债务规模纳入限额管理，由国务院确定并报全国人大或其常委会批准。财政部在全国人大或其常委会批准的地方政府债务规模内，根据各地区债务风险、财力状况等因素测算分地区债务限额，并报国务院批准。各省、自治区、直辖市在分地区债务限额内举借债务，报省级人大或其常委会批准。国有资本经营预算按照收支平衡的原则编制，不列赤字。

3. 建立跨年度预算平衡机制。根据经济形势发展变化和财政政策逆周期调节的需要，建立跨年度预算平衡机制。中央一般公共预算执行中如出现超收，超收收入用于冲减赤字、补充预算稳定调节基金；如出现短收，通过调入预算稳定调节基金、削减支出或增列赤字并在经全国人大或其常委会批准的国债余额限额内发债平衡。地方一般公共预算执行中如出现超收，用于化解政府债务或补充预算稳定调节基金；如出现短收，通过调入预算稳定调节基金或其他预算资金、削减支出实现平衡。如采取上述措施后仍不能实现平衡，省级政府报本级人大或其常委会批准后增列赤字，并报财政部备案，在下一年度预算中予以弥补；市、县级政府通过申请上级政府临时救助实现平衡，并在下一年度预算中归还。政府性基金预算和国有资本经营预算如出现超收，结转下年安排；如出现短收，通过削减支出实现平衡。

（六）规范地方政府债务管理，防范化解财政风险。

1. 赋予地方政府依法适度举债权限，建立规范的地方政府举债融资机制。经国务院批准，省、自治区、直辖市政府可以适度举借债务；市县级政府确需举借债务的由省、自治区、直辖市政府代为举借。政府债务只能通过政府及其部门举借，不得通过企事业单位等举借。地方政府举债采取政府债券方式。剥离融资平台公司政府融资职能。推广使用政府与社会资本合作模式，鼓励社会资本通过特许经营等方式参与城市基础设施等有一定收益的公益性事业投资和运营。

2. 对地方政府债务实行规模控制和分类管理。地方政府债务规模实行限额管理，地方政府举债不得突破批准的限额。地方政府债务分为一般债务、专项债务两类，分类纳入预算管理。一般债务通过发行一般债券融资，纳入一般公共预算管理。专项债务通过发行专项债券融资，纳入政府性基金预算管理。

3. 严格限定政府举债程序和资金用途。地方政府在国务院批准的分地区限额内举借债务，必须报本级人大或其常委会批准。地方政府举借债务要遵循市场化原则。建立地方政府信用评级制度，逐步完善地方政府债券市场。地方政府举借的债务，只能用于公益性资本支出和适度归还存量债务，不得用于经常性支出。

4. 建立债务风险预警及化解机制。财政部根据债务率、新增债务率、偿债率、逾期债务率等指标，评估各地区债务风险状况，对债务高风险地区进行风险预警。债务高风险地区要积极采取措施，逐步降低风险。对甄别后纳入预算管理的地方政府存量债务，各地区可申请发行地方政府债券置换，以降低利息负担，优化期限结构。要硬化预算约束，防范道德风险，地方政府对其举借的债务负有偿还责任，中央政府实行不救助原则。

5. 建立考核问责机制。把政府性债务作为一个硬指标纳入政绩考核。明确责任落实，省、自治区、直辖市政府要对本地区地方政府性债务负责任。地方各级政府要切实担负起加强地方政府性债务管理、防范化解财政金融风险的责任，政府主要负责人要作为第一责任人，认真抓好政策落实。

国务院

2014 年 9 月 26 日

关于加强地方政府性债务管理的意见

国发〔2014〕43号

为加强地方政府性债务管理，促进国民经济持续健康发展，根据党的十八大、十八届三中全会精神，现提出以下意见：

一、总体要求

（一）指导思想。以邓小平理论、“三个代表”重要思想、科学发展观为指导，全面贯彻落实党的十八大、十八届三中全会精神，按照党中央、国务院决策部署，建立“借、用、还”相统一的地方政府性债务管理机制，有效发挥地方政府规范举债的积极作用，切实防范化解财政金融风险，促进国民经济持续健康发展。

（二）基本原则。

疏堵结合。修明渠、堵暗道，赋予地方政府依法适度举债融资权限，加快建立规范的地方政府举债融资机制。同时，坚决制止地方政府违法违规举债。

分清责任。明确政府和企业的责任，政府债务不得通过企业举借，企业债务不得推给政府偿还，切实做到谁借谁还、风险自担。政府与社会资本合作的，按约定规则依法承担相关责任。

规范管理。对地方政府债务实行规模控制，严格限定政府举债程序和资金用途，把地方政府债务分门别类纳入全口径预算管理，实现“借、用、还”相统一。

防范风险。牢牢守住不发生区域性和系统性风险的底线，切实防范和化解财政金融风险。

稳步推进。加强债务管理，既要积极推进，又要谨慎稳健。在规范管理的同时，要妥善处理存量债务，确保在建项目有序推进。

二、加快建立规范的地方政府举债融资机制

（一）赋予地方政府依法适度举债权限。经国务院批准，省、自治区、直辖市政府可以适度举借债务，市县级政府确需举借债务的由省、自治区、直辖市政府代为举借。明确划清政府与企业界限，政府债务只能通过政府及其部门举借，不得通过企事业单位等举借。

（二）建立规范的地方政府举债融资机制。地方政府举债采取政府债券方式。没有收益的公益性事业发展确需政府举借一般债务的，由地方政府发行一般债券融资，主要以一般公共预算收入偿还。有一定收益的公益性事业发展确需政府举借专项债务的，由地方政

府通过发行专项债券融资，以对应的政府性基金或专项收入偿还。

（三）推广使用政府与社会资本合作模式。鼓励社会资本通过特许经营等方式，参与城市基础设施等有一定收益的公益性事业投资和运营。政府通过特许经营权、合理定价、财政补贴等事先公开的收益约定规则，使投资者有长期稳定收益。投资者按照市场化原则出资，按约定规则独自或与政府共同成立特别目的公司建设和运营合作项目。投资者或特别目的公司可以通过银行贷款、企业债、项目收益债券、资产证券化等市场化方式举债并承担偿债责任。政府对投资者或特别目的公司按约定规则依法承担特许经营权、合理定价、财政补贴等相关责任，不承担投资者或特别目的公司的偿债责任。

（四）加强政府或有债务监管。剥离融资平台公司政府融资职能，融资平台公司不得新增政府债务。地方政府新发生或有债务，要严格限定在依法担保的范围内，并根据担保合同依法承担相关责任。地方政府要加强对或有债务的统计分析和风险防控，做好相关监管工作。

三、对地方政府债务实行规模控制和预算管理

（一）对地方政府债务实行规模控制。地方政府债务规模实行限额管理，地方政府举债不得突破批准的限额。地方政府一般债务和专项债务规模纳入限额管理，由国务院确定并报全国人大或其常委会批准，分地区限额由财政部在全国人大或其常委会批准的地方政府债务规模内根据各地区债务风险、财力状况等因素测算并报国务院批准。

（二）严格限定地方政府举债程序和资金用途。地方政府在国务院批准的分地区限额内举借债务，必须报本级人大或其常委会批准。地方政府不得通过企事业单位等举借债务。地方政府举借债务要遵循市场化原则。建立地方政府信用评级制度，逐步完善地方政府债券市场。地方政府举借的债务，只能用于公益性资本支出和适度归还存量债务，不得用于经常性支出。

（三）把地方政府债务分门别类纳入全口径预算管理。地方政府要将一般债务收支纳入一般公共预算管理，将专项债务收支纳入政府性基金预算管理，将政府与社会资本合作项目中的财政补贴等支出按性质纳入相应政府预算管理。地方政府各部门、各单位要将债务收支纳入部门和单位预算管理。或有债务确需地方政府或其部门、单位依法承担偿债责任的，偿债资金要纳入相应预算管理。

四、控制和化解地方政府性债务风险

（一）建立地方政府性债务风险预警机制。财政部根据各地区一般债务、专项债务、或有债务等情况，测算债务率、新增债务率、偿债率、逾期债务率等指标，评估各地区债务风险状况，对债务高风险地区进行风险预警。列入风险预警范围的债务高风险地区，要积极采取措施，逐步降低风险。债务风险相对较低的地区，要合理控制债务余额的规模和增长速度。

（二）建立债务风险应急处置机制。要硬化预算约束，防范道德风险，地方政府对其举借的债务负有偿还责任，中央政府实行不救助原则。各级政府要制定应急处置预案，建立责任追究机制。地方政府出现偿债困难时，要通过控制项目规模、压缩公用经费、处置

存量资产等方式，多渠道筹集资金偿还债务。地方政府难以自行偿还债务时，要及时上报，本级和上级政府要启动债务风险应急处置预案和责任追究机制，切实化解债务风险，并追究相关人员责任。

（三）严肃财经纪律。建立对违法违规融资和违规使用政府性债务资金的惩罚机制，加大对地方政府性债务管理的监督检查力度。地方政府及其所属部门不得在预算之外违法违规举借债务，不得以支持公益性事业发展名义举借债务用于经常性支出或楼堂馆所建设，不得挪用债务资金或改变既定资金用途；对企业的注资、财政补贴等行为必须依法合规，不得违法为任何单位和个人的债务以任何方式提供担保；不得违规干预金融机构等正常经营活动，不得强制金融机构等提供政府性融资。地方政府要进一步规范土地出让管理，坚决制止违法违规出让土地及融资行为。

五、完善配套制度

（一）完善债务报告和公开制度。完善地方政府性债务统计报告制度，加快建立权责发生制的政府综合财务报告制度，全面反映政府的资产负债情况。对于中央出台的重大政策措施如棚户区改造等形成的政府性债务，应当单独统计、单独核算、单独检查、单独考核。建立地方政府性债务公开制度，加强政府信用体系建设。各地区要定期向社会公开政府性债务及其项目建设情况，自觉接受社会监督。

（二）建立考核问责机制。把政府性债务作为一个硬指标纳入政绩考核。明确责任落实，各省、自治区、直辖市政府要对本地区地方政府性债务负责任。强化教育和考核，纠正不正确的政绩导向。对脱离实际过度举债、违法违规举债或担保、违规使用债务资金、恶意逃废债务等行为，要追究相关责任人责任。

（三）强化债权人约束。金融机构等不得违法违规向地方政府提供融资，不得要求地方政府违法违规提供担保。金融机构等购买地方政府债券要符合监管规定，向属于政府或有债务举借主体的企业法人等提供融资要严格规范信贷管理，切实加强风险识别和风险管理。金融机构等违法违规提供政府性融资的，应自行承担相应损失，并按照商业银行法、银行业监督管理法等法律法规追究相关机构和人员的责任。

六、妥善处理存量债务和在建项目后续融资

（一）抓紧将存量债务纳入预算管理。以2013年政府性债务审计结果为基础，结合审计后债务增减变化情况，经债权人与债务人共同协商确认，对地方政府性债务存量进行甄别。对地方政府及其部门举借的债务，相应纳入一般债务和专项债务。对企事业单位举借的债务，凡属于政府应当偿还的债务，相应纳入一般债务和专项债务。地方政府将甄别后的政府存量债务逐级汇总上报国务院批准后，分类纳入预算管理。纳入预算管理的债务原有债权债务关系不变，偿债资金要按照预算管理要求规范管理。

（二）积极降低存量债务利息负担。对甄别后纳入预算管理的地方政府存量债务，各地区可申请发行地方政府债券置换，以降低利息负担，优化期限结构，腾出更多资金用于重点项目建设。

（三）妥善偿还存量债务。处置到期存量债务要遵循市场规则，减少行政干预。对项目自身运营收入能够按时还本付息的债务，应继续通过项目收入偿还。对项目自身运营收入不足以还本付息的债务，可以通过依法注入优质资产、加强经营管理、加大改革力度等措施，提高项目盈利能力，增强偿债能力。地方政府应指导和督促有关债务举借单位加强财务管理、拓宽偿债资金渠道、统筹安排偿债资金。对确需地方政府偿还的债务，地方政府要切实履行偿债责任，必要时可以处置政府资产偿还债务。对确需地方政府履行担保或救助责任的债务，地方政府要切实依法履行协议约定，作出妥善安排。有关债务举借单位和连带责任人要按照协议认真落实偿债责任，明确偿债时限，按时还本付息，不得单方面改变原有债权债务关系，不得转嫁偿债责任和逃废债务。对确已形成损失的存量债务，债权人应按照商业化原则承担相应责任和损失。

（四）确保在建项目后续融资。地方政府要统筹各类资金，优先保障在建项目续建和收尾。对使用债务资金的在建项目，原贷款银行等要重新进行审核，凡符合国家有关规定的项目，要继续按协议提供贷款，推进项目建设；对在建项目确实没有其他建设资金来源的，应主要通过政府与社会资本合作模式和地方政府债券解决后续融资。

七、加强组织领导

各地区、各部门要高度重视，把思想和行动统一到党中央、国务院决策部署上来。地方政府要切实担负起加强地方政府性债务管理、防范化解财政金融风险的责任，结合实际制定具体方案，政府主要负责人要作为第一责任人，认真抓好政策落实。要建立地方政府性债务协调机制，统筹加强地方政府性债务管理。财政部门作为地方政府性债务归口管理部门，要完善债务管理制度，充实债务管理力量，做好债务规模控制、债券发行、预算管理、统计分析和风险监控等工作；发展改革部门要加强政府投资计划管理和项目审批，从严审批债务风险较高地区的新开工项目；金融监管部门要加强监管、正确引导，制止金融机构等违法违规提供融资；审计部门要依法加强对地方政府性债务的审计监督，促进完善债务管理制度，防范风险，规范管理，提高资金使用效益。各地区、各部门要切实履行职责，加强协调配合，全面做好加强地方政府性债务管理各项工作，确保政策贯彻落实到位。

国务院

2014 年 9 月 21 日

第三部分　政府性债务风险防控相关法规

关于进一步增强企业债券服务实体经济能力严格防范地方债务风险的通知

发改办财金〔2018〕194号

各省、自治区、直辖市及计划单列市、新疆生产建设兵团发展改革委、财政厅（局）：

为深入贯彻落实党的十九大、中央经济工作会议和全国金融工作会议精神，进一步发挥企业债券直接融资功能，增强金融服务实体经济能力，坚决打好防范化解重大风险攻坚战，严格防范地方债务风险，坚决遏制地方政府隐性债务增量，现就企业债券工作有关事项通知如下。

一、申报企业应当建立健全规范的公司治理结构、管理决策机制和财务管理制度，严禁党政机关公务人员未经批准在企业兼职（任职）。申报企业拥有的资产应当质量优良、权属清晰，严禁将公立学校、公立医院、公共文化设施、公园、公共广场、机关事业单位办公楼、市政道路、非收费桥梁、非经营性水利设施、非收费管网设施等公益性资产及储备土地使用权计入申报企业资产。

二、申报企业应当真实、准确、完整地披露企业自身财务信息和项目信息等，支持投资者有效甄别风险，严禁涉及与地方政府信用挂钩的虚假陈述、误导性宣传。信用评级机构应当基于企业财务和项目信息等开展评级工作，不得将申报企业信用与地方政府信用挂钩。相关企业申报债券时应主动公开声明不承担政府融资职能，发行本期债券不涉及新增地方政府债务。

三、申报企业应当实现业务市场化、实体化运营，依法合规开展市场化融资，并充分论证、科学决策利用债券资金支持投资项目建设的必要性、可行性和经济性。申报企业应当依托自身信用制定本息偿付计划和落实偿债保障措施，确保债券本息按期兑付，切实做到“谁借谁还、风险自担”。严禁申报企业以各种名义要求或接受地方政府及其所属部门为其市场化融资行为提供担保或承担偿债责任。

四、纯公益性项目不得作为募投项目申报企业债券。利用债券资金支持的募投项目，应严格执行项目资本金制度，并建立市场化的投资回报机制，形成持续稳定、合理可行的预期收益。

五、募投项目若有取得投资补助、运营补贴、财政贴息等财政资金支持的，程序和内容必须依法合规，必须把地方财政承受能力和中长期财政可持续作为重要约束条件，坚决杜绝脱离当地财力可能进行财政资金支持。相关财政资金应按照规定在年度预算中足额安排，涉及跨年度实施的项目应当列入中期财政规划并实行三年滚动管理，严格落实资金来源。

六、规范以政府和社会资本合作（PPP）项目发行债券融资。严格 PPP 模式适用范围，审慎评估政府付费类 PPP 项目、可行性缺口补助 PPP 项目发债风险，严禁采用 PPP 模式违法违规或变相举债融资。

七、建立健全责任主体信用记录，对经有关部门认定为因涉地方政府违法违规融资和担保活动的申报企业、承销机构、会计师事务所、律师事务所、信用评级机构等主体及其主要负责人，加大惩处问责力度，纳入相关领域黑名单和全国信用信息共享平台归集共享，实施跨部门联合惩戒，及时公开通报，并限制相关责任主体新申报或推荐申报企业债券。

八、各地财政部门应当按规定在年度预算中安排资金及时支付给依法合规承接政府投资项目的企业，防止地方政府恶意拖欠企业工程款。

九、各地发展改革部门应积极组织区域内市场化运营的优质企业、优质项目开展债券融资，进一步增强企业债券服务实体经济能力。各地发展改革部门应切实加大事中事后监管力度，利用社会信用体系建设、大数据预警监测分析等多种创新方式，加强对债券资金使用情况和项目后续建设运营情况的督促检查，确保企业债券市场平稳有序健康发展。

国家发展改革委办公厅

财政部办公厅

2018 年 2 月 8 日

关于加强保险资金运用管理支持防范化解地方政府债务风险的指导意见

保监发〔2018〕6号

各保险集团（控股）公司、保险公司、保险资产管理公司，各省（自治区、直辖市、计划单列市）政府性债务管理领导小组办公室：

党的十九大报告指出，要坚决打好防范化解重大风险等攻坚战。为深入学习贯彻党的十九大精神，落实全国金融工作会议和中央经济工作会议部署，强化保险机构责任意识，支持保险机构更加安全高效服务实体经济，防范化解地方债务风险，现提出如下指导意见。

一、积极支持依法合规开展投资

保险机构应当认真贯彻落实党中央、国务院关于金融支持实体经济的决策部署，充分发挥保险资金优势，为关系国计民生的各类基础设施项目和民生工程提供长期资金支持。保险机构应当严格执行《中华人民共和国预算法》《中华人民共和国担保法》和《国务院关于加强地方政府性债务管理的意见》（国发〔2014〕43号）等法律和规定，依法合规开展投资业务，鼓励保险机构购买地方政府债券，严禁违法违规向地方政府提供融资，不得要求地方政府违法违规提供担保。地方政府及其所属部门不得以文件、会议纪要、领导批示等任何形式，向保险机构违法违规或变相举债。除外国政府和国际经济组织贷款转贷外，地方政府及其所属部门不得对保险机构投资业务中任何单位和个人的债务提供任何方式的担保。

二、妥善配合存量债务风险处置

保险机构应当妥善处理涉及地方债务的存量投资业务，逐笔排查是否合法合规。属于违法违规行为的，保险机构应当严格按照国务院要求，积极配合有关部门和地方政府进行整改，依法妥善处置，并及时报告中国保监会。属于合法合规行为的，保险机构应当加强存续期风险监测。各省（自治区、直辖市、计划单列市）政府性债务管理领导小组办公室要加强工作组织协调，结合地方政府融资担保清理整改工作进展，及时按要求提供涉及保险机构的相关融资担保信息，积极支持保险机构妥善开展存量债务风险处置工作。财政部驻各地财政监察专员办事处要密切跟踪相关情况，发现问题及时书面报告财政部，抄送中国保监会。

三、切实规范投资融资平台公司行为

保险机构向融资平台公司提供债权投资的，应当对投资是否符合相关法律法规出具专项法律意见。融资平台公司作为融资主体的，其自有现金流应当覆盖全部应还债务本息，并向保险机构主动声明不承担政府融资职能，且 2015 年 1 月 1 日起其新增债务依法不属于地方政府债务。投资项目为公益性项目的，应当符合法律或国务院规定，且融资主体和担保主体不得同为融资平台公司。还款来源涉及财政性资金的，保险机构应当严格核实地方政府履行相关程序的合规性和完备性，并进一步综合区域经济和财政实力、拟投项目可行性等因素，充分评估地方政府的财政可承受力，审慎开展投资。保险机构要将融资平台公司视同一般国有企业，根据项目情况而不是政府信用独立开展风险评估，严格实施市场化融资。

地方各级政府要贯彻落实中共中央办公厅、国务院办公厅《关于全面推进政务公开工作的意见》等规定和要求，全面推进地方政府预决算、部门预决算信息公开，以及各类举债融资行为的信息公开，保障保险机构等主体知情权，回应社会关切。规范融资平台公司融资信息披露，严禁与地方政府信用挂钩的误导性宣传。

四、审慎合规开展创新业务

保险机构开展保险私募基金、股权投资计划、政府和社会资本合作（PPP）等保险资金运用创新业务，要遵循审慎合规原则，投资收益应当与被投资企业的经营业绩或股权投资基金的投资收益挂钩，不得要求地方政府或融资平台公司通过支付固定投资回报或约定到期、强制赎回投资本金等方式承诺保障本金和投资收益，不得为地方政府违法违规或变相举债提供任何形式的便利。鼓励地方政府和保险机构规范运用政府和社会资本合作（PPP）、政府投资基金等方式，支持经济社会发展的重点领域和薄弱环节。坚决制止地方政府以引入保险机构等社会资本名义，通过融资平台公司、政府投资基金等方式违法违规或变相举债上新项目、铺新摊子。

五、着力强化行业风险管理

保险业相关行业组织应当切实发挥行业平台作用，在基础设施投资计划等保险资产管理产品注册、登记相关工作中，依法加强对保险资金运用涉及的地方债务风险的监测，严格查验投资合规性。同时，加快探索建立行业性的区域信用风险评估框架，逐步健全行业性风险预警机制，及时向保险机构提示风险。各省（自治区、直辖市、计划单列市）政府性债务管理领导小组办公室要加快建立跨部门联合监测和防控机制，统计监测涉及保险机构的政府中长期支出事项以及向融资平台公司提供的债权投资情况，加强信息共享和数据校验，定期通报监测结果，支持保险机构完善风险管理体系。

六、严格落实市场主体责任

保险机构作为保险资金运用主体，要严格落实风险管理责任。保险机构违法违规向地方政府提供融资的，应当自行承担相应损失，并依规追究相关机构和人员责任。为保险资金运用提供服务的律师事务所、会计师事务所等中介服务机构及其有关人员，要遵守执业规范和职业道德，客观公正、勤勉尽责，独立发表专业意见。其未尽责履职，或出具的报告含有虚假记载、误导性陈述或者重大遗漏的，应当承担相应法律责任。

财政部
中国保监会
2018 年 1 月 8 日

关于进一步规范地方政府举债融资行为的通知

财预〔2017〕50号

各省、自治区、直辖市、计划单列市财政厅（局）、发展改革委、司法厅（局），中国人民银行上海总部、各分行、营业管理部、省会（首府）城市中心支行、副省级城市中心支行，各银监局、证监局：

2014年修订的预算法和《国务院关于加强地方政府性债务管理的意见》（国发〔2014〕43号）实施以来，地方各级政府加快建立规范的举债融资机制，积极发挥政府规范举债对经济社会发展的支持作用，防范化解财政金融风险，取得了阶段性成效。但个别地区违法违规举债担保时有发生，局部风险不容忽视。为贯彻落实党中央、国务院决策部署，牢牢守住不发生区域性系统性风险的底线，现就进一步规范地方政府举债融资行为有关事项通知如下：

一、全面组织开展地方政府融资担保清理整改工作

各省级政府要认真落实国务院办公厅印发的《地方政府性债务风险应急处置预案》（国办函〔2016〕88号）要求，抓紧设立政府性债务管理领导小组，指导督促本级各部门和市县政府进一步完善风险防范机制，结合2016年开展的融资平台公司债务等统计情况，尽快组织一次地方政府及其部门融资担保行为摸底排查，督促相关部门、市县政府加强与社会资本方的平等协商，依法完善合同条款，分类妥善处置，全面改正地方政府不规范的融资担保行为。上述工作应当于2017年7月31日前清理整改到位，对逾期不改正或改正不到位的相关部门、市县政府，省级政府性债务管理领导小组应当提请省级政府依法依规追究相关责任人的责任。财政部驻各地财政监察专员办事处要密切跟踪地方工作进展，发现问题及时报告。

二、切实加强融资平台公司融资管理

加快政府职能转变，处理好政府和市场的关系，进一步规范融资平台公司融资行为管理，推动融资平台公司尽快转型为市场化运营的国有企业、依法合规开展市场化融资，地方政府及其所属部门不得干预融资平台公司日常运营和市场化融资。地方政府不得将公益性资产、储备土地注入融资平台公司，不得承诺将储备土地预期出让收入作为融资平台公司偿债资金来源，不得利用政府性资源干预金融机构正常经营行为。金融机构应当依法合规支持融资平台公司市场化融资，服务实体经济发展。进一步健全信息披露机制，融资平台公司在境内外举债融资时，应当向债权人主动书面声明不承担政府融资职能，并明确自

2015 年 1 月 1 日起其新增债务依法不属于地方政府债务。金融机构应当严格规范融资管理，切实加强风险识别和防范，落实企业举债准入条件，按商业化原则履行相关程序，审慎评估举债人财务能力和还款来源。金融机构为融资平台公司等企业提供融资时，不得要求或接受地方政府及其所属部门以担保函、承诺函、安慰函等任何形式提供担保。对地方政府违法违规举债担保形成的债务，按照《国务院办公厅关于印发地方政府性债务风险应急处置预案的通知》（国办函〔2016〕88 号）、《财政部关于印发〈地方政府性债务风险分类处置指南〉的通知》（财预〔2016〕152 号）依法妥善处理。

三、规范政府与社会资本方的合作行为

地方政府应当规范政府和社会资本合作（PPP）。允许地方政府以单独出资或与社会资本共同出资方式设立各类投资基金，依法实行规范的市场化运作，按照利益共享、风险共担的原则，引导社会资本投资经济社会发展的重点领域和薄弱环节，政府可适当让利。地方政府不得以借贷资金出资设立各类投资基金，严禁地方政府利用 PPP、政府出资的各类投资基金等方式违法违规变相举债，除国务院另有规定外，地方政府及其所属部门参与 PPP 项目、设立政府出资的各类投资基金时，不得以任何方式承诺回购社会资本方的投资本金，不得以任何方式承担社会资本方的投资本金损失，不得以任何方式向社会资本方承诺最低收益，不得对有限合伙制基金等任何股权投资方式额外附加条款变相举债。

四、进一步健全规范的地方政府举债融资机制

全面贯彻落实依法治国战略，严格执行预算法和国发〔2014〕43 号文件规定，健全规范的地方政府举债融资机制，地方政府举债一律采取在国务院批准的限额内发行地方政府债券方式，除此以外地方政府及其所属部门不得以任何方式举借债务。地方政府及其所属部门不得以文件、会议纪要、领导批示等任何形式，要求或决定企业为政府举债或变相为政府举债。允许地方政府结合财力可能设立或参股担保公司（含各类融资担保基金公司），构建市场化运作的融资担保体系，鼓励政府出资的担保公司依法依规提供融资担保服务，地方政府依法在出资范围内对担保公司承担责任。除外国政府和国际经济组织贷款转贷外，地方政府及其所属部门不得为任何单位和个人的债务以任何方式提供担保，不得承诺为其他任何单位和个人的融资承担偿债责任。地方政府应当科学制定债券发行计划，根据实际需求合理控制节奏和规模，提高债券透明度和资金使用效益，建立信息共享机制。

五、建立跨部门联合监测和防控机制

完善统计监测机制，由财政部门会同发展改革、人民银行、银监、证监等部门建设大数据监测平台，统计监测政府中长期支出事项以及融资平台公司举借或发行的银行贷款、资产管理产品、企业债券、公司债券、非金融企业债务融资工具等情况，加强部门信息共享和数据校验，定期通报监测结果。开展跨部门联合监管，建立财政、发展改革、司法行政机关、人民银行、银监、证监等部门以及注册会计师协会、资产评估协会、律师协会等行业自律组织参加的监管机制，对地方政府及其所属部门、融资平台公司、金融机构、中介机构、法律服务机构等的违法违规行为加强跨部门联合惩戒，形成监管合力。对地方政府及其所属部门违法违规举债或担保的，依法依规追究负有直接责任的主管人员和其他直接责任人员的责任；对融资平台公司从事或参与违法违规融资活动的，依法依规追究企业及其相关负责人责任；对金融机构违法违规向地方政府提供融资、要求或接受地方政府提供担保承诺的，依法依规追究金融机构及其相关负责人和授信审批人员责任；对中介机构、法律服务机构违法违规为融资平台公司出具审计报告、资产评估报告、信用评级报告、法律意见书等的，依法依规追究中介机构、法律服务机构及相关从业人员的责任。

六、大力推进信息公开

地方各级政府要贯彻落实中共中央办公厅、国务院办公厅《关于全面推进政务公开工作的意见》等规定和要求，全面推进地方政府及其所属部门举债融资行为的决策、执行、管理、结果等公开，严格公开责任追究，回应社会关切，主动接受社会监督。继续完善地方政府债务信息公开制度，县级以上地方各级政府应当重点公开本地区政府债务限额和余额，以及本级政府债务的规模、种类、利率、期限、还本付息、用途等内容。省级财政部门应当参考国债发行做法，提前公布地方政府债务发行计划。推进政府购买服务公开，地方政府及其所属部门应当重点公开政府购买服务决策主体、购买主体、承接主体、服务内容、合同资金规模、分年财政资金安排、合同期限、绩效评价等内容。推进政府和社会资本合作（PPP）项目信息公开，地方政府及其所属部门应当重点公开政府和社会资本合作（PPP）项目决策主体、政府方和社会资本方信息、合作项目内容和财政承受能力论证、社会资本方采购信息、项目回报机制、合同期限、绩效评价等内容。推进融资平台公司名录公开。

各地区要充分认识规范地方政府举债融资行为的重要性，把防范风险放在更加重要的位置，省级政府性债务管理领导小组要切实担负起地方政府债务管理责任，进一步健全制度和机制，自觉维护总体国家安全，牢牢守住不发生区域性系统性风险的底线。各省（自治区、直辖市、计划单列市）政府性债务管理领导小组办公室应当汇总本地区举债融资行为清理整改工作情况，报省级政府同意后，于2017年8月31日前反馈财政部，抄送发展改革委、人民银行、银监会、证监会。

特此通知。

财政部　发展改革委　司法部　人民银行
银监会　证监会
2017年4月26日

关于银行业风险防控工作的指导意见

银监发〔2017〕6号

各银监局、机关各部门、各政策性银行、大型银行、股份制银行、邮储银行、外资银行、金融资产管理公司、其他会管金融机构：

为贯彻落实中央经济工作会议“把防控金融风险放到更加重要的位置”总体要求，银行业应坚持底线思维、分类施策、稳妥推进、标本兼治，切实防范化解突出风险，严守不发生系统性风险底线。现就银行业风险防控工作提出以下指导意见。

一、加强信用风险管控，维护资产质量总体稳定

（一）摸清风险底数。银行业金融机构要严格落实信贷及类信贷资产的分类标准和操作流程，真实、准确和动态地反映资产风险状况；建立健全信用风险预警体系，密切监测分析重点领域信用风险的生成和迁徙变化情况，定期开展信用风险压力测试。各级监管机构要重点关注逾期90天以上贷款与不良贷款比例超过100%、关注类贷款占比较高或增长较快、类信贷及表外资产增长过快的银行业金融机构，重点治理资产风险分类不准确、通过各种手段隐匿或转移不良贷款的行为。

（二）严控增量风险。银行业金融机构要加强统一授信、统一管理，严格不同层级的审批权限；加强授信风险审查，有效甄别高风险客户，防范多头授信、过度授信、给“僵尸企业”授信、给“空壳企业”授信、财务欺诈等风险。各级监管机构要重点治理放松授信条件、放松风险管理、贷款“三查”不到位等问题，对辖内银行业金融机构新发生的大额不良贷款暴露，要及时进行跟踪调查。

（三）处置存量风险。银行业金融机构要综合运用重组、转让、追偿、核销等手段加快处置存量不良资产，通过追加担保、债务重组、资产置换等措施缓释潜在风险；通过解包还原、置换担保、救助核心企业、联合授信管理等方式，妥善化解担保圈风险；利用债权人委员会机制，按照“一企一策”原则制定风险处置计划；加强债权维护，切实遏制逃废债行为。

（四）提升风险缓释能力。银行业金融机构要加强资产质量迁徙趋势分析，增加利润留存，及时足额计提资产减值准备，增强风险缓释能力。各级监管机构要对银行业金融机构采取风险缓释措施有效性进行跟踪评估，对风险抵补能力不足的机构，应督促其限期整改；要引导银行业金融机构通过上市融资、增资扩股、发行新型资本工具等措施，提高损失吸收能力。

二、完善流动性风险治理体系，提升流动性风险管控能力

（五）加强风险监测。银行业金融机构要完善流动性风险治理架构，将同业业务、投资业务、托管业务、理财业务等纳入流动性风险监测范围，制定合理的流动性限额和管理方案；提高对重点分支机构、币种和业务领域的关注强度，采取有效措施降低对同业存单等同业融资的依赖度。

（六）加强重点机构管控。各级监管机构要锁定资金来源与运用明显错配、批发性融资占比高的银行业金融机构，实行“一对一”贴身盯防。督促同业存单增速较快、同业存单占同业负债比例较高的银行，合理控制同业存单等同业融资规模。

（七）创新风险防控手段。探索试点城商行、农商行流动性互助机制，发挥好信托业保障基金作用，构筑中小银行业金融机构流动性安全网。

（八）提升应急管理能力。银行业金融机构要加强负债稳定性管理，确保负债总量适度、来源稳定、结构多元、期限匹配；完善流动性风险应对预案，定期开展流动性风险压力测试；加强向央行的报告沟通，运用“临时流动性便利”等工具，满足流动性需求。

三、加强债券投资业务管理，密切关注债券市场波动

（九）健全债券交易内控制度。银行业金融机构要建立贯穿债券交易各环节、覆盖全流程的内控体系，加强债券交易的合规性审查和风险控制。坚持“穿透管理”和“实质重于形式”的原则，将债券投资纳入统一授信。

（十）强化业务集中管理。银行业金融机构应将直接债券投资以及通过特殊目的载体（SPV）、表外理财等方式开展的债券投资纳入统一监测范围，全面掌握资金真实投向和底层债券资产的基本信息、风险状况、交易变动等情况，实现准入集中、数据集中和退出集中管理。

（十一）严格控制投资杠杆。银行业金融机构要审慎开展委外投资业务，严格委外机构审查和名单管理，明确委外投资限额、单一受托人受托资产比例等要求，规范开展债券回购和质押融资，严格控制交易杠杆比率，不得违规放大投资杠杆。

（十二）加强风险监测防控。银行业金融机构要严格债券信用评级准入标准，做好债券投资久期管理。高度关注债券集中到期的企业、出现债券违约的企业，防控债券违约风险向信贷业务传导。各级监管机构要督促风险管理能力薄弱、债券投资占比高的银行合理控制持债余额。

四、整治同业业务，加强交叉金融业务管控

（十三）控制业务增量。银行业金融机构要完善同业业务内部管理架构，确保业务复杂程度与风险管理能力相匹配，审慎开展交叉金融业务。同业业务应由银行业金融机构总部统一管理、集中审批。制定统一的合作机构名单、产品投资目录，严禁与不在名单范围内的机构开展合作，严禁开展投资目录之外的业务。

（十四）做实穿透管理。银行业金融机构要建立交叉金融业务监测台账，准确掌握业务规模、业务品种、基础资产性质、风险状况、资本和拨备等相关信息。新开展的同业投资业务不得进行多层嵌套，要根据基础资产性质，准确计量风险，足额计提资本和拨备。

（十五）消化存量风险。银行业金融机构应全面排查存量同业业务，对多层架构、复杂程度高的业务要制定整改计划。对风险高的同业投资业务，要制定应对策略和退出时间表。

（十六）严查违规行为。各级监管机构要重点检查同业业务多层嵌套、特定目的载体投资未严格穿透至基础资产、未将最终债务人纳入统一授信和集中度风险管控、资本拨备计提不足等问题。

五、规范银行理财和代销业务，加强金融消费者保护

（十七）加强银行理财业务风险管控。银行业金融机构应当确保每只理财产品与所投资资产相对应，做到单独管理、单独建账、单独核算；不得开展滚动发售、混合运作、期限错配、分离定价的资金池理财业务；确保自营业务与代客业务相分离；不得在理财产品之间、理财产品客户之间或理财产品客户与其他主体之间进行利益输送。

（十八）规范银行理财产品设计。银行业金融机构应当按照“简单、透明、可控”的原则设计和运作理财产品，在资金来源、运用、杠杆率、流动性、信息披露等方面严格遵守监管要求；严控嵌套投资，强化穿透管理，切实履行自身投资管理职责，不得简单将理财业务作为各类资管产品的资金募集通道，严格控制杠杆，防范资金在金融体系内自我循环，不得使用自有资金购买本行发行的理财产品。

（十九）加强金融消费者保护。银行业金融机构应当按照风险匹配原则，严格区分公募与私募、批发与零售、自营与代客等不同产品类型，充分披露产品信息和揭示风险，将投资者分层管理落到实处。只有面向高资产净值、私人银行和机构客户发行的银行理财产品，可投资于境内二级市场股票、未上市企业股权等权益类资产。理财产品宣传及销售人员产品营销推介时，应真实、全面介绍产品的性质和特征，明确告知是本机构产品还是其他机构产品、是保本产品还是非保本产品、是有固定收益的产品还是没有固定收益的产品。不得误导客户购买与其风险承受能力不相匹配的理财产品，严格落实“双录”要求，做到“卖者尽责”基础上的“买者自负”，切实保护投资者合法权益。

（二十）审慎开展代销业务。银行业金融机构应当对代销业务实施严格谨慎管理。根据自身风险管理能力、合作机构风险评估情况、代销产品风险等级，合理确定代销业务品种和限额；银行业金融机构总部应对代销业务实行集中统一管理，对合作机构实行名单制管理，对拟代销产品应开展尽职调查，不得仅依据合作机构的产品审批资料作为产品审批依据；银行业金融机构应明示代销产品的代销属性，不得将代销产品与存款或自身发行的理财产品混淆销售。

六、坚持分类调控、因城施策，防范房地产领域风险

（二十一）分类实施房地产信贷调控。认真落实中央经济工作会议精神，明确住房居住属性。坚持分类调控、因城施策，严厉打击“首付贷”等行为，切实抑制热点城市房地产泡沫，建立促进房地产健康发展的长效机制。

（二十二）强化房地产风险管控。银行业金融机构要建立全口径房地产风险监测机制。

将房地产企业贷款、个人按揭贷款、以房地产为抵押的贷款、房地产企业债券，以及其他形式的房地产融资纳入监测范围，定期开展房地产压力测试。加强房地产业务合规性管理，严禁资金违规流入房地产领域。各级监管机构要重点关注房地产融资占比高、贷款质量波动大的银行业金融机构，以及房地产信托业务增量较大、占比较高的信托公司。

（二十三）加强房地产押品管理。银行业金融机构要完善押品准入管理机制，建立健全房地产押品动态监测机制，及时发布内部预警信息，采取有效应对措施。

七、加强地方政府债务风险管控，切实防范地方政府债务风险

（二十四）严格落实《预算法》。银行业金融机构要认真落实《预算法》和《国务院关于加强地方政府性债务管理的意见》（国发〔2014〕43号）要求，不得违规新增地方政府融资平台贷款，严禁接受地方政府担保兜底。

（二十五）规范新型业务模式。银行业金融机构要依法合规开展专项建设基金、政府与社会资本合作、政府购买服务等新型业务模式，明确各方权利义务关系，不得通过各种方式异化形成违规政府性债务。

（二十六）强化融资平台风险管控。各级监管机构要会同有关部门强化地方政府债务全口径监测，指导银行业金融机构配合推进融资平台转型，明晰债权债务关系，防范债权悬空风险。银行业金融机构要紧盯列入预警范围的潜在高风险地区，推动制定中长期债务风险化解规划，有效应对局部风险。

八、稳妥推进互联网金融风险治理，促进合规稳健发展

（二十七）持续推进网络借贷平台（P2P）风险专项整治。严格执行《网络借贷信息中介机构业务活动管理暂行办法》和备案登记、资金存管等配套制度，按照专项整治工作实施方案要求，稳妥推进分类处置工作，督促网络借贷信息中介机构加强整改，适时采取关、停、并、转等措施。

（二十八）重点做好校园网贷的清理整顿工作。网络借贷信息中介机构不得将不具备还款能力的借款人纳入营销范围，禁止向未满18岁的在校大学生提供网贷服务，不得进行虚假欺诈宣传和销售，不得通过各种方式变相发放高利贷。

（二十九）做好“现金贷”业务活动的清理整顿工作。网络借贷信息中介机构应依法合规开展业务，确保出借人资金来源合法，禁止欺诈、虚假宣传。严格执行最高人民法院关于民间借贷利率的有关规定，不得违法高利放贷及暴力催收。

九、加强外部冲击风险监测，防止民间金融风险向银行业传递

（三十）防范跨境业务风险。银行业金融机构要严格遵守外汇管理相关政策，加强跨境资金流动监测预警。提高跨境并表风险管理能力，加快健全环境与社会风险管理体系，确保国别风险准备金计提充足。加强境外合规管理，及时排查反洗钱和重点领域合规风险。提高银行及其客户科学分析外汇收支、币种结构、汇率波动走势和规律的能力，避免简单跟风变动可能带来的风险和损失。

（三十一）防范社会金融风险。各级监管机构应配合地方金融监管部门规范融资担保和小贷公司行业。落实国务院清理整顿各类交易场所要求，督促银行业金融机构开展专项排查，不得为违规交易所提供开户、托管、资金划转、代理买卖、支付清算、投资咨询等服务。

（三十二）严处非法集资风险。各级监管机构要加大对未经批准设立银行业金融机构的查处力度，严肃查处非法使用“银行”名称、违法吸收公众存款、违法发放贷款的行为。银行业金融机构严禁为非法集资提供任何金融服务，严禁内部员工违规参与各类集资活动，积极协助相关部门加强账户、信息监测，及时发现和报告异常交易，劝阻客户受骗参与非法集资。

十、维护银行业经营稳定，防止出现重大案件和群体事件

（三十三）加强案件风险防控。银行业金融机构要加强员工管理，有效防范内外勾结、利益输送等案件；加强重点环节管理，对授权卡、业务印章、空白凭证等物品管理全流程控制有效性进行评估；落实票据业务相关规定，规范业务操作，严禁与非法票据中介等机构开展业务合作；加大案件查处问责力度，切实做到发现一起、处理一起，做到“一案三问”“上追两级”，遏制案件多发频发态势；强化安全管理，加强安全防范设施建设，及时消除各类安全隐患。

（三十四）加强信息科技风险防控。银行业金融机构要全面强化网络信息安全管理，提高身份认证机制安全性；加大对新兴电子渠道风险的管理力度，完善灾备体系，制定完善应对预案；完善外包管理体系，降低外包风险，不得将信息科技管理责任外包。对发生严重信息科技风险事件的银行业金融机构，各级监管机构要及时采取必要的强制性监管措施。

（三十五）加强预期管理。银行业金融机构要主动发声，强化主动服务意识和沟通意识，提高信息披露频率和透明度。正确引导各方预期，提升各界对银行业的信心。积极研判社会舆情走势，重点关注可能导致声誉风险的各类隐患，提前准备应对预案，提升应对能力。

各级监管机构、各银行业金融机构要稳妥有序开展风险防控工作，把握好节奏平衡，防止在化解风险过程中产生新的风险。各银行业金融机构要履行风险防控主体责任，实行“一把手”负责制，制定可行性、针对性强的实施方案，细化责任分工，层层压实责任，把责任落实到具体的机构、部门和人员，对于重大违规和案件风险，要一查到底，对相关机构、违规人员和领导人员严格问责。各级监管机构要做到守土有责，及时开展工作督查，对自查整改不到位、存在违法违规问题的机构，要严肃问责。

各法人银行业金融机构应分别于2017年7月20日和2018年1月20日前，向监管机构报告本机构上半年和全年相关工作进展。各银监局应分别于2017年7月31日和2018年1月31日前，向银监会报告上半年和全年辖内银行业风险防控及督查工作情况。

中国银监会

2017年4月7日

地方政府性债务风险应急处置预案

国办函〔2016〕88号

7.1　预案管理
7.2　预案解释
7.3　预案实施时间

1　总则

1.1　目的

建立健全地方政府性债务风险应急处置工作机制，坚持快速响应、分类施策、各司其职、协同联动、稳妥处置，牢牢守住不发生区域性系统性风险的底线，切实防范和化解财政金融风险，维护经济安全和社会稳定。

1.2　工作原则

1.2.1　分级负责

省级政府对本地区政府性债务风险应急处置负总责，省以下地方各级政府按照属地原则各负其责。国务院有关部门在国务院统一领导下加强对地方政府性债务风险应急处置的指导。跨省（区、市）政府性债务风险应急处置由相关地区协商办理。

1.2.2　及时应对

地方各级政府应当坚持预防为主、预防和应急处置相结合，加强对政府性债务风险的监控，及时排查风险隐患，妥善处置风险事件。

1.2.3　依法处置

地方政府性债务风险事件应急处置应当依法合规，尊重市场化原则，充分考虑并维护好各方合法权益。

1.3　编制依据

《中华人民共和国预算法》、《中华人民共和国突发事件应对法》、《国务院关于加强地方政府性债务管理的意见》（国发〔2014〕43号）、《国务院办公厅关于印发突发事件应急预案管理办法的通知》（国办发〔2013〕101号）等。

1.4　适用范围

本预案所称地方政府性债务风险事件，是指地方政府已经或者可能无法按期支付政府债务本息，或者无力履行或有债务法定代偿责任，容易引发财政金融风险，需要采取应急处置措施予以应对的事件。

本预案所称存量债务，是指清理甄别认定的2014年末地方政府性债务，包括存量政府债务和存量或有债务。

1.4.1　政府债务风险事件

（1）政府债券风险事件：指地方政府发行的一般债券、专项债券还本付息出现违约。

（2）其他政府债务风险事件：指除地方政府债券外的其他存量政府债务还本付息出现违约。

1.4.2　或有债务风险事件

（1）政府提供担保的债务风险事件：指由企事业单位举借、地方政府及有关部门提供担保的存量或有债务出现风险，政府需要依法履行担保责任或相应民事责任却无力承担。

（2）政府承担救助责任的债务风险事件：指企事业单位因公益性项目举借、由非财政性资金偿还，地方政府在法律上不承担偿债或担保责任的存量或有债务出现风险，政府为维护经济安全或社会稳定需要承担一定救助责任却无力救助。

2 组织指挥体系及职责

2.1 应急组织机构

县级以上地方各级政府设立政府性债务管理领导小组（以下简称债务管理领导小组），作为非常设机构，负责领导本地区政府性债务日常管理。当本地区出现政府性债务风险事件时，根据需要转为政府性债务风险事件应急领导小组（以下简称债务应急领导小组），负责组织、协调、指挥风险事件应对工作。

债务管理领导小组（债务应急领导小组）由本级政府主要负责人任组长，成员单位包括财政、发展改革、审计、国资、地方金融监管等部门、单位以及人民银行分支机构、当地银监部门，根据工作需要可以适时调整成员单位。

2.2 部门职责

2.2.1 财政部门是政府性债务的归口管理部门，承担本级债务管理领导小组（债务应急领导小组）办公室职能，负责债务风险日常监控和定期报告，组织提出债务风险应急措施方案。

2.2.2 债务单位行业主管部门是政府性债务风险应急处置的责任主体，负责定期梳理本行业政府性债务风险情况，督促举借债务或使用债务资金的有关单位制定本单位债务风险应急预案；当出现债务风险事件时，落实债务还款资金安排，及时向债务应急领导小组报告。

2.2.3 发展改革部门负责评估本地区投资计划和项目，根据应急需要调整投资计划，牵头做好企业债券风险的应急处置工作。

2.2.4 审计部门负责对政府性债务风险事件开展审计，明确有关单位和人员的责任。

2.2.5 地方金融监管部门负责按照职能分工协调所监管的地方金融机构配合开展政府性债务风险处置工作。

2.2.6 人民银行分支机构负责开展金融风险监测与评估，牵头做好区域性系统性金融风险防范和化解工作，维护金融稳定。

2.2.7 当地银监部门负责指导银行业金融机构等做好风险防控，协调银行业金融机构配合开展风险处置工作，牵头做好银行贷款、信托、非法集资等风险处置工作。

2.2.8 其他部门（单位）负责本部门（单位）债务风险管理和防范工作，落实政府性债务偿还化解责任。

3 预警和预防机制

3.1 预警监测

财政部建立地方政府性债务风险评估和预警机制，定期评估各地区政府性债务风险情况并作出预警，风险评估和预警结果应当及时通报有关部门和省级政府。省级财政部门应当按照财政部相关规定做好本地区政府性债务风险评估和预警工作，及时实施风险评估和预警，做到风险早发现、早报告、早处置。

此外，地方各级政府及其财政部门应当将政府及其部门与其他主体签署协议承诺用以后年度财政资金支付的事项，纳入监测范围，防范财政风险。

地方各级政府应当定期排查风险隐患，防患于未然。

3.2　信息报告

地方各级政府应当建立地方政府性债务风险事件报告制度，发现问题及时报告，不得瞒报、迟报、漏报、谎报。

3.2.1　政府债务风险事件报告

设区的市级、县级政府（以下统称市县政府）预计无法按期足额支付到期政府债务本息的，应当提前2个月以上向上级或省级政府报告，并抄送上级或省级财政部门。发生突发或重大情况，县级政府可以直接向省级政府报告，并抄送省级财政部门。省级财政部门接报后应当立即将相关情况通报债务应急领导小组各成员单位，并抄送财政部驻本地区财政监察专员办事处。

3.2.2　或有债务风险事件报告

地方政府或有债务的债务人预计无法按期足额支付或有债务本息的，应当提前1个月以上向本级主管部门和财政部门报告，经财政部门会同主管部门确认无力履行法定代偿责任或必要救助责任后，由本级政府向上级或省级政府报告，并抄送上级或省级财政部门。遇突发或重大事件，县级政府可以直接向省级政府报告，并抄送省级财政部门。省级财政部门接报后应当立即将相关情况通报债务应急领导小组各成员单位，并抄送财政部驻本地区财政监察专员办事处。

3.2.3　报告内容

包括预计发生违约的地方政府性债务类别、债务人、债权人、期限、本息、原定偿还安排等基本信息，风险发生原因，事态发展趋势，可能造成的损失，已采取及拟采取的应对措施等。

3.2.4　报告方式

一般采取书面报告形式。紧急情况下可采取先电话报告、后书面报告的方式。

3.3　分类处置

3.3.1　地方政府债券

对地方政府债券，地方政府依法承担全部偿还责任。

3.3.2　非政府债券形式的存量政府债务

对非政府债券形式的存量政府债务，经地方政府、债权人、企事业单位等债务人协商一致，可以按照《中华人民共和国合同法》第八十四条等有关规定分类处理：

（1）债权人同意在规定期限内置换为政府债券的，地方政府不得拒绝相关偿还义务转移，并应承担全部偿还责任。地方政府应当通过预算安排、资产处置等方式积极筹措资金，偿还到期政府债务本息。

（2）债权人不同意在规定期限内置换为政府债券的，仍由原债务人依法承担偿债责任，对应的地方政府债务限额由中央统一收回。地方政府作为出资人，在出资范围内承担有限责任。

3.3.3　存量或有债务

（1）存量担保债务。存量担保债务不属于政府债务。按照《中华人民共和国担保法》及其司法解释规定，除外国政府和国际经济组织贷款外，地方政府及其部门出具的担保合同无效，地方政府及其部门对其不承担偿债责任，仅依法承担适当民事赔偿责任，但最多不应超过债务人不能清偿部分的二分之一；担保额小于债务人不能清偿部分二分之一的，以担保额为限。

具体金额由地方政府、债权人、债务人参照政府承诺担保金额、财政承受能力等协商确定。

（2）存量救助债务。存量救助债务不属于政府债务。对政府可能承担一定救助责任的存量或有债务，地方政府可以根据具体情况实施救助，但保留对债务人的追偿权。

3.3.4　新发生的违法违规担保债务

对2014年修订的《中华人民共和国预算法》施行以后地方政府违法违规提供担保承诺的债务，参照3.3.3第（1）项依法处理。

3.3.5　其他事项

地方政府性债务风险分类处置的具体办法由财政部另行制定，作为本预案的配套文件，经国务院同意后实施。

3.4　债务风险事件级别

按照政府性债务风险事件的性质、影响范围和危害程度等情况，划分为Ⅰ级（特大）、Ⅱ级（重大）、Ⅲ级（较大）、Ⅳ级（一般）四个等级。当政府性债务风险事件等级指标有交叉、难以判定级别时，按照较高一级处置，防止风险扩散；当政府性债务风险事件等级随时间推移有所上升时，按照升级后的级别处置。

政府性债务风险事件监测主体为省级、设区的市级、县级政府。经济开发区管委会等县级以上政府派出机构的政府性债务风险事件按照行政隶属关系由所属政府负责监测。

3.4.1　Ⅰ级（特大）债务风险事件，是指出现下列情形之一：

（1）省级政府发行的地方政府债券到期本息兑付出现违约；

（2）省级或全省（区、市）15%以上的市县政府无法偿还地方政府债务本息，或者因偿还政府债务本息导致无法保障必要的基本民生支出和政府有效运转支出；

（3）省级或全省（区、市）15%以上的市县政府无法履行或有债务的法定代偿责任或必要救助责任，或者因履行上述责任导致无法保障必要的基本民生支出和政府有效运转支出；

（4）全省（区、市）地方政府债务本金违约金额占同期本地区政府债务应偿本金10%以上，或者利息违约金额占同期应付利息10%以上；

（5）省级政府需要认定为Ⅰ级债务风险事件的其他情形。

3.4.2　Ⅱ级（重大）债务风险事件，是指出现下列情形之一：

（1）省级政府连续3次以上出现地方政府债券发行流标现象；

（2）全省（区、市）或设区的市级政府辖区内10%以上（未达到15%）的市级或县级政府无法支付地方政府债务本息，或者因兑付政府债务本息导致无法保障必要的基本民生支出和政府有效运转支出；

（3）全省（区、市）或设区的市级政府辖区内10%以上（未达到15%）的市级或县级政府无法履行或有债务的法定代偿责任或必要救助责任，或者因履行上述责任导致无法保障必要的基本民生支出和政府有效运转支出；

（4）县级以上地方政府债务本金违约金额占同期本地区政府债务应偿本金5%以上（未达到10%），或者利息违约金额占同期应付利息5%以上（未达到10%）；

（5）因到期政府债务违约，或者因政府无法履行或有债务的法定代偿责任或必要救助责任，造成重大群体性事件，影响极为恶劣；

（6）县级以上地方政府需要认定为Ⅱ级债务风险事件的其他情形。

3.4.3　Ⅲ级（较大）债务风险事件，是指出现下列情形之一：

（1）全省（区、市）或设区的市级政府辖区内2个以上但未达到10%的市级或县级政府无法支付地方政府债务本息，或者因兑付政府债务本息导致无法保障必要的基本民生支出和政府有效运转支出；

（2）全省（区、市）或设区的市级政府辖区内2个以上但未达到10%的市级或县级政府无法履行或有债务的法定代偿责任或必要救助责任，或者因履行上述责任导致无法保障必要的基本民生支出和政府有效运转支出；

（3）县级以上地方政府债务本金违约金额占同期本地区政府债务应偿本金1%以上（未达到5%），或者利息违约金额占同期应付利息1%以上（未达到5%）；

（4）因到期政府债务违约，或者因政府无法履行或有债务的法定代偿责任或必要救助责任，造成较大群体性事件；

（5）县级以上地方政府需要认定为Ⅲ级债务风险事件的其他情形。

3.4.4　Ⅳ级（一般）债务风险事件，是指出现下列情形之一：

（1）单个市县政府本级偿还政府债务本息实质性违约，或因兑付政府债务本息导致无法保障必要的基本民生支出和政府有效运转支出；

（2）单个市县政府本级无法履行或有债务的法定代偿责任或必要救助责任，或因履行上述责任导致无法保障必要的基本民生支出和政府有效运转支出；

（3）因到期政府债务违约，或者因政府无法履行或有债务的法定代偿责任或必要救助责任，造成群体性事件；

（4）县级以上地方政府需要认定为Ⅳ级债务风险事件的其他情形。

4　应急响应

4.1　分级响应和应急处置

地方政府对其举借的债务负有偿还责任，中央实行不救助原则。地方政府要加强日常风险管理，按照财政部《地方政府性债务风险分类处置指南》，妥善处理政府性债务偿还问题。同时，要加强财政资金流动性管理，避免出现因流动性管理不善导致政府性债务违约。对因无力偿还政府债务本息或无力承担法定代偿责任等引发风险事件的，根据债务风险等级，相应及时实行分级响应和应急处置。

4.1.1　Ⅳ级债务风险事件应急响应

（1）相关市县债务管理领导小组应当转为债务应急领导小组，对风险事件进行研判，查找原因，明确责任，立足自身化解债务风险。

①以一般公共预算收入作为偿债来源的一般债务违约的，在保障必要的基本民生支出和政府有效运转支出前提下，可以采取调减投资计划、统筹各类结余结转资金、调入政府性基金或国有资本经营预算收入、动用预算稳定调节基金或预备费等方式筹措资金偿还，必要时可以处置政府资产。对政府提供担保或承担必要救助责任的或有债务，政府无力承担相应责任时，也按照上述原则处理。

②以政府性基金收入作为偿债来源的专项债务，因政府性基金收入不足造成债务违约的，在保障部门基本运转和履职需要的前提下，应当通过调入项目运营收入、调减债务单位行业主管部门投资计划、处置部门和债务单位可变现资产、调整部门预算支出结构、扣减部门经费等方式筹集资金偿还债务。对部门提供担保形成的或有债务，政府无力承担相应责任时，也按照上述原则处理。

③因债权人不同意变更债权债务关系或不同意置换，导致存量政府债务无法在规定期限内依法转换成政府债券的，原有债权债务关系不变，由债务单位通过安排单位自有资金、处置资产等方式自筹资金偿还。若债务单位无力自筹资金偿还，可按市场化原则与债权人协商进行债务重组或依法破产，政府在出资范围内承担有限责任。对政府或有债务，也按照上述原则处理。

④市县政府出现债务风险事件后，在恢复正常偿债能力前，除国务院确定的重点项目外，原则上不得新上政府投资项目。在建政府投资项目能够缓建的，可以暂停建设，腾出资金依法用于偿债。

（2）市县债务管理领导小组或债务应急领导小组认为确有必要时，可以启动财政重整计划。市县政府年度一般债务付息支出超过当年一般公共预算支出10%的，或者专项债务付息支出超过当年政府性基金预算支出10%的，债务管理领导小组或债务应急领导小组必须启动财政重整计划。

（3）市县政府应当将债务风险应急处置情况向省级政府报备。

4.1.2　Ⅲ级债务风险事件应急响应

除采取Ⅳ级债务风险事件应对措施外，还应当采取以下升级应对措施：

（1）相关地区债务管理领导小组应当转为债务应急领导小组，将债务风险情况和应急处置方案专题向上级债务管理领导小组报告。

（2）上级债务管理领导小组应当密切关注事态变化，加强政策指导，及时组织召开专题会议通报风险处置情况，必要时可以成立工作组进驻风险地区，指导支持债务风险处置工作。

（3）市县政府偿还省级政府代发的到期地方政府债券（包括一般债券和专项债券）有困难的，可以申请由上级财政先行代垫偿还，事后扣回。

（4）市县政府应当将债务风险应急处置进展情况和处置结果上报省级政府，并抄送省级财政部门。

4.1.3　Ⅱ级债务风险事件应急响应

除采取Ⅳ级、Ⅲ级债务风险事件应对措施外，还应当采取以下升级应对措施：

（1）省级债务管理领导小组应当转为债务应急领导小组，汇总有关情况向省级政府报告，动态监控风险事件进展，指导和支持市县政府化解债务风险。

（2）市县政府统筹本级财力仍无法解决到期债务偿债缺口并且影响政府正常运转或经济社会稳定的，可以向省级债务应急领导小组申请救助，申请内容主要包括债务风险情况说明、本级政府应急方案及已采取的应急措施、需上级政府帮助解决的事项等。

（3）省级债务应急领导小组对市县政府救助申请提出审核意见，报省级政府批准后实施，并立即启动责任追究程序。

（4）省级政府适当扣减Ⅱ级债务风险事件涉及市县新增地方政府债券规模。

（5）省级债务应急领导小组督促市县政府落实债务风险应急处置措施，跟踪债务风险化解情况。必要时，省级政府可以成立工作组进驻风险地区，帮助或者接管风险地区财政管理，帮助制定或者组织实施风险地区财政重整计划。

4.1.4　Ⅰ级债务风险事件应急响应

除采取Ⅳ级、Ⅲ级、Ⅱ级债务风险事件应对措施外，还应当采取以下升级应对措施：

（1）省级债务应急领导小组应当及时将债务风险情况和应急处置方案向财政部报告，必要时由财政部向国务院报告。

（2）省级政府偿还到期地方政府债券本息有困难的，国务院可以对其提前调度部分国库资金周转，事后扣回。必要时国务院可以成立工作组进驻风险地区，予以指导和组织协调。

（3）市县政府建立债务风险处置信息定期向省级债务应急领导小组报告的机制，重大事项必须立即报告。

（4）省级债务应急领导小组报请省级政府通报Ⅰ级债务风险事件涉及市县名单，启动债务风险责任追究机制。

（5）省级政府暂停Ⅰ级债务风险事件涉及市县新增地方政府债券的资格。

4.2　地方政府财政重整计划

实施地方政府财政重整计划必须依法履行相关程序，保障必要的基本民生支出和政府有效运转支出，要注重与金融政策协调，加强与金融机构的沟通，不得因为偿还债务本息影响政府基本公共服务的提供。财政重整计划包括但不限于以下内容：

（1）拓宽财源渠道。依法加强税收征管，加大清缴欠税欠费力度，确保应收尽收。落实国有资源有偿使用制度，增加政府资源性收入。除法律、行政法规和国务院规定的财税优惠政策之外，可以暂停其他财税优惠政策，待风险解除后再行恢复。

（2）优化支出结构。财政重整期内，除必要的基本民生支出和政府有效运转支出外，视债务风险事件等级，本级政府其他财政支出应当保持“零增长”或者大力压减。一是压缩基本建设支出。不得新批政府投资计划，不得新上政府投资项目；不得设立各类需要政府出资的投资基金等，已设立的应当制定分年退出计划并严格落实。二是压缩政府公用经费。实行公务出国（境）、培训、公务接待等项目“零支出”，大力压缩政府咨询、差旅、劳务等各项支出。三是控制人员福利开支。机关事业单位暂停新增人员，必要时采取核减机构编制、人员等措施；暂停地方自行出台的机关事业单位各项补贴政策，压减直至取消编制外聘用人员支出。四是清理各类对企事业单位的补助补贴。暂停或取消地方出台的各类奖励、对企业的政策性补贴和贴息、非基本民生类补贴等。五是调整过高支出标准，优先保障国家出台的教育、社保、医疗、卫生等重大支出政策，地方支出政策标准不得超过国家统一标准。六是暂停土地出让收入各项政策性计提。土地出让收入扣除成本性支出后应全部用于偿还债务。

（3）处置政府资产。指定机构统一接管政府及其部门拥有的各类经营性资产、行政事业单位资产、国有股权等，结合市场情况予以变现，多渠道筹集资金偿还债务。

（4）申请省级救助。采取上述措施后，风险地区财政收支仍难以平衡的，可以向省级政府申请临时救助，包括但不限于：代偿部分政府债务，加大财政转移支付力度，减免部分专项转移支付配套资金。待财政重整计划实施结束后，由省级政府自行决定是否收回相关资金。

（5）加强预算审查。实施财政重整计划以后，相关市县政府涉及财政总预算、部门预算、重点支出和重大投资项目、政府债务等事项，在依法报本级人民代表大会或其常委会审查批准的同时，必须报上级政府备案。上级政府对下级政府报送备案的预算调整方案要加强审核评估，认为有不适当之处需要撤销批准预算的决议的，应当依法按程序提请本级人民代表大会常委会审议决定。

（6）改进财政管理。相关市县政府应当实施中期财政规划管理，妥善安排财政收支预算，严格做好与化解政府性债务风险政策措施的衔接。

4.3 舆论引导

根据处置债务风险事件的需要，启动应急响应的地方政府或其债务风险应急领导小组应当及时跟踪和研判舆情，健全新闻发布制度，指定专门的新闻发言人，统一对外发布信息，正确引导舆论。

4.4 应急终止

地方政府性债务风险得到缓解、控制，地方政府实现财政重整目标，经上级政府债务管理领导小组或债务应急领导小组同意，终止应急措施。

5 后期处置

5.1 债务风险事件应急处置记录及总结

在债务风险事件应急处置过程中，相关地方政府应当详尽、具体、准确地做好工作记录，及时汇总、妥善保管有关文件资料。应急处置结束后，要及时形成书面总结，向本级人民代表大会常委会和上级政府报告。

5.2 评估分析

债务风险事件应急处置结束后，有关地方政府及其财政部门要对债务风险事件应急处置情况进行评估。评估内容主要包括：债务风险事件形成原因、应急响应过程、应急处置措施、应急处置效果以及对今后债务管理的持续影响等。相关地区应当根据评估结果，及时总结经验教训，改进完善应急处置预案。

6 保障措施

6.1 通信保障

启动应急响应的地方政府应当保持应急指挥联络畅通，有关部门应当指定联络员，提供单位地址、办公电话、手机、传真、电子邮箱等多种联系方式。

6.2　人力保障

各地要加强地方政府性债务管理队伍建设，提高相关人员政策理论、日常管理、风险监测、应急处置、舆情应对等业务能力。启动应急响应的地方政府应当部署各有关部门安排人员具体落实相关工作。

6.3　资源保障

发生地方政府性债务风险事件的地方政府要统筹本级财政资金、政府及其部门资产、政府债权等可偿债资源，为偿还债务提供必要保障。

6.4　安全保障

应急处置过程中，对可能影响公共安全和社会稳定的事件，要提前防范、及时控制、妥善处理；遵守保密规定，对涉密信息要加强管理，严格控制知悉范围。

6.5　技术储备与保障

债务应急领导小组可以根据需要，建立咨询机制，抽调有关专业人员组成债务风险事件应急专家组，参加应急处置工作，提供技术、法律等方面支持。

6.6　责任追究

6.6.1　违法违规责任范围

（1）违反《中华人民共和国预算法》、《中华人民共和国银行业监督管理法》等法律规定的下列行为：

政府债务余额超过经批准的本地区地方政府债务限额；

政府及其部门通过发行地方政府债券以外的方式举借政府债务，包括但不限于通过企事业单位举借政府债务；

举借政府债务没有明确的偿还计划和稳定的偿还资金来源；

政府或其部门违反法律规定，为单位和个人的债务提供担保；

银行业金融机构违反法律、行政法规以及国家有关银行业监督管理规定的；

政府债务资金没有依法用于公益性资本支出；

增加举借政府债务未列入预算调整方案报本级人民代表大会常委会批准；

未按规定对举借政府债务的情况和事项作出说明、未在法定期限内向社会公开；

其他违反法律规定的行为。

（2）违反《国务院关于加强地方政府性债务管理的意见》（国发〔2014〕43号）等有关政策规定的下列行为：

政府及其部门在预算之外违法违规举借债务；

金融机构违法违规向地方政府提供融资，要求地方政府违法违规提供担保；

政府及其部门挪用债务资金或违规改变债务资金用途；

政府及其部门恶意逃废债务；

债务风险发生后，隐瞒、迟报或授意他人隐瞒、谎报有关情况；

其他违反财政部等部门制度规定的行为。

6.6.2　追究机制响应

发生Ⅳ级以上地方政府性债务风险事件后，应当适时启动债务风险责任追究机制，地方政府应依法对相关责任人员进行行政问责；银监部门应对银行业金融机构相关责任人员依法追责。

6.6.3 责任追究程序

（1）省级债务管理领导小组组织有关部门，对发生地方政府性债务风险的市县政府开展专项调查或专项审计，核实认定债务风险责任，提出处理意见，形成调查或审计报告，报省级政府审定。

（2）有关任免机关、监察机关、银监部门根据有关责任认定情况，依纪依法对相关责任单位和人员进行责任追究；对涉嫌犯罪的，移交司法机关进行处理。

（3）省级政府应当将地方政府性债务风险处置纳入政绩考核范围。对实施财政重整的市县政府，视债务风险事件形成原因和时间等情况，追究有关人员的责任。属于在本届政府任期内举借债务形成风险事件的，在终止应急措施之前，政府主要领导同志不得重用或提拔；属于已经离任的政府领导责任的，应当依纪依法追究其责任。

7 附则

7.1 预案管理

本预案由财政部制订，报国务院批准后实施。本预案实施后，财政部应会同有关部门组织宣传、培训，加强业务指导，并根据实施情况适时进行评估和修订。县级以上地方各级人民政府要结合实际制定当地债务风险应急处置预案。

7.2 预案解释

本预案由财政部负责解释。

7.3 预案实施时间

本预案自印发之日起实施。

国务院办公厅

2016年10月27日

地方政府性债务风险分类处置指南

财预〔2016〕152号

地方政府性债务风险处置，应当坚持法治化、市场化原则，按照《中华人民共和国预算法》、《中华人民共和国担保法》、《中华人民共和国合同法》及其司法解释等法律规定，依据不同债务类型特点，分类提出处置措施，明确地方政府偿债责任，实现债权人、债务人依法分担债务风险。

分类处置的基本原则：（一）对地方政府债券，地方政府依法承担全部偿还责任。（二）对非政府债券形式的存量政府债务，债权人同意在规定期限内置换为政府债券的，政府承担全部偿还责任；债权人不同意在规定期限内置换为政府债券的，仍由原债务人依法承担偿债责任，对应的地方政府债务限额由中央统一收回。（三）对清理甄别认定的存量或有债务，不属于政府债务，政府不承担偿债责任。属于政府出具无效担保合同的，政府仅依法承担适当民事赔偿责任，但最多不应超过债务人不能清偿部分的二分之一；属于政府可能承担救助责任的，地方政府可以根据具体情况实施一定救助，但保留对债务人的追偿权。此外，对2014年修订的预算法施行以后地方政府违法违规提供担保承诺的债务，参照（三）依法处理。

目　　录

2.2.2.1　债务范围
2.2.2.2　偿债责任界定
2.2.2.3　偿债责任履行
3. 建设—移交（BT）类债务
3.1　存量政府债务中的BT类债务
3.1.1　债务范围
3.1.2　偿债责任界定
3.1.3　偿债责任履行
3.2　存量或有债务中的BT类债务
3.2.1　存量担保债务中的BT类债务
3.2.1.1　债务范围
3.2.1.2　偿债责任界定
3.2.1.3　偿债责任履行
3.2.2　存量救助债务中的BT类债务
3.2.2.1　债务范围
3.2.2.2　偿债责任界定
3.2.2.3　偿债责任履行
4. 企业债券类债务
4.1　存量政府债务中的企业债券类债务
4.1.1　债务范围
4.1.2　偿债责任界定
4.1.3　偿债责任履行
4.2　存量或有债务中的企业债券类债务
4.2.1　存量担保债务中的企业债券类债务
4.2.1.1　债务范围
4.2.1.2　偿债责任界定
4.2.1.3　偿债责任履行
4.2.2　存量救助债务中的企业债券类债务
4.2.2.1　债务范围
4.2.2.2　偿债责任界定
4.2.2.3　偿债责任履行
5. 信托类债务
5.1　存量政府债务中的信托类债务
5.1.1　债务范围
5.1.2　偿债责任界定
5.1.3　偿债责任履行
5.2　存量或有债务中的信托类债务
5.2.1　存量担保债务中的信托类债务

5. 2. 1. 1　债务范围

5. 2. 1. 2　偿债责任界定

5. 2. 1. 3　偿债责任履行

5. 2. 2　存量救助债务中的信托类债务

5. 2. 2. 1　债务范围

5. 2. 2. 2　偿债责任界定

5. 2. 2. 3　偿债责任履行

6. 个人借款类债务

6. 1　存量政府债务中的个人借款类债务

6. 1. 1　债务范围

6. 1. 2　偿债责任界定

6. 1. 3　偿债责任履行

6. 2　存量或有债务中的个人借款类债务

6. 2. 1　存量担保债务中的个人借款类债务

6. 2. 1. 1　债务范围

6. 2. 1. 2　偿债责任界定

6. 2. 1. 3　偿债责任履行

6. 2. 2　存量救助债务中的个人借款类债务

6. 2. 2. 1　债务范围

6. 2. 2. 2　偿债责任界定

6. 2. 2. 3　偿债责任履行

1. 地方政府债券

1. 1　债务范围

是指2009年以来发行的地方政府债券，包括截至2014年底地方政府性债务存量中的地方政府债券、2015年以来发行的地方政府一般债券和专项债券。

1. 2　偿债责任界定

地方政府债券由地方政府依法承担全部偿还责任。

1. 3　偿债责任履行

地方政府应当统筹安排预算资金妥善偿还到期地方政府债券。其中，一般债券主要以一般公共预算收入偿还，专项债券以对应的政府性基金或专项收入偿还。

2. 银行贷款

2. 1　存量政府债务中的银行贷款

2. 1. 1　债务范围

2. 1. 1. 1　政府存量债务中的银行贷款：是指清理甄别认定的截至2014年末地方政府性债务中，已经纳入政府债务范围的银行贷款。

2. 1. 2　偿债责任界定

2.1.2.1　债务单位：融资平台公司等债务单位举借的银行贷款，由签订借款合同的债务人（贷款借款人）依法承担偿债责任。

2.1.2.2　偿债责任转移：对清理甄别认定为政府负有偿还责任债务的银行贷款，经地方政府、债权人、债务人协商一致，可以按照合同法第八十四条等有关规定分类处置：

凡债权人同意按照国家有关存量地方政府债务依法转化为政府债券的要求，在规定期限内将相关债务置换为政府债券的，地方政府不得拒绝相关偿还义务转移。相关偿还义务转移给地方政府的，债务人应当将政府前期注入支持债务人举债的补贴收入、资产或资产变现收入等返还给地方政府。

因债权人不同意在规定期限内将相关债务依法置换成政府债券，导致合同义务无法转移的，仍由债务人依法承担偿债责任，相关债务对应的地方政府债务限额由中央统一收回。

2.1.3　偿债责任履行

2.1.3.1　对合同义务仍由融资平台公司等原债务人承担的银行贷款，债务人要加强财务管理、拓宽偿债资金渠道、统筹安排偿债资金。债务人无法偿还到期银行贷款的，债务人与债权人可以平等协商通过债务展期等方式进行债务重组，也可以依法通过企业破产等市场化方式处置。政府作为出资人，在出资范围内承担有限责任。

2.1.3.2　对按照2.1.2.2将相关偿还义务由原债务人转移给地方政府的银行贷款，地方政府应当通过预算安排、资产处置等多种方式积极筹措资金，偿还到期本金和利息。

2.1.3.3　经省级政府部门或市县级政府申请，省级政府在债券置换政策期限内，发行地方政府债券置换2.1.3.2所列尚未偿还的银行贷款。如因政府债券未如期发行原因，导致银行贷款未能在规定期限内置换的，地方政府继续在今后年度承担偿还责任；如因债权人违约，导致银行贷款未能在规定期限内置换的，由原债务人承担偿还责任。

2.1.3.4　对2.1.3.2所列银行贷款本金，如在置换债券资金到位前到期，在保障支付需要的前提下，地方政府可以通过库款垫付，或与债权人协商将银行贷款适当延期至置换债券资金到位之时。

2.1.3.5　对2.1.3.2所列银行贷款利息，在保证必要的基本民生支出和政府有效运转支出的基础上，如预算确实不足以安排的，地方政府应当与债权人平等协商，依法按照市场化原则处置，经债权人同意后可以采取降低利率水平、利息挂账等方式处置。

2.2　存量政府或有债务中的银行贷款

2.2.1　存量担保债务中的银行贷款

2.2.1.1　债务范围

2.2.1.1.1　存量担保债务中的银行贷款：是指清理甄别认定的截至2014年末地方政府性债务中，已经纳入政府担保债务范围的银行贷款。其中，政府担保债务，是指由政府提供担保，当被担保人无力偿还债务时，政府需承担担保责任或相应民事赔偿责任的债务，下同。

2.2.1.2　偿债责任界定

2.2.1.2.1　债务单位：融资平台公司等银行贷款的债务人依法承担银行贷款的偿债责任。

2.2.1.2.2　地方政府：按照《最高人民法院关于适用〈中华人民共和国担保法〉若干问题的解释》（以下简称担保法司法解释）第三条“国家机关和以公益为目的的事业单位、社会团体违反法律规定提供担保的，担保合同无效”规定，除外国政府和国际经济组织贷款外，政府对银行贷款的担保无效。按照第七条“主合同有效而担保合同无效……债权人、担保人有过错的，担保人承担民事责任的部分，不应超过债务人不能清偿部分的二分之一”，由于政府不具有除外债转贷之外的担保人资格，债权人接受政府担保存在过错。因此，除外国政府和国际经济组织贷款外，政府对银行贷款的担保过错承担适当民事赔偿责任，但最多不应超过债务人不能清偿部分的二分之一。政府担保额小于债务人不能清偿部分的二分之一，以担保额为限。

对于地方政府负有担保责任的外国政府和国际经济组织贷款，地方政府依法承担相关担保责任。

2.2.1.3　偿债责任履行

2.2.1.3.1　融资平台公司等银行贷款的债务人要加强财务管理、拓宽偿债资金渠道、统筹安排偿债资金。

2.2.1.3.2　按照担保法司法解释第一百三十一条，债务人将存款、现金、有价证券、交通工具等可以执行的动产和其他方便执行的财产偿还债务后剩余不能清偿的部分（下同），地方政府除对外国政府和国际经济组织贷款应当依法承担相关担保责任之外，最多在不超过债务人不能清偿部分二分之一金额内承担民事赔偿责任。具体金额由地方政府、债权人、债务人参照政府承诺担保金额、地方财政承受能力等协商确定。

2.2.1.3.3　地方政府赔偿可以依法定程序直接安排财政资金，也可以与债权人、债务人协商后采取用政府前期注入融资平台公司等债务人的资产抵扣等方式。地方政府履行民事赔偿责任后，保留对债务人的追偿权。

2.2.1.3.4　对债务人偿还债务、地方履行民事赔偿责任等确有困难的银行贷款，债务人与债权人可以平等协商通过债务展期等方式进行债务重组，也可以依法通过企业破产等市场化方式处置。涉及公立学校、公立医院等公益事业单位以及水电气热等公用事业企业资产处置的，要坚持“严格依法、保障民生”的原则，不得影响提供必要的公共服务(下同)。债务处置确实形成的损失，由各方协商处理或依法相应承担。

2.2.2　存量救助债务中的银行贷款

2.2.2.1　债务范围

2.2.2.1.1　存量救助债务中的银行贷款：是指清理甄别认定的截至2014年末地方政府性债务中，已经纳入政府救助债务范围的银行贷款。其中，政府救助债务，是指政府不负有法定偿还责任，但当债务人出现偿债困难时，政府可能需给予一定救助的债务，下同。

2.2.2.2　偿债责任界定

2.2.2.2.1　债务单位：融资平台公司等银行贷款的债务人依法承担银行贷款的偿债责任。

2.2.2.2.2　地方政府：地方政府在法律上不承担救助债务的偿债责任，可以根据具体情况实施一定救助，但保留对债务人的追偿权。

2.2.2.3　偿债责任履行

2.2.2.3.1　债务人要加强财务管理、拓宽偿债资金渠道、统筹安排偿债资金。

2.2.2.3.2　对公立学校、公立医院等公益事业单位以及水电气热等公用事业企业不能清偿的银行贷款本息，地方政府可以给予一定救助。具体救助金额由地方政府根据财政承受能力等确定。对其他企事业单位原则上不予救助。

2.2.2.3.3　地方政府救助可以依法定程序直接安排财政资金，也可以与债权人、债务人协商后采取政府前期注入债务人的资产抵扣等方式。地方政府救助后，保留对债务人的追偿权。

2.2.2.3.4　对债务人偿还债务、地方政府救助等确有困难的银行贷款，债务人与债权人应当依法按照市场化原则处理，可以平等协商通过债务展期等方式实施债务重组，也可以通过企业破产等方式处置。债务处置确实形成的损失，由各方协商处理或依法相应承担。

3. 建设—移交（BT）类债务

3.1　存量政府债务中的BT类债务

3.1.1　债务范围

3.1.1.1　存量政府债务中的BT类债务：是指清理甄别认定的截至2014年末地方政府性债务中，已经纳入政府债务范围的BT债务、拖欠工程款等应付工程款类债务。

3.1.1.2　存量政府债务中的BT类债务余额：清理甄别认定截至2014年末地方政府性债务时，BT项目已经竣工决算的，按清理甄别认定的债务余额确定政府债务余额；尚未办理竣工决算的，按决算认定的项目回购金额确定政府债务余额，但不得超过清理甄别已经认定的债务余额。

3.1.2　偿债责任界定

3.1.2.1　债务单位：融资平台公司等债务单位举借的BT类债务，由签订合同的债务人依法承担偿债责任。

3.1.2.2　地方政府：地方政府或其部门举借BT类债务的，由地方政府依法承担偿债责任。

3.1.2.3　偿债责任转移：对清理甄别认定为政府负有偿还责任债务的由3.1.2.1所列债务单位举借的BT类债务，经地方政府、债权人、债务人协商一致，可以按照合同法第八十四条等有关规定分类处置：

凡债权人同意按照国家有关存量地方政府债务依法转化为政府债券的要求，在规定期限内将相关债务置换为政府债券的，地方政府不得拒绝相关偿还义务转移。相关偿还义务转移给地方政府的，债务人应将政府前期注入支持债务人举债的补贴收入、资产或资产变现收入等返还给地方政府。

因债权人不同意在规定期限内将相关债务依法置换成政府债券，导致合同义务无法转移的，仍由债务人依法承担偿债责任，相关债务对应的地方政府债务限额由中央统一收回。

3.1.3　偿债责任履行

3.1.3.1　对合同义务仍由融资平台公司等原债务人承担的BT类债务，原债务人要加强财务管理、拓宽偿债资金渠道、统筹安排偿债资金。债务人无法偿还到期BT类债务的，债务人与债权人可以平等协商通过债务展期等方式进行债务重组，也可以依法通过企业破产等市场化方式处置。政府作为出资人，在出资范围内承担有限责任。

3.1.3.2 对合同义务由地方政府及其部门承担的BT类债务，以及按照3.1.2.3将相关偿还义务由原债务人转移给地方政府的BT类债务，地方政府应当督促债务人将地方政府前期注入支持债务人举债的补贴收入或资产变现收入等偿债，尚有不足的，通过预算安排、资产处置等多种方式积极筹措资金偿还。

3.1.3.3 地方政府偿还3.1.3.2所列BT类债务，应当按照“边规范、边偿还”的原则组织重新审核，对BT回购款明显高于BT项目成本和合理利润的，要与债权人协商修订合同，相应核减政府债务余额。

3.1.3.4 经省级政府部门或市县级政府申请，省级政府在债券置换政策期限内，发行地方政府债券置换3.1.3.2所列尚未偿还的BT类债务。如因政府债券未如期发行原因，导致BT类债务未能在规定期限内置换的，地方政府继续在今后年度承担偿还责任；如因债权人违约，导致BT类债务未能在规定期限内置换的，由原债务人承担偿还责任。

3.1.3.5 对3.1.3.4所列BT类债务本金，如在置换债券资金到位前到期，在保证支付需要的前提下，地方政府可以通过库款垫付，或者与债权人协商对BT类债务适当延期至置换债券资金到位之时。

3.1.3.6 地方政府若偿还3.1.3.2所列BT类债务本金或利息可能影响必要的基本民生支出和政府有效运转支出的，经与债权人协商，在保证必要的基本民生支出和政府有效运转支出及保障债权人合法权益的基础上，可以对尚未竣工项目暂停建设、终止合同，确需建设的通过其他低成本资金安排。

3.2 存量或有债务中的BT类债务

3.2.1 存量担保债务中的BT类债务

3.2.1.1 债务范围

3.2.1.1.1 存量担保债务中的BT类债务包括：清理甄别认定的截至2014年末地方政府性债务中，已经纳入政府担保债务范围的BT类债务。

3.2.1.2 偿债责任界定

3.2.1.2.1 债务单位：融资平台公司等BT类债务的债务人依法承担BT类债务的偿债责任。

3.2.1.2.2 地方政府：按照担保法、担保法司法解释有关规定，政府对BT类债务的担保无效。政府对BT类债务的担保过错依法承担民事赔偿责任，但最多不应超过债务人不能清偿部分的二分之一。政府担保额小于债务人不能清偿部分二分之一的，以担保额为限。

3.2.1.3 偿债责任履行

3.2.1.3.1 融资平台公司等BT类债务的债务人要加强财务管理、拓宽偿债资金渠道、统筹安排偿债资金。

3.2.1.3.2 对债务人BT类债务不能清偿的部分，地方政府可以在最多不超过债务人不能清偿部分二分之一金额内承担民事赔偿责任。具体金额由地方政府、债权人、债务人参照政府承诺担保金额、地方财政承受能力等协商确定。

3.2.1.3.3 地方政府赔偿可以依法定程序直接安排财政资金，可以与债权人、债务人协商后采取用政府前期注入融资平台公司等债务人的资产抵扣等方式。地方政府履行民事赔偿责任后，保留对债务人的追偿权。

3.2.1.3.4 对债务人偿还债务、地方政府履行民事赔偿责任等确有困难的BT类债务，债务人与债权人可以平等协商通过债务展期等方式进行债务重组，也可以依法通过企业破产等市场化方式处置。债务处置确实形成的损失，由各方协商处理或依法相应承担。

3.2.2 存量救助债务中的BT类债务

3.2.2.1 债务范围

3.2.2.1.1 存量救助债务中的BT类债务：是指清理甄别认定的截至2014年末地方政府性债务中，已经纳入政府救助债务范围的BT类债务。

3.2.2.2 偿债责任界定

3.2.2.2.1 债务单位：融资平台公司等BT类债务的债务人依法承担BT类债务的偿债责任。

3.2.2.2.2 地方政府：地方政府在法律上不承担救助债务的偿债责任，可以根据具体情况实施一定救助，但保留对债务人的追偿权。

3.2.2.3 偿债责任履行

3.2.2.3.1 债务人要加强财务管理、拓宽偿债资金渠道、统筹安排偿债资金。

3.2.2.3.2 对公立学校、公立医院等公益事业单位以及水电气热等公用事业企业不能清偿的BT类债务本息，地方政府可以给予一定救助。具体救助金额由地方政府根据财政承受能力等确定。对其他企事业单位原则上不予救助。

3.2.2.3.3 地方政府救助可以依法定程序直接安排财政资金，也可以与债权人、债务人协商后采取政府前期注入债务人的资产抵扣等方式。地方政府救助后，保留对债务人的追偿权。

3.2.2.3.4 对债务人偿还债务、地方救助等确有困难的BT类债务，债务人与债权人应当依法按照市场化原则处理，可以平等协商通过债务展期等方式实施债务重组，也可以通过企业破产等方式处置。债务处置确实形成的损失，由各方协商处理或依法相应承担。

4. 企业债券类债务

4.1 存量政府债务中的企业债券类债务

4.1.1 债务范围

4.1.1.1 存量政府债务中的企业债券类债务：是指清理甄别认定的截至2014年末地方政府性债务中，已经纳入政府债务范围的企业债券、中期票据、短期融资券等企业发行的各类债券。

4.1.2 偿债责任界定

4.1.2.1 债务单位：融资平台公司等债务单位举借的企业债券类债务，由债务人（发行人）依法承担偿债责任。

4.1.2.2 偿债责任转移：对清理甄别认定为政府负有偿还责任债务的企业债券类债

务，经地方政府、债权人、债务人协商一致，可以按照合同法第八十四条等有关规定分类处置：

经地方政府同意，债务人可以通过召开债权人会议等方式，向债权人发出在规定期限内将企业债券类债务置换为地方政府债券、相应转移相关偿还义务的要约公告。凡债权人响应要约，同意按照国家有关存量地方政府债务依法转化为政府债券的要求，在规定期限内将相关债务置换为地方政府债券的，地方政府不得拒绝相关偿还义务转移。相关偿还义务转移给地方政府的，债务人应将政府前期注入支持债务人举债的补贴收入、资产或资产变现收入等返还给地方政府。

因债权人不同意在规定期限内将相关债务依法置换成政府债券，导致合同义务无法转移的，仍由债务人依法承担偿债责任，相关债务对应的地方政府债务限额由中央统一收回。

4.1.3　偿债责任履行

4.1.3.1　对合同义务仍由融资平台公司等原债务人承担的企业债券类债务，原债务人要加强财务管理、拓宽偿债资金渠道、统筹安排偿债资金。

4.1.3.2　债务人无法偿还到期企业债券类债务的，按照市场化原则处理，也可以依法进行企业破产等。政府在对债务人的出资范围内承担有限责任。

4.1.3.3　对按照4.1.2.2将相关偿还义务由原债务人转移给地方政府的企业债券类债务，地方政府应当督促债务人将地方政府前期注入支持债务人发债的补贴收入或资产变现收入等偿债，尚有不足的，通过预算安排、资产处置等多种方式积极筹措资金偿还。

4.1.3.4　经省级政府部门或市县级政府申请，省级政府在债券置换政策期限内，发行地方政府债券置换4.1.3.3所列尚未偿还的企业债券类债务。如因政府债券未如期发行原因，导致企业债券类债务未能在规定期限内置换的，地方政府继续在今后年度承担偿还责任；如因企业债券类债务管理政策变化，导致企业债券类债务未能在规定期限内置换的，由原债务人承担偿还责任。

4.1.3.5　对4.1.3.4所列企业债券类债务本金，如在置换债券资金到位前到期，在保证支付需要的前提下，地方政府可以通过库款垫付。

4.1.3.6　对4.1.3.3所列企业债券类债务利息，地方政府在保证必要的基本民生支出和政府有效运转支出的基础上，如预算确实不足安排的，依法按照市场化原则处置，经债权人会议同意可以协商采取降低利率水平、利息挂账等方式处置。

4.2　存量或有债务中的企业债券类债务

4.2.1　存量担保债务中的企业债券类债务

4.2.1.1　债务范围

4.2.1.1.1　政府担保债务存量中的企业债券类债务：是指清理甄别认定的截至2014年末地方政府性债务中，已经纳入政府担保债务范围的企业债券类债务。

4.2.1.2　偿债责任界定

4.2.1.2.1　债务单位：融资平台公司等企业债券类债务的债务人依法承担企业债券类债务的偿债责任。

4.2.1.2.2　地方政府：按照担保法、担保法司法解释有关规定，政府对企业债券类债务的担保无效。政府对企业债券类债务的担保过错依法承担民事赔偿责任，但最多不应超过债务人不能清偿部分的二分之一。政府担保额小于债务人不能清偿部分二分之一的，以担保额为限。

4.2.1.2.3　依法界定政府责任后，应当及时告知债务人，由债务人向市场做好信息披露工作。

4.2.1.3　偿债责任履行

4.2.1.3.1　融资平台公司等企业债券类债务的债务人要加强财务管理、拓宽偿债资金渠道、统筹安排偿债资金。

4.2.1.3.2　对企业债券类债务不能清偿的部分，地方政府可以在最多不超过债务人不能清偿部分二分之一金额内承担民事赔偿责任。具体金额由地方政府、债权人、债务人等参照政府承诺担保金额、地方财政承受能力等协商确定。

4.2.1.3.3　地方政府赔偿可以依法定程序直接安排财政资金，也可以与债权人、债务人协商后采取用政府前期注入融资平台公司等债务人的资产抵扣等方式。地方政府履行民事赔偿责任后，保留对债务人的追偿权。

4.2.1.3.4　对债务人偿还债务、地方政府履行民事赔偿责任等确有困难的企业债券类债务，鼓励债务人按照企业债券类债务有关管理政策进行债务重组，也可以依法通过企业破产等市场化方式处置。债务处置确实形成的损失，由相关各方协商处理或依法相应承担。

4.2.2　存量救助债务中的企业债券类债务

4.2.2.1　债务范围

4.2.2.1.1　存量救助债务中的企业债券类债务：是指清理甄别认定的截至2014年末地方政府性债务中，已经纳入政府救助债务范围的企业债券类债务。

4.2.2.2　偿债责任界定

4.2.2.2.1　债务单位：融资平台公司等企业债券类债务的债务人依法承担企业债券类债务的偿债责任。

4.2.2.2.2　地方政府：地方政府在法律上不承担救助债务的偿债责任，可以根据具体情况实施一定救助，但保留对债务人的追偿权。

4.2.2.3　偿债责任履行

4.2.2.3.1　债务人要加强财务管理、拓宽偿债资金渠道、统筹安排偿债资金。

4.2.2.3.2　对水电气热等公用事业企业不能清偿的企业债券类债务本息，地方政府可以给予一定救助。具体救助金额由地方政府根据财政承受能力等确定。对其他企业原则上不予救助。

4.2.2.3.3　地方政府救助可以依法定程序直接安排财政资金，也可以与债权人、债务人协商后采取政府前期注入债务人的资产抵扣等方式。地方政府救助后，保留对债务人的追偿权。

4.2.2.3.4　对债务人偿还债务、地方政府救助等确有困难的企业债券类债务，鼓励债务人按照企业债券类债务有关管理政策进行债务重组，也可以依法通过企业破产等市场化方式处置。债务处置确实形成的损失，由相关各方协商处理或依法相应承担。

5. 信托类债务

5.1　存量政府债务中的信托类债务

5.1.1　债务范围

5.1.1.1　存量政府债务中的信托类债务：是指清理甄别认定的截至2014年末地方政府性债务中，已经纳入政府存量债务范围的信托类债务。

5.1.2　偿债责任界定

5.1.2.1　债务单位：融资平台公司等债务单位举借的信托类债务，由债务人依法承担偿债责任。

5.1.2.2　地方政府：地方政府或其部门举借的信托类债务，由地方政府依法承担偿债责任。

5.1.2.3　偿债责任转移：对清理甄别认定为政府负有偿还责任债务的由5.1.2.1所列债务单位举借的信托类债务，经地方政府、债权人、债务人协商一致，可以按照合同法第八十四条等有关规定分类处置：

经地方政府同意，债务人可以向债权人发出在规定期限内将信托类债务置换为地方政府债券、相应转移相关偿还义务的要约公告。凡债权人响应要约，同意按照国家有关地方政府债务存量依法置换为政府债券的要求，在规定期限内将相关债务置换为政府债券的，地方政府不得拒绝相关偿还义务转移。相关偿还义务转移给地方政府的，债务人应将政府前期注入支持债务人举债的补贴收入、资产或资产变现收入等返还给地方政府。

因债权人不同意在规定期限内将相关债务依法置换成政府债券，导致合同义务无法转移的，仍由债务人依法承担偿债责任，相关债务对应的地方政府债务限额由中央统一收回。

5.1.2.4　对按信托法第十一条等规定认定为自始无效的信托，由信托公司、投资者、债务人等各方按照信托法、合同法等依法承担相应责任。

5.1.3　偿债责任履行

5.1.3.1　对合同义务仍由融资平台公司等原债务人承担的信托类债务，原债务人要加强财务管理、拓宽偿债资金渠道、统筹安排偿债资金。债务人无法偿还到期信托类债务的，债务人与债权人可以平等协商通过债务展期等方式进行债务重组，也可以依法通过企业破产等市场化方式处置。政府作为出资人，在出资范围内承担有限责任。

5.1.3.2　对合同义务由地方政府及其部门承担的信托类债务，以及按照5.1.2.3将相关偿还义务由原债务人转移给地方政府的信托类债务，地方政府应当督促债务人将地方政府前期注入支持债务人举债的补贴收入或资产变现收入等偿债，尚有不足的，通过预算安排、资产处置等多种方式积极筹措资金偿还。

5.1.3.3　地方政府偿还5.1.3.2所列信托类债务，应当按照“边规范、边偿还”的原则组织重新审核，对利息或承诺回报水平过高的，要与债权人协商修订合同。

5.1.3.4　经省级政府部门或市县级政府申请，省级政府在债券置换政策期限内，发行地方政府债券置换5.1.3.2所列尚未偿还的信托类债务。如因政府债券未如期发行原因，导致信托类债务未能在规定期限内置换的，地方政府继续在今后年度承担偿还责任；如因债权人违约，导致信托类债务未能在规定期限内置换的，由原债务人承担偿还责任。

5.1.3.5　对 5.1.3.4 所列信托类债务本金，如在置换债券资金到位前到期，在保证支付需要的前提下，地方政府可以通过库款垫付；或与信托委托人、受托人协商适当延期至置换债券资金到位之时。

5.1.3.6　地方政府若偿还 5.1.3.2 所列信托类债务本金或利息可能影响必要的基本民生支出和政府有效运转支出的，经与债权人协商，在保证必要的基本民生支出和政府有效运转支出及保障债权人合法权益的基础上，可以协商修订合同降低利息或承诺回报水平，或者终止合同。

5.2　存量或有债务中的信托类债务

5.2.1　存量担保债务中的信托类债务

5.2.1.1　债务范围

5.2.1.1.1　政府存量担保债务中的信托类债务：是指清理甄别认定的截至 2014 年末地方政府性债务中，已经纳入政府担保债务范围的信托类债务。

5.2.1.2　偿债责任界定

5.2.1.2.1　债务单位：融资平台公司等信托类债务的债务人依法承担信托类债务的偿债责任。

5.2.1.2.2　地方政府：按照担保法、担保法司法解释有关规定，政府对信托类债务的担保无效。政府对信托的担保过错依法承担民事赔偿责任，但最多不应超过债务人不能清偿部分的二分之一。政府担保额小于债务人不能清偿部分二分之一的，以担保额为限。

5.2.1.3　偿债责任履行

5.2.1.3.1　融资平台公司等信托类债务的债务人要加强财务管理、拓宽偿债资金渠道、统筹安排偿债资金。

5.2.1.3.2　对债务人信托类债务不能清偿的部分，地方政府可以在最多不超过债务人不能清偿部分二分之一金额内承担民事赔偿责任。具体金额由地方政府、债权人、债务人、受托人等参照政府承诺担保金额、地方财政承受能力等协商确定。

5.2.1.3.3　地方政府赔偿可以依法定程序直接安排财政资金，也可以与债权人、债务人协商后采取用政府前期注入融资平台公司等债务人的资产抵扣等方式。地方政府履行民事赔偿责任后，保留对债务人的追偿权。

5.2.1.3.4　对债务人偿还债务、地方政府履行民事赔偿责任等确有困难的信托类债务，通过按照《信托公司管理办法》第四十九条设立的信托赔偿准备金垫付，其中，对债务人延迟兑付本息的，融资平台公司筹措资金后参照有关罚息规定给投资者予以补偿；或依法通过企业破产等市场化方式处置。债务处置确实形成的损失，由各方协商处理或依法相应承担。

5.2.2　存量救助债务中的信托类债务

5.2.2.1　债务范围

5.2.2.1.1 存量救助债务中的信托类债务：是指清理甄别认定的截至2014年末地方政府性债务中，已经纳入政府救助债务范围的信托类债务。

5.2.2.2 偿债责任界定

5.2.2.2.1 债务单位：融资平台公司等信托类债务的债务人依法承担信托类债务的偿债责任。

5.2.2.2.2 地方政府：地方政府在法律上不承担救助债务的偿债责任，可以根据具体情况实施一定救助，但保留对债务人的追偿权。

5.2.2.3 偿债责任履行

5.2.2.3.1 债务人要加强财务管理、拓宽偿债资金渠道、统筹安排偿债资金。

5.2.2.3.2 对公立学校、公立医院等公益事业单位以及水电气热等公用事业企业不能清偿的信托类债务本息，地方政府可以给予一定救助。具体救助金额由地方政府根据财政承受能力等确定。对其他企事业单位原则上不予救助。

5.2.2.3.3 地方政府救助可以依法定程序直接安排财政资金，也可以与债权人、债务人协商后采取政府前期注入债务人的资产抵扣等方式。地方政府救助后，保留对债务人的追偿权。

5.2.2.3.4 对债务人偿还债务、地方政府救助等确有困难的信托类债务，债务人与债权人应当依法按照市场化原则处理，可以平等协商通过债务展期等方式实施债务重组，也可以通过企业破产等方式处置。债务处置确实形成的损失，由各方协商处理或依法相应承担。

6. 个人借款类债务

6.1 存量政府债务中的个人借款类债务

6.1.1 债务范围

6.1.1.1 存量政府债务中的个人借款类债务：是指清理甄别认定的截至2014年末地方政府性债务中，已经纳入政府债务范围的面向个人的集资、借款类债务。

6.1.2 偿债责任界定

6.1.2.1 债务单位：融资平台公司等债务单位举借的个人借款类债务，由债务人依法承担偿债责任。

6.1.2.2 地方政府：地方政府或其部门举借个人借款类债务的，由地方政府依法承担偿债责任。

6.1.2.3 偿债责任转移：对清理甄别认定为政府负有偿还责任债务的由6.1.2.1所列债务单位举借的个人借款类债务，经地方政府、债权人、债务人协商一致，可以按照合同法第八十四条等有关规定分类处置：

凡债权人同意按照国家有关地方政府债务存量依法转化为政府债券的要求，在规定期限内将相关债务置换为政府债券的，地方政府不得拒绝相关偿还义务转移。相关偿还义务转移给地方政府的，债务人应当将政府前期注入支持债务人举债的补贴收入、资产或资产变现收入等返还给地方政府。

因债权人不同意在规定期限内将相关债务依法置换成政府债券，导致合同义务无法转移的，仍由债务人依法承担偿债责任，相关债务对应的地方政府债务限额由中央统一收回。

6.1.3 偿债责任履行

6.1.3.1 对合同义务仍由融资平台公司等原债务人承担的个人借款类债务，原债务人要加强财务管理、拓宽偿债资金渠道、统筹安排偿债资金。其中，对存在违法违规集资情况的，原债务人应当及时退还尚未使用的集资所得资金。

6.1.3.2 债务人无法偿还到期个人借款类债务的，由债务人与债权人平等协商通过债务展期等方式进行债务重组，也可以依法通过企业破产等市场化方式处置。政府作为出资人，在出资范围内承担有限责任。

6.1.3.3 对合同义务由地方政府及其部门承担的个人借款类债务，以及按照6.1.2.3将相关偿还义务由原债务人转移给地方政府的个人借款类债务，地方政府应当督促债务人将地方政府前期注入支持债务人举债的补贴收入或资产变现收入等偿债，尚有不足的，通过预算安排、资产处置等多种方式积极筹措资金偿还。

6.1.3.4 经省级政府部门或市县级政府申请，省级政府在债券置换政策期限内，发行地方政府债券置换6.1.3.3所列尚未偿还的个人借款类债务。如因政府债券未如期发行原因，导致个人借款类债务未能在规定期限内置换的，地方政府继续在今后年度承担偿还责任；如因债权人违约，导致个人借款类债务未能在规定期限内置换的，由原债务人承担偿还责任。

6.1.3.5 对6.1.3.4所列个人借款类债务本金，如在置换债券资金到位前到期，在保证支付需要的前提下，地方政府可以通过库款垫付，或者与债权人协商将个人借款类债务适当延期至置换债券资金到位之时。

6.1.3.6 地方政府若偿还6.1.3.3所列个人借款类债务本金或利息可能影响必要的基本民生支出和政府有效运转支出的，经与债权人协商，在保证必要的基本民生支出和政府有效运转支出及保障债权人合法权益的基础上，可以协商修订合同降低利率或承诺回报水平，对尚未竣工项目暂停建设、终止合同，确需建设的通过其他低成本资金安排。

6.1.3.7 对个人借款类债务中还未支出使用的资金，要与债权人进行协商及时偿还。对债务利息高于国家规定的银行同类贷款年利率上限（36%）的，超出部分的利息不受法律保护，政府不承担偿付责任。涉及非法集资的，地方政府要果断采取措施，依法妥善处置，维护人民群众的合法权益，防止引发群体性事件。

6.2 存量或有债务中的个人借款类债务

6.2.1 存量担保债务中的个人借款类债务

6.2.1.1 债务范围

6.2.1.1.1 存量担保债务中的个人借款类债务：是指清理甄别认定的截至2014年末地方政府性债务中，已经纳入政府担保债务范围的个人借款类债务。

6.2.1.2 偿债责任界定

6.2.1.2.1 债务单位：融资平台公司等个人借款类债务的债务人依法承担个人借款类债务的偿债责任。

6.2.1.2.2　地方政府：按照担保法、担保法司法解释有关规定，政府对个人借款类债务的担保无效。政府对个人借款类债务的担保过错依法承担民事赔偿责任，但最多不应超过债务人不能清偿部分的二分之一。

6.2.1.3　偿债责任履行

6.2.1.3.1　融资平台公司等个人借款类债务的债务人要加强财务管理、拓宽偿债资金渠道、统筹安排偿债资金。其中，对存在违法违规集资情况的，应当及时退还尚未使用的集资所得资金。

6.2.1.3.2　对债务人个人借款类债务不能清偿的部分，地方政府可以在最多不超过债务人不能清偿部分二分之一金额内承担民事赔偿责任。具体金额由地方政府、债权人、债务人参照政府承诺担保金额、地方财政承受能力等协商确定。

6.2.1.3.3　地方政府赔偿可以依法定程序直接安排财政资金，也可以与债权人、债务人协商后采取用政府前期注入融资平台公司等债务人的资产抵扣等方式。地方政府履行民事赔偿责任后，保留对债务人的追偿权。

6.2.1.3.4　对债务人偿还债务、地方政府履行民事赔偿责任等确有困难的个人借款类债务，债务人与债权人可以平等协商通过债务展期等方式进行债务重组，也可以依法通过企业破产等市场化方式处置。债务处置确实形成的损失，由各方协商处理或依法相应承担。

6.2.2　存量救助债务中的个人借款类债务

6.2.2.1　债务范围

6.2.2.1.1　存量救助债务中的个人借款类债务：是指清理甄别认定的截至2014年末地方政府性债务中，已经纳入政府救助债务范围的个人借款类债务。

6.2.2.2　偿债责任界定

6.2.2.2.1　债务单位：融资平台公司等个人借款类债务的债务人依法承担个人借款类债务的偿债责任。

6.2.2.2.2　地方政府：地方政府在法律上不承担救助债务的偿债责任，可以根据具体情况实施一定救助，但保留对债务人的追偿权。

6.2.2.3　偿债责任履行

6.2.2.3.1　债务人要加强财务管理、拓宽偿债资金渠道、统筹安排偿债资金。

6.2.2.3.2　对公立学校、公立医院等公益事业单位以及水电气热等公用事业企业不能清偿的个人借款类债务本息，地方政府可以给予一定救助。具体救助金额由地方政府根据财政承受能力等确定。对其他企事业单位原则上不予救助。

6.2.2.3.3　对于债权人是不特定社会公众的个人集资债务，为避免造成较大的社会不良影响，政府可以实行临时应急救助。地方财政安排垫资偿还的，应当由企业、事业单位等债务人事后通过经营收益、资产处置收入等归还。

6.2.2.3.4　地方政府救助可以依法定程序直接安排财政资金，也可以与债权人、债务人协商后采取政府前期注入债务人的资产抵扣等方式。地方政府救助后，保留对债务人的追偿权。

6.2.2.3.5　对债务人偿还债务、地方政府救助等确有困难的个人借款类债务，债务人与债权人应当依法按照市场化原则处理，可以平等协商通过债务展期等方式实施债务重组，也可以通过企业破产等方式处置。债务处置确实形成的损失，由各方协商处理或依法相应承担。

财政部

2016年11月3日

第四部分　债券管理相关法规

地方政府债券弹性招标发行业务规程

财库〔2018〕74号

第一条　为进一步完善地方政府债券发行机制，保障地方政府债券发行工作顺利开展，防范地方政府债券发行风险，根据地方政府债券发行管理有关规定，制定本规程。

第二条　地方政府债券弹性招标，是指各省（自治区、直辖市、计划单列市）财政部门（以下简称地方财政部门）预先设定计划发行额区间，依据投标倍数等因素确定最终实际发行量的招标发行方式。

第三条　采用弹性招标方式发行地方政府债券，适用本规程。地方政府一般债券、专项债券（含项目收益与融资自求平衡的专项债券），可采用弹性招标方式发行。

第四条　弹性招标，由地方财政部门通过财政部政府债券发行系统、财政部上海证券交易所政府债券发行系统、财政部深圳证券交易所政府债券发行系统面向地方政府债券承销团（以下简称承销团）成员开展，原则上采用单一价格招标方式，招标标的为利率或价格。

第五条　地方政府债券采用弹性招标方式发行，应当遵循“公开、公平、公正”原则，根据地方政府债券发行管理规定及本规程要求，通过市场化方式开展。

第六条　地方财政部门应当按照地方政府债券发行管理有关规定，在与承销团成员充分沟通的基础上，科学制定地方政府债券弹性招标发行规则等制度办法，合理设定投标比例、承销比例等技术参数，其中，最低投标、承销比例等应当基于计划发行额区间上限进行设定。

第七条　计划发行额区间下限不得低于上限的80%。地方财政部门应当根据地方政府债券发行计划，合理设置单期债券计划发行额区间，并在当期债券发行文件中予以披露。

第八条　弹性招标发行时，实际发行量应当为计划发行额区间上限、下限或有效投标量，以计划发行额区间上限计算投标倍数（以下简称投标倍数）。投标倍数超过1.1倍时，当期债券实际发行量为计划发行额区间上限；投标倍数不足1倍时，当期债券实际发行量按照有效投标量和计划发行额区间下限孰低原则确定；投标倍数在1至1.1倍（含1和1.1倍）之间的，实际发行量确定规则由各地方财政部门自行选择计划发行额区间上限或者下限进行确定，并在招标规则中事先明确。

第九条　确定实际发行量后，按照低利率或高价格优先的原则对有效投标逐笔募入，募满计划发行额区间上限（或下限），或将全部有效标位募完为止。招标标的为利率时，全场最高中标利率为当期债券票面利率，各中标承销团成员按面值承销；标的为价格时，全场最低中标价格为当期债券发行价格，各中标承销团成员按发行价格承销。

第十条 最高中标利率（最低中标价格）标位中标数量以各承销团成员在此标位投标量为权重进行分配，最小中标单位为最小投标量变动幅度，分配后仍有尾数时，按投标时间优先原则分配。

第十一条 地方财政部门应当不迟于招标发行前 5 个工作日披露当期政府债券是否采用弹性招标方式，招标发行当日及时披露当期政府债券的实际发行量和发行利率等相关信息。

第十二条 对于采用弹性招标发行的地方政府债券，各地方财政部门应当做好债券资金对应项目的信息披露工作。招标发行前，地方财政部门应分别按照计划发行额区间上下限披露项目信息，明确项目使用资金的顺序，或按照计划发行额区间上限披露项目信息，但实际发行量不是计划发行额区间上限时，各地方财政部门应当在招标发行后及时补充披露计划使用资金的项目信息。对于项目收益与融资自求平衡的专项债券，按计划发行额区间上下限披露的项目信息，都应当符合项目收益和融资自求平衡的要求。

第十三条 招标发行现场管理及应急投标、缴款、债权登记、托管、债券分销、上市等其他相关事宜，按照财政部地方政府债券发行管理有关规定执行。

第十四条 中央国债登记结算有限责任公司、上海证券交易所、深圳证券交易所应当按照本规程在地方政府债券发行系统中增加弹性招标功能，向财政部报备后开展采用弹性招标方式发行地方政府债券相关服务工作。

第十五条 本规程由财政部负责解释。

第十六条 本规程自发布之日起施行。

财政部

2018 年 8 月 14 日

地方政府债券公开承销发行业务规程

财库〔2018〕68号

第一章　总　　则

第一条　为规范地方政府债券公开承销发行业务，保障地方政府债券发行工作顺利开展，根据地方政府债券发行管理有关规定，制定本规程。

第二条　本规程所称地方政府债券公开承销，是指各省（自治区、直辖市、计划单列市）财政部门（以下简称地方财政部门）与主承销商协商确定利率（价格）区间后，由簿记管理人组织承销团成员发送申购利率（价格）和数量意愿，按事先确定的定价和配售规则确定最终发行利率（价格）并进行配售的行为。

第三条　公开承销，适用于公开发行规模较小的地方政府债券，包括一般债券、专项债券（含项目收益与融资自求平衡的专项债券）。采用公开承销方式发行地方政府债券，适用本规程。

第四条　地方政府债券公开承销通过财政部政府债券发行系统、财政部上海证券交易所政府债券发行系统、财政部深圳证券交易所政府债券发行系统（以下统称发行系统）开展。

第五条　地方政府债券公开承销应当遵循公开、公平、公正原则，严格遵守地方政府债券发行管理有关规定，严禁恶意影响发行利率、进行不正当利益输送等破坏市场秩序的行为。

第二章　公开承销参与方

第六条　地方政府债券公开承销参与方包括地方财政部门、承销团成员及其他意向投资机构、业务技术支持部门、中介机构等。其中承销团成员包括簿记管理人、除簿记管理人外的主承销商和其他承销团成员。

第七条　地方财政部门可以就地方政府债券公开承销专门组建承销团，也可以沿用公开招标方式下的承销团。专门组建承销团的，可以就单期债券发行组建承销团，也可以就一段时间内债券发行组建承销团，承销团成员原则上不少于4家。地方财政部门组建承销团时应当与承销团成员签署相关协议，明确各方权利义务。

第八条　簿记管理人是受地方财政部门委托，负责地方政府债券公开承销组织操作的主承销商。

第九条 地方财政部门、簿记管理人应当在充分询价的基础上，综合考虑询价情况、筹资成本预期等因素，与其他主承销商协商确定地方政府债券公开承销安排及申购利率（价格）区间。公开承销的申购利率区间下限不得低于申购前1至5个工作日（含第1和第5个工作日）中国债券信息网公布的中债国债收益率曲线中相同待偿期国债收益率算术平均值，公开承销的申购价格区间上限不得高于申购前1至5个工作日（含第1和第5个工作日）中国债券信息网公布的中债国债收益率曲线中相同待偿期国债收益率算术平均值计算的、原地方政府债券在缴款日的含息价格。簿记管理人应当履行以下职责：

（一）与地方财政部门协商地方政府债券公开承销时间安排和详细方案；

（二）在向承销团成员充分询价的基础上，组织其他主承销商与地方财政部门协商确定公开承销利率（价格）区间；

（三）记录承销团成员申购地方政府债券的利率（价格）及数量意愿，按照本规程等相关制度规定进行地方政府债券的定价和配售；

（四）组织公开承销工作，维护发行现场秩序，确保公开承销工作顺利进行；

（五）对公开承销过程中各项重要事项的决策过程进行记录和说明，并妥善保存公开承销流程各个环节的相关文件和资料；

（六）协助地方财政部门按照相关规定开展信息披露工作；

（七）开展财政部规定或地方财政部门委托的与公开承销相关的其他工作。

第十条 除簿记管理人外的其他主承销商，应当本着勤勉尽责的原则向除承销团成员外的其他意向投资者进行询价，与地方财政部门协商确定公开承销利率（价格）区间，并参与地方政府债券申购、配售、分销、缴款工作；除主承销商外的其他承销团成员，应当按照公开承销安排和相关协议约定，参与公开承销的询价、申购、配售、分销、缴款工作；除承销团成员外的其他意向投资者，可以委托除簿记管理人外的其他承销团成员代为参与公开承销申购。簿记管理人、主承销商等担任询价工作的承销团成员应当按照市场化原则参与地方政府债券公开承销，严禁通过“串标”等方式进行价格操纵，扰乱市场秩序。

第十一条 承销团成员可以进行自营申购或代意向投资者申购，承销团成员之间不得互相代为申购。

第十二条 簿记管理人原则上不得参与公开承销竞争性申购，地方财政部门可以在承销协议中与簿记管理人约定固定承销额，每期债券的固定承销额不再参与本期债券的公开承销利率（价格）确定。簿记管理人应当根据法律法规和本规程规定，指定本单位地方政府债券公开承销簿记建档业务的具体牵头部门。

第十三条 簿记管理人应当将簿记业务和投资交易业务进行分离，并建立健全内部控制制度，防范利益冲突和潜在风险。

第十四条 地方财政部门应当与承销团成员商定合理的发行手续费标准，可以对簿记管理人和其他承销团成员分别设置不同的手续费标准。

第三章 公开承销流程

第十五条 公开承销前，簿记管理人应当向所有承销团成员询价，并明确记录询价情况。

第十六条 公开承销前，簿记管理人应当督促和协助地方财政部门，不迟于公开承销前5个工作日，在本单位门户网站、中国债券信息网以及相关业务技术支持部门网站披露发行通知、信用评级报告等文件，发行通知应当明确公开承销流程、利率（价格）区间、发行利率（价格）确定原则、配售规则、发行系统等相关安排。地方财政部门应当制定地方政府债券公开承销发行规则，并于首次公开承销前进行披露。

第十七条 除簿记管理人外的其他承销团成员，应当根据本机构及其他意向投资者的申购需求，在规定的竞争性承销时间内，通过发行系统发送申购意向函。

第十八条 公开承销按照低利率或高价格优先的原则对有效申购逐笔募入，直至募满计划发行量或将全部有效申购募完为止。申购标的为利率时，全场最高配售利率为当期债券的票面利率，各获配承销团成员按面值承销；申购标的为价格时，全场最低配售价格为当期债券的票面价格，各获配承销团成员按票面价格承销。最高配售利率（最低配售价格）标位配售数量以各承销团成员在此标位申购量为权重进行分配，最小承销单位为申购量的最小变动幅度，分配后仍有尾数时，按申购时间优先原则分配。

第十九条 公开承销地方政府债券时，可以在承销协议中约定采取包销方式，即在申购截止时间后有效申购额或缴款额不足计划发行额时，不足部分按承销协议约定，由全部或部分承销团成员按票面利率（价格）认购。

第二十条 公开承销地方债券的缴款日为发行日（T日）后第一个工作日（即T+1日），承销团成员不迟于缴款日将发行款缴入发行文件中规定的国家金库××省（自治区、直辖市、计划单列市）分库对应账户。地方债券上市日为发行日后第三个工作日（即T+3日）。

第二十一条 公开承销结束后，簿记管理人应当协助地方财政部门，于公开承销当日向市场公开披露承销结果。缴款截止日后，因未及时、足额缴款等导致发行结果出现变化的，地方财政部门应当在上市日前向市场公开披露公开承销的最终结果。

第二十二条 簿记管理人应当制定公开承销的应急处置预案，做好应急处置相关工作。公开承销开始前，如出现可能对地方政府债券发行产生重大影响的政策调整，或有确定证据表明利率（价格）区间与市场存在严重偏差等情况的，簿记管理人及其他主承销商、地方财政部门经协商一致后可以推迟发行或调整利率（价格）区间，并将推迟发行或调整利率（价格）区间事项及相关理由、证据及时披露，同时向财政部报告。公开承销过程中，如出现人为操作失误、系统故障、缴款违约等情况，导致可能影响正常发行及上市的，地方财政部门及簿记管理人应当按照事先确定的应急预案做好应急处置相关工作，及时披露，同时向财政部报告。

第四章 公开承销现场管理

第二十三条 公开承销现场人员包括发行人员、簿记管理人、监督员、观察员、支持人员等。发行人员由地方财政部门派出；监督员由发债地区审计、监察等非财政部门派出；观察员由财政部国库司或财政部国库司委托发债地区当地财政监察专员办事处派出；支持人员由财政部授权的业务技术支持部门派出。

第二十四条 发行现场人员应当各司其责。簿记管理人应当在发行前发送核对无误的申购要约并负责组织发行现场各项工作。监督员负责监督发行现场相关工作合规有序进行，并督促发行人员和簿记管理人做好发行现场人员身份核实与出入登记、通讯设备存放、信息保密、现场隔离、无线电屏蔽等工作。支持人员负责协助办理发行现场出入登记、存放手机等通讯设备、进行必要的无线电屏蔽等，并保障发行系统及发行现场设备正常运行。

第二十五条 省级财政部门应当按照相关规定，不迟于发行日前2个工作日，将进入发行现场的人员名单提供给业务技术支持部门并抄送财政部。人员名单上未列示人员原则上不得进入发行现场。

第二十六条 发行人员、簿记管理人、监督员、观察员应当于发行开始前在值守区履行登记手续，记录本人姓名和进入时间，并在进入操作区或观摩区时再分别履行登记手续。发行现场人员在一个工作日内参与多场次地方政府债券发行时，在不同场次开始前应当重新履行登记手续。竞争性承销期间，所有进入发行现场的人员原则上不得离开发行现场，如因身体严重不适等特殊原因必须临时离开发行现场的，必须由监督员或观察员中1人全程陪同。业务技术支持部门应在发行过程中安排人员在操作区和观摩区附近值守。

第二十七条 发行人员或簿记管理人于非发行时间操作发行系统，应当履行登记手续，登记姓名、出入时间、所属单位和出入事由，簿记管理人还应当提供省级财政部门出具的授权书。

第二十八条 发行现场应当配备能满足地方政府债券发行需要的专用固定电话、应急申购传真机、专用打印机等设备，其中专用固定电话应当实行通话录音。

第二十九条 发行现场人员不得携带任何有通讯功能的设备进入发行现场。发行开始前，发行现场人员应当将随身携带的手机等有通讯功能的设备存放于值守区的专用保管箱，业务技术支持部门应当登记手机等通讯设备存放情况。发行现场人员在一个工作日内参与多场次地方政府债券发行时，如在不同场次之间取用和存放手机等设备，业务技术支持部门应当登记相关存取情况。

第三十条 公开承销现场人员与外界沟通相关事项应当全部通过簿记场所配置的专用录音电话进行，监督员、观察员应当监督通讯工具的使用，并由簿记管理人做好记录及说明。

第三十一条 发行现场人员不得在地方政府债券发行过程中对外泄露申购量、申购利率等可能影响地方政府债券公平公正发行的信息，不得将簿记相关文档带出发行现场或以影印、复印等形式对外提供。

第三十二条　若申购截止时间后申购总量未达到计划发行额，簿记管理人应当按照承销协议中的相关条款进行处置。如承销协议中设置了包销条款，不足部分直接由承销团成员包销；如协议中未设置包销条款，簿记管理人在与发行人员负责人、观察员、监督员协商一致的前提下，可以将簿记建档发行时间延长不超过一小时或者择期重新发行，并使用专用固定电话或委托业务技术支持部门通知承销团成员相关信息。

第三十三条　地方政府债券发行过程中，如发行系统客户端出现技术问题，承销团成员可以通过发送传真的方式，将应急申购意向函发送至相应的发行室进行应急操作，并及时拨打发行现场专用固定电话向发行人员或簿记管理人报告。

第三十四条　出现应急操作情况时，支持人员应当按规定履行登记手续，同时不得携带任何有通讯功能的设备进入发行现场。支持人员应当如实填写应急申购情况记录表，记录收到应急申购意向函的时间等有关内容，并在密押核验通过后签字确认。簿记管理人应当审核应急申购意向函收到的时间是否在申购截止时间前，投资者是否按规定格式填写，是否字迹清晰、意思明确。应急申购意向函经簿记管理人确认各项要素有效完整，并经簿记管理人和监督员共同签字确认后，由簿记管理人将应急申购信息录入发行系统。对未按规定格式填写、字迹不清晰、意思不明确、密押核对不符或超过截止时间后收到的应急申购意向函，均做无效处理。

第三十五条　发行结果须经簿记管理人、监督员共同签字确认后生效。监督员如发现发行现场出现违规行为并制止无效的，有权拒绝在发行结果上签字。发行现场如发生本规程规定情形之外的其他情况，由发行人员或簿记管理人与监督员、观察员协商一致后进行处理，并在发行结束后及时向财政部进行报告。

第五章　附　　则

第三十六条　本规程由财政部负责解释。

第三十七条　本规程自发布之日起施行。

财政部

2018 年 7 月 30 日

关于做好地方政府专项债券发行工作的意见

财库〔2018〕72号

各省、自治区、直辖市、计划单列市财政厅（局），新疆生产建设兵团财政局，中央国债登记结算有限责任公司、中国证券登记结算有限责任公司，上海证券交易所、深圳证券交易所，有关金融机构：

为加快地方政府专项债券（以下简称专项债券）发行和使用进度，更好地发挥专项债券对稳投资、扩内需、补短板的作用，现就做好专项债券发行工作有关事宜通知如下：

一、加快专项债券发行进度。各级财政部门应当会同专项债券对应项目主管部门，加快专项债券发行前期准备工作，项目准备成熟一批发行一批。省级财政部门应当合理把握专项债券发行节奏，科学安排今年后几个月特别是8月、9月发行计划，加快发行进度。今年地方政府债券（以下简称地方债券）发行进度不受季度均衡要求限制，各地至9月底累计完成新增专项债券发行比例原则上不得低于80%，剩余的发行额度应当主要放在10月发行。

二、提升专项债券发行市场化水平。省级财政部门应当根据专项债券发行规模、债券市场情况等因素，选择招标（含弹性招标）、公开承销等方式组织专项债券发行工作。承销机构应当综合考虑同期限国债、政策性金融债利率水平及二级市场地方债券估值等因素决定投标价格，地方财政部门不得以财政存款等对承销机构施加影响人为压价。对于采用非市场化方式干预地方债券发行定价的，一经查实，财政部将予以通报。

三、优化债券发行程序。省级财政部门应当不迟于发行前7个工作日，与发行场所协商地方债券（包括一般债券、专项债券，下同）发行时间，发行场所原则上应当按照“先商先得”的方式给予确认。各发行场所要加强沟通，避免不同省份在同一时段窗口发行地方债券，防止集中扎堆发行；需财政部进行协调的，请及时与财政部联系。本文印发前，省级财政部门已向财政部备案发行时间的，按既定时间发债。各地可在省内集合发行不同市、县相同类型专项债券，提高债券发行效率。财政部不再限制专项债券期限比例结构，各地应当根据项目建设、债券市场需求等合理确定专项债券期限。当债券发行现场不在北京时，财政部授权发债地区省级财政部门不迟于发行前3个工作日，书面通知当地财政监察专员办事处派出发行现场观察员。

四、简化债券信息披露流程。省级财政部门应当及时在本单位门户网站、中国债券信息网等网站披露地方债券发行相关信息，不再向财政部备案需公开的信息披露文件。省级财政部门对信息披露文件的合规性、完整性负责，要严格落实专项债券对应项目主管部门和市县责任，督促其科学制定项目融资与收益自求平衡方案。信息披露情况作为财政部评价各地地方债券发行工作的重要参考。

五、加快专项债券资金拨付使用。各级财政部门应当及时安排使用专项债券收入，加快专项债券资金拨付，防范资金长期滞留国库，尽早发挥专项债券使用效益。有条件的地方在地方债券发行前，可对预算已安排的债券资金项目通过调度库款周转，加快项目建设进度，待债券发行后及时回补库款。

六、加强债券信息报送。为监测地方债券发行情况，请省级财政部门于今年每月底前，向财政部报送下月分旬新增专项债券发行计划，8 月发行计划于 8 月 20 日前报送；不迟于债券发行前 6 个工作日报送地方债券发行时间、规模、品种和期限结构等计划安排。

财政部

2018 年 8 月 14 日

关于做好2018年地方政府债券发行工作的意见

财库〔2018〕61号

各省、自治区、直辖市、计划单列市财政厅（局），新疆生产建设兵团财政局，财政部驻各省、自治区、直辖市、计划单列市财政监察专员办事处，中国国债协会，中央国债登记结算有限责任公司、中国证券登记结算有限责任公司，上海证券交易所、深圳证券交易所：

根据《预算法》《国务院关于加强地方政府性债务管理的意见》（国发〔2014〕43号）和地方政府债券发行管理有关规定，现就做好2018年地方政府债券发行工作提出如下意见：

一、加强地方政府债券发行计划管理

（一）各省、自治区、直辖市、经省政府批准自办债券发行的计划单列市新增债券发行规模不得超过财政部下达的当年本地区新增债务限额；置换债券发行规模上限原则上为各地区上报财政部的置换债券建议发债数；发行地方政府债券用于偿还2018年到期地方政府债券的规模上限，按照申请发债数与到期还本数孰低的原则确定。

（二）地方财政部门应当根据资金需求、存量政府债务或地方政府债券到期情况、债券市场状况等因素，统筹资金需求与库款充裕程度，科学安排债券发行，合理制定债券全年发行总体安排、季度发行初步安排、每次发行具体安排。鼓励地方财政部门提前公布全年、季度发行安排。允许一个省份在同一时段发行相同期限的一般债券和专项债券。

（三）对于公开发行的地方政府债券，每季度发行量原则上控制在本地区全年公开发行债券规模的30%以内（按季累计计算）。全年发债规模不足500亿元（含500亿元，下同），或置换债券计划发行量占比大于40%（含40%），或项目建设时间窗口较少的地区，上述比例可以放宽至40%以内（按季累计计算）。如年内未发行规模不足100亿元，可选择一次性发行，不受上述进度比例限制。

（四）地方财政部门应当统筹做好置换债券发行和存量债务置换各项工作，确保存量债务置换工作如期完成。

二、提升地方政府债券发行定价市场化水平

（一）地方财政部门、地方政府债券承销团成员、信用评级机构及其他相关主体应当强化市场化意识，严格按照市场化、规范化原则做好地方政府债券发行相关工作。

（二）地方财政部门不得在地方政府债券发行中通过“指导投标”“商定利率”等方

式干预地方政府债券发行定价。对于采用非市场化方式干预地方政府债券发行定价的地方财政部门，一经查实，财政部将予以通报。

（三）地方财政部门应当合理开展公开发行一般债券的续发行工作，适当增加单只一般债券规模，提高流动性。对于项目收益与融资自求平衡的专项债券（以下简称项目收益专项债券），地方财政部门应当加强与当地国土资源、交通运输等项目主管部门的沟通协调，按照相关专项债券管理办法，合理搭配项目集合发债，适当加大集合发行力度。对于单只债券募集额不足5亿元的债券，地方财政部门可以积极研究采用公开承销方式发行，提高发行效率。

（四）地方财政部门可结合市场情况和自身需要，采用弹性招标方式发行地方政府债券。鼓励各地加大采用定向承销方式发行置换债券的力度。

（五）地方财政部门应当在充分征求承销团成员意见的基础上，科学设定地方政府债券发行技术参数，可以不再设定单个承销团成员投标额上限。

（六）地方政府债券承销团成员应当根据债券市场利率资金供求、债券信用状况等因素，严格遵循市场化原则参与地方政府债券承销工作，科学设定投标标位。对于采用串标等方式恶意扰乱地方政府债券发行定价的承销团成员，一经查实，财政部将予以通报。

三、合理设置地方政府债券期限结构

（一）公开发行的一般债券，增加2年、15年、20年期限。各地应当根据项目资金状况、市场需求等因素，合理安排债券期限结构。公开发行的7年期以下（不含7年期）一般债券，每个期限品种发行规模不再设定发行比例上限；公开发行的7年期以上（含7年期）债券发行总规模不得超过全年公开发行一般债券总规模的60%；公开发行的10年期以上（不含10年期）一般债券发行总规模，不得超过全年公开发行2年期以下（含2年期）一般债券规模。

（二）公开发行的普通专项债券，增加15年、20年期限。各地应当按照相关规定，合理设置地方政府债券期限结构，并按年度、项目实际统筹安排债券期限，适当减少每次发行的期限品种。公开发行的7年期以上（含7年期）普通专项债券发行总规模不得超过全年公开发行普通专项债券总规模的60%；公开发行的10年期以上（不含10年期）普通专项债券发行总规模，不得超过全年公开发行2年期以下（含2年期）普通专项债券规模。

（三）公开发行的项目收益专项债券，各地应当按照相关规定，充分结合项目建设运营周期、资金需求、项目对应的政府性基金收入和专项收入情况、债券市场需求等因素，合理确定专项债券期限。

四、完善地方政府债券信用评级和信息披露机制

（一）中国国债协会应当研究制定地方政府债券信用评级自律规范，建立地方政府债券信用评级业务评价体系，强化对地方政府债券信用评级机构的行业自律。

（二）对于一般债券，地方财政部门应当重点披露本地区生产总值、财政收支、债务风险等财政经济信息，以及债券规模、利率、期限、具体使用项目、偿债计划等债券信

息。对于专项债券，应当重点披露本地区及使用债券资金相关地区的政府性基金预算收入、专项债务风险等财政经济信息，以及债券规模、利率、期限、具体使用项目、偿债计划等债券信息。对于土地储备、收费公路专项债券等项目收益专项债券，地方财政部门应当在积极与国土资源、交通运输等相关部门沟通协调的基础上，充分披露对应项目详细情况、项目融资来源、项目预期收益情况、收益和融资平衡方案、潜在风险评估等信息。

（三）财政部将研究制定项目收益专项债券信息披露最低披露要求，鼓励各地结合项目实际情况，不断丰富专项债券尤其是项目收益专项债券信息披露内容。

五、促进地方政府债券投资主体多元化

（一）丰富投资者类型，鼓励商业银行、证券公司、保险公司等各类机构和个人，全面参与地方政府债券投资。

（二）鼓励具备条件的地区积极在上海等自由贸易试验区发行地方政府债券，吸引外资金融机构更多地参与地方政府债券承销。

（三）各交易场所和市场服务机构应当不断完善地方政府债券现券交易、回购、质押安排，促进地方政府债券流动性改善。地方财政部门应当鼓励各类机构在回购交易中更多地接受地方政府债券作为质押品。

（四）财政部将积极探索在商业银行柜台销售地方政府债券业务，便利非金融机构和个人投资者购买地方政府债券。

六、加强债券资金管理

（一）地方财政部门应当加快置换债券资金的置换进度，对于已入库的公开发行置换债券资金，原则上要在1个月内完成置换。省级财政部门要尽快向市县财政部门转贷资金，督促市县财政部门加快置换债券资金的支拨，防止资金长期滞留国库。

（二）地方财政部门要高度重视地方政府债券还本付息工作，制定完善地方政府债券还本付息相关制度，准确编制还本付息计划，提前落实并及时足额拨付还本付息资金，切实维护政府信誉。

（三）发行地方政府债券偿还到期地方政府债券的，如债券到期时库款比较充裕，在严格保障财政支付需要的前提下，地方财政部门可使用库款垫付还本资金。待债券发行后，及时将资金回补国库。

（四）各地可根据项目具体情况，在严格按照市场化原则保障债权人合法权益的前提下，研究开展地方政府债券提前偿还、分年偿还等不同形式的本金偿还工作，防范偿债资金闲置浪费或挪用风险。

（五）各地应加快实现地方政府债券管理与项目严格对应。坚持以健全市场约束机制为导向，依法规范地方政府债券管理。债券资金使用要严格按照披露的项目信息执行，确需调整支出用途的，应当按照规定程序办理，保护投资者合法权益。

七、提高地方政府债券发行服务水平

（一）中央结算公司、上海证券交易所、深圳证券交易所等财政部政府债券发行系统

业务技术支持部门（以下简称支持部门），应当认真做好发行系统维护工作，建立健全地方政府债券发行服务制度，合理设计地方政府债券发行服务工作流程，严格加强内部控制，不断提升发行服务水平。

（二）地方财政部门应当按照《地方政府债券发行现场管理工作规范》有关规定，切实加强地方政府债券发行现场管理。采用招标方式发行的，发行现场应当有地方财政部门经办人、复核人各一人，在双人核对的基础上开展标书发送、中标确认等工作，严格防范操作风险。采用承销方式（包括公开承销和定向承销，下同）发行的，地方财政部门应当配合簿记管理人组织发行现场各项工作。发行现场应当邀请审计或监察等非财政部门派出监督员，对发行现场人员、通讯、应急操作等情况进行监督。招标发行结束后，应当由发行人员负责人（不限行政级别）、监督员共同签字确认发行结果；承销发行结束后，应当由簿记管理人、监督员共同签字确认发行结果。

（三）支持部门应当积极配合地方财政部门严格执行《地方政府债券发行现场管理工作规范》，规范做好发行现场人员出入登记、通讯设备存放、发行现场无线电屏蔽、电话录音等工作，保障地方政府债券发行工作有序开展。

八、加强债券发行组织领导

（一）地方财政部门应当不迟于 2018 年 5 月 15 日，向财政部上报全年债券发行总体安排，并不迟于每季度最后一个月 15 日，向财政部上报下一季度地方政府债券发行初步安排，财政部汇总各地发行初步安排后及时反馈地方财政部门，作为地方财政部门制定具体发行安排的参考。第二季度地方政府债券发行初步安排于 5 月 15 日前上报财政部。

（二）地方财政部门应当不迟于发行前 7 个工作日向财政部备案发行具体安排，财政部按照“先备案先得”的原则协调各地发行时间等发行安排。各地财政部门向财政部备案具体发行安排时，涉及公开发行置换债券提前置换以后年度到期政府债务的，应当附专员办出具的债权人同意提前置换的备案证明。

（三）地方财政部门应当不迟于全年地方政府债券发行工作完成后 20 个工作日，向财政部及当地专员办上报年度发行情况。地方财政部门、支持部门、登记结算机构等如遇涉及地方政府债券发行的重大或异常情况，应当及时向财政部报告。

（四）地方财政部门内部应当加强相关处室的协调沟通，做好额度分配、品种选择、期限搭配、债务统计、信息发布等工作的衔接配合，保障地方政府债券发行工作平稳顺利开展。

（五）地方财政部门应当充实地方政府债券发行人员配备，维持人员队伍基本稳定，加强对地方发债人员的培训和指导，督促相关工作人员主动学习，真正掌握政府债务管理、地方政府债券发行管理相关政策制度，熟悉债券金融等相关知识。

（六）地方财政部门应当稳步推进地方政府专项债券管理改革。完善专项债券管理，在严格将专项债券发行与项目一一对应的基础上，加快实现债券资金使用与项目管理、偿债责任相匹配。

（七）鼓励各地通过政府购买服务等方式，引入第三方机构参与地方政府债券发行准备工作，提高地方政府债券管理专业化程度。

其他未尽事宜，按照《财政部关于印发〈地方政府一般债券发行管理暂行办法〉的通知》（财库〔2015〕64号）、《财政部关于印发〈地方政府专项债券发行管理暂行办法〉的通知》（财库〔2015〕83号）、《财政部关于做好2017年地方政府债券发行工作的通知》（财库〔2017〕59号）等有关规定执行。

财政部

2018年5月4日

试点发行地方政府棚户区改造专项债券管理办法

财预〔2018〕28号

第一章　总　　则

第一条　为完善地方政府专项债券管理，规范棚户区改造融资行为，坚决遏制地方政府隐性债务增量，有序推进试点发行地方政府棚户区改造专项债券工作，探索建立棚户区改造专项债券与项目资产、收益相对应的制度，发挥政府规范适度举债改善群众住房条件的积极作用，根据《中华人民共和国预算法》、《国务院关于加强地方政府性债务管理的意见》（国发〔2014〕43号）等有关规定，制订本办法。

第二条　本办法所称棚户区改造，是指纳入国家棚户区改造计划，依法实施棚户区征收拆迁、居民补偿安置以及相应的腾空土地开发利用等的系统性工程，包括城镇棚户区（含城中村、城市危房）、国有工矿（含煤矿）棚户区、国有林区（场）棚户区和危旧房、国有垦区危房改造项目等。

第三条　本办法所称地方政府棚户区改造专项债券（以下简称棚改专项债券）是地方政府专项债券的一个品种，是指遵循自愿原则、纳入试点的地方政府为推进棚户区改造发行，以项目对应并纳入政府性基金预算管理的国有土地使用权出让收入、专项收入偿还的地方政府专项债券。

前款所称专项收入包括属于政府的棚改项目配套商业设施销售、租赁收入以及其他收入。

第四条　试点期间地方政府为棚户区改造举借、使用、偿还专项债务适用本办法。

第五条　省、自治区、直辖市政府（以下简称省级政府）为棚改专项债券的发行主体。试点期间设区的市、自治州，县、自治县、不设区的市、市辖区级政府（以下简称市县级政府）确需棚改专项债券的，由其省级政府统一发行并转贷给市县级政府。

经省政府批准，计划单列市政府可以自办发行棚改专项债券。

第六条　试点发行棚改专项债券的棚户区改造项目应当有稳定的预期偿债资金来源，对应的纳入政府性基金的国有土地使用权出让收入、专项收入应当能够保障偿还债券本金和利息，实现项目收益和融资自求平衡。

第七条　棚改专项债券纳入地方政府专项债务限额管理。棚改专项债券收入、支出、还本、付息、发行费用等纳入政府性基金预算管理。

第八条　棚改专项债券资金由财政部门纳入政府性基金预算管理，并由本级棚改主管部门专项用于棚户区改造，严禁用于棚户区改造以外的项目，任何单位和个人不得截留、挤占和挪用，不得用于经常性支出。

本级棚改主管部门是指各级住房城乡建设部门以及市县级政府确定的棚改主管部门。

第二章 额度管理

第九条 财政部在国务院批准的年度地方政府专项债务限额内，根据地方棚户区改造融资需求及纳入政府性基金预算管理的国有土地使用权出让收入、专项收入状况等因素，确定年度全国棚改专项债券总额度。

第十条 各省、自治区、直辖市年度棚改专项债券额度应当在国务院批准的本地区专项债务限额内安排，由财政部下达各省级财政部门，并抄送住房城乡建设部。

第十一条 预算执行中，各省、自治区、直辖市年度棚改专项债券额度不足或者不需使用的部分，由省级财政部门会同住房城乡建设部门于每年8月31日前向财政部提出申请。财政部可以在国务院批准的该地区专项债务限额内统筹调剂额度并予批复，同时抄送住房城乡建设部。

第十二条 省级财政部门应当加强对本地区棚改专项债券额度使用情况的监督管理。

第三章 预算编制

第十三条 县级以上地方各级棚改主管部门应当根据本地区棚户区改造规划和分年改造任务等，结合项目收益与融资平衡情况等因素，测算提出下一年度棚改专项债券资金需求，报本级财政部门复核。市县级财政部门将复核后的下一年度棚改专项债券资金需求，经本级政府批准后，由市县政府于每年9月底前报省级财政部门和省级住房城乡建设部门。

第十四条 省级财政部门会同本级住房城乡建设部门汇总审核本地区下一年度棚改专项债券需求，随同增加举借专项债务和安排公益性资本支出项目的建议，经省级政府批准后于每年10月31日前报送财政部。

第十五条 省级财政部门在财政部下达的本地区棚改专项债券额度内，根据市县近三年纳入政府性基金预算管理的国有土地使用权出让收入和专项收入情况、申报的棚改项目融资需求、专项债务风险、项目期限、项目收益和融资平衡情况等因素，提出本地区年度棚改专项债券分配方案，报省级政府批准后下达各市县级财政部门，并抄送省级住房城乡建设部门。

第十六条 市县级财政部门应当在省级财政部门下达的棚改专项债券额度内，会同本级棚改主管部门提出具体项目安排建议，连同年度棚改专项债券发行建议报省级财政部门备案，抄送省级住房城乡建设部门。

第十七条 增加举借的棚改专项债券收入应当列入政府性基金预算调整方案。包括：

（一）省级政府在财政部下达的年度棚改专项债券额度内发行专项债券收入。

（二）市县级政府使用的上级政府转贷棚改专项债券收入。

第十八条　增加举借棚改专项债券安排的支出应当列入预算调整方案，包括本级支出和转贷下级支出。棚改专项债券支出应当明确到具体项目，在地方政府债务管理系统中统计，纳入财政支出预算项目库管理。

地方各级棚改主管部门应当建立试点发行地方政府棚户区改造专项债券项目库，项目库信息应当包括项目名称、棚改范围、规模（户数或面积）、标准、建设期限、投资计划、预算安排、预期收益和融资平衡方案等情况，并做好与地方政府债务管理系统的衔接。

第十九条　棚改专项债券还本支出应当根据当年到期棚改专项债券规模、棚户区改造项目收益等因素合理预计、妥善安排，列入年度政府性基金预算草案。

第二十条　棚改专项债券利息和发行费用应当根据棚改专项债券规模、利率、费率等情况合理预计，列入政府性基金预算支出统筹安排。

第二十一条　棚改专项债券收入、支出、还本付息、发行费用应当按照《地方政府专项债务预算管理办法》（财预〔2016〕155 号）规定列入相关预算科目。

第四章　预算执行和决算

第二十二条　省级财政部门应当根据本级人大常委会批准的预算调整方案，结合市县级财政部门会同本级棚改主管部门提出的年度棚改专项债券发行建议，审核确定年度棚改专项债券发行方案，明确债券发行时间、批次、规模、期限等事项。

市县级财政部门应当会同本级棚改主管部门做好棚改专项债券发行准备工作。

第二十三条　地方各级棚改主管部门应当配合做好本地区棚改专项债券试点发行准备工作，及时准确提供相关材料，配合做好项目规划、信息披露、信用评级、资产评估等工作。

第二十四条　发行棚改专项债券应当披露项目概况、项目预期收益和融资平衡方案、第三方评估信息、专项债券规模和期限、分年投资计划、本金利息偿还安排等信息。项目实施过程中，棚改主管部门应当根据实际情况及时披露项目进度、专项债券资金使用情况等信息。

第二十五条　棚改专项债券应当遵循公开、公平、公正原则采取市场化方式发行，在银行间债券市场、证券交易所市场等交易场所发行和流通。

第二十六条　棚改专项债券应当统一命名格式，冠以“××年××省、自治区、直辖市（本级或××市、县）棚改专项债券（×期）——×年××省、自治区、直辖市政府专项债券（×期）”名称，具体由省级财政部门商省级住房城乡建设部门确定。

第二十七条　棚改专项债券的发行和使用应当严格对应到项目。根据项目地理位置、征拆户数、实施期限等因素，棚改专项债券可以对应单一项目发行，也可以对应同一地区多个项目集合发行，具体由市县级财政部门会同本级棚改主管部门提出建议，报省级财政部门确定。

第二十八条　棚改专项债券期限应当与棚户区改造项目的征迁和土地收储、出让期限相适应，原则上不超过 15 年，可根据项目实际适当延长，避免期限错配风险。具体由市县级财政部门会同本级棚改主管部门根据项目实施周期、债务管理要求等因素提出建议，报省级财政部门确定。

棚改专项债券发行时，可以约定根据项目收入情况提前偿还债券本金的条款。鼓励地方政府通过结构化设计合理确定债券期限。

第二十九条 棚户区改造项目征迁后腾空土地的国有土地使用权出让收入、专项收入，应当结合该项目对应的棚改专项债券余额统筹安排资金，专门用于偿还到期债券本金，不得通过其他项目对应的国有土地使用权出让收入、专项收入偿还到期债券本金。因项目对应的专项收入暂时难以实现，不能偿还到期债券本金时，可在专项债务限额内发行棚改专项债券周转偿还，项目收入实现后予以归还。

第三十条 省级财政部门应当按照合同约定，及时偿还棚改专项债券到期本金、利息以及支付发行费用。市县级财政部门应当及时向省级财政部门缴纳本地区或本级应当承担的还本付息、发行费用等资金。

第三十一条 年度终了，县级以上地方各级财政部门应当会同本级棚改主管部门编制棚改专项债券收支决算，在政府性基金预算决算报告中全面、准确反映当年棚改专项债券收入、安排的支出、还本付息和发行费用等情况。

第五章 监督管理

第三十二条 地方各级财政部门应当会同本级棚改主管部门建立和完善相关制度，加强对本地区棚改专项债券发行、使用、偿还的管理和监督。

第三十三条 地方各级棚改主管部门应当加强对使用棚改专项债券项目的管理和监督，确保项目收益和融资自求平衡。

地方各级棚改主管部门应当会同有关部门严格按照政策实施棚户区改造项目范围内的征迁工作，腾空的土地及时交由国土资源部门按照有关规定统一出让。

第三十四条 地方各级政府及其部门不得通过发行地方政府债券以外的任何方式举借债务，除法律另有规定外不得为任何单位和个人的债务以任何方式提供担保。

第三十五条 地方各级财政部门应当会同本级棚改主管部门等，将棚改专项债券对应项目形成的国有资产，纳入本级国有资产管理，建立相应的资产登记和统计报告制度，加强资产日常统计和动态监控。县级以上各级棚改主管部门应当认真履行资产运营维护责任，并做好资产的会计核算管理工作。棚改专项债券对应项目形成的国有资产，应当严格按照棚改专项债券发行时约定的用途使用，不得用于抵押、质押。

第三十六条 财政部驻各地财政监察专员办事处对棚改专项债券额度、发行、使用、偿还等进行监督，发现违反法律法规和财政管理、棚户区改造资金管理等政策规定的行为，及时报告财政部，并抄送住房城乡建设部。

第三十七条 违反本办法规定情节严重的，财政部可以暂停其发行棚改专项债券。违反法律、行政法规的，依法追究有关人员责任；涉嫌犯罪的，移送司法机关依法处理。

第三十八条 地方各级财政部门、棚改主管部门在地方政府棚改专项债券监督和管理工作中，存在滥用职权、玩忽职守、徇私舞弊等违法违纪行为的，按照《中华人民共和国预算法》《公务员法》《行政监察法》《财政违法行为处罚处分条例》等国家有关规定追究相应责任；涉嫌犯罪的，移送司法机关处理。

第六章　职责分工

第三十九条　财政部负责牵头制定和完善试点发行棚改专项债券管理办法，下达分地区棚改专项债券额度，对地方棚改专项债券管理实施监督。

第四十条　住房城乡建设部配合财政部指导和监督地方棚改主管部门做好试点发行棚改专项债券管理相关工作。

第四十一条　省级财政部门负责本地区棚改专项债券额度管理和预算管理、组织做好债券发行、还本付息等工作，并按照专项债务风险防控要求审核项目资金需求。

第四十二条　省级住房城乡建设部门负责审核本地区棚改专项债券项目和资金需求，组织做好试点发行棚户区改造专项债券项目库与地方政府债务管理系统的衔接，配合做好本地区棚改专项债券发行准备工作。

第四十三条　市县级财政部门负责按照政府债务管理要求并根据本级试点发行棚改专项债券项目，以及本级专项债务风险、政府性基金收入等因素，复核本地区试点发行棚改专项债券需求，做好棚改专项债券额度管理、预算管理、发行准备、资金使用监管等工作。

市县级棚改主管部门负责按照棚户区改造工作要求并根据棚户区改造任务、成本等因素，建立本地区试点发行棚户区改造专项债券项目库，做好入库棚改项目的规划期限、投资计划、收益和融资平衡方案、预期收入等测算，做好试点发行棚户区改造专项债券年度项目库与政府债务管理系统的衔接，配合做好棚改专项债券发行各项准备工作，加强对项目实施情况的监控，并统筹协调相关部门保障项目建设进度，如期实现专项收入。

第七章　附　　则

第四十四条　省、自治区、直辖市财政部门可以根据本办法规定，结合本地区实际制定实施细则。

第四十五条　本办法由财政部会同住房城乡建设部负责解释。

第四十六条　本办法自2018年3月1日起实施。

财政部　住房城乡建设部

2018年3月1日

关于在企业债券领域进一步防范风险加强监管和服务实体经济有关工作的通知

发改办财金〔2017〕1358号

各省、自治区、直辖市及计划单列市、新疆生产建设兵团发展改革委：

为贯彻落实7月24日中央政治局会议、全国金融工作会议和7月28日国务院常务会议精神，现就在企业债券领域进一步防范风险、加强监管和服务实体经济有关工作通知如下。

一、积极防范企业债券领域地方政府债务风险

（一）做好存量企业债券涉及的地方政府债务风险的排查化解。如企业已发行的企业债券涉及政府性债务，省级发展改革部门应主动配合相关部门，指导发债企业和中介机构依法依规做好地方政府债务风险的排查化解。

（二）在企业债券申报中严格防范地方政府债务风险。企业新申报发行企业债券时，应明确发债企业和政府之间的权利责任关系，实现发债企业与政府信用严格隔离，严禁地方政府及部门为企业发行债券提供不规范的政府和社会资本合作、政府购买服务、财政补贴等情况。对不符合以上规定的，省级发展改革部门应不予转报。

二、加强事中事后监管，防范企业债券违约风险

（一）省级发展改革部门应主动加强与有关部门和单位的沟通协调，对企业债券发行后资金使用情况进行跟踪检查，对违规行为进行及时纠正，涉嫌犯罪的移送司法机关依法处理，充分保障债券投资者的合法权益。

（二）对出现偿债风险的存量债券，省级发展改革部门应提前介入，充分运用市场化、法治化手段，指导企业和中介机构制定完备的偿债方案，牢牢守住不发生系统性金融风险的底线。

三、提高企业债券服务实体经济的效率和水平

（一）对“一带一路”建设、京津冀协同发展、长江经济带发展三大战略涉及的重点领域、重点项目，省级发展改革部门应加大债券支持力度，创新债券支持方式，在债券申报程序、发行条件上给予优先支持。

（二）对雄安新区及国家级新区等重点地区项目建设加大支持力度，鼓励符合条件的

主体发行企业债券融资，推进重点项目建设，省级发展改革部门可主动探索，协调有关部门在降低债券发行成本等方面进行支持。

（三）近期，省级发展改革部门可积极组织符合条件的企业申报市场化银行债权转股权专项债券，加大对国有企业“去杠杆”和处置僵尸企业等重点工作的融资支持力度，同时，按照住房城乡建设部等九部委《关于在人口净流入的大中城市加快发展住房租赁市场的通知》（建房〔2017〕153号）文件要求，积极组织符合条件的企业发行企业债券，专门用于发展住房租赁业务。

国家发展改革委办公厅

2017年8月7日

地方政府收费公路专项债券管理办法（试行）

财预〔2017〕97号

第一章 总 则

第一条 为完善地方政府专项债券管理，规范政府收费公路融资行为，建立收费公路专项债券与项目资产、收益对应的制度，促进政府收费公路事业持续健康发展，根据《中华人民共和国预算法》、《中华人民共和国公路法》和《国务院关于加强地方政府性债务管理的意见》（国发〔2014〕43号）等有关规定，制订本办法。

第二条 本办法所称的政府收费公路，是指根据相关法律法规，采取政府收取车辆通行费等方式偿还债务而建设的收费公路，主要包括国家高速公路、地方高速公路及收费一级公路等。

第三条 本办法所称地方政府收费公路专项债券（以下简称收费公路专项债券）是地方政府专项债券的一个品种，是指地方政府为发展政府收费公路举借，以项目对应并纳入政府性基金预算管理的车辆通行费收入、专项收入偿还的地方政府专项债券。

前款所称专项收入包括政府收费公路项目对应的广告收入、服务设施收入、收费公路权益转让收入等。

第四条 地方政府为政府收费公路发展举借、使用、偿还债务适用本办法。

第五条 地方政府为政府收费公路发展举借债务采取发行收费公路专项债券方式。省、自治区、直辖市政府（以下简称省级政府）为收费公路专项债券的发行主体。设区的市、自治州，县、自治县、不设区的市、市辖区级政府（以下简称市县级政府）确需发行收费公路专项债券的，由省级政府统一发行并转贷给市县级政府。经省级政府批准，计划单列市政府可以自办发行收费公路专项债券。

第六条 发行收费公路专项债券的政府收费公路项目应当有稳定的预期偿债资金来源，对应的政府性基金收入应当能够保障偿还债券本金和利息，实现项目收益和融资自求平衡。

第七条 收费公路专项债券纳入地方政府专项债务限额管理。收费公路专项债券收入、支出、还本、付息、发行费用等纳入政府性基金预算管理。

第八条 收费公路专项债券资金应当专项用于政府收费公路项目建设，优先用于国家高速公路项目建设，重点支持“一带一路”、京津冀协同发展、长江经济带三大战略规划的政府收费公路项目建设，不得用于非收费公路项目建设，不得用于经常性支出和公路养护支出。任何单位和个人不得截留、挤占和挪用收费公路专项债券资金。

第二章　额度管理

第九条　财政部在国务院批准的年度地方政府专项债务限额内，根据政府收费公路建设融资需求、纳入政府性基金预算管理的车辆通行费收入和专项收入状况等因素，确定年度全国收费公路专项债券总额度。

第十条　各省、自治区、直辖市年度收费公路专项债券额度应当在国务院批准的分地区专项债务限额内安排，由财政部下达各省级财政部门，抄送交通运输部。

第十一条　省、自治区、直辖市年度收费公路专项债券额度不足或者不需使用的部分，由省级财政部门会同交通运输部门于每年 7 月底前向财政部提出申请。财政部可以在国务院批准的该地区专项债务限额内统筹调剂额度并予批复，抄送交通运输部。

第十二条　省级财政部门应当加强对本地区收费公路专项债券额度使用情况的监控。

第三章　预算编制

第十三条　省级交通运输部门应当根据本地区政府收费公路发展规划、中央和地方财政资金投入、未来经营收支预测等，组织编制下一年度政府收费公路收支计划，结合纳入政府性基金预算管理的车辆通行费收入和专项收入、项目收益和融资平衡情况等因素，测算提出下一年度收费公路专项债券需求，于每年 9 月底前报送省级财政部门。

市县级交通运输部门确需使用收费公路专项债券资金的，应当及时测算提出本地区下一年度收费公路专项债券需求，提交同级财政部门审核，经同级政府批准后报送省级交通运输部门。

第十四条　省级财政部门汇总审核本地区下一年度收费公路专项债券需求，随同增加举借专项债务和安排公益性资本支出项目的建议，报经省级政府批准后于每年 10 月底前报送财政部、交通运输部。

第十五条　交通运输部结合国家公路发展规划、各地公路发展实际和完善路网的现实需求、车辆购置税专项资金投资政策等，对各地区下一年度收费公路专项债券项目和额度提出建议，报财政部。

第十六条　省级财政部门应当在财政部下达的本地区收费公路专项债券额度内，根据省级和市县级政府纳入政府性基金预算管理的车辆通行费收入和专项收入情况、政府收费公路建设融资需求、专项债务风险、项目期限结构及收益平衡情况等因素，提出本地区年度收费公路专项债券额度分配方案，报省级政府批准后，将分配市县的额度下达各市县级财政部门，并抄送省级交通运输部门。

省级交通运输部门应当及时向本级财政部门提供政府收费公路建设项目的相关信息，便于财政部门科学合理分配收费公路专项债券额度。

第十七条　县级以上地方各级财政部门应当在上级下达的收费公路专项债券额度内，会同本级交通运输部门提出具体项目安排建议。

第十八条 增加举借的收费公路专项债券收入应当列入政府性基金预算调整方案。包括：

（一）省级政府在财政部下达的年度收费公路专项债券额度内发行专项债券收入；

（二）市县级政府收到的上级政府转贷收费公路专项债券收入。

第十九条 增加举借收费公路专项债券安排的支出应当列入预算调整方案，包括本级支出和转贷下级支出。收费公路专项债券支出应当明确到具体项目，在地方政府债务管理系统中统计，纳入财政支出预算项目库管理。

地方各级交通运输部门应当建立政府收费公路项目库，项目信息应当包括项目名称、立项依据、通车里程、建设期限、项目投资计划、收益和融资平衡方案、车辆购置税等一般公共预算收入安排的补助、车辆通行费征收标准及期限、预期专项收入等情况，并做好与地方政府债务管理系统的衔接。

第二十条 收费公路专项债券还本支出应当根据当年到期收费公路专项债务规模、车辆通行费收入、对应专项收入等因素合理预计、妥善安排，列入年度政府性基金预算草案。

第二十一条 收费公路专项债券利息和发行费用应当根据收费公路专项债券规模、利率、费率等情况合理预计，列入政府性基金预算支出统筹安排。

第二十二条 收费公路专项债券对应项目形成的广告收入、服务设施收入等专项收入，应当全部纳入政府性基金预算收入，除根据省级财政部门规定支付必需的日常运转经费外，专门用于偿还收费公路专项债券本息。

第二十三条 收费公路专项债券收入、支出、还本付息、发行费用应当按照《地方政府专项债务预算管理办法》（财预〔2016〕155号）规定列入相关预算科目。按照本办法第二十二条规定纳入政府性基金预算收入的专项收入，应当列入“专项债券项目对应的专项收入”下的“政府收费公路专项债券对应的专项收入”科目，在政府性基金预算收入合计线上反映。

第四章 预算执行和决算

第二十四条 省级财政部门应当根据本级人大常委会批准的预算调整方案，结合省级交通运输部门提出的年度收费公路专项债券发行建议，审核确定年度收费公路专项债券发行方案，明确债券发行时间、批次、规模、期限等事项。

市县级财政部门应当会同本级交通运输部门做好收费公路专项债券发行准备工作。

第二十五条 地方各级交通运输部门应当配合做好本地区政府收费公路专项债券发行准备工作，及时准确提供相关材料，配合做好信息披露、信用评级、资产评估等工作。

第二十六条 收费公路专项债券应当遵循公开、公平、公正原则采取市场化方式发行，在银行间债券市场、证券交易所市场等场所发行和流通。

第二十七条 收费公路专项债券应当统一命名格式，冠以“××年××省、自治区、直辖市（本级或××市、县）收费公路专项债券（×期）——××年××省、自治区、直辖市政府专项债券（×期）”名称，具体由省级财政部门商省级交通运输部门确定。

第二十八条 收费公路专项债券的发行和使用应当严格对应到项目。根据政府收费公路相关性、收费期限等因素，收费公路专项债券可以对应单一项目发行，也可以对应一个地区的多个项目集合发行，具体由省级财政部门会同省级交通运输部门确定。

第二十九条 收费公路专项债券期限应当与政府收费公路收费期限相适应，原则上单次发行不超过15年，具体由省级财政部门会同省级交通运输部门根据项目建设、运营、回收周期和债券市场状况等因素综合确定。

收费公路专项债券发行时，可以约定根据车辆通行费收入情况提前或延迟偿还债券本金的条款。鼓励地方政府通过结构化创新合理设计债券期限结构。

第三十条 省级财政部门应当会同交通运输部门及时向社会披露收费公路专项债券相关信息，包括收费公路专项债券规模、期限、利率、偿债计划及资金来源、项目名称、收益和融资平衡方案、建设期限、车辆通行费征收标准及期限等。省级交通运输部门应当积极配合提供相关材料。

省级交通运输部门应当于每年6月底前披露截至上一年度末收费公路专项债券对应项目的实施进度、债券资金使用等情况。

第三十一条 政府收费公路项目形成的专项收入，应当全部上缴国库。县级以上地方各级交通运输部门应当履行项目运营管理责任，加强成本控制，确保车辆通行费收入和项目形成的专项收入应收尽收，并按规定及时足额缴入国库。

第三十二条 省级财政部门应当按照合同约定，及时偿还收费公路专项债券到期本金、利息以及支付发行费用。市县级财政部门应当及时向省级财政部门缴纳本地区或本级应当承担的还本付息、发行费用等资金。

第三十三条 年度终了，县级以上地方各级财政部门应当会同本级交通运输部门编制收费公路专项债券收支决算，在政府性基金预算决算报告中全面、准确反映收费公路专项债券收入、安排的支出、还本付息和发行费用等情况。

第五章 监督管理

第三十四条 地方各级财政部门应当会同本级交通运输部门建立和完善相关制度，加强对本地区收费公路专项债券发行、使用、偿还的管理和监督。

第三十五条 地方各级交通运输部门应当加强收费公路专项债券对应项目的管理和监督，确保项目收益和融资平衡。

第三十六条 地方各级财政部门、交通运输部门不得通过企事业单位举借债务，不得通过地方政府债券以外的任何方式举借债务，不得为任何单位和个人的债务以任何方式提供担保。

第三十七条 地方各级财政部门应当会同本级交通运输部门，将收费公路专项债券对应项目形成的基础设施资产纳入国有资产管理。建立收费公路专项债券对应项目形成的资产登记和统计报告制度，加强资产日常统计和动态监控。县级以上地方各级交通运输部门及相关机构应当认真履行资产运营维护责任，并做好资产的会计核算管理工作。收费公路专项债券对应项目形成的基础设施资产和收费公路权益，应当严格按照债券发行时约定的用途使用，不得用于抵质押。

第三十八条 财政部驻各地财政监察专员办事处对收费公路专项债券额度、发行、使用、偿还等进行监督，发现违反法律法规和财政管理、收费公路等政策规定的行为，及时报告财政部，抄送交通运输部。

第三十九条 违反本办法规定情节严重的，财政部可以暂停其发行地方政府专项债券。违反法律、行政法规的，依法依规追究有关人员责任；涉嫌犯罪的，移送司法机关依法处理。

第四十条 各级财政部门、交通运输部门在地方政府收费公路专项债券监督和管理工作中，存在滥用职权、玩忽职守、徇私舞弊等违法违纪行为的，按照《中华人民共和国预算法》、《公务员法》、《行政监察法》、《财政违法行为处罚处分条例》等国家有关规定追究相应责任；涉嫌犯罪的，移送司法机关处理。

第六章　职责分工

第四十一条 财政部负责牵头制定和完善收费公路专项债券管理制度，下达分地区收费公路专项债券额度，对地方收费公路专项债券管理实施监督。

交通运输部配合财政部加强收费公路专项债券管理，指导和监督地方交通运输部门做好收费公路专项债券管理相关工作。

第四十二条 省级财政部门负责本地区收费公路专项债券额度管理和预算管理，组织做好债券发行、还本付息等工作，并按照专项债务风险防控要求审核项目资金需求。

省级交通运输部门负责审核汇总本地区国家公路网规划、省级公路网规划建设的政府收费公路资金需求，组织做好政府收费公路项目库与地方政府债务管理系统的衔接，配合做好本地区收费公路专项债券各项发行准备工作，规范使用收费公路专项债券资金，组织有关单位及时足额缴纳车辆通行费收入、相关专项收入等。

第四十三条 市县级政府规划建设政府收费公路确需发行专项债券的，市县级财政部门、交通运输部门应当参照省级相关部门职责分工，做好收费公路专项债券以及对应项目管理相关工作。

第七章　附　　则

第四十四条 省、自治区、直辖市财政部门可以根据本办法规定，结合本地区实际制定实施细则。

第四十五条 本办法由财政部会同交通运输部负责解释。

第四十六条 本办法自印发之日起实施。

财政部　交通运输部

2017年6月26日

关于试点发展项目收益与融资自求平衡的地方政府专项债券品种的通知

财预〔2017〕89号

各省、自治区、直辖市、计划单列市财政厅（局）：

为落实《中华人民共和国预算法》和《国务院关于加强地方政府性债务管理的意见》（国发〔2014〕43号）精神，健全规范的地方政府举债融资机制，经十二届全国人大五次会议审议批准，完善地方政府专项债券（以下简称专项债券）管理，加快按照地方政府性基金收入项目分类发行专项债券步伐，发挥政府规范举债促进经济社会发展的积极作用。现将有关事项通知如下：

一、政策目标

坚持以推进供给侧结构性改革为主线，围绕健全规范的地方政府举债融资机制，依法完善专项债券管理，指导地方按照本地区政府性基金收入项目分类发行专项债券，着力发展实现项目收益与融资自求平衡的专项债券品种，加快建立专项债券与项目资产、收益相对应的制度，打造立足我国国情、从我国实际出发的地方政府"市政项目收益债"，防范化解地方政府专项债务风险，深化财政与金融互动，引导社会资本加大投入，保障重点领域合理融资需求，更好地发挥专项债券对地方稳增长、促改革、调结构、惠民生、防风险的支持作用。

二、主要内容

（一）依法安排专项债券规模。

严格执行法定限额管理，地方政府专项债务余额不得突破专项债务限额。各地试点分类发行专项债券的规模，应当在国务院批准的本地区专项债务限额内统筹安排，包括当年新增专项债务限额、上年末专项债务余额低于限额的部分。

（二）科学制定实施方案。

各省、自治区、直辖市、计划单列市（以下简称省级）财政部门负责制定分类发行专项债券试点工作实施方案，重点明确专项债券对应的项目概况、项目预期收益和融资平衡方案、分年度融资计划、年度拟发行专项债券规模和期限、发行计划安排等事项。分类发行专项债券建设的项目，应当能够产生持续稳定的反映为政府性基金收入或专项收入的现金流收入，且现金流收入应当能够完全覆盖专项债券还本付息的规模。

（三）加强部门协调配合。

省级财政部门负责按照专项债务管理规定，审核确定分类发行专项债券实施方案和管理办法，组织做好信息披露、信用评级、资产评估等工作。行业主管部门、项目单位负责配合做好专项债券发行准备工作，包括制定项目收益和融资平衡方案、提供必需的项目信息等，合理评估分类发行专项债券对应项目风险，切实履行项目管理责任。

（四）明确市县管理责任。

市县级政府确需举借相关专项债务的，依法由省级政府代为分类发行专项债券、转贷市县使用。专项债券可以对应单一项目发行，也可以对应同一地区多个项目集合发行，具体由市县级财政部门会同有关部门提出建议，报省级财政部门确定。市县级政府及其部门负责承担专项债券的发行前期准备、使用管理、还本付息、信息公开等工作。相关专项债券原则上冠以"××年××省、自治区、直辖市（本级或××市、县）××专项债券（×期）——×年××省、自治区、直辖市政府专项债券（×期）"名称。

（五）推进债券信息公开。

分类发行专项债券的地方政府应当及时披露专项债券及其项目信息。财政部门应当在门户网站等及时披露专项债券对应的项目概况、项目预期收益和融资平衡方案、专项债券规模和期限、发行计划安排、还本付息等信息。行业主管部门和项目单位应当及时披露项目进度、专项债券资金使用情况等信息。

（六）强化对应资产管理。

省级财政部门应当按照财政部统一要求同步组织建立专项债券对应资产的统计报告制度。地方各级财政部门应当会同行业主管部门、项目单位等加强专项债券项目对应资产管理，严禁将专项债券对应的资产用于为融资平台公司等企业融资提供任何形式的担保。

（七）严格项目偿债责任。

专项债券对应的项目取得的政府性基金或专项收入，应当按照该项目对应的专项债券余额统筹安排资金，专门用于偿还到期债券本金，不得通过其他项目对应的项目收益偿还到期债券本金。因项目取得的政府性基金或专项收入暂时难以实现，不能偿还到期债券本金时，可在专项债务限额内发行相关专项债券周转偿还，项目收入实现后予以归还。

三、工作安排

（一）选择重点领域先行试点。

2017 年优先选择土地储备、政府收费公路 2 个领域在全国范围内开展试点。鼓励有条件的地方立足本地区实际，围绕省（自治区、直辖市）党委、政府确定的重大战略，积极探索在有一定收益的公益性事业领域分类发行专项债券，以对应的政府性基金或专项收入偿还，项目成熟一个、推进一个。

（二）明确管理程序和时间安排。

各地在国务院批准的专项债务限额内发行土地储备、政府收费公路专项债券的，按照财政部下达的额度及制定的统一办法执行。除土地储备、收费公路额度外，各地利用新增专项债务限额，以及利用上年末专项债务限额大于余额的部分自行选择重点项目试点分类发行专项债券的，由省级政府制定实施方案以及专项债券管理办法，提前报财政部备案后组织实施。为加快支出进度，实施方案应当于每年9月底前提交财政部。

试点发展项目收益与融资自求平衡的地方政府专项债券品种，是专项债务限额内依法开好“前门”、保障重点领域合理融资需求、支持地方经济社会可持续发展的重要管理创新，也有利于遏制违法违规融资担保行为、防范地方政府债务风险，机制新、任务重、工作量大。请你省（自治区、直辖市、计划单列市）高度重视，将其作为贯彻落实党中央、国务院精神，防控政府债务风险的重要工作，加强组织协调，充实人员配备，狠抓贯彻落实，确保工作取得实效。

特此通知。

附件：1. 实施方案参考框架；

2. ××专项债券募集资金管理办法参考框架

财政部

2017年6月2日

附件1：

实施方案参考框架

包括但不限于以下内容：

一、公益性事业领域项目（以下简称项目）主要内容；

二、项目重大经济社会效益分析，尤其是积极践行“创新、协调、绿色、开放、共享”新发展理念，促进地方经济社会可持续发展分析；

三、项目投资额、自有资本金及资本金到位情况、已有融资情况、项目建设计划及现状；

四、项目预期收益涉及的相关收费政策内容、收费政策合法合规依据、覆盖群体分布、预计产生反映为政府性基金收入或专项收入的稳定现金流收益规模分析（应当由独立第三方专业机构进行评估，并出具专项评估意见）；

五、项目预期收益、支出以及融资平衡情况（应当由独立第三方专业机构进行评估，并出具专项评估意见）；

六、项目融资计划，包括项目发行地方政府专项债券募集资金计划、分年专项债券发行规模和期限安排、专项债券投资者保护措施；

七、潜在影响项目收益和融资平衡结果的各种风险评估；

八、其他需要说明的事项。

附件2：

××专项债券募集资金管理办法参考框架

应当根据项目实施方案，参考《地方政府专项债务预算管理办法》（财预〔2016〕155号）、《地方政府土地储备专项债券管理办法（试行）》（财预〔2017〕62号）等制定。主要包括但不限于总则、预算编制、监督管理、职能分工、附则等内容。

地方政府土地储备专项债券管理办法（试行）

财预〔2017〕62 号

第一章　总　　则

第一条　为完善地方政府专项债券管理，规范土地储备融资行为，建立土地储备专项债券与项目资产、收益对应的制度，促进土地储备事业持续健康发展，根据《中华人民共和国预算法》和《国务院关于加强地方政府性债务管理的意见》（国发〔2014〕43 号）等有关规定，制订本办法。

第二条　本办法所称土地储备，是指地方政府为调控土地市场、促进土地资源合理利用，依法取得土地，进行前期开发、储存以备供应土地的行为。

土地储备由纳入国土资源部名录管理的土地储备机构负责实施。

第三条　本办法所称地方政府土地储备专项债券（以下简称土地储备专项债券）是地方政府专项债券的一个品种，是指地方政府为土地储备发行，以项目对应并纳入政府性基金预算管理的国有土地使用权出让收入或国有土地收益基金收入（以下统称土地出让收入）偿还的地方政府专项债券。

第四条　地方政府为土地储备举借、使用、偿还债务适用本办法。

第五条　地方政府为土地储备举借债务采取发行土地储备专项债券方式。省、自治区、直辖市政府（以下简称省级政府）为土地储备专项债券的发行主体。设区的市、自治州，县、自治县、不设区的市、市辖区级政府（以下简称市县级政府）确需发行土地储备专项债券的，由省级政府统一发行并转贷给市县级政府。经省级政府批准，计划单列市政府可以自办发行土地储备专项债券。

第六条　发行土地储备专项债券的土地储备项目应当有稳定的预期偿债资金来源，对应的政府性基金收入应当能够保障偿还债券本金和利息，实现项目收益和融资自求平衡。

第七条　土地储备专项债券纳入地方政府专项债务限额管理。土地储备专项债券收入、支出、还本、付息、发行费用等纳入政府性基金预算管理。

第八条　土地储备专项债券资金由财政部门纳入政府性基金预算管理，并由纳入国土资源部名录管理的土地储备机构专项用于土地储备，任何单位和个人不得截留、挤占和挪用，不得用于经常性支出。

第二章　额度管理

第九条　财政部在国务院批准的年度地方政府专项债务限额内，根据土地储备融资需求、土地出让收入状况等因素，确定年度全国土地储备专项债券总额度。

第十条　各省、自治区、直辖市年度土地储备专项债券额度应当在国务院批准的分地区专项债务限额内安排，由财政部下达各省级财政部门，抄送国土资源部。

第十一条　省、自治区、直辖市年度土地储备专项债券额度不足或者不需使用的部分，由省级财政部门会同国土资源部门于每年 8 月底前向财政部提出申请。财政部可以在国务院批准的该地区专项债务限额内统筹调剂额度并予批复，抄送国土资源部。

第三章　预算编制

第十二条　县级以上地方各级土地储备机构应当根据土地市场情况和下一年度土地储备计划，编制下一年度土地储备项目收支计划，提出下一年度土地储备资金需求，报本级国土资源部门审核、财政部门复核。市县级财政部门将复核后的下一年度土地储备资金需求，经本级政府批准后于每年 9 月底前报省级财政部门，抄送省级国土资源部门。

第十三条　省级财政部门会同本级国土资源部门汇总审核本地区下一年度土地储备专项债券需求，随同增加举借专项债务和安排公益性资本支出项目的建议，经省级政府批准后于每年 10 月底前报送财政部。

第十四条　省级财政部门在财政部下达的本地区土地储备专项债券额度内，根据市县近三年土地出让收入情况、市县申报的土地储备项目融资需求、专项债务风险、项目期限、项目收益和融资平衡情况等因素，提出本地区年度土地储备专项债券额度分配方案，报省级政府批准后将分配市县的额度下达各市县级财政部门，并抄送省级国土资源部门。

第十五条　市县级财政部门应当在省级财政部门下达的土地储备专项债券额度内，会同本级国土资源部门提出具体项目安排建议，连同年度土地储备专项债券发行建议报省级财政部门备案，抄送省级国土资源部门。

第十六条　增加举借的土地储备专项债券收入应当列入政府性基金预算调整方案。包括：

（一）省级政府在财政部下达的年度土地储备专项债券额度内发行专项债券收入；

（二）市县级政府收到的上级政府转贷土地储备专项债券收入。

第十七条　增加举借土地储备专项债券安排的支出应当列入预算调整方案，包括本级支出和转贷下级支出。土地储备专项债券支出应当明确到具体项目，在地方政府债务管理系统中统计，纳入财政支出预算项目库管理。

地方各级国土资源部门应当建立土地储备项目库，项目信息应当包括项目名称、地块区位、储备期限、项目投资计划、收益和融资平衡方案、预期土地出让收入等情况，并做好与地方政府债务管理系统的衔接。

第十八条　土地储备专项债券还本支出应当根据当年到期土地储备专项债券规模、土地出让收入等因素合理预计、妥善安排，列入年度政府性基金预算草案。

第十九条　土地储备专项债券利息和发行费用应当根据土地储备专项债券规模、利率、费率等情况合理预计，列入政府性基金预算支出统筹安排。

第二十条　土地储备专项债券收入、支出、还本付息、发行费用应当按照《地方政府专项债务预算管理办法》（财预〔2016〕155号）规定列入相关预算科目。

第四章　预算执行和决算

第二十一条　省级财政部门应当根据本级人大常委会批准的预算调整方案，结合市县级财政部门会同本级国土资源部门提出的年度土地储备专项债券发行建议，审核确定年度土地储备专项债券发行方案，明确债券发行时间、批次、规模、期限等事项。

市县级财政部门应当会同本级国土资源部门、土地储备机构做好土地储备专项债券发行准备工作。

第二十二条　地方各级国土资源部门、土地储备机构应当配合做好本地区土地储备专项债券发行准备工作，及时准确提供相关材料，配合做好信息披露、信用评级、土地资产评估等工作。

第二十三条　土地储备专项债券应当遵循公开、公平、公正原则采取市场化方式发行，在银行间债券市场、证券交易所市场等交易场所发行和流通。

第二十四条　土地储备专项债券应当统一命名格式，冠以“××年××省、自治区、直辖市（本级或××市、县）土地储备专项债券（×期）——×年××省、自治区、直辖市政府专项债券（×期）”名称，具体由省级财政部门商省级国土资源部门确定。

第二十五条　土地储备专项债券的发行和使用应当严格对应到项目。根据土地储备项目区位特点、实施期限等因素，土地储备专项债券可以对应单一项目发行，也可以对应同一地区多个项目集合发行，具体由市县级财政部门会同本级国土资源部门、土地储备机构提出建议，报省级财政部门确定。

第二十六条　土地储备专项债券期限应当与土地储备项目期限相适应，原则上不超过5年，具体由市县级财政部门会同本级国土资源部门、土地储备机构根据项目周期、债务管理要求等因素提出建议，报省级财政部门确定。

土地储备专项债券发行时，可以约定根据土地出让收入情况提前偿还债券本金的条款。鼓励地方政府通过结构化创新合理设计债券期限结构。

第二十七条　省级财政部门应当按照合同约定，及时偿还土地储备专项债券到期本金、利息以及支付发行费用。市县级财政部门应当及时向省级财政部门缴纳本地区或本级应当承担的还本付息、发行费用等资金。

第二十八条　土地储备项目取得的土地出让收入，应当按照该项目对应的土地储备专项债券余额统筹安排资金，专门用于偿还到期债券本金，不得通过其他项目对应的土地出让收入偿还到期债券本金。

因储备土地未能按计划出让、土地出让收入暂时难以实现，不能偿还到期债券本金时，可在专项债务限额内发行土地储备专项债券周转偿还，项目收入实现后予以归还。

第二十九条 年度终了，县级以上地方各级财政部门应当会同本级国土资源部门、土地储备机构编制土地储备专项债券收支决算，在政府性基金预算决算报告中全面、准确反映土地储备专项债券收入、安排的支出、还本付息和发行费用等情况。

第五章 监督管理

第三十条 地方各级财政部门应当会同本级国土资源部门建立和完善相关制度，加强对本地区土地储备专项债券发行、使用、偿还的管理和监督。

第三十一条 地方各级国土资源部门应当加强对土地储备项目的管理和监督，保障储备土地按期上市供应，确保项目收益和融资平衡。

第三十二条 地方各级政府不得以土地储备名义为非土地储备机构举借政府债务，不得通过地方政府债券以外的任何方式举借土地储备债务，不得以储备土地为任何单位和个人的债务以任何方式提供担保。

第三十三条 地方各级土地储备机构应当严格储备土地管理，切实理清土地产权，按照有关规定完成土地登记，及时评估储备土地资产价值。县级以上地方各级国土资源部门应当履行国有资产运营维护责任。

第三十四条 地方各级土地储备机构应当加强储备土地的动态监管和日常统计，及时在土地储备监测监管系统中填报相关信息，获得相应电子监管号，反映土地储备专项债券运行情况。

第三十五条 地方各级土地储备机构应当及时在土地储备监测监管系统填报相关信息，反映土地储备专项债券使用情况。

第三十六条 财政部驻各地财政监察专员办事处对土地储备专项债券额度、发行、使用、偿还等进行监督，发现违反法律法规和财政管理、土地储备资金管理等政策规定的行为，及时报告财政部，抄送国土资源部。

第三十七条 违反本办法规定情节严重的，财政部可以暂停其地方政府专项债券发行资格。违反法律、行政法规的，依法追究有关人员责任；涉嫌犯罪的，移送司法机关依法处理。

第六章 职责分工

第三十八条 财政部负责牵头制定和完善土地储备专项债券管理制度，下达分地区土地储备专项债券额度，对地方土地储备专项债券管理实施监督。

国土资源部配合财政部加强土地储备专项债券管理，指导和监督地方国土资源部门做好土地储备专项债券管理相关工作。

第三十九条 省级财政部门负责本地区土地储备专项债券额度管理和预算管理、组织做好债券发行、还本付息等工作，并按照专项债务风险防控要求审核项目资金需求。

省级国土资源部门负责审核本地区土地储备规模和资金需求（含成本测算等），组织做好土地储备项目库与地方政府债务管理系统的衔接，配合做好本地区土地储备专项债券发行准备工作。

第四十条　市县级财政部门负责按照政府债务管理要求并根据本级国土资源部门建议以及专项债务风险、土地出让收入等因素，复核本地区土地储备资金需求，做好土地储备专项债券额度管理、预算管理、发行准备、资金监管等工作。

市县级国土资源部门负责按照土地储备管理要求并根据土地储备规模、成本等因素，审核本地区土地储备资金需求，做好土地储备项目库与政府债务管理系统的衔接，配合做好土地储备专项债券发行各项准备工作，监督本地区土地储备机构规范使用土地储备专项债券资金，合理控制土地出让节奏并做好与对应的专项债券还本付息的衔接，加强对项目实施情况的监控。

第四十一条　土地储备机构负责测算提出土地储备资金需求，配合提供土地储备专项债券发行相关材料，规范使用土地储备专项债券资金，提高资金使用效益。

第七章　附　　则

第四十二条　省、自治区、直辖市财政部门可以根据本办法规定，结合本地区实际制定实施细则。

第四十三条　本办法由财政部会同国土资源部负责解释。

第四十四条　本办法自印发之日起实施。

财政部　国土资源部

2017 年 5 月 16 日

关于做好 2017 年地方政府债券发行工作的通知

财库〔2017〕59 号

各省、自治区、直辖市、计划单列市财政厅（局），中央国债登记结算有限责任公司、中国证券登记结算有限责任公司，上海证券交易所、深圳证券交易所：

根据《预算法》、《国务院关于加强地方政府性债务管理的意见》（国发〔2014〕43 号）和地方政府债券（以下简称地方债）发行管理有关规定，现就做好 2017 年地方债发行工作有关事宜通知如下：

一、合理制定债券发行计划，均衡债券发行节奏

（一）各省、自治区、直辖市、经省政府批准自办债券发行的计划单列市新增债券发行规模不得超过财政部下达的当年本地区新增债券限额；置换债券发行规模上限原则上按照各地上报财政部的置换债券建议发债数掌握。发行置换债券偿还存量地方债的，应当在置换债券发行规模上限内统筹考虑。

（二）各省、自治区、直辖市、经省政府批准自办债券发行的计划单列市财政部门（以下统称地方财政部门）应当加强地方债发行的计划管理。地方财政部门应当根据资金需求、债券市场状况等因素，统筹债券发行与库款管理，科学安排债券发行，合理制定债券全年发行总体安排、季度发行初步安排。在此基础上，不迟于每次发行前 7 个工作日，制定发行具体安排。

（三）对于公开发行债券（含新增债券和公开发行置换债券，下同），各地应当按照各季度发行规模大致均衡的原则确定发行进度安排，每季度发行量原则上控制在本地区全年公开发行债券规模的 30% 以内（按季累计计算）。对于采用定向承销方式发行置换债券，由各地财政部门会同当地人民银行分支机构、银监局，在与存量债务债权人充分沟通协商的基础上，自主确定发行进度安排。

（四）地方财政部门应当加大采用定向承销方式发行置换债券的力度。对于地方政府存量债务中向信托、证券、保险等机构融资形成的债务，经各方协商一致，地方财政部门应当积极采用定向承销方式发行置换债券予以置换。

二、不断提高地方债发行市场化水平，积极探索建立续发行机制

（一）地方财政部门、地方债承销团成员、信用评级机构及其他相关主体应当严格按照市场化原则，进一步做好地方债发行有关工作，不得以任何非市场化方式干扰债券发行工作。地方财政部门提前偿还以后年度到期债务，必须与债权人协商一致、公平合理置换。其中，公开发行置换债券提前置换以后年度到期债务的，在债券发行前应当由承担偿债责任的政府财政部门出具债权人同意提前置换的书面凭证，由省级财政部门组织核实后报财政部驻当地财政监察专员办事处（以下简称专员办）备案。

（二）地方财政部门应当遵循公开、公平、公正的原则组建（或增补）地方债承销团，按照地方债发行有关规定，在与承销团成员充分沟通的基础上，科学制定地方债招标发行规则等制度办法，合理设定投标比例、承销比例等技术参数。

（三）地方财政部门应当按年度、项目实际统筹设计债券期限结构，可适当减少每次发行的期限品种。鼓励发行规模较大、次数较多的地区，研究建立地方债续发行机制，合理设计地方债续发行期限品种、规模，每期债券可续发1~2次，以适当增大单期债券规模，同时避免出现单次兑付规模过大。

三、进一步规范地方债信用评级，提高信息披露质量

（一）财政部将积极推动相关行业协会研究制定地方债信用评级自律规范，强化对地方债信用评级机构的行业自律。财政部将研究建立地方债信用评级机构黑名单制度。违反行业自律规定、弄虚作假的地方债信用评级机构，将被列入黑名单，在规定时限内禁止参与地方债信用评级业务。

（二）地方财政部门应当进一步做好信息披露工作，积极扩大信息披露范围，不断提升信息披露质量，更好满足投资者需求。

1. 地方财政部门应当不迟于每次发行前5个工作日通过本单位门户网站、中国债券信息网等网站（以下简称指定网站）披露当期债券基本信息、债券信用评级报告和跟踪评级安排；不迟于全年首次发行前5个工作日，通过指定网站披露债券发行兑付相关制度办法、本地区中长期经济规划、地方政府债务管理情况等信息，并按照附件4格式披露本地区经济、财政和债务有关数据。

2. 地方财政部门应当不迟于每次发行日终，通过指定网站按照附件5格式披露当次发行结果。

3. 地方财政部门应当进一步做好债券存续期信息披露工作，按规定披露财政预决算和收支执行情况、地方政府债务管理情况、跟踪评级报告等信息，并通过指定网站按照附件6格式披露季度经济、财政有关数据。

4. 地方财政部门要进一步加强重大事项披露工作，对地方政府发生的可能影响其偿债能力的重大事项应当及时进行披露。

5. 地方财政部门应当不迟于地方债还本付息前5个工作日，通过指定网站按照附件7格式披露还本付息相关信息。

四、进一步促进投资主体多元化，改善二级市场流动性

（一）鼓励具备条件的地区在合法合规、风险可控的前提下，研究推进地方债银行间市场柜台业务，便利非金融机构和个人投资地方债。

（二）在继续做好通过财政部政府债券发行系统、财政部上海证券交易所（以下简称上交所）政府债券发行系统发行地方债工作的基础上，鼓励具备条件的地区研究推进通过财政部深圳证券交易所（以下简称深交所）政府债券发行系统发行地方债。

（三）鼓励具备条件的地区积极在上海等自由贸易试验区发行地方债，吸引外资法人金融机构更多地参与地方债承销。

（四）鼓励地方财政部门在地方国库现金管理中更多接受地方债作为质押品。

五、加强债券资金管理，按时还本付息

（一）地方财政部门应当严格按照有关规定管理和使用地方债资金，置换债券资金只能用于偿还政府债务本金，以及回补按规定通过库款垫付的偿债资金，除此之外严禁将置换债券资金用于国库现金管理或任何其他支出用途。

（二）地方财政部门应当加快置换债券资金的置换进度，对于已入库的公开发行置换债券资金，原则上要在1个月内完成置换。省级财政部门要尽快向市县财政部门转贷资金，督促市县财政部门加快置换债券资金的支拨，防止资金长期滞留国库。

（三）地方财政部门要高度重视地方债还本付息工作，制定完善地方债还本付息相关制度，准确编制还本付息计划，提前落实并及时足额拨付还本付息资金，切实维护政府债券信誉。

六、密切跟踪金融市场运行，防范发行风险

（一）地方财政部门应当认真分析宏观经济形势，密切关注债券市场运行情况，加强地方债发行风险的防范和应对。

（二）地方财政部门应当加强与承销团成员沟通，通过召开承销团成员座谈会等方式，充分了解各成员债券投资计划、应债资金规模等情况，合理制定地方债发行安排，避免出现地方债未足额发行等风险事件。

（三）因债券市场波动、市场资金面趋紧、承销团成员承销意愿出现较大变化等原因需要推迟或取消地方债发行时，地方财政部门应当及时向财政部报告，并不迟于发行前1个工作日通过指定网站披露推迟或取消发行信息。

七、做好发行系统维护、现场管理、登记托管等工作，不断提高地方债发行服务水平

（一）中央国债登记结算有限责任公司（以下简称国债登记公司）、上交所、深交所等财政部政府债券发行系统业务技术支持部门（以下简称支持部门），应当认真做好发行系统维护工作，建立健全地方债发行服务制度，合理设计地方债发行服务工作流程，严格加强内部控制，不断提升发行服务水平。各支持部门地方债发行服务制度应当不迟于2017年3月31日向财政部备案。

（二）支持部门应当积极配合地方财政部门严格执行《地方政府债券发行现场管理工作规范》，规范做好发行现场人员出入登记、通讯设备存放、发行现场无线电屏蔽、电话录音等工作，保障地方债发行工作有序开展。

（三）国债登记公司、中国证券登记结算有限责任公司应当认真履行登记托管机构职责，规范开展地方债托管、转托管相关工作，并按照财政部要求，及时报送地方债发行、流通等数据。

八、加强组织领导，确保地方债发行工作顺利完成

（一）地方财政部门应当不迟于 2017 年 3 月 31 日，向财政部上报全年债券发行总体安排，并不迟于每季度最后一个月 15 日，向财政部上报下一季度地方债发行初步安排，财政部汇总各地发行初步安排后及时反馈地方财政部门，作为地方财政部门制定具体发行安排的参考。2017 年第一季度发行初步安排，应当不迟于 2 月 28 日向财政部报送。

（二）地方财政部门应当不迟于发行前 7 个工作日向财政部备案发行具体安排，财政部按照“先备案先得”的原则协调各地发行时间等发行安排。各地财政部门向财政部备案具体发行安排时，涉及公开发行置换债券提前置换以后年度到期政府债务的，应当附专员办出具的债权人同意提前置换的备案证明。

（三）地方财政部门要进一步完善地方债发行管理相关制度，规范操作流程。组建承销团、开展信息披露和信用评级、组织债券发行等制度文件原则上应当在对外公布前报财政部备案。

（四）地方财政部门应当不迟于全年地方债发行工作完成后 20 个工作日，向财政部及当地专员办上报年度发行情况。地方财政部门、支持部门、登记结算机构等如遇涉及地方债发行的重大或异常情况，应当及时向财政部报告。

（五）财政部将研究制定地方债续发行、银行间市场柜台业务的具体操作办法，指导各地开展相关业务。

其他未尽事宜，按照《财政部关于印发〈地方政府一般债券发行管理暂行办法〉的通知》（财库〔2015〕64 号）、《财政部关于印发〈地方政府专项债券发行管理暂行办法〉的通知》（财库〔2015〕83 号）、《财政部关于做好 2016 年地方政府债券发行工作的通知》（财库〔2016〕22 号）等有关规定执行。

财政部

2017 年 2 月 20 日

附件略

关于地方政府专项债券会计核算问题的通知

财库〔2015〕91号

各省、自治区、直辖市、计划单列市财政厅（局）：

为适应地方政府专项债券预算管理需要，规范地方政府专项债券会计核算，根据《国务院关于加强地方政府性债务管理的意见》（国发〔2014〕43号）、《财政部关于印发〈2015年地方政府专项债券预算管理办法〉的通知》（财预〔2015〕32号），以及财政总预算会计管理相关制度规定，现就地方政府专项债券会计核算有关事项通知如下：

一、专项债券发行的会计处理

（一）省级财政部门实际收到地方政府专项债券发行收入时。

借：国库存款

　　贷：债务收入——地方政府债务收入——专项债务收入——＊＊基金债务收入

二、专项债券转贷的会计处理

（一）地方各级财政部门将地方政府专项债券收入转贷给下级财政部门时。

借：债务转贷支出——地方政府专项债务转贷支出——＊＊基金债务转贷支出

　　贷：国库存款

（二）省级以下财政部门实际收到地方政府专项债券转贷收入时。

借：国库存款

　　贷：债务转贷收入——地方政府专项债务转贷收入——＊＊基金债务转贷收入

三、专项债券收入安排支出的会计处理

（一）地方各级财政部门将专项债券收入或专项债券转贷收入安排用于本级政府项目支出时。

借：基金预算支出——＊＊基金及对应专项债务收入安排的支出

　　贷：国库存款

四、专项债券还本的会计处理

（一）地方各级财政部门偿还本级承担的地方政府专项债券本金时。

借：债务还本支出——地方政府债务还本支出——专项债务还本支出——＊＊基金债务还本支出

贷：国库存款

（二）上级财政部门代收地方政府专项债券还本资金时。

借：国库存款

贷：暂存款——＊＊地方政府＊＊基金债务还本支出

偿还代收的地方政府专项债券还本资金时

借：暂存款——＊＊地方政府＊＊基金债务还本支出

贷：国库存款

（三）上级财政部门垫付地方政府专项债券还本资金时。

借：暂付款——＊＊地方政府＊＊基金债务还本支出

贷：国库存款

收到下级财政部门缴来的垫付地方政府专项债券还本资金时

借：国库存款

贷：暂付款——＊＊地方政府＊＊基金债务还本支出

（四）地方各级财政部门为弥补＊＊基金收入不足从公益性项目单位调入资金用于偿付专项债券本金时。

借：国库存款

贷：调入资金——政府性基金调入资金——调入专项收入——＊＊基金调入专项收入

五、专项债券付息的会计处理

（一）地方各级财政部门偿还本级承担的地方政府专项债券利息资金时。

借：基金预算支出——债务付息支出——地方政府债务付息支出——专项债务付息支出——＊＊基金债务付息支出

贷：国库存款

（二）上级财政部门代收地方政府专项债券付息资金时。

借：国库存款

贷：暂存款——＊＊地方政府＊＊基金债务付息支出

偿还代收的地方政府专项债券付息资金时

借：暂存款——＊＊地方政府＊＊基金债务付息支出

贷：国库存款

（三）上级财政部门垫付地方政府专项债券付息资金时。

借：暂付款——＊＊地方政府＊＊基金债务付息支出

贷：国库存款

收到下级财政部门缴来的垫付地方政府专项债券付息资金时

借：国库存款

贷：暂付款——＊＊地方政府＊＊基金债务付息支出

六、专项债券发行相关费用的会计处理

（一）地方各级财政部门支付本级承担的地方政府专项债券发行相关费用时。

借：基金预算支出——债务发行费用支出——地方政府债务发行费用支出——专项债务发行费用支出——＊＊基金债务发行费用支出
贷：国库存款

（二）上级财政部门代收地方政府专项债券发行相关费用时。
借：国库存款
贷：暂存款——＊＊地方政府＊＊基金债务发行费用
支付代收的地方政府专项债券发行相关费用时
借：暂存款——＊＊地方政府＊＊基金债务发行费用
贷：国库存款

（三）上级财政部门垫付地方政府专项债券发行相关费用时。
借：暂付款——＊＊地方政府＊＊基金债务发行费用
贷：国库存款
收到下级财政部门缴来的垫付地方政府专项债券发行相关费用时
借：国库存款
贷：暂付款——＊＊地方政府＊＊基金债务发行费用

七、通过年终结算扣缴专项债券本息费的会计处理

（一）省级以下财政部门未按时上缴地方政府专项债券本金，通过年终结算扣缴时。
借：暂付款——＊＊地方政府＊＊基金债务还本支出
贷：与上级往来
列报支出时，对应由本级财政部门承担的还本支出
借：债务还本支出——地方政府债务还本支出——专项债务还本支出——＊＊基金债务还本支出
贷：暂付款——＊＊地方政府＊＊基金债务还本支出
上级财政部门年终结算扣缴时
借：与下级往来
贷：暂存款/暂付款——＊＊地方政府＊＊基金债务还本支出

（二）省级以下财政部门未按时上缴地方政府专项债券利息，通过年终结算扣缴利息时。
借：暂付款——＊＊地方政府＊＊基金债务付息支出
贷：与上级往来
列报支出时，对应由本级财政部门承担的付息支出
借：基金预算支出——债务付息支出——地方政府债务付息支出——专项债务付息支出——＊＊基金债务付息支出
贷：暂付款——＊＊地方政府＊＊基金债务付息支出
上级财政部门年终结算扣缴时
借：与下级往来
贷：暂存款/暂付款——＊＊地方政府＊＊基金债务付息支出

（三）省级以下财政部门未按时上缴地方政府专项债券发行相关费用，通过年终结算扣缴时。

借：暂付款——＊＊地方政府＊＊基金债务发行费用

　　贷：与上级往来

列报支出时，对应由本级财政部门承担的发行相关费用支出

借：基金预算支出——债务发行费用支出——地方政府债务发行费用支出——专项债务发行费用支出——＊＊基金债务发行费用支出

　　贷：暂付款——＊＊地方政府债务发行费用

上级财政部门年终结算扣缴时

借：与下级往来

　　贷：暂存款/暂付款——＊＊地方政府＊＊基金债务发行费用

（四）省级以下财政部门未按时上缴地方政府专项债券还本付息资金的，通过年终结算扣缴罚息时。

借：上解支出——＊＊基金

　　贷：与上级往来

上级财政部门会计处理为：

借：与下级往来

　　贷：上解收入——＊＊基金

八、年终转账的会计处理

（一）与专项债券相关的收入类科目年终转账时。

借：债务收入——地方政府债务收入——专项债务收入——＊＊基金债务收入

　　债务转贷收入——地方政府专项债务转贷收入——＊＊基金债务转贷收入

　　调入资金——政府性基金调入资金——调入专项收入——＊＊基金调入专项收入

　　上解收入——＊＊基金

　　贷：基金预算结余——＊＊基金结余

（二）与专项债券相关的支出类科目年终转账时。

借：基金预算结余——＊＊基金结余

　　贷：债务还本支出——地方政府债务还本支出——专项债务还本支出——＊＊基金债务还本支出

　　　　债务转贷支出——地方政府专项债务转贷支出——＊＊基金债务转贷支出

　　　　基金预算支出——＊＊基金及对应专项债务收入安排的支出

　　　　基金预算支出——债务付息支出——地方政府债务付息支出——专项债务付息支出——＊＊基金债务付息支出

　　　　基金预算支出——债务发行费用支出——地方政府债务发行费用支出——专项债务发行费用支出——＊＊基金债务发行费用支出

　　　　上解支出——＊＊基金

九、其他事项

地方各级财政部门应设置相应的辅助账，详细记录发行、收到和转贷的地方政府专项债券金额、种类、期限、发行日、到期日、票面利率、偿还及付息情况等。

本通知自印发之日起执行。

财政部

2015年4月20日

2015年地方政府一般债券预算管理办法

财预〔2015〕47号

第一章　总　　则

第一条　为规范2015年地方政府一般债券预算管理，根据《预算法》和《国务院关于加强地方政府性债务管理的意见》（国发〔2014〕43号），制定本办法。

第二条　本办法所称2015年地方政府一般债券，包括为2015年1月1日起新增一般债务发行的新增一般债券、为置换截至2014年12月31日存量一般债务发行的置换一般债券（含为偿还2015年到期的地方政府债券本金发行的一般债券）。

第三条　省、自治区、直辖市政府（以下简称省级政府）发行的一般债券不得超过国务院确定的本地区一般债券规模。

第四条　一般债券收入、安排的支出、还本付息、发行费用纳入一般公共预算管理。

第五条　省、自治区、直辖市政府为一般债券的发行主体，具体发行工作由省级财政部门负责。市县级政府确需发行一般债券的，应纳入本省、自治区、直辖市一般债券规模内管理，由省级财政部门代办发行，并统一办理还本付息。经省级政府批准，计划单列市政府可以自办发行一般债券。

第二章　预算编制和调整

第六条　财政部在全国人大或其常委会审批的地方政府举借债务的规模内，根据客观因素测算分地区新增一般债券和置换一般债券规模，报国务院批准后下达各省级财政部门。

第七条　省级财政部门在财政部下达的新增一般债券规模内，提出新增一般债券规模分配建议，编制预算调整方案，经省级政府同意后报省级人大常委会审批。如有分配至市县级的新增规模，应在省级人大常委会审批的市县级新增一般债券规模内，提出分市县新增一般债券规模的分配建议，报省级政府批准后下达各市县级财政部门。

省级财政部门在财政部下达的置换一般债券规模内，提出置换一般债券规模的分配建议，报省级政府批准后，分配省本级各部门和各市县级财政部门。

第八条　市县级财政部门在省级财政部门下达的新增一般债券规模内，编制预算调整方案，经本级政府同意后报本级人大常委会审批。

市县级财政部门在省级财政部门下达的置换一般债券规模内，提出置换一般债券规模的分配建议，报本级政府批准。

第九条 使用新增一般债券资金的省级或市县级政府，在编制一般公共预算调整方案时，应将新增一般债券规模在收入合计线下“支出大于收入的差额”反映。

第十条 一般债券收入安排的项目支出，根据拟使用债务资金的项目支出情况，在一般公共预算支出合计线上，按照一般债券资金使用方向对应的一般公共预算支出科目反映。

第十一条 一般债券付息支出根据一般债券发行规模、利率等情况，在一般公共预算支出合计线上相应科目反映。

第十二条 一般债券发行费用支出根据一般债券发行规模、费率等情况，在一般公共预算支出合计线上相应科目反映。

第三章 预算科目

第十三条 对《2015年政府收支分类科目》相关内容进行修改，增设或调整有关一般公共预算收支分类科目，完整反映地方政府一般债券的收入、安排支出、还本付息、发行费用、转贷等情况。

第十四条 删除“地方政府债券收入（1050104）”项级科目。在“地方政府债务收入（10504）”款级科目下增设“一般债务收入（1050401）”项级科目，科目说明为“反映地方政府取得的一般债务收入”。

第十五条 在“地方政府债务还本支出（23102）”款级科目下增设“一般债务还本支出（2310201）”项级科目，科目说明为“反映地方政府用于归还一般债务本金所发生的支出”。项下增设两个目级科目：“地方政府一般债券还本支出（231020101）”，科目说明为“反映地方政府用于归还一般债券本金所发生的支出”；“地方政府其他一般债务还本支出（231020104）”，科目说明为“反映地方政府用于归还其他一般债务本金所发生的支出”。

在“地方政府债务付息支出（23202）”款级科目下增设“一般债务付息支出（2320201）”项级科目，科目说明为“反映地方政府用于归还一般债务利息所发生的支出”。项下增设两个目级科目：“地方政府一般债券付息支出（232020101）”，科目说明为“反映地方政府用于归还一般债券利息所发生的支出”；“地方政府其他一般债务付息支出（232020104）”，科目说明为“反映地方政府用于归还其他一般债务利息所发生的支出”。

在“地方政府债务发行费用支出（23302）”款级科目下增设“一般债务发行费用支出（2330201）”项级科目，科目说明为“反映地方政府用于一般债务发行兑付费用的支出”。

第十六条 将“转贷地方政府债券收入（1101101）”项级科目修改为“地方政府一般债务转贷收入（1101101）”，科目说明为“反映下级政府收到的上级政府转贷的一般债务收入”。

将“转贷地方政府债券支出（2301101）”项级科目修改为“地方政府一般债务转贷

支出（2301101）”，科目说明为“反映向下级政府转贷的一般债务支出”。

第四章　预算执行

第十七条　一般债券收入缴库、安排支出的资金拨付、债券还本付息的资金拨付等，按照一般公共预算管理有关规定执行，并纳入一般公共预算进行会计核算。

第十八条　一般债券按市场化原则在银行间债券市场、证券交易所市场等发行。鼓励符合条件的机构投资者和个人购买一般债券。

第十九条　省级政府应按照有关规定，做好债券发行的信息披露和信用评级等相关工作。披露的信息应包括一般债券基本信息、一般公共预算财力及相关债务情况、偿债资金安排以及对投资者做出购买决策有重大影响的其他信息等。

第二十条　市县级政府申请省级财政部门代发一般债券的，应与省级财政部门签订代发和转贷协议。省级财政部门代市县级政府发行一般债券募集的资金，应按照代发和转贷协议及时转贷给市县级财政部门。

第二十一条　省级财政部门完成一般债券发行工作后，应在15个工作日内将发行情况报财政部预算司、国库司及财政部驻当地专员办备案。全年发行工作结束后，应在20个工作日内将午度发行情况报财政部预算司、国库司及财政部驻当地专员办备案。

第二十二条　省级财政部门应按时兑付一般债券本息。省级财政部门代市县级政府发行的一般债券，市县级财政部门应按照协议约定及时向省级财政部门足额上缴还本付息资金。未按时足额缴纳还本付息资金的，按逾期支付额和逾期天数计算罚息，年度终了仍未缴纳的部分，省级财政部门采取适当方式予以扣回，并将违约情况及时向市场披露。

第五章　监督检查

第二十三条　地方财政部门应建立和完善相关制度，加强对各有关部门使用一般债券资金的管理和监督。

第二十四条　对存在发行一般债券弄虚作假、违规组织债券发行、改变债券资金用途、未按要求将债券收支纳入预算管理、未按期偿还到期债券本息等情形的地方，视情节轻重减少一般债券规模或暂停一般债券发行资格。违反《预算法》等法律法规的，依法追究有关人员责任，涉嫌犯罪的，移送司法机关依法处理。

第六章　附　　则

第二十五条　各省级财政部门可根据本办法制定实施细则。

第二十六条　本办法由财政部负责解释，自印发之日起施行。

财政部

2015年4月10日

地方政府专项债券发行管理暂行办法

财库〔2015〕83号

第一条 加强地方政府债务管理，规范地方政府专项债券发行行为，保护投资者等合法权益，根据《预算法》、《国务院关于加强地方政府性债务管理的意见》（国发〔2014〕43号）和国家有关规定，制定本办法。

第二条 地方政府专项债券（以下简称专项债券）是指省、自治区、直辖市政府（含经省级政府批准自办债券发行的计划单列市政府）为有一定收益的公益性项目发行的、约定一定期限内以公益性项目对应的政府性基金或专项收入还本付息的政府债券。

第三条 专项债券采用记账式固定利率附息形式。

第四条 单只专项债券应当以单项政府性基金或专项收入为偿债来源。单只专项债券可以对应单一项目发行，也可以对应多个项目集合发行。

第五条 专项债券期限为1年、2年、3年、5年、7年和10年，由各地综合考虑项目建设、运营、回收周期和债券市场状况等合理确定，但7年和10年期债券的合计发行规模不得超过专项债券全年发行规模的50%。

第六条 专项债券由各地按照市场化原则自发自还，遵循公开、公平、公正的原则，发行和偿还主体为地方政府。

第七条 各地按照有关规定开展专项债券信用评级，择优选择信用评级机构，与信用评级机构签署信用评级协议，明确双方权利和义务。

第八条 信用评级机构按照独立、客观、公正的原则开展信用评级工作，遵守信用评级规定与业务规范，及时发布信用评级报告。

第九条 各地应当按照有关规定及时披露专项债券基本信息、财政经济运行及相关债务情况、募投项目及对应的政府性基金或专项收入情况、风险揭示以及对投资者做出购买决策有重大影响的其他信息。

第十条 专项债券存续期内，各地应按有关规定持续披露募投项目情况、募集资金使用情况、对应的政府性基金或专项收入情况以及可能影响专项债券偿还能力的重大事项等。

第十一条 信息披露遵循诚实信用原则，不得有虚假记载、误导性陈述或重大遗漏。

投资者对披露信息进行独立分析，独立判断专项债券的投资价值，自行承担投资风险。

第十二条 各地组建专项债券承销团，承销团成员应当是在中国境内依法成立的金融机构，具有债券承销业务资格，资本充足率、偿付能力或者净资本状况等指标达到监管标准。

第十三条 地方政府财政部门与专项债券承销商签署债券承销协议，明确双方权利和义务。承销商可以书面委托其分支机构代理签署并履行债券承销协议。

第十四条 各地可以在专项债券承销商中择优选择主承销商，主承销商为专项债券提供发行定价、登记托管、上市交易等咨询服务。

第十五条 专项债券发行利率采用承销、招标等方式确定。采用承销或招标方式的，发行利率在承销或招标日前 1 至 5 个工作日相同待偿期记账式国债的平均收益率之上确定。

承销是指地方政府与主承销商商定债券承销利率（或利率区间），要求各承销商（包括主承销商）在规定时间报送债券承销额（或承销利率及承销额），按市场化原则确定债券发行利率及各承销商债券承销额的发债机制。

招标是指地方政府通过财政部国债发行招投标系统或其他电子招标系统，要求各承销商在规定时间报送债券投标额及投标利率，按利率从低到高原则确定债券发行利率及各承销商债券中标额的发债机制。

第十六条 各地采用承销方式发行专项债券时，应与主承销商协商确定承销规则，明确承销方式和募集原则等。

各地采用招标方式发行专项债券时，应制定招标规则，明确招标方式和中标原则等。

第十七条 各地应当加强发债定价现场管理，确保在发行定价和配售过程中，不得有违反公平竞争、进行利益输送、直接或间接谋取不正当利益以及其他破坏市场秩序的行为。

第十八条 各地应积极扩大专项债券投资者范围，鼓励社会保险基金、住房公积金、企业年金、职业年金、保险公司等机构投资者和个人投资者在符合法律法规等相关规定的前提下投资专项债券。

第十九条 各地应当在专项债券发行定价结束后，通过中国债券信息网和本地区门户网站等媒体，及时公布债券发行结果。

第二十条 专项债券应当在中央国债登记结算有限责任公司办理总登记托管，在国家规定的证券登记结算机构办理分登记托管。专项债券发行结束后，符合条件的应按有关规定及时在全国银行间债券市场、证券交易所债券市场等上市交易。

第二十一条 企业和个人取得的专项债券利息收入，按照《财政部 国家税务总局关于地方政府债券利息免征所得税问题的通知》（财税〔2013〕5 号）规定，免征企业所得税和个人所得税。

第二十二条 各地应切实履行偿债责任，及时支付债券本息、发行费等资金，维护政府信誉。

第二十三条 登记结算机构、承销机构、信用评级机构等专业机构和人员应当勤勉尽责，严格遵守职业规范和相关规则。对弄虚作假、存在违法违规行为的，列入负面名单并向社会公示。涉嫌犯罪的，移送司法机关处理。

第二十四条 财政部驻各地财政监察专员办事处加强对专项债券的监督检查，规范专项债券的发行、资金使用和偿还等行为。

第二十五条 各地应当将本地区专项债券发行安排、信用评级、信息披露、承销团组建、发行兑付等有关规定及时报财政部备案。专项债券发行兑付过程中出现重大事项应当及时向财政部报告。专项债券每次发行工作完成后，应当在15个工作日内将债券发行情况向财政部及财政部驻当地财政监察专员办事处报告；全年发行工作完成后，应当在20个工作日内将年度发行情况向财政部及财政部驻当地财政监察专员办事处报告。

第二十六条 本办法自印发之日起施行。

财政部

2015年4月2日

2015年地方政府专项债券预算管理办法

财预〔2015〕32号

第一章　总　　则

第一条　为规范2015年地方政府专项债券预算管理，根据《预算法》和《国务院关于加强地方政府性债务管理的意见》（国发〔2014〕43号），制定本办法。

第二条　本办法所称2015年地方政府专项债券，包括为2015年1月1日起新增专项债务发行的新增专项债券、为置换截至2014年12月31日存量专项债务发行的置换专项债券。

第三条　省、自治区、直辖市政府（以下简称省级政府）发行的专项债券不得超过国务院确定的本地区专项债券规模。

第四条　专项债券收入、安排的支出、还本付息、发行费用纳入政府性基金预算管理。

第五条　省、自治区、直辖市政府为专项债券的发行主体，具体发行工作由省级财政部门负责。市县级政府确需发行专项债券的，应纳入本省、自治区、直辖市专项债券规模内管理，由省级财政部门代办发行，并统一办理还本付息。经省级政府批准，计划单列市政府可以自办发行专项债券。

第二章　预算编制和调整

第六条　财政部在全国人大或其常委会批准的地方政府举借债务的规模内，根据客观因素测算分地区新增专项债券规模和置换专项债券规模，报国务院批准后下达各省级财政部门。

第七条　省级财政部门在财政部下达的新增专项债券规模内，提出新增专项债券规模分配建议，编制预算调整方案，经省级政府同意后报省级人大常委会批准。如有分配至市县级的新增规模，应在省级人大常委会批准的市县级新增专项债券规模内，提出分市县新增专项债券规模的分配建议，报省级政府批准后下达各市县级财政部门。

省级财政部门在财政部下达的置换专项债券规模内，提出置换专项债券规模的分配建议，报省级政府批准后，分配省本级各部门和各市县级财政部门。

第八条　市县级财政部门在省级财政部门下达的新增专项债券规模内，编制预算调整方案，经本级政府同意后报本级人大常委会批准。

市县级财政部门在省级财政部门下达的置换专项债券规模内，提出置换专项债券规模的分配建议，报本级政府批准。

第九条 根据政府性基金科目发行的专项债券收入，在政府性基金预算收入合计线下，按照专项债券对应的政府性基金预算收入科目明细反映。

第十条 专项债券收入安排的项目支出，根据拟使用债务资金的项目支出情况，在政府性基金预算支出合计线上，按照专项债券对应的政府性基金预算支出科目明细反映；安排用于置换存量专项债务的支出，根据存量专项债务当年还本情况，在政府性基金预算支出合计线下，按照专项债务对应的政府性基金预算支出科目明细反映。

第十一条 专项债券付息支出根据专项债券发行规模、利率等情况，在政府性基金预算支出合计线上，按照专项债券对应的政府性基金预算支出科目明细反映。

第十二条 专项债券发行费用支出根据专项债券发行规模、费率等情况，在政府性基金预算支出合计线上，按照专项债券对应的政府性基金预算支出科目明细反映。

第十三条 上下级政府之间的专项债券资金转贷收入和支出，分别纳入政府性基金收入和支出预算管理。转贷收入根据协议约定的转贷金额，在贷入资金的下级政府本级政府性基金预算收入合计线下，按照专项债券对应的政府性基金预算收入科目明细反映。转贷支出根据协议约定的转贷金额，在贷出资金的上级政府本级政府性基金预算支出合计线下，按照专项债券对应的政府性基金预算支出科目明细反映。

第十四条 专项债券收支纳入政府基金预算管理后，应按照单项政府性基金收支平衡，不同政府性基金间不得调剂。执行中专项债券对应的单项政府性基金不足以偿还本金的，可以从相应的公益性项目单位调入专项收入弥补。调入政府性基金收入预算管理的专项收入，在政府性基金预算收入合计线下反映。

第三章　预算科目

第十五条 对《2015年政府收支分类科目》相关内容进行修改，增设或调整有关政府性基金预算收支分类科目，完整反映地方政府专项债券的收入、安排支出、还本付息、发行费用、转贷等情况。

第十六条 在“债务收入（105）”类级科目下增设“地方政府债务收入（10504）”款级科目，款下增设“专项债务收入（1050402）”项级科目，项下按对应的政府性基金名称分设“××基金债务收入”目级科目，科目说明为“反映地方政府以××基金收入为偿债来源举借的专项债务收入”。

第十七条 修改政府性基金支出科目名称和科目说明。将“××基金安排的支出”修改为“××基金及对应专项债务收入安排的支出”，科目说明相应修改为“反映用××政府性基金收入及对应专项债务收入安排的支出”。

第十八条 删除“债务还本付息支出（228）”类级科目，增设“债务还本支出（231）”类级科目，类下增设“地方政府债务还本支出（23102）”款级科目。在“地方政府债务还本支出（23102）”款级科目下增设“专项债务还本支出（2310202）”项级科目，项下按对应的政府性基金名称分设“××基金债务还本支出”目级科目，科目说明为“反映地方政府用于归还××基金债务本金所发生的支出”。

增设“债务付息支出（232）”和“债务发行费用支出（233）”类级科目，比照“债务还本支出（231）”有关科目相应设置款级、项级、目级科目。

第十九条　将“债券转贷收入（11011）”款级科目修改为“债务转贷收入（11011）”，款下增设“地方政府专项债务转贷收入（1101102）”项级科目，项下按对应的政府性基金名称分设“××基金债务转贷收入”目级科目，科目说明为“反映下级政府收到的上级政府转贷的××基金专项债务收入”。

将“债券转贷支出（23011）”款级科目修改为“债务转贷支出（23011）”，款下增设“地方政府专项债务转贷支出（2301102）”项级科目，项下按对应的政府性基金名称分设“××基金债务转贷支出”目级科目，科目说明为“反映向下级政府转贷的××基金专项债务支出”。

第二十条　在“调入资金（11009）”款级项目下增设“调入专项收入（1100904）”项级科目，项下按对应的政府性基金名称分设“××基金调入专项收入”目级科目，科目说明为“反映地方政府为弥补××基金收入不足从公益性项目单位调入的用于偿付债务本金的收入”。

第四章　预算执行

第二十一条　专项债券收入缴库、安排支出的资金拨付、债券还本付息的资金拨付等，按照政府性基金预算管理有关规定执行，并纳入政府性基金预算进行会计核算。

第二十二条　专项债券按市场化原则在银行间债券市场、证券交易所市场等发行。鼓励符合条件的机构投资者和个人购买专项债券。

第二十三条　省级政府应按照有关规定，做好信息披露和信用评级等相关工作，披露专项债券基本信息、政府性基金财力及相关债务情况、偿债资金安排以及对投资者做出购买决策有重大影响的其他信息。

第二十四条　市县级政府申请省级财政部门代发专项债券的，应与省级财政部门签订代发和转贷协议。省级财政部门代市县级政府发行专项债券募集的资金，应按照代发和转贷协议及时转贷给市县级财政部门。

第二十五条　省级财政部门完成专项债券发行工作后，应在15个工作日内将发行情况报财政部预算司、国库司及财政部驻当地专员办备案。全年发行工作结束后，应在20个工作日内将年度发行情况报财政部预算司、国库司及财政部驻当地专员办备案。

第二十六条　省级财政部门应按时兑付专项债券本息。省级财政部门代市县级政府发行的专项债券，市县级财政部门应按照协议约定及时向省级财政部门足额上缴还本付息资金。未按时足额缴纳还本付息资金的，按逾期支付额和逾期天数计算罚息，年度终了仍未缴纳的部分，省级财政部门采取适当方式予以扣回，并将违约情况及时向市场披露。

第五章　监督检查

第二十七条　地方财政部门应建立和完善相关制度，加强对各有关部门使用专项债券资金的管理和监督。

第二十八条　对存在发行专项债券弄虚作假、违规组织债券发行、改变债券资金用途、未按要求将债券收支纳入预算管理、未按期偿还到期债券本息等情形的地方，视情节轻重减少专项债券规模或暂停专项债券发行资格。违反《预算法》等法律法规的，依法追究有关人员责任，涉嫌犯罪的，移送司法机关依法处理。

第六章　附　　则

第二十九条　各省级财政部门可根据本办法制定实施细则。

第三十条　本办法由财政部负责解释，自印发之日起施行。

财政部

2015年3月18日

地方政府一般债券发行管理暂行办法

财库〔2015〕64号

第一条 为加强地方政府债务管理，规范地方政府一般债券发行等行为，保护投资者合法权益，根据《预算法》和《国务院关于加强地方政府性债务管理的意见》（国发〔2014〕43号），制定本办法。

第二条 地方政府一般债券（以下简称一般债券）是指省、自治区、直辖市政府（含经省级政府批准自办债券发行的计划单列市政府）为没有收益的公益性项目发行的、约定一定期限内主要以一般公共预算收入还本付息的政府债券。

一般债券采用记账式固定利率附息形式。

第三条 省、自治区、直辖市依照国务院下达的限额举借的债务，列入本级预算调整方案，报本级人民代表大会常务委员会批准。债券资金收支列入一般公共预算管理。

第四条 一般债券期限为1年、3年、5年、7年和10年，由各地根据资金需求和债券市场状况等因素合理确定，但单一期限债券的发行规模不得超过一般债券当年发行规模的30%。

第五条 一般债券由各地按照市场化原则自发自还，遵循公开、公平、公正的原则，发行和偿还主体为地方政府。

第六条 各地按照有关规定开展一般债券信用评级，择优选择信用评级机构，与信用评级机构签署信用评级协议，明确双方权利和义务。

第七条 信用评级机构按照独立、客观、公正的原则开展信用评级工作，遵守信用评级规定与业务规范，及时发布信用评级报告。

第八条 各地应及时披露一般债券基本信息、财政经济运行及债务情况等。

第九条 信息披露遵循诚实信用原则，不得有虚假记载、误导性陈述或重大遗漏。

投资者对披露信息进行独立分析，独立判断一般债券的投资价值，自行承担投资风险。

第十条 各地组建一般债券承销团，承销团成员应当是在中国境内依法成立的金融机构，具有债券承销业务资格，资本充足率、偿付能力或者净资本状况等指标达到监管标准。

第十一条 地方政府财政部门与一般债券承销商签署债券承销协议，明确双方权利和义务。承销商可以书面委托其分支机构代理签署并履行债券承销协议。

第十二条 各地可以在一般债券承销商中择优选择主承销商，主承销商为一般债券提供发行定价、登记托管、上市交易等咨询服务。

第十三条 一般债券发行利率采用承销、招标等方式确定。采用承销或招标方式的，发行利率在承销或招标日前1至5个工作日相同待偿期记账式国债的平均收益率之上确定。

承销是指地方政府与主承销商商定债券承销利率（或利率区间），要求各承销商（包括主承销商）在规定时间报送债券承销额（或承销利率及承销额），按市场化原则确定债券发行利率及各承销商债券承销额的发债机制。

招标是指地方政府通过财政部国债发行招投标系统或其他电子招标系统，要求各承销商在规定时间报送债券投标额及投标利率，按利率从低到高原则确定债券发行利率及各承销商债券中标额的发债机制。

第十四条 各地采用承销方式发行一般债券时，应与主承销商协商确定承销规则，明确承销方式和募集原则等。

各地采用招标方式发行一般债券时，应制定招标规则，明确招标方式和中标原则等。

第十五条 各地应当加强发债定价现场管理，确保在发行定价过程中，不得有违反公平竞争、进行利益输送、直接或间接谋取不正当利益以及其他破坏市场秩序的行为。

第十六条 各地应积极扩大一般债券投资者范围，鼓励社会保险基金、住房公积金、企业年金、职业年金、保险公司等机构投资者和个人投资者在符合法律法规等相关规定的前提下投资一般债券。

第十七条 各地应当在一般债券发行定价结束后，通过中国债券信息网和本地区门户网站等媒体，及时公布债券发行结果。

第十八条 一般债券应当在中央国债登记结算有限责任公司办理总登记托管，在国家规定的证券登记结算机构办理分登记托管。一般债券发行结束后，符合条件的应按有关规定及时在全国银行间债券市场、证券交易所债券市场等上市交易。

第十九条 企业和个人取得的一般债券利息收入，按照《财政部　国家税务总局关于地方政府债券利息免征所得税问题的通知》（财税〔2013〕5号）规定，免征企业所得税和个人所得税。

第二十条 各地应切实履行偿债责任，及时支付债券本息、发行费等资金，维护政府信誉。

第二十一条 登记结算机构、承销机构、信用评级机构等专业机构和人员应当勤勉尽责，严格遵守职业规范和相关规则。对弄虚作假、存在违法违规行为的，列入负面名单并向社会公示。涉嫌犯罪的，移送司法机关处理。

第二十二条 财政部驻各地财政监察专员办事处加强对一般债券的监督检查，规范一般债券的发行、资金使用和偿还等行为。

第二十三条 各地应将本地区一般债券发行安排、信用评级、信息披露、承销团组建、发行兑付等有关规定及时报财政部备案。一般债券发行兑付过程中出现重大事项及时向财政部报告。一般债券每次发行工作完成后，应在15个工作日内将债券发行情况向财政部及财政部驻当地财政监察专员办事处报告；全年发行工作完成后，应在20个工作日内将年度发行情况向财政部及财政部驻当地财政监察专员办事处报告。

第二十四条 本办法自印发之日起施行。

财政部

2015年3月12日

企业债券审核工作要求（试行）

一、审核总体框架

1－1　材料完备性审核：对照申报材料目录，审核申报材料是否齐全，注意不同类型债券申报材料存在差异。

1－2　材料内容完整性审核：审查材料要素的完整性，如文件的核心内容、相关机构的公章日期、必要且在有效期内的授权书文件、需有律师鉴证的重要材料复印件等。

1－3　材料合规性审核：审核工作的重点，实质性审查申报材料是否符合国家法律、企业债券相关法规及规章的要求。

1－4　材料一致性审核：申报材料及支持性文件互相印证审核，尤其是需要披露的募集说明书及其摘要、法律意见书、评级报告、审计报告等，是否出现自相矛盾或不一致的内容。

1－5　材料连续性审核：审查是否存在因为修改发行方案、担保方式、改变资金使用安排、跨期变更名称等原因未及时修改主要申报材料而导致申报内容衔接不完整的情况。

1－6　材料严谨性审核：审查是否存在大量错漏，申报材料做到文字格式和顺序保持一致、编码符合写作规范、数字单位不乱用、图表列示清晰、引用数据客观公正等。

二、办文相关材料及大致顺序

2－1　偿债保障措施相关文件

1. 发行人所在地政府关于本期债券偿债保障措施的说明（平台债）；2. 政府支持发行中小企业集合债且发行人经营符合国家产业政策的红头文件（中小企业集合债）；3. 发行人关于本期债券偿债保障措施的报告（产业债及中小企业集合债）；4. 主承销商关于本期债券偿债能力的专项意见；5. 第三方担保函；6. 抵质押资产协议及与之相关的授权文件和主管部门的证明文件；7. BT 回购协议；8. 政府关于回购资金安排的说明文件；9. 政府关于明确偿债配套土地情况和安排的通知或批复（附地块红线图）；10. 银行流动性支持协议；11. 企业基本信用信息报告；12. 关于信用信息报告中存在的不良贷款、欠息记录的银行和企业说明文件；13. 由会计师事务所盖章的关于发行人资产、收入结构及偿债来源的专项意见。

2－2　募投项目相关文件

1. 发债资金投向项目的投资管理、土地、环评、规划、能评等手续齐全，省级发展改革部门或有关职能部门出具专业意见；2. 专业司关于募投项目的意见（针对产能过剩领域地方审批项目和所有中央审批项目，国家发改委负责）；3. 住建部门出具的关于保障房情况的说明文件及目标责任书等；4. 发债资金投向的有关原始合法文件。

2-3 募集说明书

2-4 反馈回复文件

1. 反馈意见；2. 反馈回复报告；3. 定价报告；4. 发债规模测算表。

2-5 申报请示文件

1. 国务院行业管理部门或省级发展改革部门转报意见；2. 发行人关于本次债券发行的申请报告；3. 政府同意发债的红头文件（附政府综合财力及负债表）；4. 修改债券名称或发行方案的说明文件；5. 主办人签署诚信尽职承诺书；6. 债券受理通知书。

三、企业债券规范性要求

3-1 发行主体资格

1. 发行人应为中华人民共和国境内注册的企业，A 股上市公司和 H 股上市公司除外。

2. 股份有限公司的净资产不低于人民币 3000 万元，有限责任公司和其他类型企业的净资产不低于人民币 6000 万元。

3. 发行人成立时间须满 3 年，判断依据为是否能够提供最近 3 年连审报告（一般不得使用模拟报表）。

4. 已发行的企业债券或者其他债务未处于违约或者延迟支付本息的状态。

5. 最近三年没有重大违法违规行为。

6. 前一次公开发行的债券已募足。

7. 未擅自改变前次企业债券募集资金的用途。

3-2 发债规模与净资产的比例

1. 累计债券余额的内涵：累计债券余额包括企业债券、上市公司债券等。

2. 累计债券余额不超过企业净资产 40% 的核算依据

净资产以申报的三年连审财务报告中最近一年的合并报表数据为依据，且应按下列规则核算：

（1）拟发债企业自身发行债券累计余额不超过该企业所有者权益（包含少数股东权益）的 40%。

（2）拟发债企业自身与其直接或间接控股子公司发行债券累计余额之和，均不超过该企业所有者权益（包含少数股东权益）40%。若拟发债企业母公司发行过债券，则该企业及该企业的母公司均需满足此条件。

3. 政府投融资平台公司为其他企业发行债券提供担保的，按担保额的三分之一计入该平台公司已发债余额。

3-3 发债规模与盈利能力的关系

净利润以申报的最近三年连审财务报告中的合并报表数据为依据，且应按下列规则核算：

1. 拟发债企业应具有良好盈利能力。

2. 最近三个会计年度净利润平均值足以支付发行人自身发行本期债券一年的利息。

3-4 募投项目

1. 募投项目范围

筹集资金的投向应符合国家产业政策和行业发展方向，所需相关手续齐全。用于固定资产投资项目的，应符合固定资产投资项目资本金制度的要求，原则上累计发行额不得超过该项目总投资的60%。

棚户区改造项目可发行并使用不超过项目总投资70%的企业债券资金。

支持符合条件的创业投资企业、股权投资企业、产业投资基金发行企业债券，专项用于投资小微企业；支持符合条件的创业投资企业、股权投资企业、产业投资基金的股东或有限合伙人发行企业债券，扩大创业投资企业、股权投资企业、产业投资基金资本规模。

鼓励地方政府投融资平台公司发债用于经济技术开发区、高新技术开发区以及工业园区等各类园区内小企业创业基地、科技孵化器、标准厂房等的建设；用于完善产业集聚区技术、电子商务、物流、信息等服务平台建设；用于中小企业公共服务平台网络工程建设等，鼓励发债用于为小微企业提供设备融资租赁业务。支持中小型企业发行企业债券用于企业技术改造，包括开发和应用新技术、新工艺、新材料、新装备，提高自主创新能力、促进节能减排、提高产品和服务质量、改善安全生产与经营条件等。

2. 募投项目为拟发债企业参股项目

发债资金用于参股固定资产投资项目的，按照发行人直接与间接持股比例之和作为占项目总投资的比重计算其投资数额，项目累计使用发债资金规模不超过项目投资总额的60%（棚户区项目放宽到70%）。

3. 其他禁止性规定

公开发行企业债券筹集的资金，必须用于核准的用途，不得用于弥补亏损和非生产性支出，不得用于房地产买卖、股票买卖和期货交易等与本企业生产经营无关的风险性投资。

4. 募投项目主体

能够证明发行人或其具有股权投资关系的公司为项目的法人主体或是代建方（仅限于与政府机关签署的代建协议）。

鼓励民营企业根据保障性安居工程任务安排，通过直接投资、参股、委托代建（BT）等多种方式参与棚户区改造项目建设，并申请发行企业债券。

未纳入发行人最近3年连审报表的具有股权投资关系的公司（发行人出资设立的除外），原则上其作为法人主体的项目不得作为债券募集资金投资项目。

3-5 财务会计报告要求

1. 财务会计报告的时效

（1）发行人应当提供最近三年连审的审计报告。其中，5月1日—10月31日发行的，应使用最近三年连审的审计报告；11月1日—12月31日公告发行的，除使用经审计最近三年连审的审计报告外，还应披露当年上半年审计报表（可未经审计）；1月1日—4月30日前公告发行的，可使用不包括上年的最近三年连审的审计报告，但应补充披露上年前三个季度或全年的财务报表（可未经审计）。

（2）由于客观原因，发行人历年完成上年审计工作较晚的，可以申请延期执行上述规定。

2. 财务会计报告的更新

（1）企业债券公告发行时，应当按照上述规定使用财务报表，需要更新财务报表的应当更新，但核准文件印发不满一个月的除外。

（2）发行人更新财务报表后，有关财务指标继续符合核准的发行规模和利率水平所需条件的，发行人自行更新财务报表即可发行；如果有关财务指标不再符合核准的发行规模和利率水平所需条件、但适当核减发行规模即可符合发行条件的，发行人应当重新调整发行方案后方可发行；若更新财务报表后不符合发债条件的，应当停止发行。

3－6　申报财务报告期内企业合并及模拟报表的使用

原则上，拟发债企业不得用模拟报表方式申请发债，但存在以下情况之一时可申请豁免：

1. 实质性合并、合并前主体资产运营已满3年。

2. 由于行业性原因（非企业自身原因）造成企业合并的。

3－7　担保事项

1. 禁止发债企业互相担保或连环担保。

2. 对发债企业为其他企业发债提供担保的，在考察资产负债率指标时按担保额一半计入本企业负债额。

3. 政府投融资平台公司为其他企业发行债券提供担保的，按担保额的三分之一计入该平台公司已发债余额。

3－8　承销团资质要求

1. 主承销商和副主承销商资质

（1）已经承担过2000年以后企业债券发行主承销商、或累计承担过3次以上副主承销商的金融机构方可担任主承销商。

（2）已经承担过2000年以后企业债券发行副主承销商、或累计承担过3次以上分销商的金融机构方可担任副主承销商。

（3）企业集团财务公司可以承销本集团发行的企业债券，但不宜作为主承销商。

（4）小微企业增信集合债券主承销商可以是具有企业债券主承销资格的证券公司或具备固定收益类产品承销经验且小微企业贷款业务开展较好的商业银行，也可由证券公司和商业银行联合主承销。

2. 承销团成员家数要求

（1）企业债券发行规模在15亿元（不含15亿元）以下的，主承销商不得超过1家；15亿元至50亿元（不含50亿元）的，主承销商不得超过2家；50亿元以上的，主承销商不得超过3家；超过100亿元的可酌情增加主承销商家数。

（2）企业债券发行规模在5亿元（含5亿元）以下的，承销团成员家数不超过5家；5亿元至15亿元（含15亿元）的，每增加1亿元可增加1家；15亿元至30亿元（含30亿元）的，不超过20家；30亿元以上的，不超过25家。

上述标准按照申请发行规模执行，因政策考虑调减发行规模幅度不大的，仍可保留原有安排。

3－9　其他中介机构资质要求

1. 评级机构的规定

目前，由国家发改委认定的具有资质开展企业债券评级业务的评级机构包括：中诚信国际信用评级有限责任公司、大公国际资信评估有限公司、联合资信评估有限公司、上海新世纪资信评估投资服务有限公司、鹏元资信评估有限公司、东方金诚国际信用评级有限公司等6家。

2. 会计师事务所的规定

拟发债企业应聘请具有证券期货从业资格的会计师事务所出具审计报告。

对于上述会计师事务所分所出具的报告，需要提供总所的业务授权书。

3. 律师事务所的规定

拟发债企业应聘请具有从业资格的律师事务所就债券发行上市事宜出具法律意见书。

4. 资产评估机构的规定

涉及抵质押资产等事项，拟发债企业应聘请具有证券期货从业资格的资产评估机构或办理抵质押手续主管机关认可的A级以上资产评估机构出具资产评估报告。

5. 债权代理人的规定

拟发债企业应聘请债权代理人（金融机构）作为债券持有人的代理人处理与债券相关事宜。

6 监管银行的规定

拟发债企业应聘请商业银行作为监管银行对募集资金、偿债资金进行监管。

3－10　平台债的特殊要求

1. 主体资格认定

拟发债企业应为符合《国务院关于加强地方政府融资平台公司管理有关问题的通知》(国发［2010］19号)、《财政部　发展改革委　人民银行　银监会关于贯彻国务院关于加强地方政府融资平台公司管理有关问题的通知相关事项的通知》（财预［2010］412号)、《国家发展改革委办公厅关于进一步规范地方政府融资平台公司发行债券行为有关问题的通知》(发改办财金［2010］2881号)、《国家发展改革委办公厅关于利用债券融资支持保障性住房建设有关问题的通知》（发改财金［2011］1388号）和《关于制止地方政府违法违规融资行为的通知》(财预［2012］463号）等文件精神，并已按照上述文件要求加强管理和清理规范后的平台公司。上报发行申请材料时地方政府应出具相关文件对拟发债企业的主体资格加以确认。

2. 收入结构要求

(1）拟发债企业偿债资金来源70%以上（含70%）必须来自其自身收益，该自身收益除项目本身经营性收益外，还可包括已注入平台公司的土地出让金收入和车辆通行费收入等其他经营性收入。

(2）铁路投资公司、地铁及高速公路公司发债，对其前期营业收入的要求可适当放宽。

3. 发行规模认定

(1）不得将公立学校、公立医院、公园、事业单位资产等公益性资产和储备土地作为资本注入投融资平台公司，对于已注入的，在计算发债规模时，必须从净资产规模中予以扣除。对于在财预［2012］463 号文件下发后注入的上述性质的资产和土地，需从平台公司资产中剥离，如前期已发行过企业债券，需按照规定程序和要求，相应置换入有效资产。

（2）对政府应收账款说明产生原因、还款计划、政府还款安排措施。应明确以具体地块（红线图）出让收入作为还款资金来源。应收账款规模较大的，应适度调减发债规模。

（3）发债规模尽量与地方政府财力和企业实力相匹配，原则上申请发债规模不能超过所在地政府一般预算收入。

4. 提前分期还本要按下表均摊。

城投类企业（公司）债券第三年起均摊偿还本金方法

发行年限	第三年	第四年	第五年	第六年	第七年	第八年	第九年	第十年	第十一年	第十二年	第十三年	第十四年
4	50%	50%										
5	30%	30%	40%									
6	25%	25%	25%	25%								
7	20%	20%	20%	20%	20%							
8	15%	15%	15%	15%	15%	25%						
9	10%	15%	15%	15%	15%	15%	15%					
10	10%	10%	10%	10%	15%	15%	15%	15%				
11	10%	10%	10%	10%	10%	10%	10%	10%	20%			
12	10%	10%	10%	10%	10%	10%	10%	10%	10%	10%		
13	5%	5%	10%	10%	10%	10%	10%	10%	10%	10%	10%	
14	8%	8%	8%	8%	8%	8%	8%	8%	8%	8%	10%	10%

3－11　保障房债券的特殊要求

对于募集资金主要用于保障房建设的发债申请列入审核绿色通道，优先办理。对保障房类项目手续要求如下：

1. 发债募集资金拟投入的保障房项目应纳入省级保障房计划，或省级政府与地市政府签订的保障房建设目标责任书，并严格限定在公租房、廉租房、经济适用房、限价商品房和各类棚户区改造的范围内。对省级计划和目标责任书之外的住房建设项目发债融资，按照一般企业债对待。

2. 保障房项目的审批、土地、环保等文件应齐备，偿债资金来源明确。经济适用住房和限价商品房不得采取政府回购方式回笼资金。

3. 将 50%（含）以上募集资金用于纳入省级计划（规划）的保障房项目，以及募集资金全部用于棚户区改造项目的发债申请，纳入审核绿色通道，优先办理相关手续。一般性旧城改造、城乡一体化项目仍按照正常发债申请对待。

4. 需要提供住建部门出具的关于保障房情况的说明文件及目标责任书等。

3－12　中小企业集合债的特殊要求

1. 中小企业集合债中单个企业发行规模小于 1 亿元的，可全额补充企业营运资金，但须由所在地市政府承诺其经营符合国家产业政策。

2. 对于民企需要重点关注实际控制人，了解更为充分的信息，包括但不限于国籍、个人及家庭主要资产、持有企业股权等。

3-13 小微企业增信集合债券的要求

1. 小微企业增信集合债券主承销商可以是具有企业债券主承销资格的证券公司或具备固定收益类产品承销经验且小微企业贷款业务开展较好的商业银行，也可由证券公司和商业银行联合主承销。

2. 小微企业增信集合债券由单一企业（国有企业或地方政府投融资平台）发行，募集资金在有效监管下，通过商业银行转贷给小微企业。

3. 发行人、发行人所在地市政府和负责转贷业务的商业银行应签订三方协议，明确各方在小微企业增信集合债券中的权利义务。地市政府应在协议中承诺提供不低于债券发行规模5%的风险缓释基金，并指定相关职能部门负责定期核查债券募集资金转贷情况。

4. 商业银行在办理募集资金转贷业务时，应按照自营贷款的标准和程序，认真审慎选择符合条件的小微企业贷款发放对象，并经发行人书面同意后放款。

5. 商业银行应在自营贷款和债券资金转贷业务之间设置防火墙，转贷利率综合水平应不高于自营贷款利率综合水平。

3-14 企业债券发行审核分类管理的规定

1. 为进一步改进企业债券发行审核工作，按照“加快和简化审核类”、“从严审核类”以及“适当控制规模和节奏类”三种情况进行分类管理，有保有控，支持重点，防范风险，处理好推进改革、提高效率和防范风险之间的关系。

2. 属于“加快和简化审核类”的情况包括：

（1）主体或债券信用等级为AAA级的债券；

（2）由资信状况良好的担保公司（指担保公司主体评级在AA+及以上）提供无条件不可撤销保证担保的债券；

（3）使用有效资产进行抵质押担保，且债项级别在AA+及以上的债券；

（4）资产负债率低于30%，信用安排较为完善且主体信用级别在AA+及以上的无担保债券；

（5）地方政府所属区域城投公司申请发行的首只企业债券，且发行人资产负债率低于50%的债券。地方政府所属区域包括并仅限于地市级及以上城市和财政百强县（暂按2012年财政统计年鉴数据），国家级经济技术开发区、国家级高新技术开发区、非财政百强县不在此列。

（6）中小企业集合债券

（7）小微企业增信集合债券

3. 属于“从严审核类”的情况包括：

（1）募集资金用于产能过剩、高污染、高耗能等国家产业政策限制领域的发债申请；

（2）资产负债率较高（城投类企业65%以上，一般生产经营性企业75%以上）且债项级别在AA+以下的债券；

（3）企业及所在地地方政府或为其提供承销服务的券商有不尽职或不诚信记录；

（4）连续发债两次以上且资产负债率高于65%的城投类企业；

（5）企业资产不实，运营不规范，偿债保障措施较弱的发债申请。

4. 除符合“加快和简化审核类”、“从严审核类”两类条件的债券外，其他均为“适当控制规模和节奏类”。

四、预审阶段审核关注点

4－1　申报材料清单

企业债券项目主要可区分为产业债、普通平台债、保障房（棚户区）债、中小企业集合债和小微企业增信集合债5个品种，需要提供的申报材料清单如下表所示。

序号	文件名称	产业债	普通平台债	保障房债	中小企业集合债	小微企业增信集合债
首次申报阶段						
1	国务院行业管理部门或省级发展改革部门转报意见	√	√	√	√	√
2	发行人、中介机构及相关人员综合信用承诺书	√	√	√	√	√
3	主承销商出具的推荐意见（含内审表）	—	√	√	—	√
4	发行人关于本次债券发行的申请报告	√	√	√	√	√
5	发行企业债券可行性研究报告	√	√	√	√	—
6	发债资金投向的有关原始合法文件	√	√	√	√	—
7	发行人最近三年的财务报告和审计报告（连审）及最近一期的财务报告	√	√	√	√	√
8	担保人最近一年财务报告和审计报告及最近一期的财务报告（如有）	√	√	√	√	√
9	企业（公司）债券募集说明书	√	√	√	√	√
10	企业（公司）债券募集说明书摘要	√	√	√	√	√
11	承销协议	√	√	√	√	√
12	承销团协议	√	√	√	√	√
13	第三方担保函（如有）	√	√	√	√	√
14	资产抵质押有关文件（如有）	√	√	√	√	√
15	信用评级报告	√	√	√	√	√
16	法律意见书	√	√	√	√	√
17	发行人《企业法人营业执照》（副本）复印件	√	√	√	√	√
18	中介机构从业资格证书复印件	√	√	√	√	√
19	本次债券发行有关机构联系方式	√	√	√	√	√
20	其他申报文件					
20－1	股东会决议或出资人批复	√	√	√	√	√
20－2	出平台名单证明文件	—	√	√	—	√

续表

序号	文件名称	产业债	普通平台债	保障房债	中小企业集合债	小微企业增信集合债
20－3	政府同意发债的红头文件（附政府综合财力及负债表）	—	√	√	—	√
20－4	会计师关于企业资产、收入结构及偿债来源的专项意见	—	√	√	—	√
20－5	发行人所在地政府关于本期债券偿债保障措施的说明	—	√	√	—	—
20－6	投融资平台公司所在地政府关于平台对政府应收账款的情况和解决措施的文件	—	√	√	—	√
20－7	发行人关于本期债券偿债保障措施的报告	√	—	—	√	—
20－8	主承销商关于本期债券偿债能力的专项意见	√	√	√	√	√
20－9	债权代理协议、债券持有人会议规则、募集资金账户监管协议、偿债资金账户监管协议（规则与协议可以根据实际情况集成在一起）	√	√	√	√	√
20－10	BT协议（仅限部分保障房类型及公路项目）	—	√	√	—	—
20－11	政府关于回购资金来源的说明	—	√	√	—	—
20－12	央行基本信用信息报告及出现不良贷款、欠息记录的相关说明	√	√	√	√	√
20－13	主承销商对首次发债的企业出具的辅导报告	√	√	√	√	√
20－14	已发行债券的兑付报告	√	√	√	√	√
20－15	主承销商出具的质量控制审查报告	√	√	√	√	√
20－16	住建部门关于保障性住房项目的说明文件及目标责任状等支持性文件	—	—	√	—	—
20－17	企业所在地政府支持发行中小企业集合债且发行人经营符合国家产业政策的红头文件	—	—	—	√	—
20－18	针对1177号文的专项自查和核查报告	√	√	√	—	—
20－19	其他文件	√	√	√	√	√
反馈回复阶段						
1	书面反馈回复报告	√	√	√	√	√
2	定价报告	√	√	√	√	√
3	修改债券名称或发行方案的说明	√	√	√	√	√
4	其他申报阶段遗漏或须更新的申报文件	√	√	√	√	√

“√”表示需要提供，“－”表示不适用。

4－2　财务核查

1. 会计师事务所出具的审计报告是否为无保留意见。

2. 关注申报期大幅变动的科目及其原因，尤其是应收账款、存货、无形资产、所有者权益、收入、净利润等。

3. 关注资产构成情况。对于比重较大的资产，需要具体关注其权属情况、能否真正实现现金流入等。对于已经注入公司的政府机关、公园、学校等公益性资产及储备土地使用权，需要进行剔除。

4. 关注资产负债率情况。对于资产负债率超过65%的项目，需要对其负债率进行专项分析，说明其有息资产负债率等。对于超过资产负债率在80%至90%之间的发债申请企业，必须要求提供担保，资产负债率超过90%，不予核准发行债券。

5. 关注大额的对外担保情况（如超过净资产的30%以上）及其对债券兑付的影响。

4－3 偿债能力审核

1. 发行人自身偿债能力

（1）关注整体经营情况及现有资产质量。

（2）关注募投项目的效益情况（包括商业模式、收入、利润总额、净利润等信息）和未来现金流入能力。

2. 偿债保障措施

（1）关注股东或实际控制人的实力、代偿能力以及承担意愿。

（2）关注是否有合适的担保措施，如第三方担保、资产抵质押担保等。对于增信措施，了解增信过程是否合规，抵质押资产是否存在瑕疵等。

（3）关注是否有未使用的银行授信额度或由银行提供的贷款流动性支持。

（4）关注是否按规定设置了债权代理协议、抵押资产监管协议等保障债券本息兑付的安排。

4－4 风险事项审查

1. 审查是否有历史违约记录，关注发行人的基本信用信息报告。

2. 审查是否有历史造假或资产随意划转记录。

3. 审查是否存在大额对外担保或诉讼等或有风险。

4. 关注是否充分披露风险，是否已经对评级报告提及的关注事项进行分析。

5. 关注发行人以对财政的应收账款作为质押发行的信托产品。

第五部分　外债管理相关法规

关于完善市场约束机制　严格防范外债风险和地方债务风险的通知

发改外资〔2018〕706号

各省、自治区、直辖市及计划单列市、新疆生产建设兵团发展改革委、财政厅（局）：

为深入贯彻落实党的十九大、中央经济工作会议和全国金融工作会议精神，进一步发挥国际资本市场低成本资金在支持实体经济转型升级和推进供给侧结构性改革方面的积极作用，完善市场约束机制，切实有效防范中长期外债风险和地方债务风险，现就有关事项通知如下。

一、拟举借中长期外债企业（含金融机构，下同）要实现实体化运营，依法合规开展市场化融资，充分论证发行外债的必要性、可行性、经济性和财务可持续性，同时依托自身资信状况制定外债本息偿付计划，落实偿债保障措施。严禁企业以各种名义要求或接受地方政府及其所属部门为其市场化融资行为提供担保或承担偿债责任，切实做到“谁用谁借、谁借谁还、审慎决策、风险自担”。

二、要紧密围绕推进供给侧结构性改革的方向，着力支持综合经济实力强、国际化经营水平高、风险防控机制健全的大型企业赴境外市场化融资，募集资金重点用于支持创新发展、绿色发展、战略性新兴产业、高端装备制造业以及“一带一路”建设和国际产能合作等。

三、拟举借中长期外债企业要建立健全规范的公司治理结构、管理决策机制和财务管理制度。申报企业拥有的资产应当质量优良、权属清晰，严禁将公立学校、公立医院、公共文化设施、公园、公共广场、机关事业单位办公楼、市政道路、非收费桥梁、非经营性水利设施、非收费管网设施等公益性资产及储备土地使用权计入企业资产。

四、利用外债资金支持的募投项目，要建立市场化的投资回报机制，形成持续稳定、合理可行的财务预期收益。如募投项目取得投资补助、运营补贴、财政贴息等财政资金支持，有关决策程序必须依法合规，必须把地方财政承受能力和中长期财政可持续作为重要约束条件，坚决杜绝脱离当地财力可能进行财政资金支持。

五、拟举借中长期外债企业要统筹考虑汇率、利率、币种及企业资产负债结构等因素，灵活运用货币互换、利率互换、远期外汇买卖、期权、掉期等金融产品，稳妥选择融资工具，合理持有外汇头寸，密切关注汇率变动，有效防控外债风险。

六、拟举借中长期外债企业要规范信息披露。在债券募集说明书等文件中，不得披露所在地区财政收支、政府债务数据等可能存在政府信用支持的信息，严禁与政府信用挂钩的误导性宣传，并在相关文件中明确，地方政府作为出资人仅以出资额为限承担责任，相关举借债务由发债企业作为独立法人负责偿还。有关信用评级机构不得将企业信用与地方政府信用挂钩。申报企业应对申请材料的真实性、合规性负责。

七、发展改革部门要切实加大事中事后监管力度，利用社会信用体系建设、大数据预警监测分析等多种创新方式，加强对外债资金使用情况和项目后续建设运营情况的督促检查工作。财政部门对依法合规承接政府投资项目的企业，应当按规定和批准的预算及时拨付资金，不得拖欠。

八、建立健全责任主体信用记录，对涉及地方政府违法违规融资和担保的企业、承销机构、会计师事务所、律师事务所等主体及其主要负责人，加大惩处问责力度，纳入相关领域黑名单和全国信用信息共享平台归集共享，实施跨部门联合惩戒，及时公开通报，并限制相关责任主体新申请或参与外债备案登记工作。

国家发展改革委　财政部

2018 年 5 月 11 日

国际金融组织和外国政府贷款赠款项目财务管理办法

财国合〔2017〕28号

第一章　总　　则

第一条　为了规范国际金融组织和外国政府贷款、赠款（以下简称贷款赠款）项目的财务管理，合理合规使用贷款赠款，提高资金使用效益，根据《国际金融组织和外国政府贷款赠款管理办法》（财政部令第85号）等相关规定，制定本办法。

第二条　贷款赠款项目的财务管理工作适用本办法。

第三条　贷款赠款项目的财务管理应当遵循统一管理、分工合作、规范有效、防范风险的原则。

第四条　贷款赠款项目的财务管理主要任务是：贯彻执行国家相关法律、法规、制度及贷款方或赠款方管理规定，建立健全项目财务管理制度，开展贷款赠款项目财务评估、编制贷款赠款资金使用计划和预决算，加强项目会计统计，规范项目支出、控制项目成本，强化财务监督，防控债务风险。

第五条　各级财政部门应当将政府负有偿还责任贷款的收入、支出、还本付息和政府负有担保责任贷款中依法或协议规定确需政府偿还的部分，按照预算管理相关规定纳入一般公共预算管理。

赠款纳入中央一般公共预算管理。其中：对于赠款方有指定用途的赠款，按预算管理程序审核后相应列入中央部门预算或中央对地方转移支付；对于赠款方无指定用途的赠款，由财政统筹安排使用。

第二章　机构与职责

第六条　财政部门履行下列职责：

（一）制定贷款赠款项目的财务管理、会计核算等制度规定，指导编写项目财务管理手册，对本级项目实施单位和下级财政部门开展与项目财务管理相关的业务指导、培训及监督；

（二）组织开展对贷款项目的财政评审；

（三）对政府负有偿还责任的贷款进行预算管理和政府债务限额管理，对政府负有担保责任的贷款按照政府或有债务管理要求实施监管；

（四）对赠款进行预算管理；

（五）对贷款赠款项目的资金支付使用、成本费用支出、债务落实和偿还等实施管理和监督；

（六）就贷款赠款项目实施相关财务管理事宜与贷款方或赠款方进行沟通与协调；

（七）组织或配合相关部门对贷款赠款项目进行的检查、审计等；

（八）财政部门应当履行的其他职责。

第七条 项目实施单位履行下列职责：

（一）按照贷款方或赠款方及国内相关规定，建立健全本单位实施或组织实施的贷款赠款项目财务管理制度，编写项目财务管理手册；

（二）配置专门财务管理机构和管理人员；

（三）开展贷款赠款项目前期调查、评估、论证，并提供财政评审所需要的材料；

（四）按照贷款方或赠款方及国内相关规定和承诺筹措落实贷款赠款项目配套资金；

（五）按照贷款方或赠款方及国内相关规定，办理贷款赠款资金提款报账，合理合规使用项目资金；

（六）按照贷款法律文件和国内相关规定落实贷款债务和还贷资金；

（七）做好贷款赠款项目收支预决算、会计、统计、资产管理、档案管理等工作；

（八）接受并协助贷款方或赠款方以及国内相关部门对贷款赠款项目进行的检查、审计等，针对相关问题和建议落实整改；

（九）项目实施单位应当履行的其他职责。

第八条 跨地区、跨行业项目的协调机构组织、协调或协助项目实施单位和财政部门履行上述职责。

第三章 资金筹措和使用管理

第九条 对本地区申请列入备选项目规划的贷款项目，省级（包括计划单列市，下同）财政部门应当组织财政评审，内容包括：投入领域、贷款方式、融资安排、执行机构能力、绩效目标、偿债机制和债务风险等。

第十条 贷款项目列入备选项目规划后，在项目准备过程中，财政部门应当在财政评审的基础上，进一步落实还款责任和还款资金来源，并指导、协调项目实施单位或还款责任人合理选择贷款产品，确定贷款条件及还款方式，编制项目财务管理手册等。

第十一条 财政部门和项目实施单位应当按照外汇管理部门的规定办理贷款项目外债登记手续。

第十二条 中央项目实施单位和省级财政部门（代表省级政府）向财政部提出赠款申请，审核资金需求，并按照赠款方要求提供联合融资承诺函。

第十三条 项目实施单位应当按照贷款赠款法律文件以及国内相关规定和承诺的要求筹措落实配套资金。实物和劳务折抵形式的配套或捐赠，按照国家对行政、事业和企业单位的会计准则和会计制度的相关规定确认计价。

第十四条　贷款赠款法律文件签署后，财政部门或项目实施单位应当按照法律文件、财政专户和预算单位银行账户管理等相关规定开设和管理贷款赠款指定账户。由地方单位负责实施的项目，除贷款赠款法律文件规定以外，省级以下（不包含省级）财政部门原则上不得设立和管理指定账户。

指定账户管理单位负责办理提款签字人报送和授权手续。

第十五条　项目实施单位和项目协调机构应当按照贷款方或赠款方以及财政部门规定，及时编制下一年度贷款赠款项目资金使用计划、采购计划、出国（境）团组计划报送同级财政部门审核或备案。

第十六条　省级财政部门应当按照地方政府债务限额管理的相关规定于每年10月底前向财政部报送下年度本地区贷款资金预计使用规模。

第十七条　财政部门和项目实施单位应当建立健全贷款赠款项目资金支付的职责分工、审核流程和监控制度，按照贷款方或赠款方的要求及国内相关规定进行贷款赠款资金支付和债务分割等工作。

项目实施单位应当按照贷款赠款法律文件所规定的费用类别和比例使用贷款赠款资金，并按照贷款方或赠款方的支付政策及财政部门的相关规定，及时提交提款申请书及证明文件，办理贷款赠款资金提款报账事宜。

外国政府贷款提款报账时，项目实施单位应当按照财政部门的要求进行事前确认或事后备案。

第十八条　财政部门和项目实施单位应当及时核对、确认提款报账金额和币种、支付日期、支付类别、债务金额等基础财务信息，相互提供相关单据和文件以做好记录核算工作，落实债权债务，妥善保存原始材料以备查。

第十九条　回收的贷款资金原则上不得进行再转贷。按照贷款法律文件规定确需进行再转贷的，财政部门或项目实施单位应当建立健全管理制度和运行机制，明确职责分工和工作程序，加强资金管理，落实债务偿还责任，严格防范风险。

第二十条　贷款赠款项目实施过程中出现以下情况，项目实施单位须经同级财政部门逐级上报财政部，由财政部与贷款方或赠款方协商一致后办理：

（一）贷款赠款项目的内容、范围、资金用途、融资结构、支付比例等发生重大实质性变更的；

（二）贷款赠款项目无法在贷款赠款法律文件所规定的账户关闭日之前完成支付而需要延期的；

（三）贷款赠款法律文件签署生效后，要求注销部分或全部贷款赠款资金的；

（四）贷款账户关闭后，要求提前偿还部分或全部贷款资金的；

（五）其他对资金支付及使用产生重大影响的情况。

第四章　成本费用和资产管理

第二十一条　项目实施单位应当按照贷款赠款法律文件和国内相关规定，加强项目准备及实施各环节的成本费用管理，做好项目成本费用的概算、确认、支付、控制及核算等财务工作。

第二十二条 财政部门和项目实施单位应当严格按照贷款赠款法律文件所规定的范围、标准、条件、类别及国内相关规定的要求，支付、归集各类费用支出。

第二十三条 财政部门和项目实施单位应当严格按照财政部、国家外专局相关规定审核和执行贷款赠款项目出国（境）团组计划及支出相关费用。不得在项目采购或咨询合同中安排出国（境）培训调研内容。

第二十四条 项目会议、培训、差旅费用支出范围和标准应当根据项目实施单位隶属级次，参照财政部或项目所在地区相关规定执行。

第二十五条 财政部门和项目实施单位应当严格控制项目咨询服务费用。咨询服务费用标准应当参照专家所在地生活和收入水平确定，其中，由贷款赠款资金支付的，参照贷款方或赠款方相关指南执行；由国内配套资金支付的，按照国内同行业相关标准执行。

第二十六条 贷款项目代理银行和采购代理机构的服务费按照国内相关规定执行。

第二十七条 贷款项目协调机构项目管理经费预算应当报同级财政部门审批并纳入同级预算管理。

第二十八条 项目实施单位应当按照国内相关规定，对项目流动资产、固定资产、无形资产的形成、确认、计价、损益和移交等进行严格管理，防止资产流失。

第二十九条 贷款赠款项目形成国有资产的，其转移、出售、抵押、置换以及报废清理等工作，应当按照国内相关规定进行。贷款赠款法律文件有明确规定的，从其规定。

第三十条 贷款赠款项目完工后，项目实施单位应当对各项资产清理造册，编制项目竣工财务决算报告或完工报告、清理期间收支报表，按照国家相关规定报送财政和相关部门审核、审批或备案。

第五章 财务报告和信息系统管理

第三十一条 项目实施单位应当按照贷款赠款法律文件和财政部门相关规定对贷款赠款项目进行会计核算，编制、报送项目财务报告和各类统计报表等。接受并协助贷款方或赠款方以及国内相关部门对贷款赠款项目进行的检查、审计等。

第三十二条 财政部门和项目实施单位应当逐步建立健全项目资金、资产、财务、债务管理信息系统，加强对信息的分析处理和交流共享，提高财务管理工作效率。

第六章 债务管理

第三十三条 财政部门和还款责任人应当建立健全还贷保障机制，明晰债权债务关系，落实还贷责任，防控债务风险。

第三十四条 财政部门和还款责任人应当按照国内相关规定分别做好贷款债权债务的会计和统计工作；财政部门组织债务偿还和回收工作，还款责任人落实偿还债务的资金来源，并按照贷款方或财政部门的还款通知，及时足额偿还到期债务。

第三十五条　财政部门、项目实施单位和还款责任人应当与贷款方及相关单位保持沟通，及时掌握贷款资金支付和债务偿还信息，并按照财政部门相关规定逐级汇总上报统计报表。上级财政与下级财政、财政部门与项目实施单位和还款责任人之间应当每年至少进行一次债务核对工作。

第三十六条　财政部门应当按照国内相关规定管理还贷准备金。还款责任人未按时还款的，财政部门应当从还贷准备金中调剂资金用于临时性垫款。

第三十七条　对于政府负有偿还责任贷款和依法或协议规定确需政府偿还的担保责任贷款，财政部门应当在本级政府相应年度支出预算中安排还贷资金。

财政部门代为偿还担保责任贷款后，依法对原还款责任人享有追偿权。

第三十八条　对未能履行还款义务的还款责任人，上级财政部门可以采取财政预算扣款、加收罚息等有效措施以保证欠款回收。

第三十九条　除贷款法律文件明确规定以外，回收的贷款资金应当统一纳入还贷准备金用于债务偿还。

第四十条　财政部门应当建立贷款债务的统计、监测、预警体系，完善偿债信用考评和公示制度，防范和化解债务风险。

第四十一条　在贷款债务存续期间，还款责任人如因实行资产重组、企业改制等可能导致产权变更、债权变更或者债务转移等行为将会影响到贷款偿还的，应当事先征得同级财政部门同意，并就相关债务偿还安排与同级财政部门达成书面协议，保证按时偿还贷款，防止债务逃废。

第七章　监督与法律责任

第四十二条　财政部转贷或拨付给国务院有关部门（含直属单位，下同）、中央企业、金融机构使用的贷款赠款，由财政部组织开展贷款赠款项目监督检查工作。

财政部转贷或拨付给省级政府使用的贷款赠款，由省级财政部门组织开展贷款赠款项目监督检查工作。财政部可以视情对贷款赠款项目开展专项监督检查工作。

第四十三条　财政部门可以调阅、检查、核实贷款赠款项目的财务会计资料，并就检查过程中发现的违规行为，按照国内相关规定采取相应措施进行处理。

第四十四条　为贷款赠款项目提供审计的机构，应当按照贷款方或赠款方及国内相关规定，对项目财务收支和项目执行情况进行审计并出具审计报告。

第四十五条　地方财政部门未按本办法第六条履行相应职责的，财政部可以予以通报批评，在相关问题得到妥善处理前暂停该地区新的贷款赠款安排。

第四十六条　项目实施单位未按本办法第七条履行相应职责的，财政部门可以采取暂停贷款赠款资金支付、加速未到期贷款债务的偿还、追回已支付资金及其形成的资产、收取贷款违约金等措施。

财政部门可以通过企业信用信息公示系统等平台公示项目实施单位等在贷款赠款使用和偿还过程中的失信、失范行为，并对责任主体实施联合惩戒措施。

第四十七条 财政部门及其工作人员未按照本办法规定的程序和标准进行审核并造成不良影响的，以及存在滥用职权、玩忽职守、徇私舞弊等违纪行为的，按照《公务员法》、《行政监察法》、《财政违法行为处罚处分条例》等国家有关规定追究相应责任；涉嫌犯罪的，移送司法机关处理。

第四十八条 项目实施单位、项目协调机构及财政部门和个人以虚报、冒领等手段骗取贷款赠款资金的，或者滞留、截留、挪用及其他违反规定使用贷款赠款资金的，或者从贷款赠款中非法获益的，依照相关法律法规的规定处理。

第八章 附 则

第四十九条 贷款方或赠款方对贷款赠款项目财务管理另有要求且不与我国法律法规规定相冲突的，从其规定。

第五十条 国务院有关部门，省、自治区、直辖市、计划单列市财政部门和新疆生产建设兵团财务局，可根据本办法制定实施细则。

第五十一条 本办法自2017年6月1日起施行，2011年2月16日发布的《国际金融组织贷款赠款项目财务管理暂行办法》（财际〔2011〕10号）同时废止。

财政部

2017年5月2日

国际金融组织和外国政府贷款赠款管理办法

财政部令第85号

财政部对《国际金融组织和外国政府贷款赠款管理办法》（财政部令第38号）进行了修订，修订后的《国际金融组织和外国政府贷款赠款管理办法》已经部务会议审议通过，现予公布，自2017年1月1日起施行。

部长　楼继伟

2016年10月11日

附件：

国际金融组织和外国政府贷款赠款管理办法

第一章　总　　则

第一条　为了规范国际金融组织和外国政府贷款、赠款管理，防范政府债务风险，提高资金使用效益，根据《中华人民共和国预算法》等相关法律、行政法规，制定本办法。

第二条　国际金融组织和外国政府贷款、赠款的管理工作适用本办法。

第三条　本办法所称贷款是指财政部经国务院批准代表国家统一筹借并形成政府外债的贷款，以及与上述贷款搭配使用的联合融资。

本办法所称赠款是指财政部或者经国务院批准由财政部代表国家作为受赠方接受的、不以与贷款搭配使用为前提条件的国际赠款。

第四条　财政部作为政府外债的统一管理部门，负责全国贷款、赠款的统一管理工作。

地方财政部门作为地方政府性债务归口管理部门，负责本地区贷款、赠款的管理工作。

第五条　贷款、赠款的使用应当坚持创新、协调、绿色、开放、共享的发展理念，符合国民经济和社会发展战略，遵循中期财政规划，体现公共财政职能，促进可持续发展。

贷款、赠款的使用包括项目投融资、能力建设、政策咨询等多种形式。

第六条 贷款、赠款的管理应当遵循统一筹措、规模适度，分类管理、责权明晰，讲求绩效、风险可控的原则。

第七条 按照政府承担还款责任的不同，贷款分为政府负有偿还责任贷款和政府负有担保责任贷款。

政府负有偿还责任贷款，应当纳入本级政府的预算管理和债务限额管理，其收入、支出、还本付息纳入一般公共预算管理。

政府负有担保责任贷款，不纳入政府债务限额管理。政府依法承担并实际履行担保责任时，应当从本级政府预算安排还贷资金，纳入一般公共预算管理。

第八条 赠款纳入中央一般公共预算管理。其中：对于赠款方有指定用途的赠款，按预算管理程序审核后相应列入中央部门预算或中央对地方转移支付；对于赠款方无指定用途的赠款，由财政统筹安排使用。

第九条 财政部可以将贷款拨付给省级政府（包括计划单列市，下同）或国务院有关部门（含直属单位，下同）等使用。省级财政部门可以将财政部拨付的贷款逐级拨付给下级政府或者有关部门和单位使用。

财政部可以将贷款转贷给省级政府、国务院有关部门、中央企业、金融机构等使用。省级财政部门可以将转贷的贷款拨付给下级政府或者有关部门和单位使用；省级财政部门也可以将转贷的贷款逐级转贷给下级政府或者有关部门和单位使用。

财政部可以将接受的赠款拨付给省级政府、国务院有关部门、中央企业等机构使用。

第二章　机构职责

第十条 财政部履行下列职责：

（一）统一对外筹借贷款、接受赠款；

（二）制定贷款、赠款的管理制度；

（三）与国务院有关部门研究编制贷款规划；

（四）指导、协调、监督贷款和赠款的立项申报、前期准备、贷款划拨或转贷、赠款分配、资金使用、项目采购、统计监测、债务偿还、绩效管理、成果总结和推广等；

（五）统筹开展贷款、赠款的对外工作，协调推进项目准备，对外磋商谈判，签署相关法律文件，办理生效手续；

（六）将政府负有偿还责任贷款纳入预算管理和债务限额管理，加强对政府负有担保责任贷款的监控，建立债务风险预警和应急处置机制，防范和化解债务风险；

（七）财政部应当履行的其他职责。

第十一条 地方财政部门履行下列职责：

（一）制定本地区利用贷款、赠款的管理制度；

（二）组织、征集、评审本地区贷款、赠款申请，向上级财政部门申报备选项目；

（三）组织和协调本地区贷款、赠款对外工作，参与项目准备和磋商谈判，协助办理法律文件签署和生效手续；

（四）监督项目实施单位和有关机构按照贷款、赠款法律文件的规定履行相应职责，及时采取有效措施处理项目出现的问题，并报告上级财政部门；

（五）办理贷款、赠款资金的支付和提取，监督项目实施单位和有关机构贷款资金使用、项目采购等情况，保障资金使用的安全、规范、有效；

（六）确定转贷或担保机制，落实还款责任，督促并确保贷款按时足额偿还；

（七）将本地区政府负有偿还责任贷款纳入本级预算管理和债务限额管理，加强对本地区政府负有担保责任贷款的监控，建立风险应急处置机制和防控措施，防范和化解债务风险；

（八）组织和实施本地区贷款赠款项目的绩效管理工作，总结和推广本地区贷款赠款项目的成果经验；

（九）地方财政部门应当履行的其他职责。

第十二条　项目实施单位履行下列职责：

（一）按照贷款方或赠款方及国内相关制度要求，开展贷款和赠款项目的准备工作，办理相关审核、审批手续，并按照财政部门要求提供担保或反担保；

（二）按照贷款、赠款法律文件和国内相关规定，落实项目配套资金，组织项目采购，开展项目活动，推进项目进度，监测项目绩效等；

（三）制定并落实贷款、赠款项目的各项管理规定，安全、规范、有效地使用资金；

（四）及时编制和提交项目进度报告、财务报告和完工报告等，全面、客观、真实地反映项目进展情况；

（五）制定贷款偿还计划，筹措和落实还贷资金，按时足额偿还贷款；

（六）建立项目风险应急处置机制和防控措施，防范和化解债务风险；

（七）配合和协助贷款方或赠款方以及国内相关部门开展项目检查、绩效管理和审计等工作；

（八）项目实施单位应当履行的其他职责。

第十三条　跨省、自治区、直辖市、计划单列市的联合执行项目应当由国务院行业主管部门协商财政部等管理部门确定项目协调机构；省内跨地区、跨行业的联合执行项目应当由省级政府确定项目协调机构。

项目协调机构主要履行下列职责：

（一）参与项目立项研究论证，就项目内容、规模、技术、市场等为同级财政部门提供立项咨询意见；

（二）按照贷款方或赠款方及国内相关制度要求，统一组织项目实施单位进行项目准备，协调解决有关问题，开展政策指导和专项业务培训；

（三）按照贷款方或赠款方及国内相关制度要求，协调推进项目执行，定期向同级财政部门汇总报送项目进度报告、财务报告和完工报告；

（四）组织开展项目绩效评价，总结推广项目先进技术、创新模式和管理经验；

（五）配合协助贷款方或赠款方及国内相关部门开展项目检查、绩效管理等工作；

（六）项目协调机构应当履行的其他职责。

贷款项目协调机构项目管理经费预算应当报同级财政部门审批并纳入同级预算管理。

第十四条 财政部门可以按照国内相关制度规定选择具有专业能力的机构提供项目评审、到货核查、绩效评价、监督检查等服务。

项目实施单位可以与财政部门共同选择具有专业能力和相关资质的金融机构，委托其办理贷款资金的提取支付，债务的分割、回收、偿还和统计等业务。

第三章 贷款管理

第一节 贷款筹借

第十五条 贷款筹借包括贷款申请、前期准备、对外磋商与谈判、法律文件签署与生效、执行或转贷及担保协议签署等。

第十六条 财政部定期发布贷款信息公告，公布贷款方提供贷款的规模、领域、条件等。

第十七条 省级财政部门和国务院有关部门、中央企业、金融机构应当根据本办法的规定以及贷款方的要求，组织、征集贷款备选项目。

省级财政部门应当组织专家或委托第三方机构对本地区贷款备选项目的投入领域、贷款方式、融资安排、执行机构能力、绩效目标、偿债机制和债务风险等进行评审，并会同相关部门向财政部报送项目贷款申请书以及具有项目建议书深度的项目文件、还款承诺函、评审报告等配套文件。

国务院有关部门、中央企业、金融机构申报项目的应当向财政部报送项目贷款申请书以及具有项目建议书深度的项目文件、还款承诺函等配套文件。

第十八条 财政部对贷款申请进行审查，并在中央政府和地方政府债务限额内，根据国家重大战略规划、优先发展和改革的重点领域、贷款方的资金使用政策、可用资金额度，结合有关项目绩效评价结果和项目所在地的债务风险情况等，与有关部门研究编制贷款备选项目规划。

第十九条 已列入贷款备选项目规划的，项目实施单位或者项目协调机构应当配合贷款方做好贷款项目前期准备工作并及时办理国内相关审批手续。

各级财政部门应当加强协调和指导，督促项目实施单位按照贷款方的要求完成各项准备工作。

第二十条 在贷款磋商谈判前，有关单位应当完成以下工作：

（一）对于项目贷款来源、金额、内容、实施主体等拟进行重大调整的，应当获得财政部与有关部门确认；对于本地区的项目，省级财政部门应当在报财政部审核确认前重新组织评审；

（二）对于贷款法律文件谈判草本，省级财政部门、中央项目实施单位或中央项目协调机构应当提出修改或确认意见；

（三）对于政府负有担保责任的贷款，项目实施单位应当以财政部门可接受的方式向财政部门提供反担保；

（四）财政部或贷款方要求的其他事项。

第二十一条　财政部根据贷款项目准备情况与贷款方开展贷款磋商谈判。

第二十二条　在贷款方批准贷款后，财政部组织签署贷款法律文件并办理生效事宜。

第二十三条　财政部拨付贷款时，应当与省级政府或者国务院有关部门等签署执行协议。

财政部转贷贷款时，应当与省级政府、国务院有关部门、中央企业或者金融机构等签署转贷协议。

第二十四条　对于财政部拨付的贷款，省级财政部门应当与下级政府或者有关部门和单位签署执行协议。

对于财政部转贷的贷款，省级政府负有偿还责任的，省级财政部门应当与下级政府或者有关部门和单位签署执行协议；省级政府负有担保责任的，省级财政部门应当与下级政府或者有关部门和单位签署转贷协议。

省级以下（不含省级）政府接受上级政府转贷，比照前款规定签署执行协议或者转贷协议。

第二节　贷款使用

第二十五条　贷款使用包括年度计划及预算编制、项目采购、资金支付、财务管理、项目调整、绩效监测及其相关的管理工作等。

第二十六条　项目实施单位或者项目协调机构应当按照有关规定将年度贷款资金和配套资金使用计划、采购计划、出国（境）团组计划等报同级财政部门审核确认或备案。

第二十七条　项目实施单位按照有关规定应当编制部门预算或者单位预算的，应当将其接受的贷款资金全额编入其部门预算或者单位预算管理。

各级财政部门、有关部门和单位应当按照预算管理有关规定做好贷款的预算编制、执行和决算工作。

第二十八条　项目实施单位负责采购代理机构的选择和开展项目采购活动，并接受同级财政部门的监督。

第二十九条　财政部门和中央项目实施单位应当按照贷款法律文件、财政专户和预算单位银行账户管理等有关规定开设和管理贷款指定账户，并按照贷款方要求及国内有关规定进行贷款资金支付和债务分割等。

第三十条　项目实施单位应当按照国家财务会计制度和具体的贷款项目财务会计管理规定，负责贷款项目的财务管理和会计核算，建立健全内部财务会计制度，定期直接向同级财政部门或者通过项目协调机构汇总报送项目进度报告、财务报告等。

第三十一条　贷款使用过程中，有关调整贷款规模、变更项目目标和内容、改变贷款资金用途和支付比例、延长贷款期限等涉及贷款法律文件内容变更的，项目实施单位或者项目协调机构应当通过同级财政部门逐级向财政部提出申请，由财政部与贷款方协商后办理贷款法律文件的变更手续。

第三十二条　贷款项目执行期间如需进行期中调整，省级财政部门、中央项目实施单位或者中央项目协调机构应当在调整前组织开展在建项目绩效评价，根据绩效评价结果提出期中调整方案建议和项目管理整改意见。

第三十三条 省级财政部门、中央项目实施单位或者中央项目协调机构应当在项目完工后适时开展完工项目绩效评价，并做好评价结果的公开与应用工作。

第三十四条 贷款项目完工后，项目实施单位或者项目协调机构应当对项目实施情况进行全面总结和评价，准备项目竣工验收、办理竣工财务决算、提交项目完工报告，明晰产权关系和债权债务关系，做好资产债务移交和登记等工作。

贷款形成国有资产的，其产权管理、核算、评估、处置、收益分配、统计、报告等工作应当按照有关规定进行。

第三十五条 财政部门、项目协调机构和项目实施单位应当及时总结技术、管理、制度、理念等方面的创新成果和经验，并进行推广宣传。

第三节 债务偿还

第三十六条 债务偿还包括还款计划制定、还款安排、欠款回收、还贷准备金管理、影响贷款偿还事项的处理等。

第三十七条 还款责任人应当制定还款计划，落实还款资金来源，保证按时足额还款。

第三十八条 政府负有偿还责任的贷款，财政部门应当按照预算安排及时足额履行还款责任。

第三十九条 政府负有担保责任的贷款，财政部门应当向上一级财政部门提供担保，并督促还款责任人制定还款计划，按时足额还款；必要时，财政部门可以要求企业还款责任人与金融机构就临时性垫付达成信贷服务协议，以确保按时足额还款。

还款责任人未按时还款的，财政部门应当从本级政府还贷准备金中调剂资金用于临时性垫款。

已确定还款责任人无法履行债务的，财政部门应当依法在本级一般公共预算中足额安排资金用于还款。

第四十条 未能履行还款义务的，财政部可以采取财政预算扣款、加收罚息等有效措施以保证欠款回收。地方财政部门可以按照转贷协议约定采取有效措施以保证欠款回收。

第四十一条 县级以上地方政府可以设立贷款还贷准备金，由同级财政部门管理。

第四十二条 还款责任人在遵循审慎原则和建立健全内部控制机制的基础上，可以运用金融工具保值避险。

第四十三条 在债务存续期间，还款责任人如因实行资产重组、企业改制等可能导致产权变更、债权变更或者债务转移等行为将会影响到贷款偿还的，应当事先征得同级财政部门的同意，并就有关债务偿还安排与同级财政部门达成书面协议，保证按时偿还贷款，防止债务逃废。

第四章 赠款管理

第四十四条 赠款管理包括赠款接受、赠款使用、绩效评价与总结、资产管理等。

第四十五条 省级财政部门、国务院有关部门和中央企业等机构应当根据财政部以及赠款方的要求，向财政部报送赠款申请及其项目概念书。

财政部对赠款申请进行审核，并与赠款方磋商制定赠款项目清单。

第四十六条　财政部负责与赠款方进行磋商谈判、组织签署赠款法律文件并办理生效等事宜。

赠款方有要求的，省级财政部门或中央项目实施单位应当在赠款磋商谈判前出具赠款联合融资承诺函。

财政部应当与省级政府、国务院有关部门和中央企业等机构签署赠款执行协议。

第四十七条　项目实施单位应当按照有关规定将赠款年度资金使用计划、采购计划、出国（境）团组计划等报同级财政部门审核确认或备案。

第四十八条　财政部门和中央项目实施单位应当按照赠款法律文件、财政专户和预算单位银行账户管理等有关规定开设和管理赠款指定账户，并按照赠款方要求及国内有关规定进行赠款资金支付。

第四十九条　项目实施单位应当按照国家财务会计制度和具体的赠款项目财务会计管理规定，负责赠款项目的财务管理和会计核算，建立健全内部财务会计制度，定期向同级财政部门报送项目进度报告、财务报告等。

第五十条　赠款使用过程中，有关调整赠款规模、变更项目内容、改变赠款资金用途和支付比例、延长赠款期限等涉及赠款法律文件内容变更的，项目实施单位应当通过同级财政部门逐级提出申请，由财政部与赠款方协商后办理赠款法律文件的变更手续。

第五十一条　省级财政部门和中央项目实施单位应当在项目完工后适时开展赠款项目绩效评价，并做好评价结果的公开与应用工作。

第五十二条　赠款项目完工前，财政部门应当根据有关规定与赠款法律文件的要求明确赠款形成资产的所有权归属。

赠款形成国有资产的，其产权管理、核算、评估、处置、收益分配、统计、报告等工作应当按照有关规定进行。

第五章　法律责任

第五十三条　各级财政部门应当对贷款、赠款项目执行情况实施监督。发现问题的，应当责令项目实施单位采取有效措施，限期加以解决和纠正。

第五十四条　地方财政部门未按本办法第十一条履行相应职责的，财政部可以予以通报批评，在有关问题得到妥善处理前暂停新的贷款赠款安排。

第五十五条　项目实施单位未按本办法第十二条履行相应职责的，财政部门可以采取暂停贷款赠款资金支付、加速未到期贷款债务的偿还、追回已支付资金及其形成的资产、收取贷款违约金等措施。

财政部门可以通过企业信用信息公示系统等平台公示项目实施单位、采购代理机构或者金融机构在贷款赠款使用过程中的失信、违约等行为。

第五十六条　项目实施单位、项目协调机构及财政部门和个人存在以虚报、冒领等手段骗取贷款赠款资金，或者滞留、截留、挪用等违反规定使用贷款赠款资金，或者从中非法获益等行为的，依照相关法律法规的规定处理。

第五十七条 各级财政部门、项目实施单位和项目协调机构的工作人员在贷款、赠款的管理、资金使用和偿还过程中，贪污受贿、滥用职权、玩忽职守、徇私舞弊的，依照相关法律法规的规定处理。

第六章 附 则

第五十八条 省级财政部门可以依照本办法制定本地区贷款、赠款管理的实施办法。

第五十九条 项目实施单位依法直接向国际金融组织和外国政府举借，并经国务院批准由财政部代表中央政府为其提供担保的贷款，参照本办法管理。

第六十条 本办法自2017年1月1日起施行。2006年9月1日发布的《国际金融组织和外国政府贷款赠款管理办法》同时废止。

第六部分　政府购买服务管理相关法规

关于坚决制止地方以政府购买服务名义违法违规融资的通知

财预〔2017〕87号

各省、自治区、直辖市、计划单列市财政厅（局）：

《国务院办公厅关于政府向社会力量购买服务的指导意见》（国办发〔2013〕96号）印发后，各地稳步推进政府购买服务工作，取得了良好成效。同时，一些地区存在违法违规扩大政府购买服务范围、超越管理权限延长购买服务期限等问题，加剧了财政金融风险。根据《中华人民共和国预算法》、《中华人民共和国政府采购法》、《国务院关于实行中期财政规划管理的意见》（国发〔2015〕3号）、国办发〔2013〕96号文件等规定，为规范政府购买服务管理，制止地方政府违法违规举债融资行为，防范化解财政金融风险，现就有关事项通知如下：

一、坚持政府购买服务改革正确方向。推广政府购买服务是党的十八届三中全会决定明确的一项重要改革任务，有利于加快转变政府职能、改善公共服务供给、推进财政支出方式改革。政府购买服务所需资金应当在年度预算和中期财政规划中据实足额安排。实施政府购买服务改革，要坚持费随事转，注重与事业单位改革、行业协会商会与行政主管部门脱钩转制改革、支持社会组织培育发展等政策相衔接，带动和促进政事分开、政社分开。地方政府及其所属部门要始终准确把握并牢固坚持政府购买服务改革的正确方向，依法依规、积极稳妥地加以推进。

二、严格按照规定范围实施政府购买服务。政府购买服务内容应当严格限制在属于政府职责范围、适合采取市场化方式提供、社会力量能够承担的服务事项，重点是有预算安排的基本公共服务项目。科学制定并适时完善分级分部门政府购买服务指导性目录，增强指导性目录的约束力。对暂时未纳入指导性目录又确需购买的服务事项，应当报财政部门审核备案后调整实施。

严格按照《中华人民共和国政府采购法》确定的服务范围实施政府购买服务，不得将原材料、燃料、设备、产品等货物，以及建筑物和构筑物的新建、改建、扩建及其相关的装修、拆除、修缮等建设工程作为政府购买服务项目。严禁将铁路、公路、机场、通讯、水电煤气，以及教育、科技、医疗卫生、文化、体育等领域的基础设施建设，储备土地前期开发，农田水利等建设工程作为政府购买服务项目。严禁将建设工程与服务打包作为政府购买服务项目。严禁将金融机构、融资租赁公司等非金融机构提供的融资行为纳入政府购买服务范围。政府建设工程项目确需使用财政资金，应当依照《中华人民共和国政府采购法》及其实施条例、《中华人民共和国招标投标法》规范实施。

三、严格规范政府购买服务预算管理。政府购买服务要坚持先有预算、后购买服务，所需资金应当在既有年度预算中统筹考虑，不得把政府购买服务作为增加预算单位财政支出的依据。地方各级财政部门应当充分考虑实际财力水平，妥善做好政府购买服务支出与年度预算、中期财政规划的衔接，足额安排资金，保障服务承接主体合法权益。年度预算未安排资金的，不得实施政府购买服务。购买主体应当按照批准的预算执行，从部门预算经费或经批准的专项资金等既有年度预算中统筹安排购买服务资金。购买主体签订购买服务合同，应当确认涉及的财政支出已在年度预算和中期财政规划中安排。政府购买服务期限应严格限定在年度预算和中期财政规划期限内。党中央、国务院统一部署的棚户区改造、易地扶贫搬迁工作中涉及的政府购买服务事项，按照相关规定执行。

四、严禁利用或虚构政府购买服务合同违法违规融资。金融机构涉及政府购买服务的融资审查，必须符合政府预算管理制度相关要求，做到依法合规。承接主体利用政府购买服务合同向金融机构融资时，应当配合金融机构做好合规性管理，相关合同在购买内容和期限等方面必须符合政府购买服务有关法律和制度规定。地方政府及其部门不得利用或虚构政府购买服务合同为建设工程变相举债，不得通过政府购买服务向金融机构、融资租赁公司等非金融机构进行融资，不得以任何方式虚构或超越权限签订应付（收）账款合同帮助融资平台公司等企业融资。

五、切实做好政府购买服务信息公开。各地应当将年度预算中政府购买服务总金额、纳入中期财政规划的政府购买服务总金额以及政府购买服务项目有关预算信息，按规定及时向社会公开，提高预算透明度。购买主体应当依法在中国政府采购网及其地方分网及时公开政府购买服务项目相关信息，包括政府购买服务内容、购买方式、承接主体、合同金额、分年财政资金安排、合同期限、绩效评价等，确保政府购买服务项目信息真实准确，可查询、可追溯。坚决防止借政府购买服务名义进行利益输送等违法违规行为。

各省级财政部门要充分认识规范政府购买服务管理、防范财政金融风险的重要性，统一思想，加强领导，周密部署，报经省级政府批准后，会同相关部门组织全面摸底排查本地区政府购买服务情况，发现违法违规问题的，督促相关地区和单位限期依法依规整改到位，并将排查和整改结果于 2017 年 10 月底前报送财政部。

特此通知。

财政部

2017 年 5 月 28 日

第七部分　PPP 管理相关法规

关于在文化领域推广政府和社会资本合作模式的指导意见

文旅产业发〔2018〕96 号

为贯彻落实《国家“十三五”时期文化发展改革规划纲要》《国务院办公厅关于进一步扩大旅游文化体育健康养老教育培训等领域消费的意见》《国务院办公厅转发财政部发展改革委 人民银行关于在公共服务领域推广政府和社会资本合作模式指导意见的通知》等文件精神，深化文化领域供给侧结构性改革，推动政府职能转变，创新文化供给机制，引导社会资本积极参与文化领域政府和社会资本合作（PPP）项目，现提出以下意见：

一、指导思想和基本原则

（一）指导思想

以习近平新时代中国特色社会主义思想为指导，深入贯彻党的十九大和十九届二中、三中全会精神，牢固树立和贯彻落实新发展理念，牢牢把握社会主义先进文化前进方向，以推进文化领域供给侧结构性改革为主线，鼓励和引导社会资本进入文化领域，以高质量文化供给增强人民群众的文化获得感幸福感。

（二）基本原则

坚持正确导向。落实意识形态工作责任制，维护国家文化安全。以社会主义核心价值观为引领，坚持把社会效益放在首位、社会效益和经济效益相统一。

坚持改革创新。深化对 PPP 模式的理解认识，加快观念转变。加大在文化领域推广运用 PPP 模式的力度，积极探索有利于解放和发展文化生产力的新举措、新途径，激发文化创新创造活力。

坚持传承发展。推动中华优秀传统文化创造性转化、创新性发展，继承革命文化，发展社会主义先进文化。充分挖掘文化知识产权价值，推动文化与相关产业深度融合。

坚持合作共赢。厘清政府与市场边界，明确各方权责，营造规范有序的市场环境。鼓励各类市场主体通过竞争性方式参与文化领域 PPP 项目，在平等协商的基础上订立合同，实现合作共赢。

二、推广领域

鼓励社会需求稳定、具有可经营性、能够实现按效付费、公共属性较强的文化项目采用 PPP 模式。

重点包括但不限于具有一定收益性的文化产业集聚发展、特色文化传承创新、公共文化服务、非物质文化遗产保护传承以及促进文化和旅游、农业、科技、体育、健康等领域深度融合发展的文化项目。

三、规范项目实施

（一）规范项目运作

各级文化、财政部门要充分认识 PPP 模式的内涵实质，规范开展项目物有所值评价和财政承受能力论证，严格入库审核把关，严禁突破财政承受能力上项目。

严禁利用 PPP 项目违法违规变相举债，严禁通过回购安排、保底承诺、固定回报等名股实债方式进行变相融资，牢牢守住不发生区域性系统性金融风险的底线。

（二）突出运营核心

鼓励有文化项目运营管理经验的企业参与文化 PPP 项目长期运营，充分发挥其资源整合、管理经验和开拓创新优势，提升项目管理效率和运营水平。

积极培育文化领域专业运营商，形成一批有实力的文化企业和上市公司。鼓励优秀企业通过参与文化 PPP 项目，带动项目所在地上下游企业发展，培育更多熟悉当地文化的项目管理运营企业。

（三）优化回报机制

各级文化、财政部门要指导项目实施机构结合 PPP 模式特点，创新运营方式，根据项目特点确定项目回报机制。

可依法依规为文化 PPP 项目配置经营性资源，为稳定投资回报、吸引社会投资创造条件。鼓励通过盘活存量资产、挖掘文化价值、开发性资源补偿等方式提高项目的可经营性。

（四）加强全生命周期监管

各级文化、财政部门要通力合作，严把项目入口关，加强项目实施监管。制定科学合理的绩效评价标准，按效付费，更好实现物有所值。

（五）强化信息公开

各级文化、财政部门要依托政府和社会资本合作综合信息平台，做好文化 PPP 项目全生命周期信息公开工作，及时、完整、准确地录入文化 PPP 项目信息，提高信息对称性，增强社会资本信心，让项目阳光运营。

四、加大政策保障

（一）加强组织领导

各级文化、财政部门要积极协调配合，鼓励各地建立跨部门的 PPP 工作协调机制，加强政府统一领导，落实部门职责分工，形成工作合力，及时研究解决项目实施中的重大问题。加强项目管理和核查力度，切实防范政府隐性债务风险。

（二）优化资金投入方式

各级文化、财政部门要积极探索创新文化领域资金投入机制，推动具备条件的财政资金从补建设向补运营转变。强化财政资金监督管理，切实提升投资有效性和公共资金使用效益。

（三）丰富金融支持手段

鼓励各地政府性融资担保和再担保机构为参与文化 PPP 项目的小微企业提供增信服务。利用好部行合作机制，引导金融机构针对文化 PPP 项目的金融需求特征，加强融资服务。

充分发挥中国政企合作投资基金的引导、规范、增信作用，加快设立文化 PPP 投资基金；鼓励地方政府类引导基金规范参与文化 PPP 项目，带动更多金融机构加大对文化 PPP 项目的融资支持。

鼓励符合条件的文化 PPP 项目灵活运用债券和资产证券化等融资方式，拓宽融资渠道，盘活存量资产，探索建立多元化、规范化和市场化的资产流转和退出渠道。

引导各地文化金融服务中心积极支持文化 PPP 项目。

（四）发挥典型带动作用

对于各地推荐的文化 PPP 项目，由文化和旅游部、财政部组织专家遴选后，择优向社会重点推荐。

文化和旅游部、财政部联合确定一批文化领域政府和社会资本合作推广先行区，区内文化 PPP 项目优先享受相关政策支持。

各级文化、财政部门要加强对文化 PPP 项目的跟踪指导和经验总结，推动形成一批可复制、可推广的成功案例，发挥示范带动作用。

文化和旅游部　财政部

2018 年 11 月 16 日

关于进一步加强政府和社会资本合作（PPP）示范项目规范管理的通知

财金〔2018〕54 号

各省、自治区、直辖市、计划单列市财政厅（局），新疆生产建设兵团财政局：

PPP 示范项目在引导规范运作、带动区域发展、推动行业破冰、推广经验模式等方面发挥了积极作用。但从近期核查情况看，部分示范项目存在进展缓慢、执行走样等问题。为进一步强化示范项目规范管理，更好发挥引领带动作用，现就有关事项通知如下：

一、对核查存在问题的 173 个示范项目分类进行处置

（一）将不再继续采用 PPP 模式实施的包头市立体交通综合枢纽及综合旅游公路等 30 个项目，调出示范项目名单，并清退出全国 PPP 综合信息平台项目库（以下简称项目库）。

（二）将尚未完成社会资本方采购或项目实施发生重大变化的北京市丰台区河西第三水厂等 54 个项目，调出示范项目名单，保留在项目库，继续采用 PPP 模式实施。

（三）对于运作模式不规范、采购程序不严谨、签约主体存在瑕疵的 89 个项目，请有关省级财政部门会同有关方面抓紧督促整改，于 6 月底前完成。逾期仍不符合相关要求的，调出示范项目名单或清退出项目库。

地方各级财政部门要会同有关部门妥善做好退库项目后续处置工作：对于尚未启动采购程序的项目，调整完善后拟再次采用 PPP 模式实施的，应当充分做好前期论证，按规定办理入库手续；无法继续采用 PPP 模式实施的，应当终止实施或采取其他合规方式继续推进。对于已进入采购程序或已落地实施的项目，应当针对核查发现的问题进行整改，做到合法合规；终止实施的，应当依据法律法规和合同约定，通过友好协商或法律救济途径妥善解决，切实维护各方合法权益。

二、引以为戒，加强项目规范管理

（一）夯实项目前期工作。按国家有关规定认真履行规划立项、土地管理、国有资产审批等前期工作程序，规范开展物有所值评价和财政承受能力论证。不得突破 10% 红线新上项目，不得出现“先上车、后补票”、专家意见缺失或造假、测算依据不统一、数据口径不一致、仅测算单个项目支出责任等现象。

（二）切实履行采购程序。加强对项目实施方案和采购文件的审查，对于采用单一来

源采购方式的项目，必须符合政府采购法及其实施条例相关规定。不得设置明显不合理的准入门槛或所有制歧视条款，不得未经采购程序直接指定第三方代持社会资本方股份。

（三）严格审查签约主体。坚持政企分开原则，加强 PPP 项目合同签约主体合规性审查，国有企业或地方政府融资平台公司不得代表政府方签署 PPP 项目合同，地方政府融资平台公司不得作为社会资本方。

（四）杜绝违法违规现象。坚守合同谈判底线，加强合同内容审查，落实项目风险分配方案，合同中不得约定由政府方或其指定主体回购社会资本投资本金，不得弱化或免除社会资本的投资建设运营责任，不得向社会资本承诺最低投资回报或提供收益差额补足，不得约定将项目运营责任返包给政府方出资代表承担或另行指定社会资本方以外的第三方承担。

（五）强化项目履约监管。夯实社会资本融资义务，密切跟踪项目公司设立和融资到位情况。不得以债务性资金充当项目资本金，政府不得为社会资本或项目公司融资提供任何形式的担保。落实中长期财政规划和年度预算安排，加强项目绩效考核，落实按效付费机制，强化激励约束效果，确保公共服务安全、稳定、高效供给。

三、切实强化信息公开，接受社会监督

（一）提升信息公开质量。通过 PPP 综合信息平台及时、准确、完整、充分披露示范项目关键信息，及时上传项目实施方案、物有所值评价报告、财政承受能力论证报告、采购文件等重要附件及相关批复文件，保障项目信息前后连贯、口径一致、账实相符。

（二）加强运行情况监测。及时更新 PPP 项目开发目录、财政支出责任、项目采购、项目公司设立、融资到位、建设进度、绩效产出、预算执行等信息，实时监测项目运行情况、合同履行情况和项目公司财务状况，强化风险预警与早期防控。

（三）强化咨询服务监督。全面披露参与示范项目论证、采购、谈判等全过程咨询服务的专家和咨询机构信息，主动接受社会监督。建立健全咨询服务绩效考核和投诉问责机制，将未妥善履行咨询服务职责或提供违法违规咨询意见的专家或咨询机构，及时清退出 PPP 专家库或咨询机构库。

四、建立健全长效管理机制

（一）落实示范项目管理责任。各省级财政部门为辖内示范项目管理的第一责任人，负责健全本地区示范项目的专人负责、对口联系和跟踪指导机制，监督指导辖内市县做好示范项目规范实施、信息公开等工作，对示范项目实施过程中出现的重点、难点问题，及时向财政部报告。示范项目所属本级财政部门应会同行业主管部门加强项目前期论证、采购、执行、移交等全生命周期管理，监督项目各参与方切实履行合同义务，确保项目规范运作、顺利实施。财政部 PPP 中心负责全国 PPP 示范项目执行情况的统一指导和汇总统计。

（二）强化示范项目动态管理。地方各级财政部门要会同有关部门加强示范项目动态管理，确保项目执行不走样。对于项目名称、实施机构等非核心条件发生变更的，应及时向财政部 PPP 中心备案；对于项目合作内容、总投资、运作方式、合作期限等核心边界条件与入选示范项目时相比发生重大变化的，应及时向财政部 PPP 中心申请调出示范项目名单，并对项目实施方案，物有所值评价报告、财政承受能力论证报告、采购文件、项目合同等进行相应调整、变更。因项目规划调整、资金落实不到位等原因，不再继续采用 PPP 模式实施的，应及时向财政部 PPP 中心申请调出示范项目名单并退出项目库。

（三）开展示范项目定期评估。财政部 PPP 中心应定期组织第三方专业机构、专家等，开展示范项目执行情况评估。评估过程中发现示范项目存在运作不规范、实施情况发生重大变化或信息披露不到位等问题的，应及时调出示范项目名单或清退出项目库。其中已获得中央财政 PPP 项目以奖代补资金的，由省级财政部门负责追回并及时上缴中央财政。经评估效果良好的示范项目，由财政部 PPP 中心联合省级财政部门加强经验总结与案例推广。

附件：1. 调出示范并退库项目清单

2. 调出示范项目清单

3. 限期整改项目清单

财政部

2018 年 4 月 24 日

附件 1：

调出示范并退库项目清单

序号	项目名称	所属省份	总投资（万元）	一级行业	示范批次	调出原因
1	内蒙古自治区包头市立体交通综合枢纽及综合旅游公路 PPP 项目	内蒙古自治区	42274.00	交通运输	第三批	实施方案调整，不再继续采用 PPP 模式
2	松北新城综合场馆	内蒙古自治区	19500.00	文化	第三批	不再继续采用 PPP 模式
3	内蒙古自治区通辽市霍林郭勒市河东新区中蒙医院工程项目	内蒙古自治区	19601.00	医疗卫生	第三批	不再继续采用 PPP 模式
4	内蒙古自治区通辽市霍林郭勒市河东新区部分道路桥梁及附属设施工程	内蒙古自治区	10098.00	市政工程	第三批	尚未落地，不再继续采用 PPP 模式

续表

序号	项目名称	所属省份	总投资（万元）	一级行业	示范批次	调出原因
5	鄂尔多斯空港物流园区燃气工程PPP项目	内蒙古自治区	12600.00	市政工程	第三批	尚未落地，不再继续采用PPP模式
6	内蒙古自治区兴安盟扎赉特旗康复中心建设项目	内蒙古自治区	5000.00	医疗卫生	第三批	尚未落地，不再继续采用PPP模式
7	温岭市智慧城市一期PPP项目	浙江省	133393.00	科技	第三批	涉及信息安全问题，项目终止
8	安徽省池州市G318池州至殷汇段一级公路改建工程PPP项目	安徽省	169800.00	交通运输	第三批	不再继续采用PPP模式
9	福建省龙岩市厦蓉高速公路龙岩东联络线	福建省	580145.00	交通运输	第三批	不再继续采用PPP模式
10	山东省泰安市岱岳区天颐湖水生态环境综合治理项目	山东省	50131.00	生态建设和环境保护	第三批	项目融资未落实，不再继续采用PPP模式
11	山东省聊城市茌平县金柱盛世千岛山庄生态养老项目	山东省	234483.00	养老	第三批	不再继续采用PPP模式
12	濮阳县城区集中供暖新建项目	河南省	45000.00	市政工程	第二批	转为政府投资模式实施
13	河南省洛阳市孟津县洛阳平乐正骨医院	河南省	48800.00	医疗卫生	第二批	无适宜运营方，不宜继续采用PPP模式
14	襄阳道安老年公寓项目	湖北省	40000.00	养老	第三批	项目融资未落实，不再继续采用PPP模式
15	湖南省益阳市中心城区黑臭水体整治工程PPP项目	湖南省	161698.00	生态建设和环境保护	第三批	不再继续采用PPP模式
16	海南省北门江天角潭水利枢纽工程	海南省	456302.00	水利建设	第三批	尚未落地，不再继续采用PPP模式

续表

序号	项目名称	所属省份	总投资（万元）	一级行业	示范批次	调出原因
17	云南省迪庆州香格里拉县城集中供热一期工程项目	云南省	71846.00	市政工程	第三批	不再继续采用PPP模式
18	陕西省铜川市印台区王石凹煤矿工业遗址公园（生态修复）项目	陕西省	33877.00	文化	第三批	项目投资主体和规模发生变化，一年内无进展
19	西咸国际文化教育园沙河海绵型生态修复项目	陕西省	80000.00	生态建设和环境保护	第三批	项目投资主体和规模发生变化，一年内无进展
20	甘肃省兰州新区现代有轨电车1号线及2号线一期工程PPP项目	甘肃省	264666.00	市政工程	第三批	项目停止推进，不再继续采用PPP模式
21	甘肃省定西市城区供热管网建设工程	甘肃省	45630.00	市政工程	第三批	转为政府投资模式实施
22	甘肃省甘南州黄河上游玛曲段生态治理工程PPP项目	甘肃省	22200.00	生态建设和环境保护	第三批	不再继续采用PPP模式
23	甘肃省武威市民勤县红沙岗镇生活污水处理工程及污水处理厂配套中水回用贮水池工程PPP项目	甘肃省	16577.00	市政工程	第三批	不再继续采用PPP模式
24	甘肃省武威市民勤县城东区给排水工程PPP项目	甘肃省	15350.00	市政工程	第三批	不再继续采用PPP模式
25	甘肃省武威市民勤（县城）至红沙岗一级公路建设工程	甘肃省	169700.00	交通运输	第三批	不再继续采用PPP模式
26	甘肃省武威市民勤县红沙岗工业集聚区科技孵化园及保障房建设PPP项目	甘肃省	138768.00	城镇综合开发	第三批	不再继续采用PPP模式

续表

序号	项目名称	所属省份	总投资（万元）	一级行业	示范批次	调出原因
27	甘肃省武威市民勤县石羊河国家湿地公园建设项目	甘肃省	17520.00	生态建设和环境保护	第三批	不再继续采用 PPP 模式
28	宁夏固原市社会民生事业 PPP 项目	宁夏回族自治区	55722.00	教育	第三批	尚未落地，不再继续采用 PPP 模式
29	喀什开发区垃圾分类处理焚烧项目	新疆维吾尔自治区	30787.00	市政工程	第三批	项目选址拆迁困难，停止推进
30	喀什 5A 级景区立体停车库建设项目	新疆维吾尔自治区	10792.00	市政工程	第三批	项目涉及环境问题，停止推进
合计			3002260.00			

附件 2：

调出示范项目清单

序号	项目名称	所属省份	总投资（万元）	一级行业	示范批次	调出原因
1	北京市丰台区河西第三水厂	北京市	24365.00	市政工程	第三批	尚未落地
2	河北省邢台市污水处理二厂一期工程	河北省	45524.00	市政工程	第三批	尚未落地
3	河北省保定市污水处理 PPP 项目	河北省	52000.00	市政工程	第三批	尚未落地
4	河北省承德市首都地区环线高速公路（承德至平谷段）	河北省	1553700.00	交通运输	第三批	尚未落地
5	呼和浩特新机场 PPP 项目	内蒙古自治区	2031712.00	交通运输	第三批	尚未落地
6	内蒙古自治区呼和浩特市清水河县城关镇北坡古村落改造、修缮、保护综合项目	内蒙古自治区	55023.00	生态建设和环境保护	第三批	尚未落地

续表

序号	项目名称	所属省份	总投资（万元）	一级行业	示范批次	调出原因
7	内蒙古自治区乌兰察布省道 101 线呼和浩特至尚义出口公路项目	内蒙古自治区	569862.00	交通运输	第三批	尚未落地
8	辽宁省大连市大连湾跨海交通工程	辽宁省	2966931.00	交通运输	第三批	尚未落地
9	长白山旅游轨道交通 PPP 项目	吉林省	505000.00	交通运输	第三批	涉及环保问题，暂缓实施
10	黑龙江省鹤大高速佳木斯过境段	黑龙江省	210512.00	交通运输	第三批	尚未落地
11	新沂市综合管廊项目	江苏省	124955.00	市政工程	第三批	尚未落地
12	安庆市河湖连通、水环境治理	安徽省	740560.00	生态建设和环境保护	第三批	尚未落地
13	安庆市顺安南区、祥和南苑公租房 PPP 项目	安徽省	116028.00	保障性安居工程	第三批	尚未落地
14	安庆市停车场 PPP 项目	安徽省	30250.00	市政工程	第三批	尚未落地
15	六安市 S366 合六南通道 PPP 项目	安徽省	433300.00	交通运输	第三批	尚未落地
16	福建省平潭综合实验区平潭科技文化中心 PPP 项目	福建省	158153.00	文化	第三批	尚未落地
17	江西省南昌市进贤县温圳污水处理厂（一期）建设工程 PPP 项目	江西省	3902.00	市政工程	第三批	尚未落地
18	江西进贤经济开发区高新产业园污水处理厂	江西省	4992.00	市政工程	第三批	尚未落地
19	江西余江县雕刻创意文化小镇	江西省	106933.00	旅游	第三批	尚未落地

续表

序号	项目名称	所属省份	总投资（万元）	一级行业	示范批次	调出原因
20	上高县人民医院东院与上高县医养康复护理院医养融合PPP项目	江西省	55000.00	养老	第三批	尚未落地
21	九江市柘林湖湖泊生态环境保护项目	江西省	132000.00	生态建设和环境保护	第一批	部分子项目推进困难，暂缓实施
22	山东省潍坊高密市社会福利优抚救助中心项目	山东省	30000.00	养老	第三批	尚未落地
23	山东省菏泽市妇女儿童医院项目	山东省	61460.00	医疗卫生	第三批	尚未落地
24	山东省菏泽市新型共建体（PPP）公共立体停车场建设项目	山东省	223037.00	市政工程	第三批	尚未落地
25	河南省许昌市公有云中心及智慧应用PPP项目	河南省	318000.00	科技	第三批	尚未落地
26	荆门市有机废弃物处理处置项目	湖北省	61350.00	市政工程	第三批	项目名称变更，项目内容增加，边界条件发生实质性变化
27	湖北省孝感市静脉产业园（一期）PPP项目	湖北省	57249.00	市政工程	第三批	尚未落地
28	湖南省湘潭市岳塘区湖南天伦医养康复中心PPP项目	湖南省	22814.00	养老	第三批	尚未落地
29	湖南省永州市零陵区城区综合停车场和古城1、2号停车场PPP项目	湖南省	61000.00	市政工程	第三批	尚未落地
30	湖南省怀化市沅陵县二酉文化生态旅游综合项目PPP项目	湖南省	198000.00	旅游	第三批	尚未落地

续表

序号	项目名称	所属省份	总投资（万元）	一级行业	示范批次	调出原因
31	湖南省怀化市麻阳苗族自治县长寿谷养老养生文化旅游	湖南省	50521.00	养老	第三批	尚未落地
32	湖南省娄底市涟源市应急产业园PPP项目	湖南省	40215.23	科技	第三批	尚未落地
33	湖南省湘西自治州泸溪县“双子城”——刘家滩新区综合开发项目	湖南省	697306.00	城镇综合开发	第三批	尚未落地
34	湖南省凤凰县海绵城市建设PPP项目	湖南省	88568.00	市政工程	第三批	尚未落地
35	海南省海口市交警指挥中心升级改造	海南省	21202.00	科技	第三批	尚未落地
36	海南省屯昌县县域村镇供水一体化工程PPP项目	海南省	28289.00	市政工程	第三批	尚未落地
37	四川省德阳市地下综合管廊及配套工程（一期）项目	四川省	101291.00	市政工程	第三批	尚未落地
38	四川省资中县两河口水库建设项目	四川省	82630.00	水利建设	第三批	尚未落地
39	四川省巴中市平昌县乡镇污水处理（厂）站PPP建设项目	四川省	79332.00	市政工程	第三批	尚未落地
40	贵州省贵阳市乌当区水东文化公园建设项目	贵州省	33926.00	旅游	第三批	尚未落地
41	贵州省安顺市黄铺物流园区幺铺片区公路港建设项目	贵州省	180000.00	城镇综合开发	第三批	尚未落地
42	贵州省安龙县供水工程PPP项目	贵州省	46087.17	市政工程	第三批	尚未落地

续表

序号	项目名称	所属省份	总投资（万元）	一级行业	示范批次	调出原因
43	云南省第一人民医院新昆华医院一期综合医院 PPP 项目	云南省	235043.00	医疗卫生	第三批	尚未落地
44	云南省昆明市智慧城市（一期）PPP 项目	云南省	269546.01	科技	第三批	尚未落地
45	云南省昆明市春城路延长线及官渡主 5 路地下综合管廊政府和社会资本合作项目	云南省	72948.00	市政工程	第三批	尚未落地
46	云南省红河州蒙自市碧色寨滇越铁路历史文化公园项目	云南省	234886.00	旅游	第三批	尚未落地
47	云南省大理州大理市环洱海流域湖滨缓冲带生态修复与湿地建设 PPP 项目	云南省	139815.00	生态建设和环境保护	第三批	尚未落地
48	云南省大理州祥云县城市公共停车场 PPP 项目	云南省	26740.00	市政工程	第三批	尚未落地
49	甘肃省兰州新区地下综合管廊一期工程 25 条管廊 PPP 项目	甘肃省	483119.00	市政工程	第三批	财政支出压力大，暂缓实施
50	甘肃省庆阳市 G244 线打扮梁（陕甘界）至庆城段公路工程项目	甘肃省	1428340.42	交通运输	第三批	尚未落地
51	甘肃省庆阳市南梁至太白高速公路工程项目	甘肃省	525473.43	交通运输	第三批	尚未落地
52	海东工业园区平西经济区工业废水集中处理和回用工程 PPP 项目	青海省	5878.00	市政工程	第三批	尚未落地

续表

序号	项目名称	所属省份	总投资（万元）	一级行业	示范批次	调出原因
53	海东工业园区平北经济区工业污水集中处理及回用工程PPP项目	青海省	7838.00	市政工程	第三批	尚未落地
54	门源县照壁山旅游基础设施PPP项目	青海省	15000.00	旅游	第三批	尚未落地
合计			15847606.26			

附件3：

限期整改项目清单

序号	项目名称	所属省份	总投资（万元）	一级行业	示范批次	整改原因
1	北京市轨道交通十六号线	北京市	4950000.00	市政工程	第二批	主体不合规
2	北京市轨道交通十四号线	北京市	4450000.00	市政工程	第二批	主体不合规
3	石家庄正定新区综合管廊项目	河北省	651000.00	市政工程	第一批	运作不规范
4	2016年唐山世界园艺博览会基础设施及配套项目	河北省	336298.00	文化	第二批	运作不规范
5	河北省唐山市遵化市沙河水环境综合治理PPP项目	河北省	154949.00	生态建设和环境保护	第三批	主体不合规
6	河北省保定市易县经济开发区政府与社会资本合作（PPP）项目	河北省	3190000.00	城镇综合开发	第三批	运作不规范
7	河北省承德市滦平县医院新院区建设PPP项目	河北省	55087.00	医疗卫生	第三批	运作不规范

续表

序号	项目名称	所属省份	总投资（万元）	一级行业	示范批次	整改原因
8	承德市宽城满族自治县中医院迁址新建一期项目	河北省	18000.00	医疗卫生	第二批	运作不规范
9	太原植物园一期工程PPP项目	山西省	235482.00	市政工程	第三批	运作不规范
10	天镇县县城集中供热工程PPP项目	山西省	22930.00	市政工程	第三批	运作不规范
11	内蒙古自治区乌海经济开发区海勃湾工业园10000吨污水处理及中水回用工程项目	内蒙古自治区	18879.00	市政工程	第三批	运作不规范
12	鞍山市城市道路及隧道大修（一期）工程	辽宁省	11296.00	市政工程	第三批	运作不规范
13	吉林市国电江北热源项目	吉林省	32136.00	市政工程	第一批	运作不规范
14	吉林省集双高速公路（通化—梅河口段）PPP项目	吉林省	703900.00	交通运输	第三批	已完成采购，尚未签署合同
15	吉林省汪清县西大坡水利枢纽工程项目	吉林省	67871.00	水利建设	第二批	运作不规范
16	黑龙江省齐齐哈尔市沿江景观带（滨江大道）PPP项目	黑龙江省	45000.00	市政工程	第三批	运作不规范
17	黑龙江省抚远市黑瞎子岛配套功能区东极小镇PPP项目	黑龙江省	488000.00	城镇综合开发	第二批	运作不规范
18	南京市江北滨江大道（西江路至绿水湾南路）建设工程	江苏省	51500.00	市政工程	第三批	主体不合规，未按规定开展财政承受能力论证
19	徐州市城市轨道交通1号线一期工程项目	江苏省	1627800.00	市政工程	第一批	主体不合规
20	苏州市轨道交通1号线工程项目	江苏省	1261000.00	市政工程	第一批	运作不规范，未按规定进行信息公开
21	扬州市611省道邗江段工程项目	江苏省	110000.00	交通运输	第二批	运作不规范，未按规定开展两评

续表

序号	项目名称	所属省份	总投资（万元）	一级行业	示范批次	整改原因
22	宿迁市运河宿迁港洋北作业区码头项目	江苏省	100133.00	交通运输	第三批	运作不规范，未按规定开展财政承受能力论证
23	宜兴市丁山养护院	江苏省	27868.00	养老	第三批	已完成采购，尚未签署合同
24	广德县S215宣徽公路皖苏省界至广德凤桥段改建工程	安徽省	150000.00	交通运输	第三批	运作不规范
25	福建省应急通信工程	福建省	47000.00	科技	第二批	运作不规范
26	平潭综合实验区地下综合管廊干线工程（一期）PPP项目	福建省	381800.00	市政工程	第三批	运作不规范，未按规定开展财政承受能力论证
27	福建省三明市宁化县医院新建项目	福建省	80000.00	医疗卫生	第三批	运作不规范，未按规定开展财政承受能力论证
28	福建省泉州市晋江市国际会展中心	福建省	97140.00	其他	第三批	运作不规范，未按规定开展财政承受能力论证
29	福建省泉州市南安市海峡科技生态城A片区PPP项目	福建省	341326.00	城镇综合开发	第三批	运作不规范
30	福建省泉州市公共文化中心PPP项目	福建省	345200.00	文化	第三批	运作不规范
31	福建省福鼎市前岐镇等9个乡镇及双岳工业园区污水处理厂及厂外污水配套收集管网项目	福建省	19561.00	市政工程	第二批	运作不规范
32	青岛市市立医院东院二期工程PPP项目	山东省	92881.00	医疗卫生	第三批	已完成采购，尚未签署合同
33	山东省威海荣成市固废综合处理与应用产业园PPP项目	山东省	200000.00	市政工程	第三批	运作不规范
34	河南省开封市G230通武线开封至尉氏段改建工程PPP项目（开港大道）	河南省	194000.00	交通运输	第三批	运作不规范

续表

序号	项目名称	所属省份	总投资（万元）	一级行业	示范批次	整改原因
35	河南省开封市尉氏县生活垃圾焚烧发电项目	河南省	40000.00	能源	第二批	运作不规范，未按规定开展财政承受能力论证
36	河南省洛阳市故县水库引水工程	河南省	175000.00	市政工程	第二批	运作不规范，未按规定开展财政承受能力论证
37	河南省洛阳市伊洛河水生态文明示范区	河南省	546334.00	水利建设	第二批	运作不规范，未按规定开展财政承受能力论证
38	河南省洛阳古城保护与整治PPP项目	河南省	850000.00	文化	第二批	运作不规范，未按规定开展财政承受能力论证
39	河南省洛阳市市政道桥工程项目	河南省	126198.00	市政工程	第二批	运作不规范，未按规定开展财政承受能力论证
40	河南省洛阳市城市污水处理及污泥处理项目	河南省	144000.00	市政工程	第二批	运作不规范，未按规定开展财政承受能力论证
41	河南省洛阳市洛宁县洛河洛宁县段生态治理工程项目（一期）	河南省	38894.00	水利建设	第三批	运作不规范，未按规定开展财政承受能力论证
42	河南省平顶山市区污水处理项目	河南省	70000.00	市政工程	第二批	运作不规范，未按规定开展财政承受能力论证
43	河南省平顶山生活垃圾焚烧热电联产项目	河南省	57482.00	能源	第三批	运作不规范，未按规定开展财政承受能力论证
44	河南省汝州市科教园区建设项目	河南省	178403.00	城镇综合开发	第三批	运作不规范，未按规定开展财政承受能力论证
45	长垣县污水、污泥处理设施PPP项目	河南省	18364.00	市政工程	第二批	运作不规范，未按规定开展财政承受能力论证
46	清丰县水务供排一体化项目	河南省	56941.00	市政工程	第三批	运作不规范，未按规定开展财政承受能力论证
47	河南省漯河市城乡一体化示范区沙河沿岸综合整治项目	河南省	108000.00	生态建设和环境保护	第三批	运作不规范，未按规定开展财政承受能力论证
48	商丘医学高等专科学校新校区建设PPP项目	河南省	80000.00	教育	第二批	主体不合规，未按规定开展财政承受能力论证

续表

序号	项目名称	所属省份	总投资（万元）	一级行业	示范批次	整改原因
49	河南省周口市中医院东区分院建设项目	河南省	87741.00	医疗卫生	第二批	运作不规范，未按规定开展财政承受能力论证
50	江夏区G107龚家铺至新南环（海吉星）段改扩建工程	湖北省	212000.00	市政工程	第三批	运作不规范
51	江夏中央大公园工程	湖北省	77494.00	市政工程	第三批	运作不规范
52	武深高速嘉鱼北段PPP项目	湖北省	382800.00	交通运输	第三批	运作不规范，未按规定进行信息公开
53	湖南省长沙市长沙磁浮工程	湖南省	460400.00	市政工程	第三批	运作不规范
54	长沙县城乡公交一体化PPP项目	湖南省	150000.00	市政工程	第二批	运作不规范
55	湖南省怀化市健康综合服务设施建设项目	湖南省	205820.00	养老	第三批	已完成采购，尚未签署合同
56	广东省韩江高陂水利枢纽工程	广东省	615403.00	水利建设	第三批	运作不规范
57	南宁市第二社会福利院	广西壮族自治区	48968.00	社会保障	第二批	运作不规范，未按规定开展财政承受能力论证
58	三亚市生活垃圾焚烧发电厂二期工程	海南省	16567.75	能源	第三批	运作不规范，未按规定开展财政承受能力论证
59	四川省绵阳市生活垃圾焚烧发电项目	四川省	52707.00	能源	第三批	运作不规范
60	四川省宜宾县地下综合管廊一期PPP项目	四川省	85665.00	市政工程	第三批	已完成采购，尚未签署合同
61	贵州省兴义市沿湖公路改扩建工程PPP项目	贵州省	53806.00	市政工程	第三批	已完成采购，尚未签署合同
62	贵州省黔西南州兴义市综合停车场工程建设项目	贵州省	20686.00	市政工程	第三批	已完成采购，尚未签署合同
63	铜仁客运北站	贵州省	19581.00	交通运输	第二批	主体不合规，未按规定开展财政承受能力论证
64	贵州省龙里县新高中建设工程	贵州省	35846.00	教育	第三批	运作不规范

续表

序号	项目名称	所属省份	总投资（万元）	一级行业	示范批次	整改原因
65	云南省香格里拉至丽江国家高速公路政府和社会资本合作项目	云南省	2108299.00	交通运输	第三批	运作不规范
66	云南省保山至泸水国家高速公路政府和社会资本合作项目	云南省	1308000.00	交通运输	第三批	运作不规范
67	云南省玉溪至临沧国家高速公路政府和社会资本合作项目	云南省	3226000.00	交通运输	第三批	运作不规范
68	云南省华坪至丽江国家高速公路政府和社会资本合作项目	云南省	2773500.00	交通运输	第三批	运作不规范
69	云南省昆明市轨道交通4号线工程项目	云南省	2660000.00	市政工程	第二批	主体不合规，运作不规范
70	云南省昆明市轨道交通5号线工程项目	云南省	1930000.00	市政工程	第二批	主体不合规，运作不规范，未按规定开展财政承受能力论证
71	云南省玉溪市火车西站市政道路设施项目、站前广场建设项目	云南省	211885.00	市政工程	第三批	运作不规范
72	云南省玉溪市澄江化石地博物馆 PPP 项目	云南省	48789.59	文化	第二批	运作不规范
73	云南省保山市地下综合管廊工程 PPP 项目	云南省	675871.00	市政工程	第三批	运作不规范，未按规定开展财政承受能力论证
74	云南省楚雄彝族自治州亚行贷款云南省楚雄州城市基础设施建设项目	云南省	247692.00	市政工程	第二批	运作不规范，未按规定开展财政承受能力论证
75	云南省楚雄州元谋县元谋大型灌区丙间片11.4万亩高效节水灌溉项目	云南省	30778.52	水利建设	第三批	运作不规范，未按规定开展财政承受能力论证
76	云南省红河州滇南中心城市群现代有轨电车示范线项目	云南省	662000.00	交通运输	第二批	运作不规范，未按规定开展财政承受能力论证

续表

序号	项目名称	所属省份	总投资（万元）	一级行业	示范批次	整改原因
77	云南省红河州蒙开个地区河库连通工程	云南省	136966.00	水利建设	第二批	运作不规范
78	云南省红河州元江至蔓耗高速公路（红河段）	云南省	2085978.10	交通运输	第三批	运作不规范，未按规定开展财政承受能力论证
79	云南省红河州泸西县中医医院迁建及扩建PPP项目	云南省	28827.00	医疗卫生	第二批	运作不规范，未按规定开展财政承受能力论证
80	云南省文山州文山市第一中学城南校区PPP项目	云南省	37872.00	教育	第三批	运作不规范，未按规定开展财政承受能力论证
81	云南省西双版纳傣族自治州景洪至勐海至打洛（口岸）高速公路一期景洪至勐海段	云南省	893725.00	交通运输	第三批	运作不规范，未按规定开展财政承受能力论证
82	云南省大理州大理市洱海主要入湖河道综合治理工程PPP项目	云南省	90224.00	水利建设	第三批	运作不规范，未按规定开展财政承受能力论证
83	云南省瑞丽市城市地下综合管廊建设工程（一期）PPP项目	云南省	208071.00	市政工程	第三批	运作不规范，未按规定开展财政承受能力论证
84	云南省怒江州兰坪县S316线怒江州六库至兰坪公路青吾甸至兰坪古盐都隧道段PPP项目	云南省	77000.00	交通运输	第三批	运作不规范，未按规定开展财政承受能力论证
85	西安市高陵生活垃圾无害化处理工程PPP项目	陕西省	107036.00	市政工程	第三批	已完成采购，尚未签署合同
86	陕西省西安市未央区徐家湾地区综合改造项目	陕西省	1482700.00	城镇综合开发	第二批	运作不规范
87	安康机场迁建	陕西省	234450.00	交通运输	第二批	运作不规范，未按规定开展财政承受能力论证

续表

序号	项目名称	所属省份	总投资（万元）	一级行业	示范批次	整改原因
88	甘肃省张掖市G0611张掖—汶川高速公路张掖至扁都口段工程	甘肃省	587260.00	交通运输	第三批	已完成采购，尚未签署合同
89	陇南市G316线长乐至同仁公路两当县杨店（甘陕界）至徽县公路建设	甘肃省	753000.00	交通运输	第二批	主体不合规
合计			48179061.96			

关于在旅游领域推广政府和社会资本合作模式的指导意见

文旅旅发〔2018〕3 号

各省、自治区、直辖市旅游发展委员会（旅游局），财政厅（局）：

政府和社会资本合作模式是完善公共服务供给机制的重要方向，是国家治理体系和治理能力现代化的重要内容。为更好鼓励运用政府和社会资本合作（PPP）模式改善旅游公共服务供给，现提出如下意见：

一、总体要求

全面贯彻党的十九大和十九届三中全会精神，以习近平新时代中国特色社会主义思想为指导，坚持稳中求进工作总基调，坚持新发展理念，按照高质量发展的要求，统筹推进“五位一体”总体布局和协调推进“四个全面”战略布局，坚持以旅游供给侧结构性改革为主线，紧扣人民日益增长的旅游美好生活需要和不平衡不充分的旅游业发展之间的矛盾，以全域旅游为导向，以优质旅游为目标，逐步加强旅游基础设施建设，持续提升旅游公共服务供给水平，着力发挥旅游业在精准扶贫中的重要作用，大力推动旅游业质量变革、效率变革、动力变革。

二、基本原则

——**明确内涵，厘清外延**。深化对 PPP 模式的理解认识，防止简单化和片面化倾向，把公共服务供给作为界定 PPP 模式的核心，厘清政府责任与市场机制的边界。

——**夯实基础，全民受益**。针对旅游业的不同类型，坚持公共服务属性，优化配置资源，保障旅游基础设施和公共服务供给，促进社会资本竞争和创新，确保公共利益最大化。

——**加强引导，规范发展**。将公共服务产品质量和群众满意度作为政府付费的重要依据。加大政策扶持力度，强化绩效评价和项目监管，确保项目顺利实施、规范运作，防止地方政府违法违规或变相举借债务，防范财政金融风险。

——**运营为本，重诺履约**。鼓励各类市场主体通过公开竞争性方式参与项目合作，明确各参与主体的责任、权利关系和风险分担机制，强化项目运营，树立契约理念，诚实守信，严格履约。

三、重点领域

通过在旅游领域推广政府和社会资本合作模式，推动项目实施机构对政府承担的资源保护、环境整治、生态建设、文化传承、咨询服务、公共设施建设等旅游公共服务事项与相邻相近相关的酒店、景区、商铺、停车场、物业、广告、加油加气站等经营性资源进行统筹规划、融合发展、综合提升，不断优化旅游公益性服务和公共产品供给，促进旅游资源保护和合理利用，完善旅游资源资产价值评估，更好地满足人民群众对旅游公共服务的需要，大力推动旅游业提质增效和转型升级。

重点包括但不限于以下领域：

（一）**旅游景区**。在依法合规的前提下，以国有自然、文化资源资产的科学保护和合理利用为导向，重点加强景区道路、环卫设施、游憩设施、标识系统等基础设施和安全设施建设，加强景区及周边环境的综合整治。优先支持开放型景区开展旅游 PPP 项目建设。

（二）**全域旅游**。以创建全域旅游示范区为导向，对一定区域内的厕所、咨询服务体系、旅游引导标识系统、旅游资源保护等与酒店、景区等经营性旅游资源进行整合开发建设。

（三）**乡村旅游**。以促进乡村优秀传统文化的保护与传承为导向，在现代农业庄园、田园综合体、农业观光园、农村产业融合示范园、精品民宿等经营性开发中对垃圾收集站、旅游标识标牌等进行统一规划与建设。

（四）**自驾车旅居车营地**。依托交通集散地、景区景点等建设自驾车旅居车营地，加强水、电、气、排污、垃圾处理等基础设施和自驾游服务中心、环卫设施等配套建设。

（五）**旅游厕所**。通过以商建厕、以商管厕、以商养厕等方式，鼓励社会资本方对一定区域内的厕所进行统一开发建设和运管管理。

（六）**旅游城镇**。以加强城市、乡镇、街区等特色旅游资源的保护为导向，鼓励社会资本方将特色旅游资源的科学保护、合理利用及相关配套经营性服务设施的建设运营等进行统筹规划、有机衔接。

（七）**交通旅游**。支持地方政府将交通项目和旅游资源的利用融合建设、一体发展，鼓励社会资本方参与旅游风景道、邮轮港口、游船码头、公共游艇码头、旅游集散中心、通景公路及相关配套服务设施的建设。

（八）**智慧旅游**。鼓励和支持政府和社会资本方采取 PPP 模式开展智慧旅游城市、智慧旅游景区、智慧旅游公共服务平台、旅游数据中心、旅游基础数据库等建设。

（九）**健康旅游等新业态**。鼓励政府和社会资本方将旅游资源的经营性开发项目与养老、体育、健康、研学等领域公共服务供给相衔接。

优先支持符合本意见要求的全国优选旅游项目、旅游扶贫贷款项目等存量项目转化为旅游 PPP 项目。

四、严格执行财政 PPP 工作制度

（一）**严格筛选项目**。各级旅游、财政部门要加强合作，依托全国 PPP 综合信息平台，科学论证筛选，优先选择有经营性现金流、适宜市场化运作、强化运营管理的旅游公

共设施及公共服务项目，做好项目储备，明确年度及中长期项目开发计划，确保工作有序推进。

（二）**确保公平竞争**。各级旅游、财政部门要加强协作，指导项目实施机构依法通过公开、公平、竞争性方式，择优选择具备项目所需建设运营能力和履约能力的社会资本开展合作，保障各类市场主体平等参与旅游 PPP 项目合作，消除本地保护主义和各类隐形门槛。鼓励金融机构早期介入项目前期准备，提高项目融资可获得性。

（三）**合理分担风险**。各级旅游、财政部门要加强协作，指导项目实施机构按照风险分担、利益共享的原则，充分识别、合理分配和有效应对 PPP 项目风险。保障政府知情权，政府可以参股项目公司；保障项目公司的经营独立性和风险隔离功能，政府不得干预企业日常经营决策，不得违规兜底项目建设运营风险。

（四）**保障合理回报**。各级旅游、财政部门要加强协作，指导项目实施机构根据项目特点构建合理的项目回报机制，财政部门依据项目合同约定将财政支出责任纳入地方政府年度预算和中期财政规划，按项目绩效考核结果向社会资本支付对价，保障社会资本获得合理收益。

（五）**严格债务管理**。各地财政部门要认真组织开展项目物有所值评价和财政承受能力论证，加强本辖区内 PPP 项目财政支出责任统计和超限预警，严格政府债务管理，对政府参股及付费项目，加强建设、运营成本控制，严禁政府或政府指定机构回购社会资本投资本金或兜底本金；政府不得向社会资本承诺固定或最低收益回报；政府部门不得为项目债务提供任何形式担保；严禁存在其他违法违规举债担保行为。

（六）**强化信息公开**。各级旅游、财政部门要认真落实《政府和社会资本合作（PPP）综合信息平台信息公开管理暂行办法》（财金［2017］1 号）有关要求，做好 PPP 项目全生命周期信息公开工作，及时、完整、准确地录入旅游 PPP 项目信息，及时披露项目识别论证、政府采购及预算安排等关键信息，增强社会资本和金融机构信心，保障公众知情权，接受社会监督。

（七）**加强绩效考核**。各级旅游、财政部门要加强协作，共同推动建立旅游 PPP 项目绩效考核机制，跟踪掌握项目实施和资金使用情况，推动形成项目监管与资金安排相衔接的激励制约机制。

五、加大政策保障

（一）**强化工作协同合作**。两部门共同推动地方人民政府积极探索建立跨部门旅游 PPP 工作领导协调机制，加强政府统一领导，明确部门职责分工，强化培训引导，形成工作合力，推动项目顺利实施。

（二）**建立优先推荐函制度**。对于地方人民政府重点推荐的旅游 PPP 项目，省级旅游部门在充分征求省级财政部门意见的基础上，向国家旅游局报送推荐旅游 PPP 项目目录，每个省（区、市）不超过 2 个；由文化和旅游部、财政部组织专家论证后，择优选取并共同向社会推荐。

（三）**优化资金投入方式**。各级财政部门、旅游部门要探索创新旅游公共服务领域资金投入机制，进一步改进和加强资金使用管理，发挥财政资金引导撬动作用，推动金融和社会资本更多投向旅游领域，提高投资有效性和公共资金使用效益。积极鼓励民营资本参与 PPP 项目建设，不得设置限制条款或任意提高门槛。

（四）**发挥典型带动作用**。各地财政部门、旅游部门要共同做好旅游 PPP 项目申报的指导工作，加强对实施效果好、社会评价高的旅游 PPP 项目的经验总结和案例推广。

（五）**拓宽金融支持渠道**。充分发挥中国政企合作支持基金和中国旅游产业基金的股权投资引导作用，鼓励各地设立 PPP 项目担保基金，带动更多金融机构加大对旅游 PPP 项目的投融资支持。鼓励金融机构在符合当前监管政策的前提下创新 PPP 金融服务，可纳入开发性、政策性金融支持范畴，优化信贷流程，鼓励能够产生可预期现金流的旅游 PPP 项目通过发行债券和资产证券化等市场化方式进行融资。鼓励保险资金按照市场化原则，创新运用多种方式参与项目，创新开发适合旅游 PPP 项目的保险产品。

（六）**建立动态评估调整机制**。积极推进旅游公共服务领域价格改革，引导各地综合考虑建设运营成本、财政承受能力、居民意愿等因素，合理确定旅游服务价格水平和补偿机制，推动建立价格动态调整和上下游联动机制，增强社会资本收益预期，提高社会资本参与积极性。逐步建立完善科学的旅游资源论证评估和 PPP 项目绩效评价体系，动态掌握项目整体运营管理情况。

（七）**合理安排旅游用地**。落实好《国土资源部、住房和城乡建设部、国家旅游局关于支持旅游业发展用地政策的意见》（国土资规［2015］10号）及相关涉旅用地政策，有条件的地区可优先支持旅游 PPP 项目开发建设。

对于文件执行之中遇到的问题，请各地及时向文化和旅游部、财政部报告。

文化和旅游部　财政部

2018 年 4 月 19 日

关于规范政府和社会资本合作（PPP）综合信息平台项目库管理的通知

财办金〔2017〕92 号

各省、自治区、直辖市、计划单列市财政厅（局），新疆生产建设兵团财务局：

为深入贯彻落实全国金融工作会议精神，进一步规范政府和社会资本合作（PPP）项目运作，防止 PPP 异化为新的融资平台，坚决遏制隐性债务风险增量，现将规范全国 PPP 综合信息平台项目库（以下简称“项目库”）管理有关事项通知如下：

一、总体要求

（一）统一认识。各级财政部门要深刻认识当前规范项目库管理的重要意义，及时纠正 PPP 泛化滥用现象，进一步推进 PPP 规范发展，着力推动 PPP 回归公共服务创新供给机制的本源，促进实现公共服务提质增效目标，夯实 PPP 可持续发展的基础。

（二）分类施策。各级财政部门应按项目所处阶段将项目库分为项目储备清单和项目管理库，将处于识别阶段的项目，纳入项目储备清单，重点进行项目孵化和推介；将处于准备、采购、执行、移交阶段的项目，纳入项目管理库，按照 PPP 相关法律法规和制度要求，实施全生命周期管理，确保规范运作。

（三）严格管理。各级财政部门应严格项目管理库入库标准和管理要求，建立健全专人负责、持续跟踪、动态调整的常态化管理机制，及时将条件不符合、操作不规范、信息不完善的项目清理出库，不断提高项目管理库信息质量和管理水平。

二、严格新项目入库标准

各级财政部门应认真落实相关法律法规及政策要求，对新申请纳入项目管理库的项目进行严格把关，优先支持存量项目，审慎开展政府付费类项目，确保入库项目质量。存在下列情形之一的项目，不得入库：

（一）不适宜采用 PPP 模式实施。包括不属于公共服务领域，政府不负有提供义务的，如商业地产开发、招商引资项目等；因涉及国家安全或重大公共利益等，不适宜由社会资本承担的；仅涉及工程建设，无运营内容的；其他不适宜采用 PPP 模式实施的情形。

（二）前期准备工作不到位。包括新建、改扩建项目未按规定履行相关立项审批手续的；涉及国有资产权益转移的存量项目未按规定履行相关国有资产审批、评估手续的；未通过物有所值评价和财政承受能力论证的。

（三）未建立按效付费机制。包括通过政府付费或可行性缺口补助方式获得回报，但未建立与项目产出绩效相挂钩的付费机制的；政府付费或可行性缺口补助在项目合作期内未连续、平滑支付，导致某一时期内财政支出压力激增的；项目建设成本不参与绩效考核，或实际与绩效考核结果挂钩部分占比不足 30%，固化政府支出责任的。

三、集中清理已入库项目

各级财政部门应组织开展项目管理库入库项目集中清理工作，全面核实项目信息及实施方案、物有所值评价报告、财政承受能力论证报告、采购文件、PPP 项目合同等重要文件资料。属于上述第（一）、（二）项不得入库情形或存在下列情形之一的项目，应予以清退：

（一）未按规定开展“两个论证”。包括已进入采购阶段但未开展物有所值评价或财政承受能力论证的（2015 年 4 月 7 日前进入采购阶段但未开展财政承受能力论证以及 2015 年 12 月 18 日前进入采购阶段但未开展物有所值评价的项目除外）；虽已开展物有所值评价和财政承受能力论证，但评价方法和程序不符合规定的。

（二）不宜继续采用 PPP 模式实施。包括入库之日起一年内无任何实质性进展的；尚未进入采购阶段但所属本级政府当前及以后年度财政承受能力已超过 10% 上限的；项目发起人或实施机构已书面确认不再采用 PPP 模式实施的。

（三）不符合规范运作要求。包括未按规定转型的融资平台公司作为社会资本方的；采用建设－移交（BT）方式实施的；采购文件中设置歧视性条款、影响社会资本平等参与的；未按合同约定落实项目债权融资的；违反相关法律和政策规定，未按时足额缴纳项目资本金、以债务性资金充当资本金或由第三方代持社会资本方股份的。

（四）构成违法违规举债担保。包括由政府或政府指定机构回购社会资本投资本金或兜底本金损失的；政府向社会资本承诺固定收益回报的；政府及其部门为项目债务提供任何形式担保的；存在其他违法违规举债担保行为的。

（五）未按规定进行信息公开。包括违反国家有关法律法规，所公开信息与党的路线方针政策不一致或涉及国家秘密、商业秘密、个人隐私和知识产权，可能危及国家安全、公共安全、经济安全和社会稳定或损害公民、法人或其他组织合法权益的；未准确完整填写项目信息，入库之日起一年内未更新任何信息，或未及时充分披露项目实施方案、物有所值评价、财政承受能力论证、政府采购等关键信息的。

四、组织实施

（一）落实责任主体。各省级财政部门要切实履行项目库管理主体责任，统一部署辖内市、区、县财政部门开展集中清理工作。财政部政府和社会资本合作中心（以下称“财政部 PPP 中心”）负责开展财政部 PPP 示范项目的核查清理工作，并对各地项目管理库清理工作进行业务指导。

（二）健全工作机制。各省级财政部门应成立集中清理专项工作组，制定工作方案，明确任务分工、工作要求和时间进度，落实专人负责，并可邀请专家参与。地方各级财政部门应当会同有关方面加强政策宣传和舆论引导，重要情况及时向财政部报告。

（三）明确完成时限。各省级财政部门应于 2018 年 3 月 31 日前完成本地区项目管理库集中清理工作，并将清理工作完成情况报财政部金融司备案。

（四）确保整改到位。对于逾期未完成清理工作的地区，由财政部 PPP 中心指导并督促其于 30 日内完成整改。逾期未完成整改或整改不到位的，将暂停该地区新项目入库直至整改完成。

财政部办公厅

2017 年 11 月 10 日

政府和社会资本合作（PPP）项目资产支持证券挂牌条件确认指南

第一条【制定依据】为规范发展政府和社会资本合作项目（以下简称 PPP 项目）资产证券化业务，便于管理人和原始权益人等参与机构开展业务和加强风险管理，保护投资者合法权益，促进资产证券化业务健康发展，根据《中共中央 国务院关于深化投融资体制改革的意见》（中发〔2016〕18 号）、《证券公司及基金管理公司子公司资产证券化业务管理规定》（证监会公告〔2014〕49 号）、《国家发展改革委 中国证监会关于推进传统基础设施领域政府和社会资本合作（PPP）项目资产证券化相关工作的通知》（发改投资〔2016〕2698 号）、《财政部 中国人民银行 中国证监会关于规范开展政府和社会资本合作项目资产证券化有关事宜的通知》（财金〔2017〕55 号）、《上海证券交易所资产支持证券挂牌条件确认业务指引》（上证发〔2017〕28 号）等相关规定，制定本指南。

第二条【产品定义】本指南所称 PPP 项目资产支持证券，是指证券公司、基金管理公司子公司作为管理人，通过设立资产支持专项计划（以下简称"专项计划"）开展资产证券化业务，以 PPP 项目收益权、PPP 项目资产、PPP 项目公司股权等为基础资产或基础资产现金流来源所发行的资产支持证券。

PPP 项目收益权是在基础设施和公共服务领域开展政府和社会资本合作过程中，社会资本方（项目公司）与政府方签订 PPP 项目合同等协议，投资建设基础设施、提供相关公共产品或服务，并依据合同和有关规定享有的取得相应收益的权利，包括收费权、收益权、合同债权等。PPP 项目收益主要表现形式为使用者付费、政府付费或可行性缺口补助等。

PPP 项目资产是在基础设施和公共服务领域开展政府和社会资本合作过程中，社会资本方（项目公司）与政府方签订 PPP 项目合同等协议，并依据合同和有关规定享有所有权或用益物权的项目设施或其他资产，包括项目公司运营所需的动产（机器、设备等）、不动产（土地使用权、厂房、管道等）等。

PPP 项目公司股权是在基础设施和公共服务领域开展政府和社会资本合作过程中，社会资本方出资组建项目公司开展 PPP 项目的实施，并依据股东协议和项目公司章程等享有的资产收益、参与重大决策和选择管理者等权利。

第三条【适用范围】本指南适用于社会资本方（项目公司）作为原始权益人的 PPP 项目资产支持证券在上海证券交易所（以下简称"本所"）挂牌转让申请。在《国家发展和改革委员会关于开展政府和社会资本合作的指导意见》（发改投资〔2014〕2724 号）及《关于推广运用政府和社会资本合作模式有关问题的通知》（财金〔2014〕76 号）发布以前已按照PPP模式实施并事先明确约定收益规则的项目开展资产证券化，以及其他PPP项目主要参与方，如提供融资的融资方、承包商等，以与PPP项目相关的基础资产或基础资产现金流来源开展资产证券化，申请在本所挂牌的，参照本指南执行。

第四条【基础资产合格标准－PPP项目收益权】社会资本方（项目公司）以PPP项目收益权作为基础资产开展证券化，原始权益人初始入池和后续循环购买入池（如有）的基础资产在基准日、专项计划设立日和循环购买日（如有）除满足基础资产合格标准的一般要求外，还需要符合以下特别要求：

1. PPP项目已按规定完成PPP项目实施方案评审以及必要的审批、核准或备案等相关手续，社会资本方（项目公司）与政府方已签订有效的PPP项目合同；在能源、交通运输、水利、环境保护、市政工程等特定领域需要政府实施特许经营的，已按规定完成特许经营项目实施方案审定，特许经营者与政府方已签订有效的特许经营协议。

2. PPP项目涉及新建或存量项目改建、依据项目合同约定在项目建成并开始运营后才获得相关付费的，社会资本方（项目公司）应完成项目建设或改建，按相关规定或合同约定经验收或政府方认可，并开始运营，有权按照规定或约定获得收益。

3. PPP项目合同、融资合同未对社会资本方（项目公司）转让项目收益权作出限制性约定，或社会资本方（项目公司）已满足解除限制性约定的条件。

4. PPP项目收益权相关的项目付费或收益情况在PPP合同及相关协议中有明确、清晰的约定。政府付费模式下，政府付费应纳入本级或本级以上政府财政预算、政府财政规划。可行性缺口补助模式下，可行性缺口补助涉及使用财政资金、政府投资资金的，应纳入本级或本级以上政府财政预算、政府财政规划。

5. PPP项目资产或收益权未设定抵押、质押等权利负担。已经设有抵押、质押等权利负担的，通过专项计划安排能够予以解除，如偿还相关融资、取得相关融资方解除抵押、质押的同意等。

6. 社会资本方（项目公司）与政府方不存在因PPP项目合同的重大违约、不可抗力因素影响项目持续建设运营，或导致付费机制重大调整等情形；也不存在因PPP项目合同或相关合同及其他重大纠纷而影响项目持续建设运营，或可能导致付费机制重大调整的协商、调解、仲裁或诉讼等情形。

7. PPP项目不得存在政府方违规提供担保，或政府方采用固定回报、回购安排、明股实债等方式进行变相债务融资情形。

8. PPP项目合同到期日应不早于资产支持证券的最晚到期日。

9. 相关主管部门以及本所确定的其他标准。

第五条【建设期PPP项目收益权资产证券化的特殊规定】PPP项目公司依据项目合同约定在项目建设期即开始获得相关付费的，可探索在项目建设期以未来收益作为基础资产，并合理设置资产证券化产品规模。

第六条【基础资产合格标准－PPP项目资产】社会资本方（项目公司）以PPP项目资产作为基础资产开展证券化，除符合第四条关于PPP项目收益权的合格标准外，还需符合以下要求：

1. PPP项目合同等约定社会资本方（项目公司）拥有PPP项目资产的所有权或用益物

权，且该等资产可依法转让。

2. PPP 项目已经建成并开始运营。

3. PPP 项目合同、融资合同等不存在社会资本方（项目公司）转让项目资产的限制性约定，或已满足解除限制性约定的条件。

4. 社会资本方（项目公司）以 PPP 项目资产开展证券化，应继续履行项目运营责任，或重新确定履行项目运营责任的主体并经政府方等认可，确保不得影响基础设施的稳定运营或公共服务供给的持续性和稳定性。

第七条【基础资产合格标准 - PPP 项目公司股权】社会资本方以 PPP 项目公司股权作为基础资产开展证券化，除符合上述 PPP 项目收益权的合格标准外，还需符合以下要求：

1. PPP 项目合同、项目公司股东协议或公司章程等对项目公司股东转让、质押项目公司股权及转让的受让方没有限制性约定，或已满足解除限制性约定的条件。

2. PPP 项目已经建成。

3. PPP 项目公司股东协议、公司章程等对项目公司股权股息分配的来源、分配比例、时间、程序、影响因素等，作出了明确约定。

4. PPP 项目公司股权股息分配来源于 PPP 项目收益或其他收益的，相关收益权不存在被转让的情形，且没有被设定质押等权利负担。相关收益权已经设有质押等权利负担的，应通过专项计划安排予以解除，如回购收益权、偿还相关融资、取得相关融资方解除质押的同意等。

5. PPP 项目公司控股股东以项目公司股权作为基础资产发行资产支持证券的规模不得超过其持有股权带来的现金流现值的 50%；其他股东发行规模不得超过其持有股权带来的现金流现值的 70%。

6. PPP 项目公司控股股东以持有的项目公司股权发行资产支持证券，不得改变对项目公司的实际控制权和项目运营责任，不得影响基础设施的稳定运营或公共服务供给的持续性和稳定性。

第八条【原始权益人的特别要求】社会资本方（项目公司）应具有持续经营能力，内部控制制度健全，最近三年未发生重大违约或虚假信息披露，无不良信用记录。

第九条【优先鼓励的项目】鼓励社会资本方（项目公司）开展下列 PPP 项目资产证券化：

1. 行业龙头企业作为社会资本方参与建设运营；

2. 雄安新区和京津冀协同发展、“一带一路”建设、长江经济带建设以及新一轮东北地区等老工业基地振兴等符合国家战略的项目；

3. 水务、环境保护、交通运输等市场化程度较高、公共服务需求稳定、现金流可预测性较强的行业项目；

4. 项目所在地政府偿付能力较好、信用水平较高、严格履行 PPP 项目财政管理要求；

5. 其他具有稳定投资收益和良好社会效益的示范项目。

社会资本方（项目公司）可以以其建设运营的多个 PPP 项目中具有同质性的基础资产组成基础资产池开展证券化；可以将综合性 PPP 项目中权属清晰、现金流独立的部分子项目资产单独开展证券化。

本所对 PPP 项目主管部门推荐的项目和中国政企合作支持基金投资的项目的资产证券化建立受理、审核绿色通道，专人专岗负责，提高受理、审核、挂牌的工作效率。

第十条【解释权】本指南为开放性指南，将根据业务发展情况不定期修订并发布更新版本。本所对本指南保留最终解释权。

第十一条【生效时间】本指南自发布之日起施行。

上海证券交易所

2017 年 10 月 19 日

名词解释：

政府和社会资本合作（Public - Private Partnerships，简称 PPP），是指政府采取竞争性方式择优选择具有投资、运营管理能力的社会资本方，双方按照平等协商原则订立合同，明确责权利关系，由社会资本方提供公共产品或服务，政府向社会资本方支付相应对价，社会资本方获得合理收益的合作模式。PPP 采取建设 - 运营 - 移交（BOT)、建设 - 拥有 - 运营（BOO)、建设 - 拥有 - 运营 - 移交（BOOT)、转让 - 运营 - 移交（TOT)、改建 - 运营 - 移交（ROT)、委托运营（O&M）等运营方式。

政府方，是指组织实施 PPP 项目并代表政府签署 PPP 项目合同的政府及其所属部门或事业单位。

社会资本方，是指依法设立且有效存续的具有法人资格的企业，包括国有企业、民营企业、外国企业、外商投资企业、混合所有制企业，原则上不包括本级政府所属融资平台公司。社会资本方是 PPP 项目的实际投资人，实践中，社会资本方通常不会直接作为 PPP 项目的实施主体，而会专门针对该项目成立项目公司，作为 PPP 项目合同及项目其他相关合同的签约主体，负责项目具体实施。

项目公司，是依法设立的自主运营、自负盈亏的具有独立法人资格的经营实体。项目公司可以由社会资本方（可以是一家企业，也可以是多家企业组成的联合体）出资设立，也可以由政府和社会资本方共同出资设立。

PPP 项目合同，是指政府方与社会资本方（项目公司）依法就 PPP 项目合作所订立的合同，是政府方与社会资本方之间合理分配项目风险，明确双方权利义务关系以及 PPP 项目的交易结构，以保障双方能够依据合同约定合理主张权利，妥善履行义务，确保项目全生命周期内的顺利实施的相关安排。PPP 项目合同是 PPP 整个合同体系的基础和核心。

使用者付费（User Charges)，是指由最终消费用户直接付费购买公共产品和服务。社会资本方（项目公司）直接从最终用户处收取费用，以回收项目的建设和运营成本并获得合理收益。

政府付费（Government Payment)，是指政府方直接付费购买公共产品和服务，政府方可以依据项目设施的可用性、产品或服务的使用量以及质量向项目公司付费。

可行性缺口补助（Viability Gap Funding)，是指使用者付费不足以满足社会资本方（项目公司）成本回收和合理回报时，由政府方给予一定的经济补助，以弥补使用者付费之外的缺口部分。可行性缺口补助的形式可能包括土地划拨、投资入股、投资补助、价格补贴、优惠贷款、贷款贴息、放弃分红权、授予项目相关开发收益权等其中的一种或多种。

可用性付费（Availability Payment），是指政府方依据社会资本方（项目公司）所提供的项目设施或服务是否符合合同约定的标准和要求来付费。

使用量付费（Usage Payment），是指政府方依据社会资本方（项目公司）所提供的项目设施或服务的实际使用量来付费。

绩效付费（Performance Payment），是指政府方依据社会资本方（项目公司）所提供的公共产品或服务的质量付费。通常政府方与项目公司会明确约定项目的绩效标准，并将政府付费与项目公司的绩效表现挂钩。

关于运用政府和社会资本合作模式支持养老服务业发展的实施意见

财金〔2017〕86号

各省、自治区、直辖市、计划单列市财政厅（局）、民政厅（局）、人力资源社会保障厅（局），新疆生产建设兵团财务局、民政局、人力资源社会保障局：

为贯彻《国务院关于印发"十三五"国家老龄事业发展和养老体系建设规划的通知》（国发〔2017〕13号）、《国务院办公厅转发财政部发展改革委人民银行关于在公共服务领域推广政府和社会资本合作模式指导意见的通知》（国办发〔2015〕42号）精神，落实着力推进幸福产业服务消费提质扩容工作部署，鼓励运用政府和社会资本合作（PPP）模式推进养老服务业供给侧结构性改革，加快养老服务业培育与发展，形成多层次、多渠道、多样化的养老服务市场，推动老龄事业发展，现提出以下意见：

一、总体要求

（一）指导思想。

全面贯彻党中央、国务院关于老龄事业、养老服务业发展的决策部署，践行新发展理念，着力推动政府和社会资本合作促进养老服务领域供给侧结构性改革，优化养老服务领域资金资源投入使用方式，发挥社会力量的主体作用，激发社会活力，提高养老服务供给效率和能力，促进多层次、多渠道、多样化的养老服务更加方便可及，努力使养老服务业成为扩大内需、增加就业、保障和改善民生、推动经济转型升级的重要力量。

（二）基本原则。

政府引导，市场驱动。坚持养老服务领域供给侧结构性改革方向，深入推广政府和社会资本合作科学理念，优化养老服务领域政府资金资源投入使用方向和方式，发挥引导带动作用，注重发挥市场在资源配置中的决定性作用，营造公平竞争的市场环境，鼓励各类市场主体参与养老服务PPP项目，充分调动社会资本特别是民间资本的积极性，逐步使社会力量成为养老服务领域的主体。

厘清边界，支持基础。针对养老服务的不同类型，坚持公共服务属性，合理界定政府和社会资本合作提供的养老服务边界，优先支持保障型基本养老和改善型中端养老服务发展，促进资源合理优化配置，加大投入力度，探索形成符合当前国情的养老服务供给模式，保障面向老年人的基础性养老服务供给。

强化监督，提质增效。完善运营监督机制，强化绩效评价和项目监管，推动养老服务行业标准化建设，严格执行财政 PPP 工作制度规范体系，促进养老服务业规范发展。坚持问题导向，强化薄弱环节，通过机制创新增加养老服务供给，提升养老服务水平，增进老年人福祉。

（三）工作目标。政府和社会资本合作提供养老服务的供给能力大幅提高、质量明显改善、结构更加合理，市场活力和社会创造力得到充分激发，多层次、多样化的养老服务市场初步形成。政府职能转变、“放管服”改革成效显著，群众满意度显著提高，养老服务业成为推动经济社会发展的新动能。

二、优先支持的重点养老服务领域

重点引导和鼓励社会资本通过 PPP 模式，立足保障型基本养老服务和改善型中端养老服务，参与以下养老服务供给：

（四）养老机构。

鼓励政府将现有公办养老机构交由社会资本方运营管理。支持机关、企事业单位将所属的度假村、培训中心、招待所、疗养院等，通过 PPP 模式转型为养老机构，吸引社会资本运营管理。鼓励商业地产库存高、出租难的地方，通过 PPP 模式将闲置厂房、商业设施及其他可利用的社会资源改造成养老机构。

（五）社区养老体系建设。

鼓励政府和社会资本在城乡社区内建设运营居家养老服务网点、社区综合服务设施，兴办或运营老年供餐、社区日间照料、老年精神文化生活等形式多样的养老服务。支持政府将所辖区域内的社区养老服务打包，通过 PPP 模式交由社会资本方投资、建设或运营，实现区域内的社区养老服务项目统一标准、统一运营。

（六）医养健融合发展。

鼓励养老机构与医疗卫生机构、健康服务机构开展合作，支持打造“以健康管理为基础、以养老服务为核心、以医疗服务为支撑”的全生命周期养老服务链，兴建一批养老为主题，附加康养、体育健身、医疗、教育、文化娱乐、互联网等现代服务业的“养老＋”综合新业态。

三、规范推进项目实施

（七）统筹论证养老服务项目可行性。

各级财政、民政、社会保障部门要加强合作，依托全国 PPP 综合信息平台，综合项目实施周期、收费定价机制、投资收益水平、风险分配基本框架、所需政府投入等因素，论证筛选出适宜采用 PPP 模式运作的养老服务项目，做好项目储备，确保工作有序推进。

（八）依法择优选择社会资本方。

合理设置参与条件，消除本地保护主义和隐形门槛。除本级政府所属尚未转型的融资平台公司、控股国有企业外，建立现代企业制度的境内外法人，均可作为养老服务项目的社会资本方。鼓励在养老服务项目建设、运营、管理等方面具有专业资质的社会资本方，通过兼并重组、输出服务技术和品牌等形式，发展跨区域、跨行业的综合性养老服务集团，推动养老服务向品牌化、连锁化、专业化和规模化方向发展。

（九）多渠道构建项目回报机制。

根据项目特点，建立政府付费、使用者付费和开发性资源补偿相结合的项目回报机制，鼓励政府统筹运用授权经营、资本金注入、土地入股、运营补贴、投资补助等方式，支持养老项目建设。允许社会资本配套建设符合规定的医院、康养中心、疗养院及附属设施等经营性项目，提高项目综合盈利能力。鼓励社会资本通过“互联网+”等创新运营模式，降低项目成本，提高项目运营效率和投资回报水平。

（十）发挥示范引领带动作用。

鼓励各级财政、民政、社会保障部门优先选择一批有示范带动作用、需求长期稳定的养老服务项目开展试点，探索创新合作机制。推出一批养老服务业PPP示范项目，打造项目样板和标杆，有效发挥示范项目对全国养老服务项目的引领带动作用。加强案例总结和经验推广，探索养老服务业运用PPP模式的成熟路径。

四、积极提供政策保障

（十一）加强组织领导。

各级财政、民政、社会保障部门要切实提高思想认识，积极推动建立跨部门的工作协调机制，明确各自职责分工，抓好工作部署，落实工作责任，推动项目实施，及时研究解决合作项目建设运行中的重大问题。

（十二）落实现有优惠政策。

合理界定养老服务项目类型，PPP项目依法登记为公益性或经营性养老机构，按规定享受现行投资、补贴、税收、土地等优惠政策，保障养老服务设施用地供应。严格执行养老服务领域行政事业性收费减免政策。

（十三）优化财政资金投入方式。

鼓励各级财政部门加大养老服务业财政资金投入，优化资金使用方式，推动财政资金支持重点从生产要素环节向终端服务环节转移，从补建设向补运营转变，支持养老领域PPP项目实施。对社会急需、项目发展前景好的养老服务项目，要通过中央基建投资等现有资金渠道予以积极扶持。鼓励各地建立养老服务业引导性基金，吸引民间资本参与，支持符合养老服务业发展方向的PPP项目。

（十四）创新金融服务方式。

鼓励金融机构通过债权、股权、设立养老服务产业基金等多种方式，支持养老领域PPP项目。积极支持社保资金、保险资金等用于收益稳定、回收期长的养老服务PPP项目。充分发挥中国PPP基金的引导带动作用，积极支持养老服务PPP项目。鼓励保险公司探索开发长期护理险、养老机构责任险等保险产品。

（十五）营造良好发展环境。

各级财政、民政、社会保障部门要因地制宜细化落实各项扶持政策，切实为社会资本进入养老领域，创造公平有序的市场环境和保障有力的政策支持体系。进一步加大对养老投入力度，加快养老资金整合，优化社会资本参与环境，提高社会资本进入养老领域的积极性。

财政部　民政部　人力资源社会保障部

2017年8月14日

关于政府参与的污水、垃圾处理项目全面实施PPP模式的通知

财建〔2017〕455号

各省、自治区、直辖市、计划单列市财政厅（局）、住房城乡建设厅（委）、环境保护厅（局）、农业部门，新疆生产建设兵团财务局、建设局、环境保护局、农业局：

为贯彻落实党的十八大以来中央关于加快完善现代市场体系、加快生态文明制度建设相关战略部署，进一步规范污水、垃圾处理行业市场运行，提高政府参与效率，充分吸引社会资本参与，促进污水、垃圾处理行业健康发展，我们拟对政府参与的污水、垃圾处理项目全面实施政府和社会资本合作（PPP）模式，现将有关事项通知如下：

一、总体要求

（一）指导思想。全面贯彻党的十八大和十八届三中、四中、五中、六中全会精神，深入落实《中共中央关于全面深化改革若干重大问题的决定》中关于建立吸引社会资本投入生态环境保护的市场化机制有关要求，发挥市场机制决定性作用和更好发挥政府作用，提高政府参与效率，充分吸引社会资本投资参与，提升环境公共服务质量，深入推进供给侧改革。

（二）基本原则。以全面实施为核心，在污水、垃圾处理领域全方位引入市场机制，推进PPP模式应用，对污水和垃圾收集、转运、处理、处置各环节进行系统整合，实现污水处理厂网一体和垃圾处理清洁邻利，有效实施绩效考核和按效付费，通过PPP模式提升相关公共服务质量和效率。以因地制宜为基础，加大引导支持力度，强化按效付费机制，政府和社会资本双方按照市场机制原则协商确定PPP模式实现方式。以规范操作为抓手，严格执行财政PPP工作制度规范体系，防止变相举借政府债务，防范财政金融风险，深入推进相关领域内PPP改革。以提升效率为导向，增强相关领域内项目融资能力，畅通社会资本进入渠道，提高项目管理水平。

（三）总体目标。政府参与的新建污水、垃圾处理项目全面实施PPP模式。有序推进存量项目转型为PPP模式。尽快在该领域内形成以社会资本为主，统一、规范、高效的PPP市场，推动相关环境公共产品和服务供给结构明显优化。

二、实施要求

（四）适用范围。政府以货币、实物、权益等各类资产参与，或以公共部门身份通过

其他形式介入项目风险分担或利益分配机制，且财政可承受能力论证及物有所值评价通过的各类污水、垃圾处理领域项目，全面实施PPP模式。

（五）实施内容。符合全面实施PPP模式条件的各类污水、垃圾处理项目，政府参与的途径限于PPP模式。政府与社会资本间应签署PPP协议，明确权益分配和风险分担机制，并通过成立具有独立法人资格的PPP项目公司实现项目商业风险隔离。政府可以在符合PPP相关政策规定的前提下对项目给予必要的支持，但不得为项目融资提供担保，不得对项目商业风险承担无限责任，不得以任何方式承诺回购社会资本方的投资本金，不得以任何方式承担社会资本方的投资本金损失，不得以任何方式向社会资本方承诺最低收益。

（六）规范操作。确保污水、垃圾处理领域PPP项目质量，规范项目发起、识别、准备、采购、执行、移交各环节操作流程，严格执行《关于在公共服务领域推广政府和社会资本合作模式的指导意见》（国办发〔2015〕42号）等相关规定。认真贯彻落实污水、垃圾处理领域各项行业管理规范、技术标准和相关税费政策。严格合同管理，相关合同文本中应明确有关绩效考核、按效付费条款，提高服务质量和效率。

（七）有序实施。各级财政和行业管理部门，应结合项目经济属性、受益范围和行业管理模式等情况合理确定介入项目的政府层级及部门。根据项目非竞争性和非排他性强度，合理确定公共资源介入程度。严格约束政府行为，削减行政审批，杜绝对市场运行的不当干预。大幅度减少政府对该领域内市场资源的直接配置，着力推动市场资源依据市场规则、市场价格和市场竞争实现效益最大化和效率最优化。

三、支持政策

（八）优化财政政策。大力支持污水、垃圾处理领域全面实施PPP模式工作，未有效落实全面实施PPP模式政策的项目，原则上不予安排相关预算支出。各级地方财政要积极推进污水、垃圾处理领域财政资金转型，以运营补贴作为财政资金投入的主要方式，也可从财政资金中安排前期费用奖励予以支持，逐步减少资本金投入和投资补助。加大对各类财政资金的整合力度，涉农资金整合中充分统筹农村污水、垃圾处理相关支持资金，扩大规模经济和范围经济效应，形成资金政策合力，优先支持民营资本参与的项目。

（九）完善行业管理。加强对污水、垃圾处理领域全面实施PPP模式相关工作的指导，科学编制并严格落实有关规划，督促相关项目加快落地实施。通过全面实施PPP模式，有力提升污水、垃圾处理能力建设和项目管理水平。区域流域环境治理总体方案内、外，以及城市、农村的污水、垃圾处理工作得到有效统筹协调，并同生态产业及循环经济发展、面源污染治理有效衔接。建设完善项目服务质量、运营成本、安全生产及环保指标监测与监管体系，建立形成基于绩效的PPP项目收益机制。

四、组织领导

（十）工作机制。污水、垃圾处理领域全面实施PPP模式工作以“中央引导、地方推进、市场配置资源、模式全面实施”为主线，建立中央规划部署、地方贯彻落实、多部门协调合作的工作机制。

（十一）地方责任。各级地方政府是污水、垃圾处理领域全面实施PPP模式工作的责任主体，要逐级建立工作机制，强化组织领导，加强对相关工作的考核。

五、其他

（十二）本通知自发布之日起施行。

财政部　住房城乡建设部　农业部　环境保护部
2017年7月1日

关于规范开展政府和社会资本合作项目资产证券化有关事宜的通知

财金〔2017〕55号

各省、自治区、直辖市、计划单列市财政厅（局），新疆生产建设兵团财务局，中国人民银行上海总部、各分行、营业管理部、各省会（首府）城市中心支行，中国证监会各派出机构，中国银行间市场交易商协会，上海证券交易所、深圳证券交易所，中国证券业协会，中国证券投资基金业协会：

为贯彻落实《国务院办公厅转发财政部 发展改革委 人民银行关于在公共服务领域推广政府和社会资本合作模式指导意见的通知》（国办发〔2015〕42号），规范推进政府和社会资本合作（以下简称PPP）项目资产证券化工作，现就有关事宜通知如下：

一、分类稳妥地推动PPP项目资产证券化

（一）鼓励项目公司开展资产证券化优化融资安排。在项目运营阶段，项目公司作为发起人（原始权益人），可以按照使用者付费、政府付费、可行性缺口补助等不同类型，以能够给项目带来现金流的收益权、合同债权作为基础资产，发行资产证券化产品。项目公司应统筹融资需求、项目收益等因素，合理确定资产证券化产品发行规模和期限，着力降低综合融资成本。积极探索项目公司在项目建设期依托PPP合同约定的未来收益权，发行资产证券化产品，进一步拓宽项目融资渠道。

（二）探索项目公司股东开展资产证券化盘活存量资产。除PPP合同对项目公司股东的股权转让质押等权利有限制性约定外，在项目建成运营2年后，项目公司的股东可以以能够带来现金流的股权作为基础资产，发行资产证券化产品，盘活存量股权资产，提高资产流动性。其中，控股股东发行规模不得超过股权带来现金流现值的50%，其他股东发行规模不得超过股权带来现金流现值的70%。

（三）支持项目公司其他相关主体开展资产证券化。在项目运营阶段，为项目公司提供融资支持的各类债权人，以及为项目公司提供建设支持的承包商等企业作为发起人（原始权益人），可以合同债权、收益权等作为基础资产，按监管规定发行资产证券化产品，盘活存量资产，多渠道筹集资金，支持PPP项目建设实施。

二、严格筛选开展资产证券化的PPP项目

（四）开展资产证券化的PPP项目应当运作规范、权属清晰。项目实施方案科学、合

同体系完备、运作模式成熟、风险分配合理，并通过物有所值评价和财政承受能力论证。项目公司预期产生的现金流，能够覆盖项目的融资利息和股东的投资收益。拟作为基础资产的项目收益权、股权和合同债权等权属独立清晰，没有为其他融资提供质押或担保。

（五）发起人（原始权益人）应当分别符合相关要求。项目公司作为发起人（原始权益人）的，应当已落实融资方案，前期融资实际到账。项目公司、项目公司的股东作为发起人（原始权益人）申请通过发行主管部门绿色通道受理的，项目还应当成功运营 2 年以上，发起人（原始权益人）信用稳健，最近三年未发生重大违约或虚假信息披露，无不良信用记录。

三、完善 PPP 项目资产证券化工作程序

（六）依据合同约定自主开展资产证券化。政府方和社会资本方应在 PPP 合同中，通过适当的方式约定相关各方的资产证券化权利和义务，发起人（原始权益人）可按照合同约定自主决定开展资产证券化，向发行主管部门提交发行申请。PPP 项目相关各方应按合同约定，配合接受尽职调查，提供相关材料，协助开展资产证券化产品的方案设计和信用评级等工作。

（七）择优筛选 PPP 项目开展资产证券化。优先支持水务、环境保护、交通运输等市场化程度较高、公共服务需求稳定、现金流可预测性较强的行业开展资产证券化。优先支持政府偿付能力较好、信用水平较高，并严格履行 PPP 项目财政管理要求的地区开展资产证券化。重点支持符合雄安新区和京津冀协同发展、“一带一路”、长江经济带等国家战略的 PPP 项目开展资产证券化。鼓励作为项目公司控股股东的行业龙头企业开展资产证券化，盘活存量项目资产，提高公共服务供给能力。

（八）择优推荐 PPP 项目资产证券化。省级财政部门可会同行业主管部门择优推荐资产证券化项目。PPP 项目资产证券化发起人（原始权益人）可在向发行主管部门提交申请前，自主向省级财政部门和行业主管部门提出推荐申请。申请材料包括但不限于 PPP 项目实施方案、PPP 合同、物有所值评价报告和财政承受能力论证报告、项目运营年报，以及项目资产证券化方案说明书、交易结构图、法律意见书等。省级财政部门可会同行业主管部门，按照有关监管规定和本通知要求，出具推荐意见并抄报财政部。

（九）进一步优化 PPP 项目资产证券化审核程序。发行主管部门应根据资产证券化业务规定，对申报的 PPP 项目进行审核和监管。对于各省级财政部门推荐的项目和中国政企合作支持基金投资的项目，中国银行间市场交易商协会、证券交易所、中国证券投资基金业协会等单位要研究建立受理、审核及备案的绿色通道，专人专岗负责，提高注册、备案、审核、发行和挂牌的工作效率。要根据 PPP 项目证券化开展情况，进一步完善资产证券化制度体系，指导有关单位研究完善自律规则及负面清单。

四、着力加强 PPP 项目资产证券化监督管理

（十）切实做好风险隔离安排。PPP 项目资产证券化的发起人（原始权益人），要严格按照资产证券化规则与相关方案、合同约定，合理设计资产证券化产品的发行交易结构，通过特殊目的载体（SPV）和必要的增信措施，坚持真实出售、破产隔离原则，在基

础资产与发起人（原始权益人）资产之间做好风险隔离。发起人（原始权益人）要配合中介机构履行基础资产移交、现金流归集、信息披露、提供增信措施等相关义务，不得通过资产证券化改变控股股东对 PPP 项目公司的实际控制权和项目运营责任，实现变相“退出”，影响公共服务供给的持续性和稳定性。资产证券化产品如出现偿付困难，发起人（原始权益人）应按照资产证券化合同约定与投资人妥善解决，发起人（原始权益人）不承担约定以外的连带偿付责任。

（十一）合理分担资产证券化的成本收益。PPP 项目公司资产证券化的发行成本应当由项目公司按照合同约定承担，不得将发行成本转嫁给政府和社会资本方。鼓励 PPP 项目公司及其股东通过加强日常运营维护管理或者提供合理支持，为基础资产产生预期现金流提供必要的保障，PPP 项目公司及其股东可综合采取担保、持有次级等多种方式进行增信，避免单一增信方式增加对项目公司或股东的负担。PPP 项目公司通过发行资产证券化产品优化负债结构的，节省综合融资成本带来的超额收益，应按照合同约定进行分配。

（十二）切实防范刚性兑付风险。PPP 项目所在地财政部门要会同行业主管部门加强项目全生命周期的合同履约管理，以 PPP 合同约定的支付责任为限，严格按照项目绩效评价结果进行支付（含使用者付费项目），保障社会资本方获得合理回报。资产证券化产品的偿付责任，由特殊目的载体（SPV）以其持有的基础资产和增信安排承担，不得将资产证券化产品的偿付责任转嫁给政府或公众，并影响公共服务的持续稳定供给。

（十三）充分披露资产证券化相关信息。金融机构、中介服务机构等应做好尽职调查，确保 PPP 项目资产证券化业务符合相关政策要求。PPP 项目资产证券化的发起人（原始权益人）、管理人及其他信息披露义务人应当严格按照资产证券化业务相关规定，在 PPP 综合信息平台以及市场认可的信息披露网站，披露项目实施信息、资产证券化年度管理报告、收益分配报告等信息，确保项目实施和资产证券化业务公开透明、有序实施，接受社会和市场监督。

（十四）大力营造良好发展环境。建立多元化、可持续的资金保障机制，推动不动产投资信托基金（REITs）发展，鼓励各类市场资金投资 PPP 项目资产证券化产品。加大 PPP 项目资产证券化政策宣传培训力度，提高各方资产证券化业务操作能力。财政部、中国人民银行、中国证监会建立完善 PPP 项目资产证券化协同管理机制，加强沟通合作，实现 PPP 项目实施和风险监测信息共享。省级财政部门和中国人民银行、中国证监会当地派出机构要高度重视，认真组织实施，切实做好 PPP 项目资产证券化相关工作，推动 PPP 项目资产证券化持续健康发展。

财政部　中国人民银行　中国证监会

2017 年 6 月 7 日

关于深入推进农业领域政府和社会资本合作的实施意见

财金〔2017〕50 号

各省、自治区、直辖市、计划单列市财政厅（局）、农业（农牧、农机、畜牧、兽医、农垦、渔业）厅（局、委、办），新疆生产建设兵团财务局、农业局：

为贯彻落实《中共中央 国务院关于深入推进农业供给侧结构性改革 加快培育农业农村发展新动能的若干意见》、《国务院办公厅关于创新农村基础设施投融资体制机制的指导意见》（国办发〔2017〕17 号）、《国务院办公厅转发财政部 发展改革委 人民银行关于在公共服务领域推广政府和社会资本合作模式指导意见的通知》（国办发〔2015〕42 号）精神，深化农业供给侧结构性改革，引导社会资本积极参与农业领域政府和社会资本合作（PPP）项目投资、建设、运营，改善农业农村公共服务供给，现提出意见如下：

一、总体要求

（一）指导思想

全面贯彻落实党中央、国务院关于农业、农村、农民问题的决策部署，牢固树立和贯彻落实新发展理念，适应把握引领经济发展新常态，以加大农业领域 PPP 模式推广应用为主线，优化农业资金投入方式，加快农业产业结构调整，改善农业公共服务供给，切实推动农业供给侧结构性改革。

（二）基本原则

——政府引导，规范运作。坚持农业供给侧结构性改革方向，深化对 PPP 模式的理解认识，加快观念转变，厘清政府与市场的边界，加大对农业农村公共服务领域推广运用 PPP 模式的政策扶持力度，强化绩效评价和项目监管，严格执行财政 PPP 工作制度规范体系，确保顺利实施、规范运作，防止变相举借政府债务，防范财政金融风险。

——明确权责，合作共赢。注重发挥市场在资源配置中的决定性作用，鼓励各类市场主体通过公开竞争性方式参与农业 PPP 项目合作，破除社会资本进入农业公共服务领域的隐性壁垒，营造规范有序的市场环境。在平等协商基础上订立合同，平衡政府、社会资本、农民、农村集体经济组织、农民合作组织等各方利益，明确各参与主体的责任、权利关系和风险分担机制，推动实现改善公共服务供给，拓展企业发展空间，增加人民福祉的共赢局面。

——因地制宜，试点先行。各地根据国家“三农”工作统一部署，结合地区实际和工作重点，分阶段、分类型、分步骤推进农业领域 PPP 工作。鼓励选择重点领域、重点项目先行试点探索，及时总结经验，完善相关政策，形成可复制、可推广的合作模式。

（三）工作目标

探索农业领域推广 PPP 模式的实施路径、成熟模式和长效机制，创新农业公共产品和公共服务市场化供给机制，推动政府职能转变，提高农业投资有效性和公共资源使用效益，提升农业公共服务供给质量和效率。

二、聚焦重点领域

重点引导和鼓励社会资本参与以下领域农业公共产品和服务供给：

（一）农业绿色发展。支持畜禽粪污资源化利用、农作物秸秆综合利用、废旧农膜回收、病死畜禽无害化处理，支持规模化大型沼气工程。

（二）高标准农田建设。支持集中连片、旱涝保收、稳产高产、生态友好的高标准农田建设，支持开展土地平整、土壤改良与培肥、灌溉与排水、田间道路、农田防护与生态环境保持、农田输配电等工程建设，支持耕地治理修复。

（三）现代农业产业园。支持以规模化种养基地为基础，通过“生产 + 加工 + 科技”，聚集现代生产要素、创新体制机制的现代农业产业园。

（四）田园综合体。支持有条件的乡村建设以农民合作社为主要载体、让农民充分参与和受益，集循环农业、创意农业、农事体验于一体的田园综合体。

（五）农产品物流与交易平台。支持农产品交易中心（市场）、生产资料交易平台、仓储基地建设，支持区域农产品公用品牌创建。

（六）“互联网 + ”现代农业。支持信息进村入户工程、智慧农业工程、农村电子商务平台、智能物流设施等建设运营。

三、规范项目实施

（一）严格筛选项目。各级财政部门、农业部门要加强合作，依托全国 PPP 综合信息平台推进农业 PPP 项目库建设，明确入库标准，优先选择有经营性现金流、适宜市场化运作的农业公共设施及公共服务项目，做好项目储备，明确年度及中长期项目开发计划，确保农业 PPP 有序推进。

（二）合理分担风险。各地农业部门、财政部门要指导项目实施机构按照风险分担、利益共享的原则，充分识别、合理分配 PPP 项目风险。为保障政府知情权，政府可以参股项目公司，但应保障项目公司的经营独立性和风险隔离功能，不得干预企业日常经营决策，不得兜底项目建设运营风险。

（三）保障合理回报。各地农业部门、财政部门要指导项目实施机构根据项目特点构建合理的项目回报机制，依据项目合同约定将财政支出责任纳入年度预算和中期财政规划，按项目绩效考核结果向社会资本支付对价，保障社会资本获得稳定合理收益。鼓励农民专业合作社等新型农业经营主体参与 PPP 项目，并通过订单带动、利润返还、股份合作等模式进一步完善与农户的利益联结机制，建立长期稳定的合作关系，让更多农民分享农业 PPP 发展红利。

（四）确保公平竞争。各地农业部门、财政部门要指导项目实施机构依法通过公开、公平、竞争性方式，择优选择具备项目所需经营能力和履约能力的社会资本开展合作，保障各类市场主体平等参与农业PPP项目合作，消除本地保护主义和各类隐形门槛。鼓励金融机构早期介入项目前期准备，提高项目融资可获得性。

（五）严格债务管理。各地财政部门、农业部门要认真组织开展项目物有所值评价和财政承受能力论证，加强本辖区内PPP项目财政支出责任统计和超限预警，严格政府债务管理，严禁通过政府回购安排、承诺固定回报等方式进行变相举债，严禁项目公司债务向政府转移。

（六）强化信息公开。各地财政部门、农业部门要认真落实《政府和社会资本合作（PPP）综合信息平台信息公开管理暂行办法》（财金〔2017〕1号）有关要求，做好PPP项目全生命周期信息公开工作，及时、完整、准确地录入农业PPP项目信息，及时披露识别论证、政府采购及预算安排等关键信息，增强社会资本和金融机构信心，保障公众知情权，接受社会监督。

（七）严格绩效监管。各地财政部门、农业部门要构建农业PPP项目的绩效考核监管体系和监督问责机制，跟踪掌握项目实施和资金使用情况，推动形成项目监管与资金安排相衔接的激励制约机制。

四、加大政策保障

（一）强化组织领导责任。地方人民政府要积极探索建立跨部门PPP工作领导协调机制，加强政府统一领导，明确部门职责分工，确保形成工作合力，推动项目顺利实施。

（二）优化资金投入方式。各级财政部门、农业部门要探索创新农业公共服务领域资金投入机制，进一步改进和加强资金使用管理，发挥财政资金引导撬动作用，积极推动金融和社会资本更多投向农业农村，提高投资有效性和公共资金使用效益。

（三）发挥示范引领作用。财政部与农业部联合组织开展国家农业PPP示范区创建工作。各省（区、市）财政部门会同农业部门择优选择1个农业产业特点突出、PPP模式推广条件成熟的县级地区作为农业PPP示范区向财政部、农业部推荐。财政部、农业部将从中择优确定“国家农业PPP示范区”。国家农业PPP示范区所属PPP项目，将在PPP示范项目申报筛选和PPP以奖代补资金中获得优先支持。各地财政部门、农业部门要共同做好农业PPP示范区的申报工作，加强对示范区的经验总结和案例推广，推动形成一批可复制、可推广的成功模式。

（四）拓宽金融支持渠道。充分发挥中国PPP基金和各地PPP基金的引导作用，带动更多金融机构、保险资金加大对农业PPP项目的融资支持。加强与国家农业信贷担保体系的合作，鼓励各地设立农业PPP项目担保基金，为PPP项目融资提供增信支持。创新开发适合农业PPP项目的保险产品。开展农业PPP项目资产证券化试点，探索各类投资主体的合规退出渠道。

（五）完善定价调价机制。积极推进农业农村公共服务领域价格改革，探索建立污水垃圾处理农户缴费制度，综合考虑建设运营成本、财政承受能力、农村居民意愿，合理确定农业公共服务价格水平和补偿机制。建立健全价格动态调整和上下游联动机制，增强社会资本收益预期，提高社会资本参与积极性。

（六）加强项目用地保障。各地农业部门、财政部门要积极协调相关土地部门，在保障耕地占补平衡的基础上，在当地土地使用中长期规划中全面考虑农业 PPP 项目建设需求，并给予优先倾斜，为项目用地提供有效保障。

财政部　农业部

2017 年 5 月 31 日

政府和社会资本合作（PPP）综合信息平台信息公开管理暂行办法

财金〔2017〕1 号

第一章 总 则

第一条 为加强和规范政府和社会资本合作（PPP）信息公开工作，促进 PPP 项目各参与方诚实守信、严格履约，保障公众知情权，推动 PPP 市场公平竞争、规范发展，依据《中华人民共和国预算法》、《中华人民共和国政府采购法》和《国务院办公厅转发财政部发展改革委 人民银行关于在公共服务领域推广政府和社会资本合作模式指导意见的通知》（国办发〔2015〕42 号）等有关规定，制定本办法。

第二条 中华人民共和国境内已纳入 PPP 综合信息平台的 PPP 项目信息公开，适用本办法。

第三条 PPP 项目信息公开遵循客观、公正、及时、便利的原则。

第四条 地方各级财政部门（以下简称“财政部门”）会同同级政府有关部门推进、指导、协调、监督本行政区域范围内的 PPP 项目信息公开工作，结合当地实际具体开展以下工作：

（一）收集、整理 PPP 项目信息；

（二）在 PPP 综合信息平台录入、维护和更新 PPP 项目信息；

（三）组织编制本级政府 PPP 项目信息公开年度工作报告；

（四）根据法律法规规定和实际需要，在其他渠道同时公开 PPP 项目信息；

（五）与 PPP 项目信息公开有关的其他工作。

政府有关部门、项目实施机构、社会资本或 PPP 项目公司等 PPP 项目参与主体应真实、完整、准确、及时地提供 PPP 项目信息。

第二章 信息公开的内容

第五条 项目识别阶段应当公开的 PPP 项目信息包括：

（一）项目实施方案概要，包含：项目基本情况（含项目合作范围、合作期限、项目产出说明和绩效标准等基本信息）、风险分配框架、运作方式、交易结构（含投融资结构、回报机制、相关配套安排）、合同体系、监管架构、采购方式选择；

（二）经财政部门和行业主管部门审核通过的物有所值评价报告，包含：定性评价的指标及权重、评分标准、评分结果；定量评价测算的主要指标、方法、过程和结果（含 PSC 值、PPP 值）等（如有）；物有所值评价通过与否的结论；

（三）经财政部门审核通过的财政承受能力论证报告，包含：本项目各年度财政支出责任数额及累计支出责任总额，本级政府本年度全部已实施和拟实施的 PPP 项目各年度财政支出责任数额总和及其占各年度一般公共预算支出比例情况；财政承受能力论证的测算依据、主要因素和指标等；财政承受能力论证通过与否的结论；

（四）其他基础资料，包括：新建或改扩建项目建议书及批复文件、可行性研究报告（含规划许可证、选址意见书、土地预审意见、环境影响评价报告等支撑性文件）及批复文件、设计文件及批复文件（如有）；存量公共资产建设、运营维护的历史资料以及第三方出具的资产评估报告，以及存量资产或权益转让时所可能涉及到的员工安置方案、债权债务处置方案、土地处置方案等（如有）。

第六条 项目准备阶段应当公开的 PPP 项目信息包括：

（一）政府方授权文件，包括对实施机构、PPP 项目合同的政府方签约主体、政府方出资代表（如有）等的授权；

（二）经审核通过的项目实施方案（含同级人民政府对实施方案的批复文件），包含：项目基本情况（含项目合作范围、合作期限、项目产出说明和绩效标准等基本信息），风险分配框架，运作方式，交易结构（含投融资结构、回报机制、相关配套安排），合同体系及核心边界条件；监管架构；采购方式选择；

（三）按经审核通过的项目实施方案验证的物有所值评价报告（如有）；

（四）按经审核通过的项目实施方案验证的财政承受能力论证报告（如有）。

第七条 项目采购阶段的信息公开应遵照政府采购等相关规定执行，应当公开的 PPP 项目信息包括：

（一）项目资格预审公告（含资格预审申请文件）及补充公告（如有）；

（二）项目采购文件，包括竞争者须知、PPP 项目合同草案、评审办法（含评审小组组成、评审专家人数及产生方式、评审细则等）；

（三）补遗文件（如有）；

（四）资格预审评审及响应文件评审结论性意见；

（五）资格预审专家、评审专家名单、确认谈判工作组成员名单；

（六）预中标、成交结果公告；

（七）中标、成交结果公告及中标通知书；

（八）项目采购阶段更新、调整的政府方授权文件（如有），包括对实施机构、PPP 项目合同的政府方签约主体、政府方出资代表（如有）等的授权；

（九）同级人民政府同意签署 PPP 项目合同的批复文件，以及已签署的 PPP 项目合同，并列示主要产出说明及绩效指标、回报机制、调价机制等核心条款。

第八条 项目执行阶段应当公开的 PPP 项目信息包括：

（一）项目公司（如有）设立登记、股东认缴资本金及资本金实缴到位情况、增减资情况（如有）、项目公司资质情况（如有）；

（二）项目融资机构名称、项目融资金额、融资结构及融资交割情况；

（三）项目施工许可证、建设进度、质量及造价等与 PPP 项目合同有关约定的对照审查情况；

（四）社会资本或项目公司的运营情况（特别是出现重大经营或财务风险，可能严重影响到社会资本或项目公司正常运营的情况）及运营绩效达标情况；

（五）项目公司绩效监测报告、中期评估报告、项目重大变更或终止情况、项目定价及历次调价情况；

（六）项目公司财务报告，包括项目收费情况，项目获得的政府补贴情况，项目公司资产负债情况等内容；

（七）项目公司成本监审、PPP 项目合同的变更或补充协议签订情况；

（八）重大违约及履约担保的提取情况，对公众投诉的处理情况等；

（九）本级政府或其职能部门作出的对项目可能产生重大影响的规定、决定等；

（十）项目或项目直接相关方（主要是 PPP 项目合同的签约各方）重大纠纷、诉讼或仲裁事项，但根据相关司法程序要求不得公开的除外；

（十一）本级 PPP 项目目录、本级 PPP 项目示范试点库及项目变化情况、本级人大批准的政府对 PPP 项目的财政预算、执行及决算情况等。

第九条　项目移交阶段应当公开的 PPP 项目信息包括：

（一）移交工作组的组成、移交程序、移交标准等移交方案；

（二）移交资产或设施或权益清单、移交资产或权益评估报告（如适用）、性能测试方案，以及移交项目资产或设施上各类担保或权益限制的解除情况；

（三）项目设施移交标准达标检测结果；

（四）项目后评价报告（含对项目产出、成本效益、监管成效、可持续性、PPP 模式应用等进行绩效评价），以及项目后续运作方式。

第三章　信息公开的方式

第十条　PPP 项目信息公开的方式包括即时公开和适时公开。

第十一条　即时公开是指财政部门会同有关部门和项目实施机构等依据 PPP 项目所处的不同阶段及对应的录入时间要求，在 PPP 综合信息平台录入本办法规定的相关信息时即自动公开。即时公开的内容及要求详见本办法附件。

第十二条　适时公开是指在录入本办法规定的相关信息时不自动公开，而是由财政部门会同有关部门选择在项目进入特定阶段或达成特定条件后再行公开。除本办法另有规定外，项目识别、准备、采购阶段的信息，由财政部门会同有关部门选择在项目进入执行阶段后 6 个月内的任一时点予以公开；项目执行阶段的信息，由财政部门会同相关部门选择在该信息对应事项确定或完成后次年的 4 月 30 日前的任一时点予以公开。前述期限届满后未选择公开的信息将转为自动公开。适时公开的内容及要求详见本办法附件。

第十三条　依照本办法公开的 PPP 项目信息可在财政部政府和社会资本合作中心官方网站（www. cpppc. org）上公开查询。其中 PPP 项目政府采购信息应当在省级以上人民政府财政部门指定的政府采购信息发布媒体上同步发布。

第四章 监督管理

第十四条 财政部对全国 PPP 项目信息公开情况进行评价和监督，省级财政部门负责对本省 PPP 项目信息公开工作进行监督管理。下级财政部门未按照本办法规定真实、完整、准确、及时录入应公开 PPP 项目信息的，上级财政部门应责令其限期改正；逾期拒不改正或情节严重的，予以通报批评。

第十五条 政府有关部门、项目实施机构、社会资本或 PPP 项目公司等 PPP 项目信息提供方应当对其所提供信息的真实性、完整性、准确性、及时性负责。一经发现所提供信息不真实、不完整、不准确、不及时的，PPP 项目信息提供方应主动及时予以修正、补充或采取其他有效补救措施。如经财政部门或利益相关方提供相关材料证实 PPP 项目信息提供方未按照规定提供信息或存在其他不当情形的，财政部门可以责令其限期改正；无正当理由拒不改正的，财政部门可将该项目从项目库中清退。被清退的项目自清退之日起一年内不得重新纳入 PPP 综合信息平台。

第十六条 财政部门应会同政府有关部门在每年 2 月 28 日前完成上一年度本级政府实施的 PPP 项目信息公开年度工作报告，报送省级财政部门，并由省级财政部门在每年 3 月 31 日前汇总上报至财政部。报告内容应包括：

（一）即时和适时公开 PPP 项目信息的情况；

（二）PPP 项目信息公开工作存在的主要问题及改进情况；

（三）其他需要报告的事项。

第十七条 财政部门工作人员在 PPP 项目信息公开监督管理工作中存在滥用职权、玩忽职守、徇私舞弊等违法违纪行为的，按照《公务员法》、《行政监察法》、《财政违法行为处罚处分条例》等国家有关规定追究相应责任；涉嫌犯罪的，移送司法机关处理。

第十八条 公民、法人或者其他组织可以通过 PPP 综合信息平台对 PPP 项目信息公开情况提供反馈意见，相关信息提供方应及时予以核实处理。

第五章 附　　则

第十九条 PPP 综合信息平台是指依据《关于规范政府和社会资本合作（PPP）综合信息平台运行的通知》（财金〔2015〕166 号）由财政部建立的全国 PPP 综合信息管理和发布平台，包含项目库、机构库、资料库三部分。

第二十条 PPP 项目信息公开涉及国家秘密、商业秘密、个人隐私、知识产权，可能会危及国家安全、公共安全、经济安全和社会稳定或损害公民、法人或其他组织的合法权益的，依照相关法律法规处理。

第二十一条 本办法自 2017 年 3 月 1 日起施行。

财政部

2017 年 1 月 23 日

附：

PPP项目信息公开要求

项目所处阶段	公开内容	公开方式	公开的时点	信息提供方
项目识别	项目概况、项目合作范围、合作期限、项目运作方式、采购社会资本方式的选择	即时公开	实施方案编制完成之日起10个工作日内	项目发起方
	交易结构（含投融资结构、回报机制、相关配套安排）、项目产出说明和绩效标准、风险分配框架、合同体系、监管体系	适时公开	进入项目执行阶段后6个月内	项目发起方
	物有所值定性评价指标及权重、评分标准、评分结果	即时公开	报告定稿之日起10个工作日内	
	物有所值评价通过与否的评价结论（含财政部门会同行业部门对报告的审核意见）	即时公开	实施方案批复文件下发后10个工作日内	
	审核通过的物有所值评价报告（含财政部门对报告的批复文件）	适时公开	进入项目执行阶段后6个月内	
	本项目以及年度全部已实施和拟实施的PPP项目财政支出责任数额及年度预算安排情况，以及每一年度全部PPP项目从预算中安排的支出责任占一般公共预算支出比例情况	即时公开	实施方案批复文件下发后10个工作日内	
	财政承受能力论证的测算依据、主要因素和指标	即时公开	报告定稿之日起10个工作日内	
	通过财政承受能力论证与否的结论	即时公开	实施方案批复文件下发后10个工作日内	
	审核通过的财政承受能力论证报告（含财政部门对报告的批复文件）	适时公开	进入项目执行阶段后6个月内	
	新建或改扩建项目建议书及批复文件	适时公开	进入项目执行阶段后6个月内	实施机构
	可行性研究报告（含全套支撑性文件）及批复文件，设计文件及批复文件（如适用）	适时公开	进入项目执行阶段后6个月内	实施机构
	存量公共资产或权益的资产评估报告，以及存量资产或权益转让时所可能涉及到的各类方案等（如适用）	适时公开	进入项目执行阶段后6个月内	实施机构

续表

项目所处阶段	公开内容	公开方式	公开的时点	信息提供方
项目准备	政府方授权文件，包括对实施机构、PPP项目合同的政府方签约主体、政府方出资代表（如适用）等的授权	即时公开	授权后10个工作日内	项目所在地本级政府
	项目概况、项目合作范围、合作期限、项目运作方式、采购社会资本方式的选择	即时公开	进入采购程序后10个工作日内	实施机构
	交易结构（含投融资结构、回报机制、相关配套安排）、项目产出说明和绩效标准、风险分配框架、核心边界条件、合同体系、监管体系	适时公开	进入项目执行阶段后6个月内	实施机构
	政府对实施方案的审核批复文件	即时公开	批复文件下发后10个工作日内	实施机构
	审核通过的项目实施方案及修正案	适时公开	进入项目执行阶段后6个月内	实施机构
项目采购	项目资格预审公告（含资格预审申请文件）	即时公开	资格预审公告发布后10个工作日内	实施机构
	项目采购文件、补遗文件（如有）	适时公开	进入项目执行阶段后6个月内	实施机构
	资格预审评审报告及响应文件评审报告中专家组评审结论性意见，附资格预审专家和评审专家名单	适时公开	进入项目执行阶段后6个月内	采购监管机构
	确认谈判工作组成员名单	适时公开	进入项目执行阶段后6个月内	实施机构
	预中标及成交结果公告；中标、成交结果公告及中标通知书；	即时公开	依法律规定及采购文件约定	实施机构、采购监管机构
	已签署的PPP项目合同	适时公开	进入项目执行阶段后6个月内	实施机构
	PPP项目合同核心条款，应包括主要产出说明、绩效指标回报机制、调价机制	即时公开	项目合同经人民政府审核通过后10个工作日内	实施机构、项目公司
	本项目政府支出责任确认文件或更新调整文件（如适用），以及同级人大（或人大常委会）将本项目财政支出责任纳入跨年度预算的批复文件（如适用）	适时公开	进入项目执行阶段后6个月内	实施机构
	项目采购阶段调整、更新的政府方授权文件（如有）	即时公开	项目合同经人民政府审核通过后10个工作日内的附件依据相关法律规定公开	实施机构

续表

项目所处阶段	公开内容	公开方式	公开的时点	信息提供方
项目执行	项目公司设立登记、股东认缴及实缴资本金情况、增减资（如适用）	即时公开	设立时及资本金到位后 10 个工作日内	项目公司
	融资额度、融资主要条件及融资交割情况	适时公开	对应事项确定或完成后次年的 4 月 30 日前	项目公司
	项目施工许可证、建设进度、质量及造价等与 PPP 项目合同的符合性审查情况	即时公开	依据 PPP 项目合同约定；如 PPP 项目合同未约定时，则在对应活动结束后次年的 4 月 30 日前予以公开	实施机构、项目公司
	社会资本或项目公司的年度运营情况及运营绩效达标情况	即时公开	依据 PPP 项目合同约定；如 PPP 项目合同未约定时，则在对应活动结束后次年的 4 月 30 日前予以公开	项目公司
	项目公司绩效监测报告、中期评估报告、项目重大变更或终止情况、项目定价及历次调价情况	即时公开	依据 PPP 项目合同约定；如 PPP 项目合同未约定时，则在对应活动结束后次年的 4 月 30 日前予以公开	实施机构
	项目公司成本监审、所有的 PPP 合同修订协议或补充协议	适时公开	对应活动结束后次年的 4 月 30 日前	实施机构 项目公司
	项目公司财务报告相关内容，包括项目收费情况，项目获得的政府补贴情况，项目公司资产负债情况等	适时公开	对应活动结束后次年的 4 月 30 日前	项目公司
	重大违约及履约担保的提取情况，对公众投诉的处理情况等	即时公开	发生之日起 10 个工作日内	实施机构
	本级政府或其职能部门作出的对项目可能产生重大影响的规定、决定等	即时公开	规定及决定下发后 10 个工作日	实施机构
	项目或项目直接相关方重大纠纷、涉诉或涉仲情况	即时公开	除本办法另有规定外，发生后 10 个工	项目公司
	本级 PPP 项目目录、本级 PPP 项目示范试点库及项目变化情况、本级人大批准的政府对 PPP 项目的财政预算、执行及决算情况等	即时公开	依法律规定（如有）公开或每季度公开	

续表

项目所处阶段	公开内容	公开方式	公开的时点	信息提供方
项目移交	移交工作组的组成、移交程序、移交标准等移交方案	即时公开	移交方案确定后10个工作日内	实施机构
	移交资产或设施或权益清单、移交资产或权益评估报告（如适用）、性能测试方案	即时公开	清单或报告定稿或测试完成后10个工作日内	实施机构
	移交项目资产或设施上各类担保或权益限制的解除情况（如适用）	即时公开	对应解除完成后10个工作日内	实施机构、项目公司
	项目设施移交标准达标检测结果	即时公开	达标检测结果出具后10个工作日内	实施机构
	项目后评价报告，以及项目后续运作方式	即时公开	后评估报告定稿或项目后续运作方式确定后10个工作日内	实施机构

政府和社会资本合作项目财政管理暂行办法

财金〔2016〕92 号

第一章　总　　则

第一条　为加强政府和社会资本合作（简称 PPP）项目财政管理，明确财政部门在 PPP 项目全生命周期内的工作要求，规范财政部门履职行为，保障合作各方合法权益，根据《预算法》、《政府采购法》、《企业国有资产法》等法律法规，制定本办法。

第二条　本办法适用于中华人民共和国境内能源、交通运输、市政公用、农业、林业、水利、环境保护、保障性安居工程、教育、科技、文化、体育、医疗卫生、养老、旅游等公共服务领域开展的各类 PPP 项目。

第三条　各级财政部门应当会同相关部门，统筹安排财政资金、国有资产等各类公共资产和资源与社会资本开展平等互惠的 PPP 项目合作，切实履行项目识别论证、政府采购、预算收支与绩效管理、资产负债管理、信息披露与监督检查等职责，保证项目全生命周期规范实施、高效运营。

第二章　项目识别论证

第四条　各级财政部门应当加强与行业主管部门的协同配合，共同做好项目前期的识别论证工作。

政府发起 PPP 项目的，应当由行业主管部门提出项目建议，由县级以上人民政府授权的项目实施机构编制项目实施方案，提请同级财政部门开展物有所值评价和财政承受能力论证。

社会资本发起 PPP 项目的，应当由社会资本向行业主管部门提交项目建议书，经行业主管部门审核同意后，由社会资本编制项目实施方案，由县级以上人民政府授权的项目实施机构提请同级财政部门开展物有所值评价和财政承受能力论证。

第五条　新建、改扩建项目的项目实施方案应当依据项目建议书、项目可行性研究报告等前期论证文件编制；存量项目实施方案的编制依据还应包括存量公共资产建设、运营维护的历史资料以及第三方出具的资产评估报告等。

项目实施方案应当包括项目基本情况、风险分配框架、运作方式、交易结构、合同体系、监管架构等内容。

第六条 项目实施机构可依法通过政府采购方式委托专家或第三方专业机构，编制项目物有所值评价报告。受托专家或第三方专业机构应独立、客观、科学地进行项目评价、论证，并对报告内容负责。

第七条 各级财政部门应当会同同级行业主管部门根据项目实施方案共同对物有所值评价报告进行审核。物有所值评价审核未通过的，项目实施机构可对实施方案进行调整后重新提请本级财政部门和行业主管部门审核。

第八条 经审核通过物有所值评价的项目，由同级财政部门依据项目实施方案和物有所值评价报告组织编制财政承受能力论证报告，统筹本级全部已实施和拟实施PPP项目的各年度支出责任，并综合考虑行业均衡性和PPP项目开发计划后，出具财政承受能力论证报告审核意见。

第九条 各级财政部门应当建立本地区PPP项目开发目录，将经审核通过物有所值评价和财政承受能力论证的项目纳入PPP项目开发目录管理。

第三章 项目政府采购管理

第十条 对于纳入PPP项目开发目录的项目，项目实施机构应根据物有所值评价和财政承受能力论证审核结果完善项目实施方案，报本级人民政府审核。本级人民政府审核同意后，由项目实施机构按照政府采购管理相关规定，依法组织开展社会资本方采购工作。

项目实施机构可以依法委托采购代理机构办理采购。

第十一条 项目实施机构应当优先采用公开招标、竞争性谈判、竞争性磋商等竞争性方式采购社会资本方，鼓励社会资本积极参与、充分竞争。根据项目需求必须采用单一来源采购方式的，应当严格符合法定条件和程序。

第十二条 项目实施机构应当根据项目特点和建设运营需求，综合考虑专业资质、技术能力、管理经验和财务实力等因素合理设置社会资本的资格条件，保证国有企业、民营企业、外资企业平等参与。

第十三条 项目实施机构应当综合考虑社会资本竞争者的技术方案、商务报价、融资能力等因素合理设置采购评审标准，确保项目的长期稳定运营和质量效益提升。

第十四条 参加采购评审的社会资本所提出的技术方案内容最终被全部或部分采纳，但经采购未中选的，财政部门应会同行业主管部门对其前期投入成本予以合理补偿。

第十五条 各级财政部门应当加强对PPP项目采购活动的支持服务和监督管理，依托政府采购平台和PPP综合信息平台，及时充分向社会公开PPP项目采购信息，包括资格预审文件及结果、采购文件、响应文件提交情况及评审结果等，确保采购过程和结果公开、透明。

第十六条 采购结果公示结束后、PPP项目合同正式签订前，项目实施机构应将PPP项目合同提交行业主管部门、财政部门、法制部门等相关职能部门审核后，报本级人民政府批准。

第十七条 PPP项目合同审核时，应当对照项目实施方案、物有所值评价报告、财政承受能力论证报告及采购文件，检查合同内容是否发生实质性变更，并重点审核合同是否满足以下要求：

（一）合同应当根据实施方案中的风险分配方案，在政府与社会资本双方之间合理分配项目风险，并确保应由社会资本方承担的风险实现了有效转移；

（二）合同应当约定项目具体产出标准和绩效考核指标，明确项目付费与绩效评价结果挂钩；

（三）合同应当综合考虑项目全生命周期内的成本核算范围和成本变动因素，设定项目基准成本；

（四）合同应当根据项目基准成本和项目资本金财务内部收益率，参照工程竣工决算合理测算确定项目的补贴或收费定价基准。项目收入基准以外的运营风险由项目公司承担；

（五）合同应当合理约定项目补贴或收费定价的调整周期、条件和程序，作为项目合作期限内行业主管部门和财政部门执行补贴或收费定价调整的依据。

第四章 项目财政预算管理

第十八条 行业主管部门应当根据预算管理要求，将PPP项目合同中约定的政府跨年度财政支出责任纳入中期财政规划，经财政部门审核汇总后，报本级人民政府审核，保障政府在项目全生命周期内的履约能力。

第十九条 本级人民政府同意纳入中期财政规划的PPP项目，由行业主管部门按照预算编制程序和要求，将合同中符合预算管理要求的下一年度财政资金收支纳入预算管理，报请财政部门审核后纳入预算草案，经本级政府同意后报本级人民代表大会审议。

第二十条 行业主管部门应按照预算编制要求，编报PPP项目收支预算：

（一）收支测算。每年7月底之前，行业主管部门应按照当年PPP项目合同约定，结合本年度预算执行情况、支出绩效评价结果等，测算下一年度应纳入预算的PPP项目收支数额。

（二）支出编制。行业主管部门应将需要从预算中安排的PPP项目支出责任，按照相关政府收支分类科目、预算支出标准和要求，列入支出预算。

（三）收入编制。行业主管部门应将政府在PPP项目中获得的收入列入预算。

（四）报送要求。行业主管部门应将包括所有PPP项目全部收支在内的预算，按照统一的时间要求报同级财政部门。

第二十一条 财政部门应对行业主管部门报送的PPP项目财政收支预算申请进行认真审核，充分考虑绩效评价、价格调整等因素，合理确定预算金额。

第二十二条 PPP项目中的政府收入，包括政府在PPP项目全生命周期过程中依据法律和合同约定取得的资产权益转让、特许经营权转让、股息、超额收益分成、社会资本违约赔偿和保险索赔等收入，以及上级财政拨付的PPP专项奖补资金收入等。

第二十三条 PPP项目中的政府支出，包括政府在PPP项目全生命周期过程中依据法律和合同约定需要从财政资金中安排的股权投资、运营补贴、配套投入、风险承担，以及上级财政对下级财政安排的PPP专项奖补资金支出。

第二十四条 行业主管部门应当会同各级财政部门做好项目全生命周期成本监测工作。每年一季度前，项目公司（或社会资本方）应向行业主管部门和财政部门报送上一年度经第三方审计的财务报告及项目建设运营成本说明材料。项目成本信息要通过PPP综合信息平台对外公示，接受社会监督。

第二十五条 各级财政部门应当会同行业主管部门开展PPP项目绩效运行监控，对绩效目标运行情况进行跟踪管理和定期检查，确保阶段性目标与资金支付相匹配，开展中期绩效评估，最终促进实现项目绩效目标。监控中发现绩效运行与原定绩效目标偏离时，应及时采取措施予以纠正。

第二十六条 社会资本方违反PPP项目合同约定，导致项目运行状况恶化，危及国家安全和重大公共利益，或严重影响公共产品和服务持续稳定供给的，本级人民政府有权指定项目实施机构或其他机构临时接管项目，直至项目恢复正常经营或提前终止。临时接管项目所产生的一切费用，根据合作协议约定，由违约方单独承担或由各责任方分担。

第二十七条 各级财政部门应当会同行业主管部门在PPP项目全生命周期内，按照事先约定的绩效目标，对项目产出、实际效果、成本收益、可持续性等方面进行绩效评价，也可委托第三方专业机构提出评价意见。

第二十八条 各级财政部门应依据绩效评价结果合理安排财政预算资金。

对于绩效评价达标的项目，财政部门应当按照合同约定，向项目公司或社会资本方及时足额安排相关支出。

对于绩效评价不达标的项目，财政部门应当按照合同约定扣减相应费用或补贴支出。

第五章 项目资产负债管理

第二十九条 各级财政部门应会同相关部门加强PPP项目涉及的国有资产管理，督促项目实施机构建立PPP项目资产管理台账。政府在PPP项目中通过存量国有资产或股权作价入股、现金出资入股或直接投资等方式形成的资产，应作为国有资产在政府综合财务报告中进行反映和管理。

第三十条 存量PPP项目中涉及存量国有资产、股权转让的，应由项目实施机构会同行业主管部门和财政部门按照国有资产管理相关办法，依法进行资产评估，防止国有资产流失。

第三十一条 PPP项目中涉及特许经营权授予或转让的，应由项目实施机构根据特许经营权未来带来的收入状况，参照市场同类标准，通过竞争性程序确定特许经营权的价值，以合理价值折价入股、授予或转让。

第三十二条 项目实施机构与社会资本方应当根据法律法规和PPP项目合同约定确定项目公司资产权属。对于归属项目公司的资产及权益的所有权和收益权，经行业主管部门和财政部门同意，可以依法设置抵押、质押等担保权益，或进行结构化融资，但应及时在财政部PPP综合信息平台上公示。项目建设完成进入稳定运营期后，社会资本方可以通过结构性融资实现部分或全部退出，但影响公共安全及公共服务持续稳定提供的除外。

第三十三条 各级财政部门应当会同行业主管部门做好项目资产移交工作。

项目合作期满移交的，政府和社会资本双方应按合同约定共同做好移交工作，确保移交过渡期内公共服务的持续稳定供给。项目合同期满前，项目实施机构或政府指定的其他机构应组建项目移交工作组，对移交资产进行性能测试、资产评估和登记入账，项目资产不符合合同约定移交标准的，社会资本应采取补救措施或赔偿损失。

项目因故提前终止的，除履行上述移交工作外，如因政府原因或不可抗力原因导致提前终止的，应当依据合同约定给予社会资本相应补偿，并妥善处置项目公司存续债务，保障债权人合法权益；如因社会资本原因导致提前终止的，应当依据合同约定要求社会资本承担相应赔偿责任。

第三十四条 各级财政部门应当会同行业主管部门加强对 PPP 项目债务的监控。PPP 项目执行过程中形成的负债，属于项目公司的债务，由项目公司独立承担偿付义务。项目期满移交时，项目公司的债务不得移交给政府。

第六章 监督管理

第三十五条 各级财政部门应当会同行业主管部门加强对 PPP 项目的监督管理，切实保障项目运行质量，严禁以 PPP 项目名义举借政府债务。

财政部门应当会同相关部门加强项目合规性审核，确保项目属于公共服务领域，并按法律法规和相关规定履行相关前期论证审查程序。项目实施不得采用建设 - 移交方式。

政府与社会资本合资设立项目公司的，应按照《公司法》等法律规定以及 PPP 项目合同约定规范运作，不得在股东协议中约定由政府股东或政府指定的其他机构对社会资本方股东的股权进行回购安排。

财政部门应根据财政承受能力论证结果和 PPP 项目合同约定，严格管控和执行项目支付责任，不得将当期政府购买服务支出代替 PPP 项目中长期的支付责任，规避 PPP 项目相关评价论证程序。

第三十六条 各级财政部门应依托 PPP 综合信息平台，建立 PPP 项目库，做好 PPP 项目全生命周期信息公开工作，保障公众知情权，接受社会监督。

项目准备、采购和建设阶段信息公开内容包括 PPP 项目的基础信息和项目采购信息，采购文件，采购成交结果，不涉及国家秘密、商业秘密的项目合同文本，开工及竣工投运日期，政府移交日期等。项目运营阶段信息公开内容包括 PPP 项目的成本监测和绩效评价结果等。

财政部门信息公开内容包括本级 PPP 项目目录、本级人大批准的政府对 PPP 项目的财政预算、执行及决算情况等。

第三十七条 财政部驻各地财政监察专员办事处应对 PPP 项目财政管理情况加强全程监督管理，重点关注 PPP 项目物有所值评价和财政承受能力论证、政府采购、预算管理、国有资产管理、债务管理、绩效评价等环节，切实防范财政风险。

第三十八条 对违反本办法规定实施 PPP 项目的，依据《预算法》、《政府采购法》及其实施条例、《财政违法行为处罚处分条例》等法律法规追究有关人员责任；涉嫌犯罪的，依法移交司法机关处理。

第七章　附　　则

第三十九条　本办法由财政部负责解释。

第四十条　本办法自印发之日起施行。

财政部

2016年9月24日

关于进一步鼓励和引导民间资本进入城市供水、燃气、供热、污水和垃圾处理行业的意见

建城〔2016〕208号

各省、自治区、直辖市、新疆生产建设兵团住房城乡建设厅（建委、建设局）、发展改革委、财政厅（局）、国土资源主管部门，北京市城管委、水务局，天津市市容园林委、水务局，上海市绿化和市容管理局、水务局，重庆市市政委，海南省水务厅，中国人民银行上海总部、各分行、营业管理部，各省会（首府）城市中心支行，各副省级城市中心支行：

为进一步贯彻落实《国务院关于创新重点领域投融资机制鼓励社会投资的指导意见》（国发〔2014〕60号），鼓励和引导民间资本进入城市供水、燃气、供热、污水和垃圾处理等市政公用行业，按照《国务院办公厅关于进一步做好民间投资有关工作的通知》（国办发明电〔2016〕12号）要求，现提出以下意见：

一、进一步认识民间资本进入市政公用行业的重要意义

党中央、国务院高度重视促进非公有制经济和民间投资健康发展。近年来，国务院有关部门陆续出台了多项政策措施，积极推进市政公用行业向民间资本开放。民间资本的进入，对促进市政基础设施建设、提高市政公用行业服务和供应保障水平发挥了重要作用。但当前民间资本进入城市供水、燃气、供热、污水和垃圾处理等市政公用行业，仍不同程度地存在一些壁垒和体制机制障碍。

鼓励和引导民间资本进入市政公用行业既利当前又惠长远，对稳增长、保就业具有重要意义，也是推进供给侧结构性改革的重要内容。各地要进一步提高认识，采取有效措施，破除民间资本进入市政公用行业的各种显性和隐性壁垒，完善促进民间投资的各项政策，深化投融资体制改革，促进市政公用行业健康发展。

二、拓宽民间资本投资渠道

（一）规范直接投资。民间资本可以采取独资、合资等方式直接投资城镇燃气、供热、垃圾处理设施建设和运营。可以采取合作、参股等方式参与供水、污水处理设施建设和经营。具备条件的民营企业可作为专业运营商，受托运营供水、燃气、供热、污水和垃圾处理设施。鼓励民间资本通过政府和社会资本合作（PPP）模式参与市政公用设施建设

运营。

（二）鼓励间接投资。鼓励民间资本通过依法合规投资产业投资基金等方式，参与城市供水、燃气、供热、污水和垃圾处理设施建设和运营。鼓励民间资本通过参与国有企业改制重组、股权认购等进入市政公用行业，政府可根据行业特点和不同地区实际，采取控股或委派公益董事等方法，保持必要的调控能力。

（三）提高产业集中度。鼓励市县、乡镇和村级污水收集处理、垃圾处理项目“打包”投资和运营，实施统一招标、建设和运行，探索市政公用设施建设运营以城带乡模式。鼓励大型、专业化城市供水、燃气、供热、污水和垃圾处理企业，通过资产兼并、企业重组，打破区域和行业等限制，形成专业化、规模化的大型企业集团，解决企业“小”“散”“弱”等问题。鼓励有实力、有规模的专业化民营供热企业参与改造、兼并不符合环境要求的小锅炉，扩大集中供热面积。鼓励优先使用工业余热提供供热服务。鼓励地方政府、热用户通过合同能源管理模式委托专业化供热公司负责锅炉运行、维护。鼓励燃气供应商参加天然气市场交易、竞价供气，为更多民营企业参与燃气供应提供更大的空间。

三、改善民间资本投资环境

（一）落实土地供应政策。在遵守相关规划的前提下，对符合《划拨用地目录》的供水、燃气、供热、污水和垃圾处理项目用地，经依法批准可以划拨方式供应。支持实行土地有偿使用，土地出让底价按照国家有关土地政策的规定执行；不符合《划拨用地目录》且只有一个意向投资者的，可依法以协议方式供应土地，有两个以上意向投资者、需要通过竞争方式确定项目投资者的，可在市、县人民政府土地管理部门拟订土地出让方案的基础上，将竞争确定投资者的环节和竞争确定用地者的环节合并进行。

（二）完善行业用电政策。完善峰谷分时电价政策和两部制电价用户基本电价执行方式，支持供水、燃气、供热、排水、污水和垃圾处理企业参与电力直接交易，降低企业用电成本。

（三）完善金融服务政策。充分发挥开发性、政策性金融机构作用，加大对城市供水、燃气、供热、污水和垃圾处理等市政公用行业的信贷支持力度。鼓励银行业金融机构在风险可控、商业可持续的前提下，加快创新金融产品和服务方式，积极开展特许经营权、购买服务协议预期收益、地下管廊有偿使用收费权等担保创新类贷款业务，做好在市政公用行业推广PPP模式的配套金融服务。支持相关企业和项目发行短期融资券、中期票据、资产支持票据、项目收益票据等非金融企业债务融资工具及可续期债券、项目收益债券，拓宽市场化资金来源。

（四）加快推进社会诚信建设。按照《国务院关于建立完善守信联合激励和失信联合惩戒制度加快推进社会诚信建设的指导意见》（国发［2016］33号）要求，建立健全全国范围的城市供水、燃气、供热、污水和垃圾处理行业信用信息归集共享和使用机制，将有关信息纳入全国信用信息共享平台，并对相关主体实行守信联合激励和失信联合惩戒。积极引导中央、地方媒体、互联网等加强垃圾处理行业的正面宣传，客观认识垃圾处理问题。

四、完善价费财税政策

（一）完善价格政策。加快改进城市供水、燃气、供热价格形成、调整和补偿机制，稳定民间投资合理收益预期。价格调整不到位时，地方政府可根据实际情况对企业运营进行合理补偿。推进天然气价格市场化改革，建立完善天然气价格上下游联动机制，完善居民阶梯气价制度，鼓励推行非居民用气季节性差价政策。督促各地贯彻落实煤热价格联动机制，推动供热项目市场化运作和供热企业良性发展。

（二）完善收费制度。严格落实《污水处理费征收使用管理办法》（财税［2014］151号）、《关于制定和调整污水处理收费标准等有关问题的通知》（发改价格［2015］119号）的相关要求，没有建立收费制度的要尽快建立，收费标准调整不到位的要尽快调整到位。完善垃圾处理收费办法，按照补偿垃圾收集、运输、处理成本和合理盈利的原则，加强收费工作，提高收缴率。污水和垃圾处理费要纳入政府预算管理，按照政府购买服务合同约定的期限及时、足额拨付。供水、燃气、供热等企业运营管线进入城市地下综合管廊的，可根据实际成本变化情况，适时适当调整供水、燃气、供热等价格。

（三）完善财税政策。落实对供水、燃气、污水和垃圾处理、污泥处置及再生水利用等市政公用行业的财税支持政策，对民间资本给予公平待遇。对北方采暖地区供热企业增值税、房产税、城镇土地使用税继续执行减免税收优惠政策。

（四）确保政府必要投入。发挥政府资金引导作用，加强政府对城镇供水、燃气、供热、污水处理管网等设施建设改造的投入。政府资金投入形成的资产可以通过特许经营等PPP 模式引入民间资本经营。

五、加强组织领导

住房城乡建设部负责鼓励和引导民间资本进入城市供水、燃气、供热、污水和垃圾处理等市政公用行业的指导、协调和监督。住房城乡建设部、国家发展改革委、财政部、国土资源部、中国人民银行等部门负责完善相关配套措施，进一步稳定市场预期，充分调动民间投资的积极性，切实发挥好民间投资对经济增长的拉动作用。各省、自治区、直辖市有关主管部门负责本行政区域内相关工作的指导和监管。各城市人民政府及其有关管理部门应依据有关法律法规，加强对民间资本进入市政公用行业的管理，抓好有关扶持政策的落实。

中华人民共和国住房和城乡建设部
中华人民共和国国家发展和改革委员会
中华人民共和国财政部
中华人民共和国国土资源部
中国人民银行
2016 年 9 月 22 日

国务院办公厅转发财政部　发展改革委　人民银行关于在公共服务领域推广政府和社会资本合作模式指导意见的通知

国办发〔2015〕42号

各省、自治区、直辖市人民政府，国务院各部委、各直属机构：

财政部、发展改革委、人民银行《关于在公共服务领域推广政府和社会资本合作模式的指导意见》已经国务院同意，现转发给你们，请认真贯彻执行。

国务院办公厅

2015年5月19日

（此件公开发布）

关于在公共服务领域推广政府和社会资本合作模式的指导意见
财政部　发展改革委　人民银行

为打造大众创业、万众创新和增加公共产品、公共服务“双引擎”，让广大人民群众享受到优质高效的公共服务，在改善民生中培育经济增长新动力，现就改革创新公共服务供给机制，大力推广政府和社会资本合作（Public－PrivatePartnership，PPP）模式，提出以下意见：

一、充分认识推广政府和社会资本合作模式的重大意义

政府和社会资本合作模式是公共服务供给机制的重大创新，即政府采取竞争性方式择优选择具有投资、运营管理能力的社会资本，双方按照平等协商原则订立合同，明确责权利关系，由社会资本提供公共服务，政府依据公共服务绩效评价结果向社会资本支付相应对价，保证社会资本获得合理收益。政府和社会资本合作模式有利于充分发挥市场机制作用，提升公共服务的供给质量和效率，实现公共利益最大化。

（一）有利于加快转变政府职能，实现政企分开、政事分开。作为社会资本的境内外企业、社会组织和中介机构承担公共服务涉及的设计、建设、投资、融资、运营和维护等

责任，政府作为监督者和合作者，减少对微观事务的直接参与，加强发展战略制定、社会管理、市场监管、绩效考核等职责，有助于解决政府职能错位、越位和缺位的问题，深化投融资体制改革，推进国家治理体系和治理能力现代化。

（二）有利于打破行业准入限制，激发经济活力和创造力。政府和社会资本合作模式可以有效打破社会资本进入公共服务领域的各种不合理限制，鼓励国有控股企业、民营企业、混合所有制企业等各类型企业积极参与提供公共服务，给予中小企业更多参与机会，大幅拓展社会资本特别是民营资本的发展空间，激发市场主体活力和发展潜力，有利于盘活社会存量资本，形成多元化、可持续的公共服务资金投入渠道，打造新的经济增长点，增强经济增长动力。

（三）有利于完善财政投入和管理方式，提高财政资金使用效益。在政府和社会资本合作模式下，政府以运营补贴等作为社会资本提供公共服务的对价，以绩效评价结果作为对价支付依据，并纳入预算管理、财政中期规划和政府财务报告，能够在当代人和后代人之间公平地分担公共资金投入，符合代际公平原则，有效弥补当期财政投入不足，有利于减轻当期财政支出压力，平滑年度间财政支出波动，防范和化解政府性债务风险。

二、总体要求

（四）指导思想。贯彻落实党的十八大和十八届二中、三中、四中全会精神，按照党中央、国务院决策部署，借鉴国际成熟经验，立足国内实际情况，改革创新公共服务供给机制和投入方式，发挥市场在资源配置中的决定性作用，更好发挥政府作用，引导和鼓励社会资本积极参与公共服务供给，为广大人民群众提供优质高效的公共服务。

（五）基本原则。

依法合规。将政府和社会资本合作纳入法制化轨道，建立健全制度体系，保护参与各方的合法权益，明确全生命周期管理要求，确保项目规范实施。

重诺履约。政府和社会资本法律地位平等、权利义务对等，必须树立契约理念，坚持平等协商、互利互惠、诚实守信、严格履约。

公开透明。实行阳光化运作，依法充分披露政府和社会资本合作项目重要信息，保障公众知情权，对参与各方形成有效监督和约束。

公众受益。加强政府监管，将政府的政策目标、社会目标和社会资本的运营效率、技术进步有机结合，促进社会资本竞争和创新，确保公共利益最大化。

积极稳妥。鼓励地方各级人民政府和行业主管部门因地制宜，探索符合当地实际和行业特点的做法，总结提炼经验，形成适合我国国情的发展模式。坚持必要、合理、可持续的财政投入原则，有序推进项目实施，控制项目的政府支付责任，防止政府支付责任过重加剧财政收支矛盾，带来支出压力。

（六）发展目标。立足于加强和改善公共服务，形成有效促进政府和社会资本合作模式规范健康发展的制度体系，培育统一规范、公开透明、竞争有序、监管有力的政府和社会资本合作市场。着力化解地方政府性债务风险，积极引进社会资本参与地方融资平台公司存量项目改造，争取通过政府和社会资本合作模式减少地方政府性债务。在新建公共服务项目中，逐步增加使用政府和社会资本合作模式的比例。

三、构建保障政府和社会资本合作模式持续健康发展的制度体系

（七）明确项目实施的管理框架。建立健全制度规范体系，实施全生命周期管理，保证项目实施质量。进一步完善操作指南，规范项目识别、准备、采购、执行、移交各环节操作流程，明确操作要求，指导社会资本参与实施。制定合同指南，推动共性问题处理方式标准化。制定分行业、分领域的标准化合同文本，提高合同编制效率和谈判效率。按照预算法、合同法、政府采购法及其实施条例、《国务院办公厅关于政府向社会力量购买服务的指导意见》（国办发〔2013〕96号）等要求，建立完善管理细则，规范选择合作伙伴的程序和方法，维护国家利益、社会公共利益和社会资本的合法权益。

（八）健全财政管理制度。开展财政承受能力论证，统筹评估和控制项目的财政支出责任，促进中长期财政可持续发展。建立完善公共服务成本财政管理和会计制度，创新资源组合开发模式，针对政府付费、使用者付费、可行性缺口补助等不同支付机制，将项目涉及的运营补贴、经营收费权和其他支付对价等，按照国家统一的会计制度进行核算，纳入年度预算、中期财政规划，在政府财务报告中进行反映和管理，并向本级人大或其常委会报告。存量公共服务项目转型为政府和社会资本合作项目过程中，应依法进行资产评估，合理确定价值，防止公共资产流失和贱卖。项目实施过程中政府依法获得的国有资本收益、约定的超额收益分成等公共收入应上缴国库。

（九）建立多层次监督管理体系。行业主管部门根据经济社会发展规划及专项规划发起政府和社会资本合作项目，社会资本也可根据当地经济社会发展需求建议发起。行业主管部门应制定不同领域的行业技术标准、公共产品或服务技术规范，加强对公共服务质量和价格的监管。建立政府、公众共同参与的综合性评价体系，建立事前设定绩效目标、事中进行绩效跟踪、事后进行绩效评价的全生命周期绩效管理机制，将政府付费、使用者付费与绩效评价挂钩，并将绩效评价结果作为调价的重要依据，确保实现公共利益最大化。依法充分披露项目实施相关信息，切实保障公众知情权，接受社会监督。

（十）完善公共服务价格调整机制。积极推进公共服务领域价格改革，按照补偿成本、合理收益、节约资源、优质优价、公平负担的原则，加快理顺公共服务价格。依据项目运行情况和绩效评价结果，健全公共服务价格调整机制，完善政府价格决策听证制度，广泛听取社会资本、公众和有关部门意见，确保定价调价的科学性。及时披露项目运行过程中的成本变化、公共服务质量等信息，提高定价调价的透明度。

（十一）完善法律法规体系。推进相关立法，填补政府和社会资本合作领域立法空白，着力解决政府和社会资本合作项目运作与现行法律之间的衔接协调问题，明确政府出资的法律依据和出资性质，规范政府和社会资本的责权利关系，明确政府相关部门的监督管理责任，为政府和社会资本合作模式健康发展提供良好的法律环境和稳定的政策预期。鼓励有条件的地方立足当地实际，依据立法法相关规定，出台地方性法规或规章，进一步有针对性地规范政府和社会资本合作模式的运用。

四、规范推进政府和社会资本合作项目实施

（十二）广泛采用政府和社会资本合作模式提供公共服务。在能源、交通运输、水利、

环境保护、农业、林业、科技、保障性安居工程、医疗、卫生、养老、教育、文化等公共服务领域，鼓励采用政府和社会资本合作模式，吸引社会资本参与。其中，在能源、交通运输、水利、环境保护、市政工程等特定领域需要实施特许经营的，按《基础设施和公用事业特许经营管理办法》执行。

（十三）化解地方政府性债务风险。积极运用转让—运营—移交（TOT）、改建—运营—移交（ROT）等方式，将融资平台公司存量公共服务项目转型为政府和社会资本合作项目，引入社会资本参与改造和运营，在征得债权人同意的前提下，将政府性债务转换为非政府性债务，减轻地方政府的债务压力，腾出资金用于重点民生项目建设。大力推动融资平台公司与政府脱钩，进行市场化改制，健全完善公司治理结构，对已经建立现代企业制度、实现市场化运营的，在其承担的地方政府债务已纳入政府财政预算、得到妥善处置并明确公告今后不再承担地方政府举债融资职能的前提下，可作为社会资本参与当地政府和社会资本合作项目，通过与政府签订合同方式，明确责权利关系。严禁融资平台公司通过保底承诺等方式参与政府和社会资本合作项目，进行变相融资。

（十四）提高新建项目决策的科学性。地方政府根据当地经济社会发展需要，结合财政收支平衡状况，统筹论证新建项目的经济效益和社会效益，并进行财政承受能力论证，保证决策质量。根据项目实施周期、收费定价机制、投资收益水平、风险分配基本框架和所需要的政府投入等因素，合理选择建设—运营—移交（BOT）、建设—拥有—运营（BOO）等运作方式。

（十五）择优选择项目合作伙伴。对使用财政性资金作为社会资本提供公共服务对价的项目，地方政府应当根据预算法、合同法、政府采购法及其实施条例等法律法规规定，选择项目合作伙伴。依托政府采购信息平台，及时、充分向社会公布项目采购信息。综合评估项目合作伙伴的专业资质、技术能力、管理经验、财务实力和信用状况等因素，依法择优选择诚实守信的合作伙伴。加强项目政府采购环节的监督管理，保证采购过程公平、公正、公开。

（十六）合理确定合作双方的权利与义务。树立平等协商的理念，按照权责对等原则合理分配项目风险，按照激励相容原则科学设计合同条款，明确项目的产出说明和绩效要求、收益回报机制、退出安排、应急和临时接管预案等关键环节，实现责权利对等。引入价格和补贴动态调整机制，充分考虑社会资本获得合理收益。如单方面构成违约的，违约方应当给予对方相应赔偿。建立投资、补贴与价格的协同机制，为社会资本获得合理回报创造条件。

（十七）增强责任意识和履约能力。社会资本要将自身经济利益诉求与政府政策目标、社会目标相结合，不断加强管理和创新，提升运营效率，在实现经济价值的同时，履行好企业社会责任，严格按照约定保质保量提供服务，维护公众利益；要积极进行业务转型和升级，从工程承包商、建设施工方向运营商转变，实现跨不同领域、多元化发展；要不断提升运营实力和管理经验，增强提供公共服务的能力。咨询、法律、会计等中介机构要提供质优价廉的服务，促进项目增效升级。

（十八）保障公共服务持续有效。按照合同约定，对项目建设情况和公共服务质量进行验收，逾期未完成或不符合标准的，社会资本要限期完工或整改，并采取补救措施或赔偿损失。健全合同争议解决机制，依法积极协调解决争议。确需变更合同内容、延长合同期限以及变更社会资本方的，由政府和社会资本方协商解决，但应当保持公共服务的持续性和稳定性。项目资产移交时，要对移交资产进行性能测试、资产评估和登记入账，并按照国家统一的会计制度进行核算，在政府财务报告中进行反映和管理。

五、政策保障

（十九）简化项目审核流程。进一步减少审批环节，建立项目实施方案联评联审机制，提高审查工作效率。项目合同签署后，可并行办理必要的审批手续，有关部门要简化办理手续，优化办理程序，主动加强服务，对实施方案中已经明确的内容不再作实质性审查。

（二十）多种方式保障项目用地。实行多样化土地供应，保障项目建设用地。对符合划拨用地目录的项目，可按划拨方式供地，划拨土地不得改变土地用途。建成的项目经依法批准可以抵押，土地使用权性质不变，待合同经营期满后，连同公共设施一并移交政府；实现抵押权后改变项目性质应该以有偿方式取得土地使用权的，应依法办理土地有偿使用手续。不符合划拨用地目录的项目，以租赁方式取得土地使用权的，租金收入参照土地出让收入纳入政府性基金预算管理。以作价出资或者入股方式取得土地使用权的，应当以市、县人民政府作为出资人，制定作价出资或者入股方案，经市、县人民政府批准后实施。

（二十一）完善财税支持政策。积极探索财政资金撬动社会资金和金融资本参与政府和社会资本合作项目的有效方式。中央财政出资引导设立中国政府和社会资本合作融资支持基金，作为社会资本方参与项目，提高项目融资的可获得性。探索通过以奖代补等措施，引导和鼓励地方融资平台存量项目转型为政府和社会资本合作项目。落实和完善国家支持公共服务事业的税收优惠政策，公共服务项目采取政府和社会资本合作模式的，可按规定享受相关税收优惠政策。鼓励地方政府在承担有限损失的前提下，与具有投资管理经验的金融机构共同发起设立基金，并通过引入结构化设计，吸引更多社会资本参与。

（二十二）做好金融服务。金融机构应创新符合政府和社会资本合作模式特点的金融服务，优化信贷评审方式，积极为政府和社会资本合作项目提供融资支持。鼓励开发性金融机构发挥中长期贷款优势，参与改造政府和社会资本合作项目，引导商业性金融机构拓宽项目融资渠道。鼓励符合条件的项目运营主体在资本市场通过发行公司债券、企业债券、中期票据、定向票据等市场化方式进行融资。鼓励项目公司发行项目收益债券、项目收益票据、资产支持票据等。鼓励社保资金和保险资金按照市场化原则，创新运用债权投资计划、股权投资计划、项目资产支持计划等多种方式参与项目。对符合条件的“走出去”项目，鼓励政策性金融机构给予中长期信贷支持。依托各类产权、股权交易市场，为社会资本提供多元化、规范化、市场化的退出渠道。金融监管部门应加强监督管理，引导金融机构正确识别、计量和控制风险，按照风险可控、商业可持续原则支持政府和社会资本合作项目融资。

六、组织实施

（二十三）加强组织领导。国务院各有关部门要按照职能分工，负责相关领域具体工作，加强对地方推广政府和社会资本合作模式的指导和监督。财政部要会同有关部门，加强政策沟通协调和信息交流，完善体制机制。教育、科技、民政、人力资源社会保障、国土资源、环境保护、住房城乡建设、交通运输、水利、农业、商务、文化、卫生计生等行业主管部门，要结合本行业特点，积极运用政府和社会资本合作模式提供公共服务，探索完善相关监管制度体系。地方各级人民政府要结合已有规划和各地实际，出台具体政策措施并抓好落实；可根据本地区实际情况，建立工作协调机制，推动政府和社会资本合作项目落地实施。

（二十四）加强人才培养。大力培养专业人才，加快形成政府部门、高校、企业、专业咨询机构联合培养人才的机制。鼓励各类市场主体加大人才培训力度，开展业务人员培训，建设一支高素质的专业人才队伍。鼓励有条件的地方政府统筹内部机构改革需要，进一步整合专门力量，承担政府和社会资本合作模式推广职责，提高专业水平和能力。

（二十五）搭建信息平台。地方各级人民政府要切实履行规划指导、识别评估、咨询服务、宣传培训、绩效评价、信息统计、专家库和项目库建设等职责，建立统一信息发布平台，及时向社会公开项目实施情况等相关信息，确保项目实施公开透明、有序推进。

在公共服务领域推广政府和社会资本合作模式，事关人民群众切身利益，是保障和改善民生的一项重要工作。各地区、各部门要充分认识推广政府和社会资本合作模式的重要意义，把思想和行动统一到党中央、国务院的决策部署上来，精心组织实施，加强协调配合，形成工作合力，切实履行职责，共同抓好落实。财政部要强化统筹协调，会同有关部门对本意见落实情况进行督促检查和跟踪分析，重大事项及时向国务院报告。

关于在收费公路领域推广运用政府和社会资本合作模式的实施意见

财建〔2015〕111号

各省、自治区、直辖市、计划单列市财政厅（局）、交通运输厅（局、委），新疆生产建设兵团财务局、交通局：

为提高收费公路建管养运效率，促进公路可持续发展，依据《收费公路管理条例》、《国务院关于创新重点领域投融资机制鼓励社会投资的指导意见》（国发〔2014〕60号）和《财政部关于推广运用政府和社会资本合作模式有关问题的通知》（财金〔2014〕76号），财政部、交通运输部决定在收费公路领域鼓励推广政府和社会资本合作（Public - Private Partnership，以下简称PPP）模式。现提出以下意见：

一、总体目标

（一）转变供给方式。

鼓励社会资本通过政府和社会资本合作（PPP）模式，参与收费公路投资、建设、运营和维护，与政府共同参与项目全周期管理，发挥政府和社会资本各自优势，提高收费公路服务供给的质量和效率。

（二）创新公路投融资模式。

社会投资者按照市场化原则出资，独自或与政府指定机构共同成立项目公司建设和运营收费公路项目，政府要逐步从“补建设”向“补运营”转变，以项目运营绩效评价结果为依据，适时对价格和补贴进行调整，支持社会资本参与收费公路建设运营，提高财政支出的引导和带动作用，拓宽社会资本发展空间，有效释放市场活力。

（三）完善收费公路建设管理养护长效机制。

建立健全合同约束、收费调节、信息公开、过程监管、绩效考核等一系列改革配套制度与机制，实现合作双方风险分担、权益融合、有限追索。

二、基本原则

（四）公开透明，规范运作。

PPP项目推广工作应坚持“规范、公开、透明”的原则。在项目论证、选择合作伙伴、制定和履行各类合同、组织绩效评价等各个环节做到依法依规，并严格按照要求进行信息公开，接受各方监督；严格按照特许经营合同，规范运作，防止政府失信违约、合作伙伴获取不正当利益。

（五）循序渐进，逐步推广。

坚持盘活存量、用好增量、分类施策。对于社会效益突出但经营性收费不足以覆盖投资成本、需政府补贴部分资金或资源才能进行商业化运作的项目，鼓励按照 PPP 模式设计运作。鉴于目前全国公路网络正处于联网关键阶段，建设任务繁重，重点推进确需建设但投入较大且预期收益稳定的公路建设项目，鼓励按照 PPP 模式设计运作。按照政府性债务管理要求，做好融资平台公司项目向 PPP 项目转型的风险控制工作。

三、实施要求

（六）明晰 PPP 项目边界。

收费公路项目实施 PPP 模式所涉及的收费公路权益包括收费权、广告经营权和服务设施经营权。不同的项目可根据实际情况，将各项权益通过有效打包整合提升收益能力，以促进一体化经营、提高运营效率。

（七）规范 PPP 项目操作流程。

在项目发起、物有所值评价、财政承受能力论证、合作伙伴选择、收益补偿机制确立、项目公司组建、合作协议签署、绩效评价等操作过程中，应根据财政部关于 PPP 工作的统一指导和管理办法规范推进，地方各级财政部门会同交通运输部门抓紧研究制定符合当地实际情况的操作办法，实现规范化管理。

（八）编制完整的 PPP 项目实施方案。

实施方案应包含项目实施内容、产品及服务质量和标准、投融资结构、财务测算与风险分析、技术及经济可行性论证、合作伙伴要求、合同结构、政府组织方式、必要的配套措施等。

（九）加大评价及监管力度。

各地财政、交通运输部门要加强组织实施，积极统筹协调，研究建立议事协调及联审机制，有力有序推进 PPP 推广工作，建立对 PPP 项目的监督机制。

四、保障措施

（十）资金政策支持。

收费不足以满足社会资本或项目公司成本回收和合理回报的，在依法给予融资支持，项目沿线一定范围土地开发使用等支持措施仍不能完全覆盖成本的，可考虑给予合理的财政补贴。对符合《车辆购置税收入补助地方资金管理暂行办法》要求的项目，可按照交通运输重点项目资金申请和审核规定，申请投资补助。

（十一）相关配套政策。

地方各级财政、交通运输部门应当积极协调有关部门进一步完善公路收费、土地等政策，维护市场机制的决定性作用，在项目审批等相关方面为推进项目建立绿色通道。

财政部　交通运输部

2015 年 4 月 20 日

政府和社会资本合作项目财政承受能力论证指引

财金〔2015〕21 号

第一章 总 则

第一条 根据《中华人民共和国预算法》、《国务院关于加强地方政府性债务管理的意见》（国发〔2014〕43 号）、《国务院关于深化预算管理制度改革的决定》（国发〔2014〕45 号）、《国务院关于创新重点领域投融资机制 鼓励社会投资的指导意见》（国发〔2014〕60 号）、《财政部关于推广运用政府和社会资本合作模式有关问题的通知》（财金〔2014〕76 号）和《财政部关于印发政府和社会资本合作模式操作指南（试行）的通知》（财金〔2014〕113 号）等有关规定，制定本指引。

第二条 本指引所称财政承受能力论证是指识别、测算政府和社会资本合作（Public - Private Partnership，以下简称 PPP）项目的各项财政支出责任，科学评估项目实施对当前及今后年度财政支出的影响，为 PPP 项目财政管理提供依据。

第三条 开展 PPP 项目财政承受能力论证，是政府履行合同义务的重要保障，有利于规范 PPP 项目财政支出管理，有序推进项目实施，有效防范和控制财政风险，实现 PPP 可持续发展。

第四条 财政承受能力论证采用定量和定性分析方法，坚持合理预测、公开透明、从严把关，统筹处理好当期与长远关系，严格控制 PPP 项目财政支出规模。

第五条 财政承受能力论证的结论分为“通过论证”和“未通过论证”。“通过论证”的项目，各级财政部门应当在编制年度预算和中期财政规划时，将项目财政支出责任纳入预算统筹安排。“未通过论证”的项目，则不宜采用 PPP 模式。

第六条 各级财政部门（或 PPP 中心）负责组织开展行政区域内 PPP 项目财政承受能力论证工作。省级财政部门负责汇总统计行政区域内的全部 PPP 项目财政支出责任，对财政预算编制、执行情况实施监督管理。

第七条 财政部门（或 PPP 中心）应当会同行业主管部门，共同开展 PPP 项目财政承受能力论证工作。必要时可通过政府采购方式聘请专业中介机构协助。

第八条 各级财政部门（或 PPP 中心）要以财政承受能力论证结论为依据，会同有关部门统筹做好项目规划、设计、采购、建设、运营、维护等全生命周期管理工作。

第二章 责任识别

第九条 PPP 项目全生命周期过程的财政支出责任，主要包括股权投资、运营补贴、风险承担、配套投入等。

第十条 股权投资支出责任是指在政府与社会资本共同组建项目公司的情况下，政府承担的股权投资支出责任。如果社会资本单独组建项目公司，政府不承担股权投资支出责任。

第十一条 运营补贴支出责任是指在项目运营期间，政府承担的直接付费责任。不同付费模式下，政府承担的运营补贴支出责任不同。政府付费模式下，政府承担全部运营补贴支出责任；可行性缺口补助模式下，政府承担部分运营补贴支出责任；使用者付费模式下，政府不承担运营补贴支出责任。

第十二条 风险承担支出责任是指项目实施方案中政府承担风险带来的财政或有支出责任。通常由政府承担的法律风险、政策风险、最低需求风险以及因政府方原因导致项目合同终止等突发情况，会产生财政或有支出责任。

第十三条 配套投入支出责任是指政府提供的项目配套工程等其他投入责任，通常包括土地征收和整理、建设部分项目配套措施、完成项目与现有相关基础设施和公用事业的对接、投资补助、贷款贴息等。配套投入支出应依据项目实施方案合理确定。

第三章 支出测算

第十四条 财政部门（或PPP中心）应当综合考虑各类支出责任的特点、情景和发生概率等因素，对项目全生命周期内财政支出责任分别进行测算。

第十五条 股权投资支出应当依据项目资本金要求以及项目公司股权结构合理确定。股权投资支出责任中的土地等实物投入或无形资产投入，应依法进行评估，合理确定价值。计算公式为：

股权投资支出=项目资本金×政府占项目公司股权比例

第十六条 运营补贴支出应当根据项目建设成本、运营成本及利润水平合理确定，并按照不同付费模式分别测算。

对政府付费模式的项目，在项目运营补贴期间，政府承担全部直接付费责任。政府每年直接付费数额包括：社会资本方承担的年均建设成本（折算成各年度现值）+年度运营成本和合理利润。计算公式为：

$$当年运营补贴支出数额=\frac{项目全部建设成本\times(1+合理利润率)\times(1+年度折现率)n}{财政运营补贴周期(年)}$$
$$+年度运营成本\times(1+合理利润率)$$

对可行性缺口补助模式的项目，在项目运营补贴期间，政府承担部分直接付费责任。政府每年直接付费数额包括：社会资本方承担的年均建设成本（折算成各年度现值）、年度运营成本和合理利润，再减去每年使用者付费的数额。计算公式为：

$$当年运营补贴支出数额=\frac{项目全部建设成本\times(1+合理利润率)\times(1+年度折现率)n}{财政运营补贴周期(年)}$$
$$+年度运营成本\times(1+合理利润率)-当年使用者付费数额$$

n代表折现年数。财政运营补贴周期指财政提供运营补贴的年数。

第十七条 年度折现率应考虑财政补贴支出发生年份，并参照同期地方政府债券收益率合理确定。

第十八条 合理利润率应以商业银行中长期贷款利率水平为基准，充分考虑可用性付费、使用量付费、绩效付费的不同情景，结合风险等因素确定。

第十九条 在计算运营补贴支出时，应当充分考虑合理利润率变化对运营补贴支出的影响。

第二十条 PPP项目实施方案中的定价和调价机制通常与消费物价指数、劳动力市场指数等因素挂钩，会影响运营补贴支出责任。在可行性缺口补助模式下，运营补贴支出责任受到使用者付费数额的影响，而使用者付费的多少因定价和调价机制而变化。在计算运营补贴支出数额时，应当充分考虑定价和调价机制的影响。

第二十一条 风险承担支出应充分考虑各类风险出现的概率和带来的支出责任，可采用比例法、情景分析法及概率法进行测算。如果PPP合同约定保险赔款的第一受益人为政府，则风险承担支出应为扣除该等风险赔款金额的净额。

比例法。在各类风险支出数额和概率难以进行准确测算的情况下，可以按照项目的全部建设成本和一定时期内的运营成本的一定比例确定风险承担支出。

情景分析法。在各类风险支出数额可以进行测算、但出现概率难以确定的情况下，可针对影响风险的各类事件和变量进行“基本”、“不利”及“最坏”等情景假设，测算各类风险发生带来的风险承担支出。计算公式为：

风险承担支出数额＝基本情景下财政支出数额×基本情景出现的概率＋不利情景下财政支出数额×不利情景出现的概率＋最坏情景下财政支出数额×最坏情景出现的概率

概率法。在各类风险支出数额和发生概率均可进行测算的情况下，可将所有可变风险参数作为变量，根据概率分布函数，计算各种风险发生带来的风险承担支出。

第二十二条 配套投入支出责任应综合考虑政府将提供的其他配套投入总成本和社会资本方为此支付的费用。配套投入支出责任中的土地等实物投入或无形资产投入，应依法进行评估，合理确定价值。计算公式为：

配套投入支出数额＝政府拟提供的其他投入总成本－社会资本方支付的费用

第四章　能力评估

第二十三条 财政部门（或PPP中心）识别和测算单个项目的财政支出责任后，汇总年度全部已实施和拟实施的PPP项目，进行财政承受能力评估。

第二十四条 财政承受能力评估包括财政支出能力评估以及行业和领域平衡性评估。财政支出能力评估，是根据PPP项目预算支出责任，评估PPP项目实施对当前及今后年度财政支出的影响；行业和领域均衡性评估，是根据PPP模式适用的行业和领域范围，以及经济社会发展需要和公众对公共服务的需求，平衡不同行业和领域PPP项目，防止某一行业和领域PPP项目过于集中。

第二十五条 每一年度全部PPP项目需要从预算中安排的支出责任，占一般公共预算支出比例应当不超过10%。省级财政部门可根据本地实际情况，因地制宜确定具体比例，并报财政部备案，同时对外公布。

第二十六条 鼓励列入地方政府性债务风险预警名单的高风险地区，采取 PPP 模式化解地方融资平台公司存量债务。同时，审慎控制新建 PPP 项目规模，防止因项目实施加剧财政收支矛盾。

第二十七条 在进行财政支出能力评估时，未来年度一般公共预算支出数额可参照前五年相关数额的平均值及平均增长率计算，并根据实际情况进行适当调整。

第二十八条 “通过论证”且经同级人民政府审核同意实施的 PPP 项目，各级财政部门应当将其列入 PPP 项目目录，并在编制中期财政规划时，将项目财政支出责任纳入预算统筹安排。

第二十九条 在 PPP 项目正式签订合同时，财政部门（或 PPP 中心）应当对合同进行审核，确保合同内容与财政承受能力论证保持一致，防止因合同内容调整导致财政支出责任出现重大变化。财政部门要严格按照合同执行，及时办理支付手续，切实维护地方政府信用，保障公共服务有效供给。

第五章 信息披露

第三十条 省级财政部门应当汇总区域内的项目目录，及时向财政部报告，财政部通过统一信息平台（PPP 中心网站）发布。

第三十一条 各级财政部门（或 PPP 中心）应当通过官方网站及报刊媒体，每年定期披露当地 PPP 项目目录、项目信息及财政支出责任情况。应披露的财政支出责任信息包括：PPP 项目的财政支出责任数额及年度预算安排情况、财政承受能力论证考虑的主要因素和指标等。

第三十二条 项目实施后，各级财政部门（或 PPP 中心）应跟踪了解项目运营情况，包括项目使用量、成本费用、考核指标等信息，定期对外发布。

第六章 附 则

第三十三条 财政部门按照权责发生制会计原则，对政府在 PPP 项目中的资产投入，以及与政府相关项目资产进行会计核算，并在政府财务统计、政府财务报告中反映；按照收付

实现制会计原则，对 PPP 项目相关的预算收入与支出进行会计核算，并在政府决算报告中反映。

第三十四条 本指引自印发之日起施行。

附：PPP 项目财政承受能力论证工作流程图

财政部

2015 年 4 月 7 日

附：PPP项目财政承受能力论证工作流程图

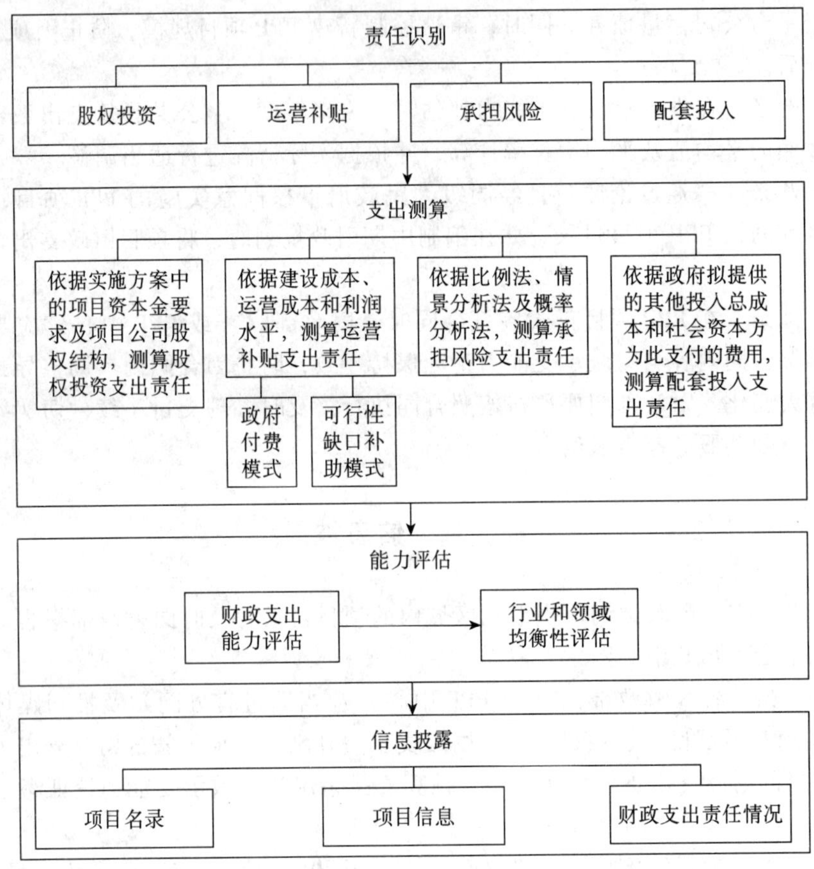

第八部分　政府投资基金管理相关法规

关于推进国有资本投资、运营公司改革试点的实施意见

国发〔2018〕23号

各省、自治区、直辖市人民政府，国务院各部委、各直属机构：

改组组建国有资本投资、运营公司，是以管资本为主改革国有资本授权经营体制的重要举措。按照《中共中央 国务院关于深化国有企业改革的指导意见》、《国务院关于改革和完善国有资产管理体制的若干意见》有关要求和党中央、国务院工作部署，为加快推进国有资本投资、运营公司改革试点工作，现提出以下实施意见。

一、总体要求

（一）指导思想。

全面贯彻党的十九大和十九届二中、三中全会精神，以习近平新时代中国特色社会主义思想为指导，坚持社会主义市场经济改革方向，坚定不移加强党对国有企业的领导，着力创新体制机制，完善国有资产管理体制，深化国有企业改革，促进国有资产保值增值，推动国有资本做强做优做大，有效防止国有资产流失，切实发挥国有企业在深化供给侧结构性改革和推动经济高质量发展中的带动作用。

（二）试点目标。

通过改组组建国有资本投资、运营公司，构建国有资本投资、运营主体，改革国有资本授权经营体制，完善国有资产管理体制，实现国有资本所有权与企业经营权分离，实行国有资本市场化运作。发挥国有资本投资、运营公司平台作用，促进国有资本合理流动，优化国有资本投向，向重点行业、关键领域和优势企业集中，推动国有经济布局优化和结构调整，提高国有资本配置和运营效率，更好服务国家战略需要。试点先行，大胆探索，及时研究解决改革中的重点难点问题，尽快形成可复制、可推广的经验和模式。

（三）基本原则。

坚持党的领导。建立健全中国特色现代国有企业制度，把党的领导融入公司治理各环节，把企业党组织内嵌到公司治理结构之中，明确和落实党组织在公司法人治理结构中的法定地位，充分发挥党组织的领导作用，确保党和国家方针政策、重大决策部署的贯彻执行。

坚持体制创新。以管资本为主加强国有资产监管，完善国有资本投资运营的市场化机制。科学合理界定政府及国有资产监管机构，国有资本投资、运营公司和所持股企业的权

利边界，健全权责利相统一的授权链条，进一步落实企业市场主体地位，培育具有创新能力和国际竞争力的国有骨干企业。

坚持优化布局。通过授权国有资本投资、运营公司履行出资人职责，促进国有资本合理流动，优化国有资本布局，使国有资本投资、运营更好地服务于国家战略目标。

坚持强化监督。正确处理好授权经营和加强监督的关系，明确监管职责，构建并强化政府监督、纪检监察监督、出资人监督和社会监督的监督体系，增强监督的协同性、针对性和有效性，防止国有资产流失。

二、试点内容

（一）功能定位。

国有资本投资、运营公司均为在国家授权范围内履行国有资本出资人职责的国有独资公司，是国有资本市场化运作的专业平台。公司以资本为纽带、以产权为基础依法自主开展国有资本运作，不从事具体生产经营活动。国有资本投资、运营公司对所持股企业行使股东职责，维护股东合法权益，以出资额为限承担有限责任，按照责权对应原则切实承担优化国有资本布局、提升国有资本运营效率、实现国有资产保值增值等责任。

国有资本投资公司主要以服务国家战略、优化国有资本布局、提升产业竞争力为目标，在关系国家安全、国民经济命脉的重要行业和关键领域，按照政府确定的国有资本布局和结构优化要求，以对战略性核心业务控股为主，通过开展投资融资、产业培育和资本运作等，发挥投资引导和结构调整作用，推动产业集聚、化解过剩产能和转型升级，培育核心竞争力和创新能力，积极参与国际竞争，着力提升国有资本控制力、影响力。

国有资本运营公司主要以提升国有资本运营效率、提高国有资本回报为目标，以财务性持股为主，通过股权运作、基金投资、培育孵化、价值管理、有序进退等方式，盘活国有资产存量，引导和带动社会资本共同发展，实现国有资本合理流动和保值增值。

（二）组建方式。

按照国家确定的目标任务和布局领域，国有资本投资、运营公司可采取改组和新设两种方式设立。根据国有资本投资、运营公司的具体定位和发展需要，通过无偿划转或市场化方式重组整合相关国有资本。

划入国有资本投资、运营公司的资产，为现有企业整体股权（资产）或部分股权。股权划入后，按现行政策加快剥离国有企业办社会职能和解决历史遗留问题，采取市场化方式处置不良资产和业务等。股权划入涉及上市公司的，应符合证券监管相关规定。

（三）授权机制。

按照国有资产监管机构授予出资人职责和政府直接授予出资人职责两种模式开展国有资本投资、运营公司试点。

1. 国有资产监管机构授权模式。政府授权国有资产监管机构依法对国有资本投资、运营公司履行出资人职责；国有资产监管机构根据国有资本投资、运营公司具体定位和实际情况，按照“一企一策”原则，授权国有资本投资、运营公司履行出资人职责，制定监管清单和责任清单，明确对国有资本投资、运营公司的监管内容和方式，依法落实国有资本投资、运营公司董事会职权。国有资本投资、运营公司对授权范围内的国有资本履行出资人职责。国有资产监管机构负责对国有资本投资、运营公司进行考核和评价，并定期向本级人民政府报告，重点说明所监管国有资本投资、运营公司贯彻国家战略目标、国有资产保值增值等情况。

2. 政府直接授权模式。政府直接授权国有资本投资、运营公司对授权范围内的国有资本履行出资人职责。国有资本投资、运营公司根据授权自主开展国有资本运作，贯彻落实国家战略和政策目标，定期向政府报告年度工作情况，重大事项及时报告。政府直接对国有资本投资、运营公司进行考核和评价等。

（四）治理结构。

国有资本投资、运营公司不设股东会，由政府或国有资产监管机构行使股东会职权，政府或国有资产监管机构可以授权国有资本投资、运营公司董事会行使股东会部分职权。按照中国特色现代国有企业制度的要求，国有资本投资、运营公司设立党组织、董事会、经理层，规范公司治理结构，建立健全权责对等、运转协调、有效制衡的决策执行监督机制，充分发挥党组织的领导作用、董事会的决策作用、经理层的经营管理作用。

1. 党组织。把加强党的领导和完善公司治理统一起来，充分发挥党组织把方向、管大局、保落实的作用。坚持党管干部原则与董事会依法产生、董事会依法选择经营管理者、经营管理者依法行使用人权相结合。按照“双向进入、交叉任职”的原则，符合条件的党组织领导班子成员可以通过法定程序进入董事会、经理层，董事会、经理层成员中符合条件的党员可以依照有关规定和程序进入党组织领导班子。党组织书记、董事长一般由同一人担任。对于重大经营管理事项，党组织研究讨论是董事会、经理层决策的前置程序。国务院直接授权的国有资本投资、运营公司，应当设立党组。纪检监察机关向国有资本投资、运营公司派驻纪检监察机构。

2. 董事会。国有资本投资、运营公司设立董事会，根据授权，负责公司发展战略和对外投资，经理层选聘、业绩考核、薪酬管理，向所持股企业派出董事等事项。董事会成员原则上不少于9人，由执行董事、外部董事、职工董事组成。保障国有资本投资、运营公司按市场化方式选择外部董事等权利，外部董事应在董事会中占多数，职工董事由职工代表大会选举产生。董事会设董事长1名，可设副董事长。董事会下设战略与投资委员会、提名委员会、薪酬与考核委员会、审计委员会、风险控制委员会等专门委员会。专门委员会在董事会授权范围内开展相关工作，协助董事会履行职责。

国有资产监管机构授权的国有资本投资、运营公司的执行董事、外部董事由国有资产监管机构委派。其中，外部董事由国有资产监管机构根据国有资本投资、运营公司董事会结构需求，从专职外部董事中选择合适人员担任。董事长、副董事长由国有资产监管机构从董事会成员中指定。

政府直接授权的国有资本投资、运营公司执行董事、外部董事（股权董事）由国务院或地方人民政府委派，董事长、副董事长由国务院或地方人民政府从董事会成员中指定。其中，依据国有资本投资、运营公司职能定位，外部董事主要由政府综合管理部门和相关行业主管部门提名，选择专业人士担任，由政府委派。外部董事可兼任董事会下属专门委员会主席，按照公司治理结构的议事规则对国有资本投资、运营公司的重大事项发表相关领域专业意见。

政府或国有资产监管机构委派外部董事要注重拓宽外部董事来源，人员选择要符合国有资本投资、运营公司定位和专业要求，建立外部董事评价机制，确保充分发挥外部董事作用。

3. 经理层。国有资本投资、运营公司的经理层根据董事会授权负责国有资本日常投资运营。董事长与总经理原则上不得由同一人担任。

国有资产监管机构授权的国有资本投资、运营公司党组织隶属中央、地方党委或国有资产监管机构党组织管理，领导班子及其成员的管理，以改组的企业集团为基础，根据具体情况区别对待。其中，由中管企业改组组建的国有资本投资、运营公司，领导班子及其成员由中央管理；由非中管的中央企业改组组建或新设的国有资本投资、运营公司，领导班子及其成员的管理按照干部管理权限确定。

政府直接授权的国有资本投资、运营公司党组织隶属中央或地方党委管理，领导班子及其成员由中央或地方党委管理。

国有资本投资、运营公司董事长、董事（外部董事除外）、高级经理人员，原则上不得在其他有限责任公司、股份有限公司或者其他经济组织兼职。

（五）运行模式。

1. 组织架构。国有资本投资、运营公司要按照市场化、规范化、专业化的管理导向，建立职责清晰、精简高效、运行专业的管控模式，分别结合职能定位具体负责战略规划、制度建设、资源配置、资本运营、财务监管、风险管控、绩效评价等事项。

2. 履职行权。国有资本投资、运营公司应积极推动所持股企业建立规范、完善的法人治理结构，并通过股东大会表决、委派董事和监事等方式行使股东权利，形成以资本为纽带的投资与被投资关系，协调和引导所持股企业发展，实现有关战略意图。国有资本投资、运营公司委派的董事、监事要依法履职行权，对企业负有忠实义务和勤勉义务，切实维护股东权益，不干预所持股企业日常经营。

3. 选人用人机制。国有资本投资、运营公司要建立派出董事、监事候选人员库，由董事会下设的提名委员会根据拟任职公司情况提出差额适任人选，报董事会审议、任命。同时，要加强对派出董事、监事的业务培训、管理和考核评价。

4. 财务监管。国有资本投资、运营公司应当严格按照国家有关财务制度规定，加强公司财务管理，防范财务风险。督促所持股企业加强财务管理，落实风险管控责任，提高运营效率。

5. 收益管理。国有资本投资、运营公司以出资人身份，按照有关法律法规和公司章程，对所持股企业的利润分配进行审议表决，及时收取分红，并依规上交国有资本收益和使用管理留存收益。

6. 考核机制。国有资本投资公司建立以战略目标和财务效益为主的管控模式，对所持股企业考核侧重于执行公司战略和资本回报状况。国有资本运营公司建立财务管控模式，对所持股企业考核侧重于国有资本流动和保值增值状况。

（六）监督与约束机制。

1. 完善监督体系。整合出资人监管和审计、纪检监察、巡视等监督力量，建立监督工作会商机制，按照事前规范制度、事中加强监控、事后强化问责的原则，加强对国有资本投资、运营公司的统筹监督，提高监督效能。纪检监察机构加强对国有资本投资、运营公司党组织、董事会、经理层的监督，强化对国有资本投资、运营公司领导人员廉洁从业、行使权力等的监督。国有资本投资、运营公司要建立内部常态化监督审计机制和信息公开制度，加强对权力集中、资金密集、资源富集、资产聚集等重点部门和岗位的监管，在不涉及国家秘密和企业商业秘密的前提下，依法依规、及时准确地披露公司治理以及管理架构、国有资本整体运营状况、关联交易、企业负责人薪酬等信息，建设阳光国企，主动接受社会监督。

2. 实施绩效评价。国有资本投资、运营公司要接受政府或国有资产监管机构的综合考核评价。考核评价内容主要包括贯彻国家战略、落实国有资本布局和结构优化目标、执行各项法律法规制度和公司章程，重大问题决策和重要干部任免，国有资本运营效率、保值增值、财务效益等方面。

三、实施步骤

国有资本投资、运营公司试点工作应分级组织、分类推进、稳妥开展，并根据试点进展情况及时总结推广有关经验。中央层面，继续推进国有资产监管机构授权的国有资本投资、运营公司深化试点，并结合本实施意见要求不断完善试点工作。同时推进国务院直接授权的国有资本投资、运营公司试点，选择由财政部履行国有资产监管职责的中央企业以及中央党政机关和事业单位经营性国有资产集中统一监管改革范围内的企业稳步开展。地方层面，试点工作由各省级人民政府结合实际情况组织实施。

四、配套政策

（一）推进简政放权。围绕落实出资人职责的定位，有序推进对国有资本投资、运营公司的放权。将包括国有产权流转等决策事项的审批权、经营班子业绩考核和薪酬管理权等授予国有资本投资、运营公司，相关管理要求和运行规则通过公司组建方案和公司章程予以明确。

（二）综合改革试点。国有资本投资、运营公司所持股国有控股企业中，符合条件的可优先支持同时开展混合所有制改革、混合所有制企业员工持股、推行职业经理人制度、薪酬分配差异化改革等其他改革试点，充分发挥各项改革工作的综合效应。

（三）完善支持政策。严格落实国有企业重组整合涉及的资产评估增值、土地变更登记和国有资产无偿划转等方面税收优惠政策。简化工商税务登记、变更程序。鼓励国有资本投资、运营公司妥善解决历史遗留问题、处置低效无效资产。制定国有资本投资、运营公司的国有资本经营预算收支管理政策。

五、组织实施

加快推进国有资本投资、运营公司改革试点，是深化国有企业改革的重要组成部分，是改革和完善国有资产管理体制的重要举措。国务院国有企业改革领导小组负责国有资本投资、运营公司试点工作的组织协调和督促落实。中央组织部、国家发展改革委、财政部、人力资源社会保障部、国务院国资委等部门按照职责分工制定落实相关配套措施，密切配合、协同推进试点工作。中央层面的国有资本投资、运营公司试点方案，按程序报党中央、国务院批准后实施。

各省级人民政府对本地区国有资本投资、运营公司试点工作负总责，要紧密结合本地区实际情况，制定本地区国有资本投资、运营公司改革试点实施方案，积极稳妥组织开展试点工作。各省级人民政府要将本地区改革试点实施方案报国务院国有企业改革领导小组备案。

国务院

2018年7月14日

政府出资产业投资基金管理暂行办法

发改财金规〔2016〕2800 号

第一章　总　　则

第一条　为促进国民经济持续健康发展，优化政府投资方式，发挥政府资金的引导作用和放大效应，提高政府资金使用效率，吸引社会资金投入政府支持领域和产业，根据《公司法》、《合伙企业法》、《中共中央国务院关于深化投融资体制改革的意见》（中发〔2016〕18 号）、《国务院关于促进创业投资持续健康发展的若干意见》（国发〔2016〕53 号）、《国务院关于创新重点领域投融资机制鼓励社会投资的指导意见》（国发〔2014〕60 号）等法律法规和有关文件精神，制定本办法。

第二条　本办法所称政府出资产业投资基金，是指有政府出资，主要投资于非公开交易企业股权的股权投资基金和创业投资基金。

第三条　政府出资资金来源包括财政预算内投资、中央和地方各类专项建设基金及其他财政性资金。

第四条　政府出资产业投资基金可以采用公司制、合伙制、契约制等组织形式。

第五条　政府出资产业投资基金由基金管理人管理基金资产，由基金托管人托管基金资产。

第六条　政府出资产业投资基金应坚持市场化运作、专业化管理原则，政府出资人不得参与基金日常管理事务。

第七条　政府出资产业投资基金可以综合运用参股基金、联合投资、融资担保、政府出资适当让利等多种方式，充分发挥基金在贯彻产业政策、引导民间投资、稳定经济增长等方面的作用。

第八条　国家发展改革委会同地方发展改革部门对政府出资产业投资基金业务活动实施事中事后管理，负责推动政府出资产业投资基金行业信用体系建设，定期发布行业发展报告，维护有利于行业持续健康发展的良好市场秩序。

第二章　政府出资产业投资基金的募集和登记管理

第九条　政府向产业投资基金出资，可以采取全部由政府出资、与社会资本共同出资或向符合条件的已有产业投资基金投资等形式。

第十条　政府出资产业投资基金社会资金部分应当采取私募方式募集，募集行为应符合相关法律法规及国家有关部门规定。

第十一条 除政府外的其他基金投资者为具备一定风险识别和承受能力的合格机构投资者。

第十二条 国家发展改革委建立全国政府出资产业投资基金信用信息登记系统，并指导地方发展改革部门建立本区域政府出资产业投资基金信用信息登记子系统。中央各部门及其直属机构出资设立的产业投资基金募集完毕后二十个工作日内，应在全国政府出资产业投资基金信用信息登记系统登记。地方政府或所属部门、直属机构出资设立的产业投资基金募集完毕后二十个工作日内，应在本区域政府出资产业投资基金信用信息登记子系统登记。发展改革部门应于报送材料齐备后五个工作日内予以登记。

第十三条 政府出资产业投资基金的投资方向，应符合区域规划、区域政策、产业政策、投资政策及其他国家宏观管理政策，能够充分发挥政府资金在特定领域的引导作用和放大效应，有效提高政府资金使用效率。

第十四条 政府出资产业投资基金在信用信息登记系统登记后，由发展改革部门根据登记信息在三十个工作日内对基金投向进行产业政策符合性审查，并在信用信息登记系统予以公开。对于未通过产业政策符合性审查的政府出资产业投资基金，各级发展改革部门应及时出具整改建议书，并抄送相关政府或部门。

第十五条 国家发展改革委负责中央各部门及其直属机构政府出资设立的产业投资基金材料完备性和产业政策符合性审查。地方各级发展改革部门负责本级政府或所属部门、直属机构政府出资设立的产业投资基金材料完备性和产业政策符合性审查。以下情况除外：

（一）各级地方政府或所属部门、直属机构出资额50亿元人民币（或等值外币）及以上的，由国家发展改革委负责材料完备性和产业政策符合性审查；

（二）50亿元人民币（或等值外币）以下超过一定规模的县、市地方政府或所属部门、直属机构出资，由省级发展改革部门负责材料完备性和产业政策符合性审查，具体规模由各省（自治区、直辖市）发展改革部门确定。

第十六条 政府出资产业投资基金信用信息登记主要包括以下基本信息：

（一）相关批复和基金组建方案；

（二）基金章程、合伙协议或基金协议；

（三）基金管理协议（如适用）；

（四）基金托管协议；

（五）基金管理人的章程或合伙协议；

（六）基金管理人高级管理人员的简历和过往业绩；

（七）基金投资人向基金出资的资金证明文件；

（八）其他资料。

第十七条 新发起设立政府出资产业投资基金，基金组建方案应包括：

（一）拟设基金主要发起人、管理人和托管人基本情况；

（二）拟设基金治理结构和组织架构；

（三）主要发起人和政府资金来源、出资额度；

（四）拟在基金章程、合伙协议或基金协议中确定的投资产业领域、投资方式、风险防控措施、激励机制、基金存续期限等；

（五）政府出资退出条件和方式；

（六）其他资料。

第十八条　政府向已设立产业投资基金出资，基金组建方案应包括：

（一）基金主要发起人、管理人和托管人基本情况；

（二）基金前期运行情况；

（三）基金治理结构和组织架构；

（四）基金章程、合伙协议或基金协议中确定的投资产业领域、投资方式、风险防控措施、激励机制等；

（五）其他资料。

第十九条　政府出资产业投资基金管理人履行下列职责：

（一）制定投资方案，并对所投企业进行监督、管理；

（二）按基金公司章程规定向基金投资者披露基金投资运作、基金管理信息服务等信息。定期编制基金财务报告，经有资质的会计师事务所审计后，向基金董事会（持有人大会）报告；

（三）基金公司章程、基金管理协议中确定的其他职责。

第二十条　基金管理人应符合以下条件：

（一）在中国大陆依法设立的公司或合伙企业，实收资本不低于1000万元人民币；

（二）至少有3名具备3年以上资产管理工作经验的高级管理人员；

（三）产业投资基金管理人及其董事、监事、高级管理人员及其他从业人员在最近三年无重大违法行为；

（四）有符合要求的营业场所、安全防范设施和与基金管理业务有关的其他设施；

（五）有良好的内部治理结构和风险控制制度。

第二十一条　基金应将基金资产委托给在中国境内设立的商业银行进行托管。基金与托管人签订托管协议，托管人按照协议约定对基金托管专户进行管理。政府出资产业投资基金托管人履行下列职责：

（一）安全保管所托管基金的全部资产；

（二）执行基金管理人发出的投资指令，负责基金名下的资金往来；

（三）依据托管协议，发现基金管理人违反国家法律法规、基金公司章程或基金董事会（持有人大会）决议的，不予执行；

（四）出具基金托管报告，向基金董事会（持有人大会）报告并向主管部门提交年度报告；

（五）基金公司章程、基金托管协议中规定的其他职责。

第二十二条　已登记并通过产业政策符合性审查的各级地方政府或所属部门、直属机构出资设立的产业投资基金，可以按规定取得中央各部门及其直属机构设立的政府出资产业投资基金母基金支持。

第二十三条　已登记并通过产业政策符合性审查的政府出资产业投资基金除政府外的

其他股东或有限合伙人可以按规定申请发行企业债券，扩大资本规模，增强投资能力。

第三章 政府出资产业投资基金的投资运作和终止

第二十四条 政府出资产业投资基金应主要投资于以下领域：

（一）非基本公共服务领域。着力解决非基本公共服务结构性供需不匹配，因缺乏竞争激励机制而制约质量效率，体制机制创新不足等问题，切实提高非基本公共服务共建能力和共享水平。

（二）基础设施领域。着力解决经济社会发展中偏远地区基础设施建设滞后，结构性供需不匹配等问题，提高公共产品供给质量和效率，切实推进城乡、区域、人群基本服务均等化。

（三）住房保障领域。着力解决城镇住房困难家庭及新市民住房问题，完善住房保障供应方式，加快推进棚户区改造，完善保障性安居工程配套基础设施，有序推进旧住宅小区综合整治、危旧住房和非成套住房改造，切实增强政府住房保障可持续提供能力。

（四）生态环境领域。着力解决生态环境保护中存在的污染物排放量大面广，环境污染严重，山水林田湖缺乏保护，生态损害大，生态环境脆弱、风险高等问题，切实推进生态环境质量改善。

（五）区域发展领域。着力解决区域发展差距特别是东西差距拉大，城镇化仍滞后于工业化，区域产业结构趋同化等问题，落实区域合作的资金保障机制，切实推进区域协调协同发展。

（六）战略性新兴产业和先进制造业领域。着力解决战略性新兴产业和先进制造业在经济社会发展中的产业政策环境不完善，供给体系质量和效率偏低，供给和需求衔接不紧密等问题，切实推进看得准、有机遇的重点技术和产业领域实现突破。

（七）创业创新领域。着力解决创业创新在经济社会发展中的市场环境亟待改善，创投市场资金供给不足，企业创新动能较弱等问题，切实推进大众创业、万众创新。

投资于基金章程、合伙协议或基金协议中约定产业领域的比例不得低于基金募集规模或承诺出资额的60%。

国家发展改革委将根据区域规划、区域政策、产业政策、投资政策及其他国家宏观管理政策适时调整并不定期发布基金投资领域指导意见。

第二十五条 政府出资产业投资基金应投资于：

（一）未上市企业股权，包括以法人形式设立的基础设施项目、重大工程项目等未上市企业的股权；

（二）参与上市公司定向增发、并购重组和私有化等股权交易形成的股份；

（三）经基金章程、合伙协议或基金协议明确或约定的符合国家产业政策的其他投资形式。

基金闲置资金只能投资于银行存款、国债、地方政府债、政策性金融债和政府支持债券等安全性和流动性较好的固定收益类资产。

第二十六条 政府出资产业投资基金对单个企业的投资额不得超过基金资产总值的

20%，且不得从事下列业务：

（一）名股实债等变相增加政府债务的行为；

（二）公开交易类股票投资，但以并购重组为目的的除外；

（三）直接或间接从事期货等衍生品交易；

（四）为企业提供担保，但为被投资企业提供担保的除外；

（五）承担无限责任的投资。

第二十七条　政府出资产业投资基金应在章程、委托管理协议等法律文件中，明确基金的分配方式、业绩报酬、管理费用和托管费用标准。

第二十八条　政府出资产业投资基金章程应当加强被投资企业的资金使用监管，防范财务风险。

第二十九条　基金一般应在存续期满后终止，确需延长存续期的，应报经政府基金设立批准部门同意后，与其他投资方按约定办理。

第四章　政府出资产业投资基金的绩效评价

第三十条　国家发展改革委建立并完善政府出资产业投资基金绩效评价指标体系。评价指标主要包括：

（一）基金实缴资本占认缴资本的比例；

（二）基金投向是否符合区域规划、区域政策、产业政策、投资政策及其他国家宏观管理政策，综合评估政府资金的引导作用和放大效应、资金使用效率及对所投产业的拉动效果等；

（三）基金投资是否存在名股实债等变相增加政府债务的行为；

（四）是否存在违反法律、行政法规等行为。

第三十一条　国家发展改革委每年根据评价指标对政府出资产业投资基金绩效进行系统性评分，并将评分结果适当予以公告。有关评价办法由国家发展改革委另行制定。金融机构可以根据评分结果对登记的政府出资产业投资基金给予差异化的信贷政策。

第三十二条　国家发展改革委建立并完善基金管理人绩效评价指标体系。评价指标主要包括：

（一）基金管理人实际管理的资产总规模；

（二）基金管理人过往投资业绩；

（三）基金管理人过往投资领域是否符合政府产业政策导向；

（四）基金管理人管理的基金运作是否存在公开宣传、向非合格机构投资者销售、违反职业道德底线等违规行为；

（五）基金管理人及其管理团队是否受到监管机构的行政处罚，是否被纳入全国信用信息共享平台失信名单；

（六）是否存在违反法律、行政法规等行为。

第三十三条　国家发展改革委每年根据评价指标对基金管理人绩效进行系统性评分，并将评分结果适当予以公告。有关评价办法由国家发展改革委另行制定。各级政府部门可以根据评分结果选择基金管理人。

第五章　政府出资产业投资基金行业信用建设

第三十四条　国家发展改革委会同有关部门加强政府出资产业投资基金行业信用体系建设，在政府出资产业投资基金信用信息登记系统建立基金、基金管理人和从业人员信用记录，并纳入全国信用信息共享平台。

第三十五条　地方发展改革部门会同地方有关部门负责区域内政府出资产业投资基金行业信用体系建设，并通过政府出资产业投资基金信用信息登记系统报送基金、基金管理人和从业人员有关信息。报送内容包括但不限于工商信息、行业信息、经营信息和风险信息等。

第三十六条　对有不良信用记录的基金、基金管理人和从业人员，国家发展改革委通过“信用中国”网站统一向社会公布。地方发展改革部门可以根据各地实际情况，将区域内失信基金、基金管理人和从业人员名单以适当方式予以公告。

发展改革部门会同有关部门依据所适用的法律法规及多部门签署的联合惩戒备忘录等对列入失信联合惩戒名单的基金、基金管理人和从业人员开展联合惩戒，惩戒措施包括但不限于市场禁入、限制作为供应商参加政府采购活动、限制财政补助补贴性资金支持、从严审核发行企业债券等。

第三十七条　国家发展改革委在“信用中国”网站设立政府出资产业投资基金行业信用建设专栏，公布失信基金、基金管理人和从业人员名单，及时更新名单目录及惩戒处罚等信息，并开展联合惩戒的跟踪、监测、统计和评估工作。

第六章　政府出资产业投资基金的监督管理

第三十八条　国家发展改革委会同地方发展改革部门严格履行基金的信用信息监管责任，建立健全政府出资产业投资基金信用信息登记系统，建立完善政府出资产业投资基金绩效评价制度，加快推进政府出资产业投资基金行业信用体系建设，加强对政府出资产业投资基金的监督管理。

第三十九条　对未登记的政府出资产业投资基金及其受托管理机构，发展改革部门应当督促其在二十个工作日内申请办理登记。逾期未登记的，将其作为“规避登记政府出资产业投资基金”、“规避登记受托管理机构”，并以适当方式予以公告。

第四十条　中央各部门及其直属机构出资设立的产业投资基金的基金管理人应当于每个会计年度结束后四个月内，向国家发展改革委提交基金及基金管理人的年度业务报告、经有资质的会计师事务所审计的年度财务报告和托管报告，并及时报告投资运作过程中的重大事项。

地方政府或所属部门、直属机构出资设立的产业投资基金的基金管理人应当于每个会计年度结束后四个月内，向本级发展改革部门提交基金及基金管理人的年度业务报告、经有资质的会计师事务所审计的年度财务报告和托管报告，并及时报告投资运作过程中的重大事项。

重大事项包括但不限于公司章程修订、资本增减、高级管理人员变更、合并、清算等。

第四十一条　发展改革部门通过现场和非现场“双随机”抽查，会同有关部门对政府出资产业投资基金进行业务指导，促进基金规范运作，有效防范风险。基金有关当事人应积极配合有关部门对政府出资产业投资基金合规性审查，提供有关文件、账簿及其他资料，不得以任何理由阻扰、拒绝检查。

第四十二条　对未按本办法规范运作的政府出资产业投资基金及其基金管理机构、托管机构，发展改革部门可以会同有关部门出具监管建议函，视情节轻重对其采取责令改正、监管谈话、出具警示函、取消登记等措施，并适当予以公告。

第四十三条　建立政府出资产业投资基金重大项目稽察制度，健全政府投资责任追究制度。完善社会监督机制，鼓励公众和媒体监督。

第四十四条　各级发展改革部门应当自觉接受审计、监察等部门依据职能分工进行的监督检查。各级发展改革部门工作人员有徇私舞弊、滥用职权、弄虚作假、玩忽职守、未依法履行职责的，依法给予处分；构成犯罪的，依法追究刑事责任。

第七章　附　　则

第四十五条　本办法由国家发展改革委负责解释。

第四十六条　政府出资产业投资基金投资境外企业，按照境外投资有关规定办理。

第四十七条　本办法自 2017 年 4 月 1 日起施行，具体登记办法由国家发展改革委另行制定。本办法施行前设立的政府出资产业投资基金及其受托管理机构，应当在本办法施行后两个月内按照本办法有关规定到发展改革部门登记。

国家发展改革委

2016 年 12 月 30 日

关于深化投融资体制改革的意见（摘录）

三、完善政府投资体制，发挥好政府投资的引导和带动作用

（五）进一步明确政府投资范围。政府投资资金只投向市场不能有效配置资源的社会公益服务、公共基础设施、农业农村、生态环境保护和修复、重大科技进步、社会管理、国家安全等公共领域的项目，以非经营性项目为主，原则上不支持经营性项目。建立政府投资范围定期评估调整机制，不断优化投资方向和结构，提高投资效率。

（六）优化政府投资安排方式。政府投资资金按项目安排，以直接投资方式为主。对确需支持的经营性项目，主要采取资本金注入方式投入，也可适当采取投资补助、贷款贴息等方式进行引导。安排政府投资资金应当在明确各方权益的基础上平等对待各类投资主体，不得设置歧视性条件。根据发展需要，依法发起设立基础设施建设基金、公共服务发展基金、住房保障发展基金、政府出资产业投资基金等各类基金，充分发挥政府资金的引导作用和放大效应。加快地方政府融资平台的市场化转型。

（七）规范政府投资管理。依据国民经济和社会发展规划及国家宏观调控总体要求，编制三年滚动政府投资计划，明确计划期内的重大项目，并与中期财政规划相衔接，统筹安排、规范使用各类政府投资资金。依据三年滚动政府投资计划及国家宏观调控政策，编制政府投资年度计划，合理安排政府投资。建立覆盖各地区各部门的政府投资项目库，未入库项目原则上不予安排政府投资。完善政府投资项目信息统一管理机制，建立贯通各地区各部门的项目信息平台，并尽快拓展至企业投资项目，实现项目信息共享。改进和规范政府投资项目审批制，采用直接投资和资本金注入方式的项目，对经济社会发展、社会公众利益有重大影响或者投资规模较大的，要在咨询机构评估、公众参与、专家评议、风险评估等科学论证基础上，严格审批项目建议书、可行性研究报告、初步设计。经国务院及有关部门批准的专项规划、区域规划中已经明确的项目，部分改扩建项目，以及建设内容单一、投资规模较小、技术方案简单的项目，可以简化相关文件内容和审批程序。

（八）加强政府投资事中事后监管。加强政府投资项目建设管理，严格投资概算、建设标准、建设工期等要求。严格按照项目建设进度下达投资计划，确保政府投资及时发挥效益。严格概算执行和造价控制，健全概算审批、调整等管理制度。进一步完善政府投资项目代理建设制度。在社会事业、基础设施等领域，推广应用建筑信息模型技术。鼓励有条件的政府投资项目通过市场化方式进行运营管理。完善政府投资监管机制，加强投资项目审计监督，强化重大项目稽察制度，完善竣工验收制度，建立后评价制度，健全政府投资责任追究制度。建立社会监督机制，推动政府投资信息公开，鼓励公众和媒体对政府投资进行监督。

（九）鼓励政府和社会资本合作。各地区各部门可以根据需要和财力状况，通过特许经营、政府购买服务等方式，在交通、环保、医疗、养老等领域采取单个项目、组合项目、连片开发等多种形式，扩大公共产品和服务供给。要合理把握价格、土地、金融等方面的政策支持力度，稳定项目预期收益。要发挥工程咨询、金融、财务、法律等方面专业机构作用，提高项目决策的科学性、项目管理的专业性和项目实施的有效性。

中共中央　国务院

2016年7月5日

关于财政资金注资政府投资基金支持产业发展的指导意见

财建〔2015〕1062号

各省、自治区、直辖市、计划单列市财政厅（局）：

近年来，各级财政探索政府投资基金等市场化方式支持产业发展，有效引导了社会资本投向，促进了企业和产业发展，但也存在投向分散、运作不规范、指导监督机制不完善等问题。为贯彻落实党的十八届五中全会通过的《国民经济和社会发展第十三个五年规划的建议》关于“发挥财政资金撬动功能，创新融资方式，带动社会资本参与投资”等精神，规范有序推进相关工作，根据《政府投资基金管理办法》（财预〔2015〕210号），现就财政资金注资设立政府投资基金支持产业发展，提出以下指导意见：

一、指导思想、总体要求及基本原则

（一）指导思想。

规范有序运用政府投资基金方式推动重点产业发展，发挥财政资金带动社会投资、培育市场需求、促进企业创业成长等作用，提高资源配置效率和财政资金使用效益，加快经济结构调整和发展方式转变。

（二）总体要求。

使市场在资源配置中起决定性作用，更好发挥政府引导作用。协调好财政资金杠杆放大作用和多种所有制资本相互促进作用，加强顶层设计，坚持市场化运作，规范有序推进，推动解决产业重点领域和薄弱环节的资金、市场、技术等瓶颈制约。

（三）基本原则。

——聚焦重点产业。区分产业重点领域和薄弱环节，明确特定政策目标，在准确定位的基础上确定财政资金投入方式和支持产业发展的政府投资基金设立方案，解决产业发展的瓶颈制约。

——坚持市场化运作。按照法律法规和市场通行做法明确工作机制，遵循市场规则，实行专业化管理，同时注重充分发挥社会资本作用。在确保有效监督指导的同时，基金机构设置尽可能精简，提高效率。

——切实履行出资人职责。财政部门根据同级政府授权，切实履行对财政资金注资的政府投资基金的出资人职责。通过合理设计基金设立方案及财政出资让利措施、选好基金管理公司或团队等，充分发挥政府投资基金支持产业的作用。

二、合理运用政府投资基金聚焦支持重点产业

财政资金注资政府投资基金支持产业发展，应当针对宏观经济及产业发展的特定问题，加强政策顶层设计、明确基金定位、合理控制规模，规范有序推进。

（一）精准定位、聚焦重点。公共财政运用政府投资基金方式支持的产业，限定于具有一定竞争性、存在市场失灵、外溢性明显的关键领域和薄弱环节。具体按照《政府投资基金暂行管理办法》有关规定，限定支持领域。推动产业发展方面，主要支持外部性强，基础性、带动性、战略性特征明显的产业领域及中小企业创业成长。各地应当结合上述定位，以及国家、地方产业布局和发展规划聚焦作用的特定领域。

（二）问题导向、分类施策。针对产业重点领域和薄弱环节，相机采取创业投资引导基金、产业投资基金等形式予以支持。其中：对战略性新兴产业及中小企业，可通过创业投资引导基金，加强资金、技术和市场相融合。对集成电路等战略主导产业及行业龙头企业，可通过产业投资基金直接投资，实现产业重点突破和跨越发展。

（三）加强引导、有序推进。通过一般公共预算、政府性基金预算、国有资本经营预算等安排对政府投资基金注资，发挥财政资金引导作用，引导社会资金投资经济社会发展的重点领域和薄弱环节。同时，要合理控制政府投资基金规模，不得在同一行业或领域重复设立基金。结合产业发展阶段性特点和要求，适时调整政府投资基金作用的领域；对市场能够充分发挥作用的领域，要及时退出。

三、规范设立运作支持产业的政府投资基金

财政资金注资设立政府投资基金支持产业，要坚持市场化运作、专业化管理，以实现基金良性运营。基金的设立和运作，应当遵守契约精神，依法依规推进，促进政策目标实现。

（一）设立市场化的基金实体。结合政府投资基金定位、社会出资人意愿等，设立公司制、合伙制等市场化基金实体，坚持所有权、管理权、托管权分离。原则上不设立事业单位形式的政府投资基金；已设立事业单位形式政府投资基金的应当积极向企业转制，不能转制的应当选聘专业管理团队，提高市场化管理水平。

（二）建立多元化的出资结构。结合政府投资基金政策目标，广泛吸引社会出资，形成多元化出资结构，优化基金内部治理结构、形成各方出资合理制衡，促进协同发展。结合财力可能、基金定位、募资难度等确定财政资金注资上限，并根据有关章程、协议及基金投资进度等分期到位。

（三）坚持专业化投资运营。财政资金注资设立的政府投资基金，原则上委托市场化基金管理公司管理，并通过委托管理协议等约定主要投资领域和投资阶段。为促进产业链协同发展，可适当布局产业上下游环节。

（四）建立适时退出机制。财政资金注资设立政府投资基金形成的股权，应根据有关法律法规并按照章程约定的条件退出。财政出资原则在基金存续期满后退出，存续期内如达到预期目标，也可考虑通过预设股权回购机制等方式适时退出。

四、切实履行财政资金出资人职责

财政部门作为财政资金管理部门，根据本级人民政府授权，并依照法律法规以及基金章程、合伙人协议等，切实履行对财政资金注资政府投资基金的出资人职责，促进支持产业政策目标实现，保障出资人权益。

（一）深入研究基金设立方案。确需设立支持产业的政府投资基金，财政部门应当主动研究设立方案，结合支持的产业发展所需，明确基金设立形式、运作机制、财政出资比例、让利措施等问题，同时发挥行业主管部门在行业政策及投向等方面的指导作用，明确引导基金投资结构、中长期目标，由财政部门或财政部门会同有关行业主管部门报同级人民政府审批。

（二）选定绩优基金管理公司或团队。选择政府投资基金管理公司或团队要综合考虑团队募资能力、投资业绩、研究能力、出资实力等，预设好前置条件，确保专注管理。同时，设定合理的激励约束机制，主要是确定合理的管理费和绩效奖励、要求基金管理公司或团队对引导基金认缴出资、将对其绩效评价与管理费等挂钩，促使基金管理公司或团队不断提高管理水平。

（三）合理确定财政出资让利措施。财政资金注资设立政府投资基金支持产业发展，着眼政策目标，坚持风险共担、收益共享。财政出资原则上与社会出资同股同权。对于“市场失灵”突出的领域，设立基金可以采取向社会出资人让渡部分分红等让利措施，但必须控制财政风险，并确保市场机制充分发挥作用。

（四）依法行使出资人权利。财政部门与其他出资人共同签订政府投资基金章程、合伙人协议等，明晰各方责权利；同时，按照有关协议约定委派董事或理事、监事等，依法依规参与基金内部治理，促进政策目标实现，保障出资人权益。

（五）适时进行考核评价。财政资金控股的政府投资基金应当纳入公共财政考核评价体系，定期对基金支持产业的政策目标、政策效果及其资产情况进行评估；对于财政资金注资但不控股的基金，财政部门或财政部门授权有关部门（机构）按照公共性原则对财政出资进行考核评价。

五、积极营造政府投资基金支持产业发展的良好环境

财政资金新注资设立政府投资基金支持产业发展，要按照本意见要求规范推进。已注资的基金如具备条件，应当在出资人自愿协商一致的前提下，按照本意见调整完善运作机制。财政部门应对所注资基金加强统筹，完善机制，营造良好环境，促使更好发挥支持产业发展的政策效应。

（一）加强统筹合作。中央和地方财政资金注资的投向相近的政府投资基金，应加强合作，通过互相参股、联合投资等方式发挥合力。同时，财政资金也可参股一些产业龙头企业发起设立的基金，扶优扶强，推动产业链协同发展，优化产业布局。

（二）加强组织协调。探索建立财政资金注资政府投资基金的统计分析、考核评价、董事及监事委派、风险控制等体系。同时，加强与有关部门和单位的合作，推动建立政府投资基金支持产业发展的工作协调机制，促进政策作用的有效发挥。

（三）强化政策支撑。对符合国有股转持豁免、税收减免等规定的基金，要用足用好政策。同时，积极研究促进政府投资基金支持产业发展的政策措施，引导金融机构加大对有关基金的融资支持力度，引导产业链相关的国有企业对基金出资。

（四）完善支持方式。按照财税改革和构建现代财政制度的要求，结合经济发展规划、产业基础、资源禀赋及科技优势等实际情况，积极探索完善保险补偿、政府和社会资本合作（PPP）、融资担保等市场化支持方式，形成政策合力共同支持产业发展，推动重点产业发展和产业转型升级。

财政部

2015 年 12 月 25 日

政府投资基金暂行管理办法

财预〔2015〕210号

第一章 总 则

第一条 为了进一步提高财政资金使用效益，发挥好财政资金的杠杆作用，规范政府投资基金管理，促进政府投资基金持续健康运行，根据预算法、合同法、公司法、合伙企业法等相关法律法规，制定本办法。

第二条 本办法所称政府投资基金，是指由各级政府通过预算安排，以单独出资或与社会资本共同出资设立，采用股权投资等市场化方式，引导社会各类资本投资经济社会发展的重点领域和薄弱环节，支持相关产业和领域发展的资金。

第三条 本办法所称政府出资，是指财政部门通过一般公共预算、政府性基金预算、国有资本经营预算等安排的资金。

第四条 财政部门根据本级政府授权或合同章程规定代行政府出资人职责。

第二章 政府投资基金的设立

第五条 政府出资设立投资基金，应当由财政部门或财政部门会同有关行业主管部门报本级政府批准。

第六条 各级财政部门应当控制政府投资基金的设立数量，不得在同一行业或领域重复设立基金。

第七条 各级财政部门一般应在以下领域设立投资基金：

（一）支持创新创业。为了加快有利于创新发展的市场环境，增加创业投资资本的供给，鼓励创业投资企业投资处于种子期、起步期等创业早期的企业。

（二）支持中小企业发展。为了体现国家宏观政策、产业政策和区域发展规划意图，扶持中型、小型、微型企业发展，改善企业服务环境和融资环境，激发企业创业创新活力，增强经济持续发展内生动力。

（三）支持产业转型升级和发展。为了落实国家产业政策，扶持重大关键技术产业化，引导社会资本增加投入，有效解决产业发展投入大、风险大的问题，有效实现产业转型升级和重大发展，推动经济结构调整和资源优化配置。

（四）支持基础设施和公共服务领域。为改革公共服务供给机制，创新公共设施投融资模式，鼓励和引导社会资本进入基础设施和公共服务领域，加快推进重大基础设施建设，提高公共服务质量和水平。

第八条　设立政府投资基金，可采用公司制、有限合伙制和契约制等不同组织形式。

第九条　政府投资基金出资方应当按照现行法律法规，根据不同的组织形式，制定投资基金公司章程、有限合伙协议、合同等（以下简称章程），明确投资基金设立的政策目标、基金规模、存续期限、出资方案、投资领域、决策机制、基金管理机构、风险防范、投资退出、管理费用和收益分配等。

第三章　政府投资基金的运作和风险控制

第十条　政府投资基金应按照“政府引导、市场运作，科学决策、防范风险”的原则进行运作。

第十一条　政府投资基金募资、投资、投后管理、清算、退出等通过市场化运作。财政部门应指导投资基金建立科学的决策机制，确保投资基金政策性目标实现，一般不参与基金日常管理事务。

第十二条　政府投资基金在运作过程中不得从事以下业务：

1. 从事融资担保以外的担保、抵押、委托贷款等业务；
2. 投资二级市场股票、期货、房地产、证券投资基金、评级AAA以下的企业债、信托产品、非保本型理财产品、保险计划及其他金融衍生品；
3. 向任何第三方提供赞助、捐赠（经批准的公益性捐赠除外）；
4. 吸收或变相吸收存款，或向第三方提供贷款和资金拆借；
5. 进行承担无限连带责任的对外投资；
6. 发行信托或集合理财产品募集资金；
7. 其他国家法律法规禁止从事的业务。

第十三条　投资基金各出资方应当按照“利益共享、风险共担”的原则，明确约定收益处理和亏损负担方式。对于归属政府的投资收益和利息等，除明确约定继续用于投资基金滚动使用外，应按照财政国库管理制度有关规定及时足额上缴国库。投资基金的亏损应由出资方共同承担，政府应以出资额为限承担有限责任。

为更好地发挥政府出资的引导作用，政府可适当让利，但不得向其他出资人承诺投资本金不受损失，不得承诺最低收益。国务院另有规定的除外。

第十四条　政府投资基金应当遵照国家有关财政预算和财务管理制度等规定，建立健全内部控制和外部监管制度，建立投资决策和风险约束机制，切实防范基金运作过程中可能出现的风险。

第十五条　政府投资基金应选择在中国境内设立的商业银行进行托管。托管银行依据托管协议负责账户管理、资金清算、资产保管等事务，对投资活动实施动态监管。

第十六条　加强政府投资基金信用体系建设，建立政府投资基金及其高级管理人员信用记录，并将其纳入全国统一的社会信用信息共享交换平台。

第四章　政府投资基金的终止和退出

第十七条　政府投资基金一般应当在存续期满后终止。确需延长存续期限的，应当报经同级政府批准后，与其他出资方按章程约定的程序办理。

第十八条　政府投资基金终止后，应当在出资人监督下组织清算，将政府出资额和归属政府的收益，按照财政国库管理制度有关规定及时足额上缴国库。

第十九条　政府投资基金中的政府出资部分一般应在投资基金存续期满后退出，存续期未满如达到预期目标，可通过股权回购机制等方式适时退出。

第二十条　财政部门应与其他出资人在投资基金章程中约定，有下述情况之一的，政府出资可无需其他出资人同意，选择提前退出：

（一）投资基金方案确认后超过一年，未按规定程序和时间要求完成设立手续的；

（二）政府出资拨付投资基金账户一年以上，基金未开展投资业务的；

（三）基金投资领域和方向不符合政策目标的；

（四）基金未按章程约定投资的；

（五）其他不符合章程约定情形的。

第二十一条　政府出资从投资基金退出时，应当按照章程约定的条件退出；章程中没有约定的，应聘请具备资质的资产评估机构对出资权益进行评估，作为确定投资基金退出价格的依据。

第五章　政府投资基金的预算管理

第二十二条　各级政府出资设立投资基金，应由同级财政部门根据章程约定的出资方案将当年政府出资额纳入年度政府预算。

第二十三条　上级政府可通过转移支付支持下级政府设立投资基金，也可与下级政府共同出资设立投资基金。

第二十四条　各级政府单独出资设立的投资基金，由财政部门根据年度预算、项目投资进度或实际用款需要将资金拨付到投资基金。

政府部门与社会资本共同出资设立的投资基金，由财政部门根据投资基金章程中约定的出资方案、项目投资进度或实际用款需求以及年度预算安排情况，将资金拨付到投资基金。

第二十五条　各级财政部门向政府投资基金拨付资金时，增列当期预算支出，按支出方向通过相应的支出分类科目反映；

收到投资收益时，作增加当期预算收入处理，通过相关预算收入科目反映；

基金清算或退出收回投资时，作冲减当期财政支出处理。

第六章　政府投资基金的资产管理

第二十六条　各级财政部门应按照《财政总预算会计制度》规定，完整准确反映政府投资基金中政府出资部分形成的资产和权益，在保证政府投资安全的前提下实现保值增值。

各级财政部门向投资基金拨付资金，在增列财政支出的同时，要相应增加政府资产——“股权投资”和净资产——“资产基金”，并要根据本级政府投资基金的种类进行明细核算。基金清算或退出收回投资本金时，应按照政府累计出资额相应冲减政府资产——“股权投资”和净资产——“资产基金”。

第二十七条　政府应分享的投资损益按权益法进行核算。政府投资基金应当在年度终了后及时将全年投资收益或亏损情况向本级财政部门报告。财政部门按当期损益情况作增加或减少政府资产——“股权投资”和净资产——“资产基金”处理；财政部门收取政府投资基金上缴投资收益时，相应增加财政收入。

第二十八条　政府投资基金应当定期向财政部门报告基金运行情况、资产负债情况、投资损益情况及其他可能影响投资者权益的其他重大情况。按季编制并向财政部门报送资产负债表、损益表及现金流量表等报表。

第二十九条　本办法实施前已经设立的政府投资基金，要按本办法规定将政府累计投资形成的资产、权益和应分享的投资收益及时向财政部门报告。财政部门要按照本办法和《财政总预算会计制度》要求，相应增加政府资产和权益。

第七章　监督管理

第三十条　各级财政部门应建立政府投资基金绩效评价制度，按年度对基金政策目标实现程度、投资运营情况等开展评价，有效应用绩效评价结果。

第三十一条　政府投资基金应当接受财政、审计部门对基金运行情况的审计、监督。

第三十二条　各级财政部门应会同有关部门对政府投资基金运作情况进行年度检查。对于检查中发现的问题按照预算法和《财政违法行为处罚处分条例》等有关规定予以处理。涉嫌犯罪的，移送司法机关追究刑事责任。

第八章　附　　则

第三十三条　本办法由国务院财政部门负责解释。

第三十四条　省级财政部门可结合本办法及实际情况，制定本地区实施细则。

第三十五条　本办法自印发之日起实施。

财政部

2015 年 11 月 12 日

第九部分　融资平台公司管理相关法规

关于加强国有企业资产负债约束的指导意见

为深入贯彻习近平新时代中国特色社会主义思想和党的十九大精神，落实中央经济工作会议、全国金融工作会议和中央财经委员会第一次会议部署，加强国有企业资产负债约束，降低国有企业杠杆率，推动国有资本做强做优做大，增强经济发展韧性，提高经济发展质量，现提出如下指导意见。

一、总体要求

（一）总体目标。加强国有企业资产负债约束是打好防范化解重大风险攻坚战的重要举措。要通过建立和完善国有企业资产负债约束机制，强化监督管理，促使高负债国有企业资产负债率尽快回归合理水平，推动国有企业平均资产负债率到2020年年末比2017年年末降低2个百分点左右，之后国有企业资产负债率基本保持在同行业同规模企业的平均水平。

（二）基本原则

——坚持全面覆盖与分类管理相结合。所有行业、所有类型国有企业均纳入资产负债约束管理体制。同时，根据不同行业资产负债特征，分行业设置国有企业资产负债约束指标标准。突出监管重点，对超出约束指标标准的国有企业，结合企业所处发展阶段，在综合评价企业各类财务指标和业务发展前景基础上，根据风险大小采取适当管控措施。严格控制产能过剩行业国有企业资产负债率，适度灵活掌握有利于推动经济转型升级发展的战略性新兴产业、创新创业等领域的国有企业资产负债率。

——坚持完善内部治理与强化外部约束相结合。加强国有企业资产负债约束要与深化国有企业改革、建立现代企业制度、优化企业治理结构等有机结合，建立健全长效机制。同时，通过强化考核、增强企业财务真实性和透明度、合理限制债务融资和投资等方式，加强国有企业资产负债外部约束。

——坚持提质增效与政策支持相结合。各有关方面要积极主动作为，根据总体目标要求进一步明确高负债国有企业降低资产负债率的目标、步骤、方式，并限期完成。国有企业要坚持提质增效、苦练内功，通过扩大经营积累增强企业资本实力，在严防国有资产流失前提下，不断降低资产负债率。同时，要为高负债国有企业降低资产负债率创造良好政策和制度环境，完善资本补充机制，扩大股权融资，支持盘活存量资产，稳妥有序开展债务重组和市场化债转股。

二、分类确定国有企业资产负债约束指标标准

国有企业资产负债约束以资产负债率为基础约束指标，对不同行业、不同类型国有企

业实行分类管理并动态调整。原则上以本行业上年度规模以上全部企业平均资产负债率为基准线，基准线加5个百分点为本年度资产负债率预警线，基准线加10个百分点为本年度资产负债率重点监管线。国有企业集团合并报表资产负债率预警线和重点监管线，可由相关国有资产管理部门根据主业构成、发展水平以及分类监管要求确定。邮政、铁路等特殊行业或无法取得统计数据行业的企业资产负债率预警线和重点监管线，由相关国有资产管理部门根据国家政策导向、行业情况并参考国际经验确定。

由国务院国资委履行出资人职责的中央企业，资产负债率管控工作继续执行现行要求，实践中再予以调整完善。金融类国有企业资产负债约束按照现有管理制度和标准实施。

三、完善国有企业资产负债自我约束机制

（一）合理设定资产负债率水平和资产负债结构。国有企业要根据相应资产负债率预警线和重点监管线，综合考虑市场前景、资金成本、盈利能力、资产流动性等因素，加强资本结构规划与管理，合理设定企业资产负债率和资产负债结构，保持财务稳健、有竞争力。

（二）加强资产负债约束日常管理。国有企业经营管理层要忠实勤勉履职，审慎开展债务融资、投资、支出、对外担保等业务活动，防止有息负债和或有债务过度累积，确保资产负债率保持在合理水平。在年度董事会或股东（大）会议案中，要就资产负债状况及未来资产负债计划进行专项说明，并按照规范的公司治理程序，提交董事会或股东（大）会审议。在企业可能或已实质陷入财务困境时，要及时主动向相关债权人通报有关情况，依法依规与相关债权人协商，分类稳妥处置相关债务。

（三）强化国有企业集团公司对所属子企业资产负债约束。国有企业集团公司要根据子企业所处行业等情况，按照国有企业资产负债率控制指标要求，合理确定子企业的资产负债率水平，并将子企业的资产负债约束纳入集团公司考核体系，确保子企业严格贯彻执行。国有企业集团公司要进一步强化子企业资产、财务和业务独立性，减少母子企业、子企业与子企业之间的风险传染。

（四）增强内源性资本积累能力。国有企业要牢固树立新发展理念，以提高发展质量和效益为中心，着力提升经营管理水平，进一步明确并聚焦主业瘦身健体，通过创新驱动提高生产率，增强企业盈利能力，提高企业资产和资本回报率，为企业发展提供持续的内源性资本。

四、强化国有企业资产负债外部约束机制

（一）建立科学规范的企业资产负债监测与预警体系。相关国有资产管理部门要建立以资产负债率为核心，以企业成长性、效益、偿债能力等方面指标为辅助的企业资产负债监测与预警体系。对资产负债率超过预警线和重点监管线的国有企业，相关国有资产管理部门要综合分析企业所在行业特点、发展阶段、有息负债和经营性负债等债务类型结构、短期负债和中长期负债等债务期限结构，以及息税前利润、利息保障倍数、流动比率、速动比率、经营活动现金净流量等指标，科学评估其债务风险状况，并根据风险大小程度分

别列出重点关注和重点监管企业名单，对其债务风险情况持续监测。

（二）建立高负债企业限期降低资产负债率机制。对列入重点监管企业名单的国有企业，相关国有资产管理部门要明确其降低资产负债率的目标和时限，并负责监督实施。不得实施推高资产负债率的境内外投资，重大投资要履行专门审批程序，严格高风险业务管理，并大幅压减各项费用支出。依据市场化法治化原则，与业务重组、提质增效相结合，积极通过优化债务结构、开展股权融资、实施市场化债转股、依法破产等途径有效降低企业债务水平。

（三）健全资产负债约束的考核引导。相关国有资产管理部门要加强过程监督检查，将降杠杆减负债成效作为企业考核和评价的重要内容。对列入重点关注和重点监管企业名单的企业，要将企业资产负债率纳入年度经营业绩考核范围，充分发挥考核引导作用，督促企业贯彻落实资产负债管控要求。

（四）加强金融机构对高负债企业的协同约束。对资产负债率超出预警线的国有企业，相关金融机构要加强贷款信息共享，摸清企业表外融资、对外担保和其他隐性负债情况，全面审慎评估其信用风险，并根据风险状况合理确定利率、抵质押物、担保等贷款条件。对列入重点关注企业名单或资产负债率超出重点监管线的国有企业，新增债务融资原则上应通过金融机构联合授信方式开展，由金融机构共同确定企业授信额度，避免金融机构无序竞争和过度授信，严控新增债务融资。对列入重点监管企业名单的国有企业，金融机构原则上不得对其新增债务融资。

（五）强化企业财务失信行为联合惩戒机制。加强企业财务真实性和透明度审核监督。国有企业负责人对企业财务真实性负全责，要确保企业不虚报资产隐匿债务，财务信息真实可靠。会计师事务所等专业中介机构要严格按照会计准则规范出具审计报告，客观准确反映企业资产负债状况。加强社会信用体系建设，完善企业财务失信行为联合惩戒机制，将违法违规企业、中介机构及相关责任人员纳入失信人名单，并依法依规严格追究责任，加大处罚力度。

五、加强国有企业资产负债约束的配套措施

（一）厘清政府债务与企业债务边界。坚决遏制地方政府以企业债务的形式增加隐性债务。严禁地方政府及其部门违法违规或变相通过国有企业举借债务，严禁国有企业违法违规向地方政府提供融资或配合地方政府变相举债；违法违规提供融资或配合地方政府变相举债的国有企业，应当依法承担相应责任。多渠道盘活各类资金和资产，积极稳妥化解以企业债务形式形成的地方政府存量隐性债务，保障国有企业合法权益。进一步完善国有企业参与国家或地方发展战略、承担公共服务等的合法权益保障机制。各级政府和社会组织要严格落实减轻企业负担的各项政策，一般情况下，不得强制要求国有企业承担应由政府或社会组织承担的公益性支出责任。国有企业自愿承担的，应严格履行相应决策程序。加快推进“三供一业”分离移交，减轻国有企业办社会负担，协助解决国有企业历史遗留问题。

（二）支持国有企业盘活存量资产优化债务结构。鼓励国有企业采取租赁承包、合作利用、资源再配置、资产置换或出售等方式实现闲置资产流动，提高资产使用效率，优化资源配置。鼓励国有企业整合内部资源，将与主业相关的资产整合清理后并入主业板块，提高存量资产利用水平，改善企业经营效益。鼓励国有企业加强资金集中管理，强化内部资金融通，提高企业资金使用效率。支持国有企业盘活土地使用权、探矿权、采矿权等无形资产，充分实现市场价值。积极支持国有企业按照真实出售、破产隔离原则，依法合规开展以企业应收账款、租赁债权等财产权利和基础设施、商业物业等不动产财产或财产权益为基础资产的资产证券化业务。推动国有企业开展债务清理，减少无效占用，加快资金周转。在风险可控前提下，鼓励国有企业利用债券市场提高直接融资比重，优化企业债务结构。

（三）完善国有企业多渠道资本补充机制。以增加经营效益为前提，进一步完善国有企业留存利润补充资本机制。与完善国有经济战略布局相结合，实现国有资本有进有退动态管理，将从产能过剩行业退出的国有资本用于急需发展行业和领域国有企业的资本补充。充分发挥国有资本经营预算资金的作用，在逐步解决企业历史遗留问题及相关改革成本后，更多作为资本投向关系国家安全、国民经济命脉的重要行业和关键领域。充分运用国有资本投资、运营公司，吸收社会资金转化为资本。积极推进混合所有制改革，鼓励国有企业通过出让股份、增资扩股、合资合作等方式引入民营资本。鼓励国有企业充分通过多层次资本市场进行股权融资，引导国有企业通过私募股权投资基金方式筹集股权性资金，扩大股权融资规模。支持国有企业通过股债结合、投贷联动等方式开展融资，有效控制债务风险。鼓励国有企业通过主动改造改制创造条件实施市场化债转股。

（四）积极推动国有企业兼并重组。支持通过兼并重组培育优质国有企业。鼓励国有企业跨地区开展兼并重组。加大对产业集中度不高、同质化竞争突出行业国有企业的联合重组力度。鼓励各类投资者通过股权投资基金、创业投资基金、产业投资基金等形式参与国有企业兼并重组。

（五）依法依规实施国有企业破产。充分发挥企业破产在解决债务矛盾、公平保障各方权利、优化资源配置等方面的重要作用。支持国有企业依法对扭亏无望、已失去生存发展前景的“僵尸子企业”进行破产清算。对符合破产条件但仍有发展前景的子企业，支持债权人和国有企业按照法院破产重整程序或自主协商对企业进行债务重组。对严重资不抵债失去清偿能力的地方政府融资平台公司，依法实施破产重整或清算，坚决防止“大而不能倒”，坚决防止风险累积形成系统性风险。同时，要做好与企业破产相关的维护社会稳定工作。

六、加强国有企业资产负债约束的组织实施

（一）明确各类责任主体。国有企业是落实资产负债约束的第一责任主体，要按照本指导意见要求，明确企业资产负债率控制目标，深化内部改革，强化自我约束，有效防范债务风险，严防国有资产流失，确保企业可持续经营。相关金融机构要根据国有企业资产负债和经营情况，审慎评估企业债务融资需求，平衡股债融资比例，加强贷后管理，开展债务重组，协助企业及时防范和化解债务风险。对落实本指导意见不力和经营行为不审慎导致资产负债率长期超出合理水平的国有企业及其主要负责人，相关部门要加大责任追究力度。对落实本指导意见弄虚作假的国有企业，相关部门要对其主要负责人及负有直接责任人员从严从重处罚。

（二）建立部门信息共享和社会公开监督约束机制。相关国有资产管理部门要将列入重点关注和重点监管企业名单的企业及其债务风险状况，报送积极稳妥降低企业杠杆率工作部际联席会议（以下简称联席会议）办公室，并由联席会议办公室通报相关部门，为相关部门开展工作提供必要基础信息。各级相关国有资产管理部门要将各类企业资产负债率预警线和重点监管线以及按照规定应公开的企业财务信息，通过“信用中国”等媒介向社会公开，接受社会监督。

（三）加强国有企业资产负债约束实施工作的组织协调。各级相关国有资产管理部门要按照本指导意见确定的降低国有企业资产负债率目标和约束标准，分解落实、细化要求、加强指导、严格考核，有关情况及时报告联席会议办公室。各级审计部门要依法独立开展审计监督，促进国有企业资产负债约束落实到位。相关金融管理部门要按照本指导意见进一步明确规则，加强对金融机构的业务指导和督促。各级政府向本级人大常委会报告国有资产管理情况时，应报告国有企业资产负债情况和资产负债率控制情况。联席会议要加强组织领导、统筹协调、检查督导和监督问责，确保国有企业降低资产负债率取得实效。重大问题要及时报告党中央、国务院。

中共中央办公厅、国务院办公厅

2018 年 9 月 13 日

关于规范金融企业对地方政府和国有企业投融资行为有关问题的通知

财金〔2018〕23 号

各国有金融企业：

金融企业是支持地方经济社会发展的重要力量。当前，金融企业运营总体平稳良好，但在服务地方发展、支持地方基础设施和公共服务领域建设中仍然存在过于依靠政府信用背书，捆绑地方政府、捆绑国有企业、堆积地方债务风险等问题，加剧了财政金融风险隐患。为全面贯彻党的十九大精神，落实全国金融工作会议部署和要求，坚决打好防范化解重大风险攻坚战，促进金融企业稳健运行，进一步督促金融企业加强风险管控和财务管理，严格执行国有金融资本管理制度，现就有关事项通知如下：

一、【总体要求】国有金融企业应严格落实《预算法》和《国务院关于加强地方政府性债务管理的意见》（国发〔2014〕43 号）等要求，除购买地方政府债券外，不得直接或通过地方国有企事业单位等间接渠道为地方政府及其部门提供任何形式的融资，不得违规新增地方政府融资平台公司贷款。不得要求地方政府违法违规提供担保或承担偿债责任。不得提供债务性资金作为地方建设项目、政府投资基金或政府和社会资本合作（PPP）项目资本金。

二、【资本金审查】国有金融企业向参与地方建设的国有企业（含地方政府融资平台公司）或 PPP 项目提供融资，应按照“穿透原则”加强资本金审查，确保融资主体的资本金来源合法合规，融资项目满足规定的资本金比例要求。若发现存在以“名股实债”、股东借款、借贷资金等债务性资金和以公益性资产、储备土地等方式违规出资或出资不实的问题，国有金融企业不得向其提供融资。

三、【还款能力评估】国有金融企业参与地方建设融资，应审慎评估融资主体的还款能力和还款来源，确保其自有经营性现金流能够覆盖应还债务本息，不得要求或接受地方政府及其部门以任何方式提供担保、承诺回购投资本金、保本保收益等兜底安排，或以其他方式违规承担偿债责任。项目现金流涉及可行性缺口补助、政府付费、财政补贴等财政资金安排的，国有金融企业应严格核实地方政府履行相关程序的合规性和完备性。严禁国有金融企业向地方政府虚构或超越权限、财力签订的应付（收）账款协议提供融资。

四、【投资基金】国有金融企业与地方政府及其部门合作设立各类投资基金，应严格遵守有关监管规定，不得要求或接受地方政府及其部门作出承诺回购投资本金、保本保收益等兜底安排，不得通过结构化融资安排或采取多层嵌套等方式将投资基金异化为债务融资平台。

五、【资产管理业务】国有金融企业发行银行理财、信托计划、证券期货经营机构资产管理计划、保险基础设施投资计划等资产管理产品参与地方建设项目，应按照“穿透原则”切实加强资金投向管理，全面掌握底层基础资产信息，强化期限匹配，不得以具有滚动发行、集合运作、分离定价特征的资金池产品对接，不得要求或接受地方政府以任何方式提供兜底安排或以其他方式违规承担偿债责任，不得变相为地方政府提供融资。国有金融企业在进行资产管理产品推介时，应充分说明投资风险，不得以地方政府承诺回购、保证最低收益等隐含无风险条件，作为营销手段。

六、【政策性开发性金融】政策性、开发性金融机构服务国家重大战略、支持经济社会薄弱环节时，应严格遵守国家法律和相关规定，严格按照市场化原则审慎合规授信，严格按照项目实际而不是政府信用提供融资，严格遵守业务范围划分规定。严禁为地方政府和国有企业提供各类违规融资，不得要求或接受地方政府出具任何形式明示或暗示承担偿债责任的文件，不得通过任何形式违法违规增加地方政府债务负担。

七、【合作方式】国有金融企业应将严格遵守国家地方政府债务管理法律法规和政策规定作为合规管理的重要内容，切实转变业务模式，依法规范对地方建设项目提供融资，原则上不得采取与地方政府及其部门签署一揽子协议、备忘录、会议纪要等方式开展业务，不得对地方政府及其部门统一授信。

八、【金融中介业务】国有金融企业为地方政府融资平台公司等地方国有企业在境内外发行债券提供中介服务时，应审慎评估举债主体财务能力和还款来源。对于发债企业收入来源中涉及财政资金安排的，应当尽职调查，认真核实财政资金安排的合规性和真实性。在债券募集说明书等文件中，不得披露所在地区财政收支、政府债务数据等明示或暗示存在政府信用支持的信息，严禁与政府信用挂钩的误导性宣传，并应在相关发债说明书中明确，地方政府作为出资人仅以出资额为限承担有限责任，相关举借债务由地方国有企业作为独立法人负责偿还。

九、【PPP】国有金融企业应以 PPP 项目规范运作为融资前提条件，对于未落实项目资本金来源、未按规定开展物有所值评价、财政承受能力论证的，物有所值评价、财政承受能力论证等相关信息没有充分披露的 PPP 项目，不得提供融资。

十、【融资担保】政府性融资担保机构应按照市场化方式运作，依法依规开展融资担保服务，自主经营、自负盈亏，不得要求或接受地方政府以任何形式在出资范围之外承担责任。

十一、【出资管理】国有金融企业应加强对股东资质的审查。国有金融企业股东应以自有资金入股国有金融企业，且确保资金来源合法，严禁虚假出资、出资不实或抽逃出资，严禁代持国有金融企业股权。除法律法规另有规定的以外，以非自有资金出资的股权不得享受股权增值收益，并按“实际出资与期末净资产孰低”原则予以清退。国有金融企业股东用金融企业股权质押融资，应遵守法律法规和相关监管规定，不得损害其他股东和金融企业的利益。

十二、【财务约束】国有金融企业应按照“实质重于形式”的原则，充足提取资产减值准备，严格计算占用资本，不得以有无政府背景作为资产风险的判断标准。

十三、【产权管理】国有金融企业应聚焦主业，严格遵守国有金融资产管理有关规定，做好与地方政府及其部门合作所形成股权资产的登记、评估、转让、清算、退出等工作。合理设置机构法人层级，压缩管理级次，降低组织结构复杂程度，原则上同类一级子公司只能限定为一家。

十四、【配合整改】对存在地方政府违法违规举债担保、变相举债等问题的存量项目，开发性、政策性金融机构等国有金融企业应积极主动配合有关方面，依法依规开展整改，在有效保障各方合法权益的基础上，稳妥有序化解存量债务风险。在配合整改的同时，国有金融企业不得盲目抽贷、压贷和停贷，防范存量债务资金链断裂风险。

十五、【绩效评价】财政部门对金融企业进行绩效评价时，如金融企业违法违规向地方政府、地方国有企业等提供融资，要求或接受地方政府及其部门以任何方式提供担保或承担偿债责任，被相关部门依法依规追究责任的，根据相关部门提供的处理处罚情况，对该金融企业下调评价等级。

十六、【监督检查】对财政部公开通报涉及地方政府违法违规举债担保行为的地方国有企业，国有金融企业应暂停或审慎提供融资和融资中介服务。财政部驻各地财政监察专员办事处根据本通知规定对国有金融企业及其分支机构进行监督检查，对相关违规行为及时予以制止和纠正，并依法进行处理。相关检查处理结果视情抄送有关金融监管部门。

十七、【其他】本通知自印发之日起执行。其他金融企业参照执行。

财政部

2018 年 3 月 28 日

《关于规范金融企业对地方政府和国有企业投融资行为有关问题的通知》解读

2018年3月30日

近日，财政部印发了《关于规范金融企业对地方政府和国有企业投融资行为有关问题的通知》（财金〔2018〕23号，以下简称《通知》）。《通知》旨在规范金融企业对地方政府和国有企业投融资行为，与地方政府债务管理等政策形成合力，共同防范和化解地方政府债务风险。

一、《通知》出台的背景是什么？

2014年修订的预算法和《国务院关于加强地方政府性债务管理的意见》（国发〔2014〕43号）实施以来，地方各级政府加快建立规范的举债融资机制，防范化解财政金融风险，取得了阶段性成效。但当前一些地方政府依然存在违法违规和变相举借债务的问题，举债方式日益多样化，风险不断增加。这其中既有部分地方党政领导干部政绩观不正确、部门项目审批责任不落实等原因，也有金融企业推波助澜的因素。一些金融企业在经营过程中存在放松风险管控、助推地方债务规模膨胀的问题。

以习近平同志为核心的党中央高度重视地方政府债务风险防控工作。中央政治局会议、全国金融工作会议、国务院常务会议均对防范化解地方政府债务风险做出专门部署。党的十九大提出，特别是要坚决打好防范化解重大风险等攻坚战。为进一步督促金融企业加强风险管控和财务管理，严格执行国有金融资本管理制度，进一步防控地方政府债务风险，我们起草了《通知》。

二、起草《通知》遵循了哪些原则？

在《通知》起草过程中，我们坚持了以下原则：

一是坚持强化监管。国有金融企业在满足实体经济融资需求、服务地方发展建设等方面发挥了积极作用。在肯定成绩的同时，《通知》以强化监管为主要目的，对国有金融企业参与地方建设融资过程中确实存在的乱象和不规范行为加强监管，及时纾解和纠偏。二是坚持突出重点。《通知》在梳理国有金融企业参与地方建设投融资各条线业务的基础上，重点从财务管理和国有金融资本管理的角度，如资本金出资的真实性和现金流是否全面覆盖等予以规范。三是坚持问题导向。《通知》以问题为导向，以解决当前国有金融企业参与地方发展建设存在的不规范、高风险问题入手，提出可持续的监管约束，为国有金融企业主动加强风险管控和财务管理营造良好的制度环境。四是坚持稳妥有序。《通知》禁止国有金融企业协助地方政府违法违规和变相举借债务的行为，同时注意把控政策力度，既要避免对国有金融企业正常运营造成过大冲击，又要防范存量债务资金链断裂，形成“处置风险的风险”。

三、《通知》的主要内容是什么?

《通知》共十七条意见。一是关于总体要求和审查重点。要求国有金融企业严格落实《预算法》等要求，在支持地方发展建设过程中，规范投融资行为。明确国有金融企业应加强“穿透式”资本金审查，并审慎评估融资主体还款能力，确保自有经营性现金流覆盖应还债务本息。二是关于投资基金、资产管理、PPP等重点领域风险防控。要求国有金融企业在与地方政府合作设立投资基金、开展资产管理和金融中介业务，以及参与PPP项目融资时，不得为地方政府违法违规或变相举债提供支持。要求政策性、开发性金融机构和政府性融资担保机构按照市场化方式运作。同时，明确国有金融企业不得对地方政府统一授信。三是关于财务、资本管理要求和绩效评价。明确国有金融企业应严格执行出资管理、财务管理和产权管理有关规定，防范财务风险和国有资产流失。要求国有金融企业积极配合整改。对于违法违规提供融资的，下调金融企业绩效评价等级。同时，明确了财政部门的监督检查职责。

四、《通知》要求国有金融企业参与地方建设融资时应审查评估的重点是什么?

为督促国有金融企业尽职调查、严格把关，《通知》第二、三条明确了国有金融企业参与地方建设融资时应审查评估的重点。其中，第二条要求资本金审查应坚持“穿透原则”，既要关注项目资本金本身是否符合规定，若发现存在“名股实债”等违规操作的，不得向其提供融资，还需向上“穿透”审查，重点关注以债务性资金违规出资等问题。第三条重点要求自有经营性现金流能够覆盖应还债务本息，避免国有金融企业依赖政府信用、放松风险管控。同时，项目现金流涉及可行性缺口补助、政府付费、财政补贴等财政资金安排的，应认真核实地方政府履行相关程序的合规性和完备性。

五、《通知》对国有金融企业与地方政府合作设立投资基金等行为提出了哪些具体要求?

当前，国有金融企业参与地方政府违法违规和变相举债，存在一些重点风险领域。如，与地方政府合作设立实为债务融资平台的投资基金，发行资产管理产品筹资与地方建设项目债务对接，通过与地方政府及其部门签署一揽子协议等方式“捆绑”地方政府信用，在为地方国有企业提供债券发行中介服务时强调政府背景，参与“伪PPP”项目投融资等。

《通知》第四至十条根据上述业务的不同特征，提出了规范要求。其中，第四条重点防控将投资基金异化为债务融资平台。第五条重点要求资产管理业务按“穿透原则”加强资金投向管理。第六条重点要求政策性开发性金融按市场化原则在业务范围内审慎合规授信。第七条重点防控对地方政府统一授信的行为。第八条重点防控金融中介业务中明示或暗示政府信用支持的行为。第九条重点规范了国有金融企业参与PPP项目的经营行为，要求国有金融企业以 PPP 项目规范运作为融资前提条件，避免 PPP 异化为新的融资平台。第十条重点规范了政府性融资担保机构行为。

六、《通知》从出资管理等方面对国有金融企业规范投融资行为作出了哪些规定？

《通知》第十一、十二、十三条分别从出资管理、财务管理和产权管理的角度，提出了规范要求，以防控金融企业财务风险和国有金融资产流失。其中，出资管理方面，针对个别金融企业股东违规注资、套取资金等问题，要求国有金融企业加强对股东资质的审查，股东应以自有资金入股国有金融企业。财务管理方面，结合金融企业财务管理规定，要求国有金融企业按照“实质重于形式”的原则，充足提取资产减值准备，严格计算占用资本，不得以有无政府背景作为资产风险的判断标准。产权管理方面，针对个别金融企业机构层级过多、管控不到位等问题，要求国有金融企业严格遵守国有金融资产管理有关规定；合理设置机构法人层级，压缩管理级次，原则上同类一级子公司只能限定为一家。

第十部分　政府性债务甄别监督相关法规

中国共产党纪律处分条例（摘录）

2003 年 12 月，中共中央印发。
2015 年 10 月，修订。
2018 年 7 月 31 日，再次修订

第一百一十七条　盲目举债、铺摊子、上项目，搞劳民伤财的“形象工程”、“政绩工程”，致使国家、集体或者群众财产和利益遭受较大损失的，对直接责任者和领导责任者，给予警告或者严重警告处分；情节严重的，给予撤销党内职务、留党察看或者开除党籍处分。

贯彻落实打赢脱贫攻坚战三年行动指导意见的实施方案（摘录）

财办〔2018〕40 号

二、进一步强化脱贫攻坚投入保障

（五）健全与脱贫攻坚任务相适应的投入保障机制。将脱贫攻坚作为财政投入的重点优先保障。中央和省级财政加大对贫困地区的一般性转移支付力度，资金分配充分考虑脱贫攻坚因素。优化支持脱贫攻坚的各类资金分配机制，进一步向贫困地区、贫困人口倾斜。继续加大财政专项扶贫资金投入力度，增加安排中央集中彩票公益金用于革命老区脱贫攻坚的规模，体现加大脱贫攻坚力度的要求。及时落实高标准农田建设等新增耕地指标和城乡建设用地增减挂钩节余指标跨省域调剂资金，支出全部用于巩固脱贫攻坚成果和支持实施乡村振兴战略。指导各地发行地方政府债券筹资支持实施贫困村提升工程等。加大东西部扶贫协作力度，东部地区要根据财力增长情况，进一步增加对口帮扶财政投入。进一步完善和落实好脱贫攻坚税收优惠政策。规范扶贫领域融资行为，加大对扶贫融资涉及违法违规行为的查处问责力度，对借扶贫名义变相举债搞其他项目建设的，依法依规予以从严从重处理，坚决遏制隐性债务增量。（预算司、农业司、科教司、社保司、经建司、综合司、文化司、金融司、税政司、监督检查局，驻各地专员办和各省级财政部门按照职责分工负责）

（六）集中力量支持攻克深度贫困堡垒。切实贯彻落实习近平总书记“三个新增”的重要指示，中央财政和省级财政在确保现有扶贫投入不减的基础上，安排增量、优化存量，加大对深度贫困地区脱贫攻坚的投入保障力度。中央财政专项扶贫资金、教育医疗保障等转移支付、重点生态功能区转移支付、农村危房改造补助资金、中央基建投资、车购税收入补助地方资金、县级基本财力保障机制奖补资金等进一步向深度贫困地区倾斜。适度增加深度贫困地区一般债券限额，重点支持易地扶贫搬迁工程、深度贫困地区亟需的基础设施建设和贫困村提升工程等。中央财政聚焦坚中之坚，重点支持“三区三州”，加大对“三区三州”外贫困发生率高、脱贫难度大的深度贫困地区的支持力度。省级财政要切实将中央财政对深度贫困地区的倾斜支持落实到位，并加大省级投入力度，统筹做好深度贫困地区脱贫攻坚投入保障工作。（预算司、农业司、科教司、社保司、经建司、文化司、金融司、监督检查局，驻各地专员办和各省级财政部门按照职责分工负责）

财政部

2018 年 12 月 25 日

关于人大预算审查监督重点向支出预算和政策拓展的指导意见（摘录）

三、主要内容

2. 重点支出与重大投资项目。加强对重点支出与重大投资项目的审查，保障党中央重大方针政策和决策部署确定的重点支出与重大投资项目。推动政府健全重点支出与重大投资项目决策机制，合理确定重点支出与重大投资项目范围。加强对重点支出与重大投资项目执行情况的监督，督促实现支出绩效和政策目标。

5. 政府债务。硬化地方政府预算约束，坚决制止无序举债搞建设，规范举债融资行为。结合地方政府债务规模、全国经济发展水平等情况，合理评估全国政府债务风险水平。地方政府债务审查监督要重点审查地方政府债务纳入预算管理的情况；要根据各地的债务率、利息负担率、新增债务率等风险评估指标体系，结合债务资金安排使用和偿还计划，评价地方政府举债规模的合理性。积极稳妥化解累积的地方政府债务风险，坚决遏制隐性债务增量，决不允许新增各类隐性债务。

中共中央办公厅

2018 年 3 月 6 日

财政部驻各地财政监察专员办事处实施地方政府债务监督暂行办法

财预〔2016〕175号

第一章　总　则

第一条　为加强财政部对地方政府债务的监督，充分发挥财政部驻各地财政监察专员办事处（以下简称“专员办”）的作用，明确专员办监督责任和权力，规范监督行为，根据《中华人民共和国预算法》、《财政违法行为处罚处分条例》、《国务院关于加强地方政府性债务管理的意见》（国发〔2014〕43号）、《国务院办公厅关于印发地方政府性债务风险应急处置预案的通知》（国办函〔2016〕88号）等规定，制定本办法。

第二条　省、自治区、直辖市政府财政部门（以下简称省级财政部门）负责统一管理本地区政府债务。专员办根据财政部有关规定和要求对所在地政府债务实施日常监督。

第三条　专员办监督内容包括地方政府债务限额管理、预算管理、风险预警、应急处置，以及地方政府和融资平台公司融资行为。

第四条　专员办应当综合运用调研、核查、检查等手段，建立常态化的地方政府债务监督机制，必要时可延伸至相关政府部门、事业单位、融资平台公司、金融机构等单位。

专员办应当建立信息共享机制。专员办发现跨地区的违法违规线索，应当向相关地区专员办及时反馈。

第五条　专员办应当重点加强对政府债务高风险地区的监督，定期评估风险。专员办开展地方政府债务专项检查，应当遵循国务院“双随机、一公开”有关要求。

第六条　地方财政部门应当配合专员办工作，及时提供有关情况、资料和数据，并对其真实性、准确性和完整性负责。专员办延伸检查时，相关政府部门、事业单位、融资平台公司、金融机构等单位应当积极配合，及时提供融资合同、担保凭证、财务报表等相关资料。

省级财政部门下达省本级和市县政府的地方政府债务限额、新增限额，以及编制地方政府债务月报、年报和风险事件报告，应当抄送专员办。

第二章　地方政府债务预算管理和风险应急处置监督

第七条　专员办对地方政府债务限额管理情况进行监督，主要包括：

（一）新增地方政府债务限额情况。全省、自治区、直辖市每年新增一般债务余额、新增专项债务余额应当分别控制在财政部下达的新增一般债务限额、新增专项债务限额之内。

（二）地方政府债务年末余额情况。全省、自治区、直辖市年末一般债务余额、专项债务余额应当分别控制在财政部下达的一般债务限额、专项债务限额之内；地方政府负有偿还责任的国际金融组织和外国政府贷款转贷债务（以下简称外债转贷）应当控制在财政部下达的外债转贷额度之内。

（三）地方政府债务余额的增减变化情况。安排财政预算资金偿还存量政府债务、通过政府和社会资本合作方式化解存量政府债务等应当符合制度规定，严禁弄虚作假化解存量政府债务行为；存量或有债务转化为政府债务，应当符合《财政部关于对地方政府债务实行限额管理的实施意见》（财预〔2015〕225 号）规定并报省级政府批准，及时置换成地方政府债券。

第八条　专员办对地方政府债务预算编制进行监督，主要包括：

（一）地方政府一般债务、地方政府负有偿还责任的外债转贷应当纳入一般公共预算管理，地方政府专项债务应当纳入政府性基金预算管理；

（二）存量政府债务应当按照规定纳入预算管理；

（三）地方政府债务还本付息支出、置换债券发行费用支出应当列入年度预算，并按财政部规定的政府收支分类科目列报；

（四）存量或有债务按照规定转化为政府债务后，其还本付息支出应当纳入预算管理。

第九条　专员办对地方政府债务预算调整进行监督，主要包括：

（一）新增政府债务应当列入预算调整方案；

（二）新增政府债务应当有明确对应的公益性资本支出项目、偿还计划和稳定的偿债资金来源，利息和发行费用安排应当符合规定。

第十条　专员办对地方政府债务预算执行进行监督，主要包括：

（一）新增政府债务应当用于预算批复的公益性资本支出项目，确需改变用途的应当按照规定程序办理；

（二）新增专项债务资金应当按照对应的政府性基金预算科目列报，调入的专项收入应当用于偿还对应的专项债务本息；

（三）地方政府债券置换存量债务应当履行规定程序，置换债券资金应当用于偿还清理甄别认定的截至 2014 年底的存量政府债务，以及按规定转化为政府债务的存量或有债务；

（四）地方政府一般债务利息支出应当按照规定通过一般公共预算收入支付，不得通过一般债券资金支付；

（五）地方政府专项债务利息支出应当按照规定通过政府性基金预算收入及调入专项收入等支付，不得通过专项债券资金支付；

（六）地方政府债券发行应当遵守发行制度规定、履行规定的程序，及时、准确、如实、完整披露债券发行信息等；

（七）地方政府债务举借、使用、偿还等情况，应当依法依规向社会公开。

第十一条 专员办对地方政府债务风险化解和应急处置进行监督，主要包括：

（一）地方各级政府应当建立地方政府债务风险管理与应急处置制度；

（二）列入风险提示或预警范围的高风险地区，应当制定并落实各项风险化解措施；

（三）发生地方政府债务风险事件的地区，应当按照国办函〔2016〕88 号文件规定采取相应级别的应急响应措施；按照规定实施财政重整的地区，应当执行拓宽财源渠道、优化支出结构、处置政府资产等措施。

第三章 地方政府和融资平台公司融资行为监督

第十二条 专员办对地方政府融资行为进行监督，主要包括：

（一）除发行地方政府债券、外债转贷外，地方政府及其所属部门不得以任何方式举借债务，不得为任何单位和个人的债务以任何方式提供担保；

（二）地方政府及其所属部门参与社会资本合作项目，以及参与设立创业投资引导基金、产业投资引导基金等各类基金时，不得承诺回购其他出资人的投资本金，承担其他出资人投资本金的损失，或者向其他出资人承诺最低收益；

（三）地方政府及其所属部门、事业单位、社会团体，不得以机关事业单位及社会团体的国有资产为其他单位或企业融资进行抵押或质押；

（四）学校、幼儿园、医院等以公益为目的的事业单位、社会团体，不得以教育设施、医疗卫生设施和其他社会公益设施进行抵押融资；

（五）地方政府及其所属部门不得以政府债务对应的资产重复融资。

第十三条 专员办对融资平台公司融资行为进行监督，主要包括：

（一）地方政府及其所属部门将土地注入融资平台公司应当履行法定的出让或划拨程序，不得将公益性资产作为资本注入融资平台公司，不得将储备土地作为资产注入融资平台公司，不得承诺将储备土地预期出让收入作为融资平台公司偿债资金来源；

（二）只承担公益性项目建设或运营任务、主要依靠财政性资金偿还债务的融资平台公司，不得以财政性资金、国有资产抵（质）押或作为偿债来源进行融资（包括银行贷款、企业债券、公司债券、信托产品、中期票据、短期融资券等各种形式）；

（三）融资平台公司举借债务应当由企业决策机构决定，政府及其所属部门不得以文件、会议纪要、领导批示等任何形式要求或决定企业为政府举债或变相为政府举债；

（四）地方政府及其所属部门、公益目的事业单位和人民团体不得违反法律法规等规定，以出具担保函、承诺函、安慰函等任何形式为融资平台公司融资提供担保。

第十四条 专员办应当坚持“发现一起、查处一起、曝光一起”，及时制止地方政府和融资平台公司违法违规融资行为。

第四章 监督处理

第十五条 专员办开展地方政府债务日常监督发现违法违规线索，以及收到财政部、审计署等部门移交或反映的线索，应当于 5 个工作日内启动核查或检查工作。

第十六条　专员办查实地方政府债务违法违规问题，应当依据《中华人民共和国预算法》、《财政违法行为处罚处分条例》等法律法规和国家财政管理有关规定作出处理；其中属于依法应当追究有关政府及部门、单位人员责任的，专员办应当依法提出处理意见报财政部。

第五章　附　　则

第十七条　财政部要求专员办参加全国性地方政府债务专项检查，应当纳入年度检查计划。

第十八条　专员办实施地方政府债务监督纳入专员办财政预算监管业务工作考核范围。

第十九条　专员办应当按季度向财政部报送地方政府债务监督情况的书面报告，发现重要情况及时报告。

第二十条　本办法自印发之日起执行。

财政部

2016 年 11 月 24 日

第十一部分　政府性债务其他管理法规

关于贯彻落实《中共中央　国务院关于全面实施预算绩效管理的意见》的通知（摘录）

财预〔2018〕167 号

（五）推动预算绩效管理扩围升级。绩效管理要覆盖所有财政资金，延伸到基层单位和资金使用终端，确保不留死角。推动绩效管理覆盖“四本预算”，并根据不同预算资金的性质和特点统筹实施。加快对政府投资基金、主权财富基金、政府和社会资本合作（PPP）、政府购买服务、政府债务项目等各项政府投融资活动实施绩效管理，实现全过程跟踪问效。积极推动绩效管理实施对象从政策和项目预算向部门和单位预算、政府预算拓展，稳步提升预算绩效管理层级，逐步增强整体性和协调性。

财政部

2018 年 11 月 8 日

国务院关于全面实施预算绩效管理的意见（摘录）

（2018年9月1日）

（十）建立一般公共预算绩效管理体系。各级政府要加强一般公共预算绩效管理。收入方面，要重点关注收入结构、征收效率和优惠政策实施效果。支出方面，要重点关注预算资金配置效率、使用效益，特别是重大政策和项目实施效果，其中转移支付预算绩效管理要符合财政事权和支出责任划分规定，重点关注促进地区间财力协调和区域均衡发展。同时，积极开展涉及一般公共预算等财政资金的政府投资基金、主权财富基金、政府和社会资本合作（PPP）、政府采购、政府购买服务、政府债务项目绩效管理。

（十一）建立其他政府预算绩效管理体系。除一般公共预算外，各级政府还要将政府性基金预算、国有资本经营预算、社会保险基金预算全部纳入绩效管理，加强四本预算之间的衔接。政府性基金预算绩效管理，要重点关注基金政策设立延续依据、征收标准、使用效果等情况，地方政府还要关注其对专项债务的支撑能力。国有资本经营预算绩效管理，要重点关注贯彻国家战略、收益上缴、支出结构、使用效果等情况。社会保险基金预算绩效管理，要重点关注各类社会保险基金收支政策效果、基金管理、精算平衡、地区结构、运行风险等情况。

关于保持基础设施领域补短板力度的指导意见（摘录）

国办发〔2018〕101号

防范风险。坚持尽力而为、量力而行，根据地方财政承受能力和地方政府投资能力，严格项目建设条件审核，合理安排工程项目建设，坚决避免盲目投资、重复建设。规范地方政府举债融资，管控好新增项目融资的金融“闸门”，牢牢守住不发生系统性风险的底线。

（三）保障在建项目顺利实施，避免形成“半拉子”工程。坚决打好防范化解重大风险攻坚战，对确有必要、关系国计民生的在建项目，统筹采取有效措施保障合理融资需求，推动项目顺利建成，避免资金断供、工程烂尾，防止造成重大经济损失、影响社会稳定，有效防范“处置风险的风险”。（地方各级人民政府负责）

（四）加强地方政府专项债券资金和项目管理。财政部门要完善地方政府专项债券制度，优化专项债券发行程序，合理安排发行进度。分配地方政府专项债券规模时，在充分考虑债务水平基础上，还要考虑在建项目和补短板重大项目资金需求，以及国家重大建设项目库项目储备情况。允许有条件的地方在专项债券发行完成前，对预算已安排的专项债券资金项目通过先行调度库款的办法，加快项目建设进度，债券发行后及时归垫。地方政府建立专项债券项目安排协调机制，加强地方发展改革、财政部门间的沟通衔接，做好项目前期工作，按照财政部确定的专项债券额度，提出专项债券项目安排意见，确保专项债券发行收入可以迅速使用，重点用于在建项目和补短板重大项目。加大财政性资金支持力度，盘活各级财政存量资金，利用以往年度财政结余资金，保障项目建设。（发展改革委、财政部按职责分工负责，地方各级人民政府负责）

（五）加大对在建项目和补短板重大项目的金融支持力度。对已签订借款合同的必要在建项目，金融机构可在依法合规和切实有效防范风险的前提下继续保障融资，对有一定收益或稳定盈利模式的在建项目优先给予信贷支持。鼓励通过发行公司信用类债券、转为合规的政府和社会资本合作（PPP）等市场化方式开展后续融资。在不增加地方政府隐性债务规模的前提下，引导商业银行按照风险可控、商业可持续的原则加大对资本金到位、运作规范的必要在建项目和补短板重大项目的信贷投放力度，支持开发性金融机构、政策性银行结合各自职能定位和业务范围加大相关支持力度。发挥保险资金长期投资优势，通过债权、股权、股债结合、基金等多种形式，积极为在建项目和补短板重大项目提供融资。（银保监会牵头负责，发展改革委、财政部、人民银行、证监会按职责分工负责，地方各级人民政府负责）

（六）合理保障融资平台公司正常融资需求。金融机构要在采取必要风险缓释措施的基础上，按照市场化原则保障融资平台公司合理融资需求，不得盲目抽贷、压贷或停贷，防范存量隐性债务资金链断裂风险。在严格依法解除违法违规担保关系的基础上，对必要的在建项目，允许融资平台公司在不扩大建设规模和防范风险的前提下与金融机构协商继续融资，避免出现工程烂尾。按照一般企业标准对被划分为“退出为一般公司类”的融资平台公司审核放贷。在不增加地方政府隐性债务规模的前提下，对存量隐性债务难以偿还的，允许融资平台公司在与金融机构协商的基础上采取适当展期、债务重组等方式维持资金周转。支持转型中的融资平台公司和转型后市场化运作的国有企业，依法合规承接政府公益性项目，实行市场化经营、自负盈亏，地方政府以出资额为限承担责任。（银保监会、发展改革委、财政部等按职责分工负责）

（七）充分调动民间投资积极性。贯彻落实各项已出台的促进民间投资政策，细化配套措施，持续激发民间投资活力。尽快在交通、油气、电信等领域推介一批投资回报机制明确、商业潜力大的项目。引导社会力量增加学前教育、健康、养老等服务供给，积极依法合规参与扶贫、污染防治等领域基础设施建设。鼓励金融机构和全国信用信息共享平台、地方有关信息平台加强合作，充分运用民营企业纳税等数据，推动开展“银税互动”等。积极发挥国家融资担保基金作用，支持省级再担保公司开展业务，推动符合条件的民营企业参与补短板重大项目。（发展改革委、财政部、银保监会、税务总局按职责分工牵头负责）

（八）规范有序推进政府和社会资本合作（PPP）项目。鼓励地方依法合规采用政府和社会资本合作（PPP）等方式，撬动社会资本特别是民间投资投入补短板重大项目。对经核查符合规定的政府和社会资本合作（PPP）项目加大推进力度，严格兑现合法合规的政策承诺，尽快落实建设条件。积极推动符合条件的政府和社会资本合作（PPP）项目发行债券、规范开展资产证券化。加强政府和社会资本合作（PPP）项目可行性论证，合理确定项目主要内容和投资规模。规范政府和社会资本合作（PPP）操作，构建合理、清晰的权责利关系，发挥社会资本管理、运营优势，提高项目实施效率。规范有序盘活存量资产，鼓励采取转让—运营—移交（TOT）、改建—运营—移交（ROT）等方式，将回收资金用于在建项目和补短板重大项目建设。（发展改革委、财政部按职责分工牵头负责）

（十）防范化解地方政府隐性债务风险和金融风险。地方政府建设投资应当量力而行，加大财政约束力度，在建设项目可行性研究阶段充分论证资金筹措方案。严格项目建设条件审核，区分轻重缓急，科学有序推进。严禁违法违规融资担保行为，严禁以政府投资基金、政府和社会资本合作（PPP）、政府购买服务等名义变相举债。金融机构要审慎合规经营，尽职调查、严格把关，按照市场化原则评估借款人财务能力和还款来源，综合考虑项目现金流、抵质押物等审慎授信。（地方各级人民政府负责）

国务院办公厅

2018年10月11日

贯彻落实实施乡村振兴战略的意见（摘录）

财办〔2018〕34号

2. 创新乡村振兴多渠道资金筹集机制。一是拓宽资金筹集渠道。贯彻习近平总书记关于解决土地出让收益长期以来“取之于农、用之于城”问题的重要指示，配合有关部门调整完善土地出让收入使用范围，分阶段逐步提高用于农业农村的投入比例。落实高标准农田建设等新增耕地指标和城乡建设用地增减挂钩节余指标跨省域调剂政策，加强资金收支管理，将所得收益通过支出预算全部用于支持实施乡村振兴战略和巩固脱贫攻坚成果。二是推动完善农村金融服务。落实农村金融机构定向费用补贴政策，积极发挥国家融资担保基金作用，激发金融机构服务“三农”的内生动力。健全农业信贷担保体系，推动农业信贷担保服务网络向市县延伸，支持地方农业信贷担保机构降低担保门槛、扩大担保覆盖面，切实增强农业新型经营主体贷款的可得性，着力解决新型经营主体融资难、融资贵的问题。积极发挥农业领域政府投资基金引导作用，严格基金设立，规范基金管理，加强基金监督，推动基金政策性定位与市场化运作有机融合。三是鼓励地方政府在法定债务限额内发行一般债券用于支持乡村振兴、脱贫攻坚领域的公益性项目。坚持疏堵结合、防范风险，既开好“前门”，将地方政府债务资金优先用于支持乡村振兴等党中央、国务院确定的重点领域，又严堵“后门”，不得借乡村振兴之名违法违规变相举债。四是创新财政涉农资金使用方式。在规范运作的基础上，充分发挥财政资金的引导作用，因地制宜推行一事一议、以奖代补、先建后补、贷款贴息等，探索在农业农村领域有稳定收益的公益性项目推广PPP模式的实施路径和机制。（农业司、综合司、金融司、预算司、国库司和各省级财政部门按照职责分工负责）

财政部

2018年9月27日

关于进一步加强城市轨道交通规划建设管理的意见

国办发〔2018〕52号

各省、自治区、直辖市人民政府，国务院各部委、各直属机构：

城市轨道交通是现代城市交通系统的重要组成部分，是城市公共交通系统的骨干。《国务院办公厅关于加强城市快速轨道交通建设管理的通知》（国办发〔2003〕81号）印发以来，我国城市轨道交通总体保持有序发展，对提升城市公共交通供给质量和效率、缓解城市交通拥堵、引导优化城市空间结构布局、改善城市环境起到了重要作用。但同时，由于城市轨道交通投资巨大、公益性特征明显，部分城市对城市轨道交通发展的客观规律认识不足，对实际需求和自身实力把握不到位，存在规划过度超前、建设规模过于集中、资金落实不到位等问题，一定程度上加重了地方债务负担。为贯彻落实党中央、国务院决策部署，坚决打好防范化解重大风险攻坚战，促进城市轨道交通规范有序发展，经国务院同意，现提出以下意见。

一、总体要求

（一）指导思想。以习近平新时代中国特色社会主义思想为指导，全面贯彻党的十九大和十九届二中、三中全会精神，统筹推进“五位一体”总体布局和协调推进“四个全面”战略布局，牢固树立和贯彻落实新发展理念，按照高质量发展的要求，以服务人民群众出行为根本目标，持续深化城市交通供给侧结构性改革，坚持补短板、调结构、控节奏、保安全，科学编制城市轨道交通规划，严格落实建设条件，有序推进项目建设，着力加强全过程监管，严控地方政府债务风险，确保城市轨道交通发展规模与实际需求相匹配、建设节奏与支撑能力相适应，实现规范有序、持续健康发展。

（二）基本原则。

量力而行，有序推进。坚持实事求是，从实际出发科学开展前瞻性规划研究工作，以城市财力和建设运营管理能力为实施条件，合理把握建设规模和节奏，切实提高城市轨道交通发展质量，确保与城市发展水平相适应。

因地制宜，经济适用。坚持近远期结合，统筹考虑交通、环境、工程等各方面因素，选择适宜的轨道交通系统制式和敷设方式，宜地面则地面、宜地下则地下，合理确定建设标准，着力提高综合效益。

衔接协调，集约高效。坚持多规衔接，加强城市轨道交通规划与城市规划、综合交通体系规划等的相互协调，集约节约做好沿线土地、空间等统筹利用，发挥轨道交通对城市交通运输发展的支撑引导作用。

严控风险，持续发展。坚持底线思维，牢固树立安全发展理念，强化城市政府主体责任，加强安全生产和运营管理，加大防范化解地方政府债务风险工作力度，进一步推动城市轨道交通建设、运营模式创新，增强可持续发展能力。

二、完善规划管理规定

（三）严格建设申报条件。城市轨道交通系统，除有轨电车外均应纳入城市轨道交通建设规划并履行报批程序。地铁主要服务于城市中心城区和城市总体规划确定的重点地区，申报建设地铁的城市一般公共财政预算收入应在300亿元以上，地区生产总值在3000亿元以上，市区常住人口在300万人以上。引导轻轨有序发展，申报建设轻轨的城市一般公共财政预算收入应在150亿元以上，地区生产总值在1500亿元以上，市区常住人口在150万人以上。拟建地铁、轻轨线路初期客运强度分别不低于每日每公里0.7万人次、0.4万人次，远期客流规模分别达到单向高峰小时3万人次以上、1万人次以上。以上申报条件将根据经济社会发展情况按程序适时调整。

（四）强化规划衔接提高建设规划质量。城市政府根据城市总体规划、土地利用总体规划、城市综合交通体系规划，合理制定城市轨道交通线网规划，确定城市轨道交通近期建设线路，加强对居民区、商业区、交通枢纽等客流密集区域的覆盖，做好城市轨道交通规划线路沿线土地预留和控制，防止其他建设对城市轨道交通走廊空间的侵占。在此基础上，根据相关规划和城市发展需要、财力等情况制定城市轨道交通分期建设规划，规划期限一般为5~6年。建设规划要合理选择轨道交通系统制式、敷设方式，科学确定建设规模、项目时序、资金筹措方案，确保建设期和运营期的政府支出规模与财力相匹配，着力提升投资效益。强化城市轨道交通与其他交通方式的衔接融合，城市轨道交通规划要与国家铁路、城际铁路、枢纽机场等规划相衔接，通过交通枢纽实现方便、高效换乘。要加强节地技术和节地模式创新应用，鼓励探索城市轨道交通地上地下空间综合开发利用，推进建设用地多功能立体开发和复合利用，提高空间利用效率和节约集约用地水平。编制城市轨道交通建设规划时，应同步组织开展规划环境影响评价，由生态环境主管部门按程序审查环境影响报告书。要统筹城市轨道交通建设与人才培养，将人才培养和保障措施纳入建设规划。

（五）严格建设规划报批和审核程序。省级发展改革部门会同城乡规划主管部门、住房城乡建设部门进行城市轨道交通建设规划初审，按程序向国家发展改革委报送建设规划。城市轨道交通首轮建设规划由国家发展改革委会同住房城乡建设部组织审核后报国务院审批，后续建设规划由国家发展改革委会同住房城乡建设部审批、报国务院备案。国家发展改革委、住房城乡建设部要会同有关部门按照职责分工严格审核把关，未达到城市轨道交通建设申报条件的建设规划一律不得受理；对符合申报条件的建设规划，要认真审核规划建设规模及项目资金筹措方案，确保建设规模同地方财力相匹配。省级政府有关部门要进一步强化初审责任，确保城市财力、负债水平、建设规模、建设方案、项目时序等符合相关规定和规划要求。

（六）强化建设规划的导向和约束作用。已经国家批准的城市轨道交通建设规划应严格执行，原则上不得变更，规划实施期限不得随意压缩。在规划实施过程中，因城市规划、工程条件、交通枢纽布局变化等因素影响，城市轨道交通线路功能定位、基本走向、系统制式等发生重大变化的，或线路里程、地下线路长度、直接工程投资（扣除物价上涨因素）等较建设规划增幅超过20%的，应按相关规定履行建设规划调整程序。建设规划调整应在完成规划实施中期评估后予以统筹考虑，原则上不得新增项目。原则上本轮建设规划实施最后一年或规划项目总投资完成70%以上的，方可开展新一轮建设规划报批工作。

三、有序推进项目实施

（七）规范项目审批。城市轨道交通项目（不含有轨电车）由省级发展改革部门根据国家批准的城市轨道交通建设规划，按照相关程序审批（核准），未列入建设规划的项目不得审批（核准），严禁以市政配套工程、有轨电车、工程试验线、旅游线等名义违规变相建设地铁、轻轨项目。已审批（核准）建设城市轨道交通项目的城市要合理把握建设节奏，着力优化项目设计，合理控制工程造价，有效降低工程总投资。城市政府和相关企业不得不顾条件提前实施项目、随意压缩工期，对前期工作未完成、建设条件不具备、遇有特殊工程地质灾害且不能保证施工安全的项目，应根据实际情况暂缓实施，建设工期可相应顺延。有轨电车项目由省级发展改革部门负责审批（核准），并做好与相关规划的统筹衔接。

（八）强化项目建设和运营资金保障。城市政府应建立透明规范的资本金及运营维护资金投入长效机制，确保城市轨道交通项目建设资金及时足额到位。除城市轨道交通建设规划中明确采用特许经营模式的项目外，项目总投资中财政资金投入不得低于40%，严禁以各类债务资金作为项目资本金。强化城市政府对城市轨道交通项目全寿命周期的支出责任，保障必要的运营维护资金。支持各地区依法依规深化投融资体制改革，积极吸引民间投资参与城市轨道交通项目，鼓励开展多元化经营，加大站场综合开发力度。规范开展城市轨道交通领域政府和社会资本合作（PPP），通过多种方式盘活存量资产。研究利用可计入权益的可续期债券、项目收益债券等创新形式推进城市轨道交通项目市场化融资，开展符合条件的运营期项目资产证券化可行性研究。

四、强化项目风险管控

（九）严控地方政府债务风险。进一步加大财政约束力度，按照严控债务增量、有序化解债务存量的要求，严格防范城市政府因城市轨道交通建设新增地方政府债务风险，严禁通过融资平台公司或以PPP等名义违规变相举债。对举债融资不符合法律法规或未落实偿债资金来源的城市轨道交通项目，发展改革部门不得审批（核准）；对列入地方政府债务风险预警范围的城市，应暂缓审批（核准）其新项目。城市政府要合理控制城市轨道交通企业负债率，对企业负债率过高的应采取有效措施降低债务，并暂停开工建设新项目。

（十）坚守安全发展底线。把安全作为发展城市轨道交通的生命线，落实城市政府和企业安全责任，严格安全准入，强化勘察设计，强化源头管控。建立健全施工企业和业主企业安全生产管理制度，加强安全生产标准化建设。落实企业的人才培养主体责任，深化产教融合、校企合作，提升从业人员素质。强化城市政府安全监管执法，逐步形成覆盖城市轨道交通项目建设运营全过程的风险管理机制，坚决防范重特大生产安全事故发生。

五、完善规划和项目监管体系

（十一）加强监管能力建设。健全部门间协同联动监管机制，国家发展改革委、住房城乡建设部等有关部门要建立城市轨道交通监管数据库，加强信息共享，运用大数据等技术手段提升监管水平，发挥行业协会作用，及时动态掌握城市轨道交通建设规划实施情况。省级政府有关部门要强化属地监管责任，城市政府有关部门要按权责明确责任分工、加强监管。地方政府要建立常态化安全检查制度和重点工程检查、抽查制度，加强项目稽察，强化工程质量终身责任制，完善城市政府负责的项目竣工验收制度。国家和省级发展改革部门要完善建设规划实施的中期评估机制，建立建设规划执行情况和建成投运线路经济社会效益分析的后评价机制。

（十二）建立健全责任机制。坚持国家统筹、省负总责、城市主体的原则，明确有关部门和地方政府责任。国务院有关部门要加强对城市轨道交通规划建设工作的统筹和指导，省级政府有关部门对建设规划实施履行全过程监管责任，城市政府对项目建设和本级政府债务风险管控负主体责任。建立健全责任主体信用记录，将违规信息纳入全国信用信息共享平台，建立"黑名单"制度，对规划编制、评估、审查、项目设计等单位未履行相关职责并造成重大影响的，实行警示、禁入等联合惩戒措施；对违法违规审批、建设城市轨道交通项目的部门、企业及其责任人，要依法依规追责问责。

本意见自印发之日起施行。《国务院办公厅关于加强城市快速轨道交通建设管理的通知》（国办发〔2003〕81号）同时废止。

国务院办公厅

2018年6月28日

关于调整规范易地扶贫搬迁融资方式的通知

财农〔2018〕46 号

有关省、自治区、直辖市人民政府：

为贯彻落实党的十九大关于打好三大攻坚战的决策部署，认真落实习近平总书记在 2017 年 7 月 14 日第五次全国金融工作会议上的重要讲话精神，根搭中央经济工作会议关于切实加强地方政府债务管理的部署和要求，针对部分地区易地扶贫搬迁融资中出现的新情况、新问题，经国务院同意，决定按照渠道调整、标准不变、规范操作、严控风险的原则，调整易地扶贫搬迁融资方式，将贷款融资等统一规范为发行地方政府债券融资，现就有关事项通知如下：

一、坚决查处和纠正打着扶贫旗号违法违规融资的行为

各省（自治区、直辖市，以下简称省）人民政府要坚决贯彻落实党中央、国务院关于脱贫攻坚的决策部署，根据精准扶贫、精准脱贫工作的需要，坚持现行脱贫攻坚目标和标准，依法合规筹集脱贫攻坚所需资金。坚决查处和纠正打着扶贫旗号违法违规融资的行为，杜绝借扶贫名义为其他项目举债融资，防止增加地方政府隐性债务风险。对于已经发生的违法违规融资行为，各省要尽快部署清查整改到位。

二、坚决防止新增地方政府隐性债务，因调整规范易地扶贫搬迁融资方式形成的资金缺口，全部通过发行地方政府债券筹集

各省要坚决贯彻落实党中央、国务院关于易地扶贫搬迁的决策部署，在精准识别搬迁对象和合理确定搬迁规模的前提下，既保障好易地扶贫搬迁资金需求，又抓好地方政府隐性债务风险防控。对于截至 2017 年 7 月 14 日，各省尚未承贷、承接的银行贷款和专项建设基金，一律不再承贷和承接，全部调整为发行地方政府债券筹集，所需债务规模在 2018—2020 年中央下达的新增一般债务限额内优先安排。对于 2017 年 7 月 14 日后，各省已承贷、承接的银行贷款、专项建设基金及产生的贷款利息，要尽快偿还和支付原债权机构。用于支持偿还其中已使用部分所需的资金，由地方统筹财政预算资金解决；归还其中未使用部分形成的资金缺口，由地方统筹地方政府债券资金等解决。对于 2017 年 7 月 14 日前，各省已承贷、承接的银行贷款、专项建设基金，要继续落实“省负总责”的要求及《“十三五”时期易地扶贫搬迁工作方案》（以下简称《工作方案》）、《全国“十三五”易地扶贫搬迁规划》（以下简称《搬迁规划》）等政策规定，严格落实省级投融资主体的偿还责任。各省超出中央下达的年度控制规模承接用于易地扶贫撤迁的银行贷款，要按照规范的要求整改到位。

三、按照规范的方式发行地方政府债券融资，保障新增搬迁人口的资金需求

对于经国务院批准确需调增易地扶贫搬迁任务的省份，所需资金除中央基建投资和群众自筹外，不足部分由各省通过发行地方政府债券筹集或地方财政预算安排，不得再通过投融资平台举债。中央在下达各省 2018—2020 年新增一般债务限额时，将统筹考虑各地易地扶贫搬迁任务调增、调减因素，相应核增或核减易地扶贫搬迁债务规模。

四、保持中央财政支持力度不减，为各地规范易地扶贫搬迁融资方式创造条件

为支持各省规范易地扶贫搬迁融资方式，2018—2020 年，中央财政在核定各省新增一般债务规模时，将重点考虑规范易地扶贫搬迁融资方式的因素，向易地扶贫搬迁任务重的省份倾斜，支持各地通过发行地方政府债券充分保障好规范易地扶贫搬迁融资方式后的资金缺口。有关支持易地扶贫搬迁的分年度债务规模，将根据国家发展改革委等部门下达的搬迁建设任务及相关工作推进情况，由财政部另行发文下达。各省需据此做好债券发行工作，有序保障易地扶贫搬迁资金需求。

根据调整规范易地扶贫搬迁融资方式的要求，各省 2017 年 7 月 14 日后承贷、承接的易地扶贫搬迁贷款、专项建设基金，中央财政将不再给予贴息，改为对规范后的易地扶贫搬迁融资给予适当补助。具体在分配中央财政补助地方专项扶贫资金时，根据财政部下达的易地扶贫搬迁债务规模，仍然按照 4% 的利率和 90% 的贴息比例，测算安排易地扶贫搬迁补助资金。中央财政每年下达各省的易地扶贫搬迁补助资金如有结余，可在搬迁贫困群众后续扶持资金有保障的前提下，统筹用于其他脱贫攻坚项目。此外，根据《工作方案》和《搬迁规划》的有关精神，各地应将原用于支持易地扶贫搬迁的城乡建设用地增减挂钩节余指标收益，按照有关制度规定通过财政支出预算继续安排用于支持易地扶贫搬迁。

各省要根据通知要求，严格抓好上述政策的落实，认真规范易地扶贫搬迁融资方式，积极有序推进实施好易地扶贫搬迁工程。财政部驻各省财政监察专员办事处将把上述政策落实和工作推进情况作为日常监管工作的重点。

特此通知。

财政部　国家发展改革委　国务院扶贫办
自然资源部　人民银行
2018 年 6 月 13 日

商业银行委托贷款管理办法

银监发〔2018〕2号

第一章　总　则

第一条　为规范商业银行委托贷款业务经营，加强委托贷款业务管理，促进委托贷款业务健康发展，根据《中华人民共和国银行业监督管理法》《中华人民共和国商业银行法》等法律法规，制定本办法。

第二条　中华人民共和国境内依法设立的商业银行办理委托贷款业务应遵守本办法。

第三条　本办法所称委托贷款，是指委托人提供资金，由商业银行（受托人）根据委托人确定的借款人、用途、金额、币种、期限、利率等代为发放、协助监督使用、协助收回的贷款，不包括现金管理项下委托贷款和住房公积金项下委托贷款。

委托人是指提供委托贷款资金的法人、非法人组织、个体工商户和具有完全民事行为能力的自然人。

现金管理项下委托贷款是指商业银行在现金管理服务中，受企业集团客户委托，以委托贷款的形式，为客户提供的企业集团内部独立法人之间的资金归集和划拨业务。

住房公积金项下委托贷款是指商业银行受各地住房公积金管理中心委托，以住房公积金为资金来源，代为发放的个人住房消费贷款和保障性住房建设项目贷款。

第四条　委托贷款业务是商业银行的委托代理业务。商业银行依据本办法规定，与委托贷款业务相关主体通过合同约定各方权利义务，履行相应职责，收取代理手续费，不承担信用风险。

第五条　商业银行办理委托贷款业务，应当遵循依法合规、平等自愿、责利匹配、审慎经营的原则。

第二章　业务管理

第六条　商业银行应依据本办法制定委托贷款业务管理制度，合理确定部门、岗位职责分工，明确委托人范围、资质和准入条件，以及委托贷款业务流程和风险控制措施等，并定期评估，及时改进。

第七条　商业银行受理委托贷款业务申请，应具备以下前提：

（一）委托人与借款人就委托贷款条件达成一致。

（二）委托人或借款人为非自然人的，应出具其有权机构同意办理委托贷款业务的决议、文件或具有同等法律效力的证明。

商业银行不得接受委托人为金融资产管理公司和经营贷款业务机构的委托贷款业务申请。

第八条　商业银行受托办理委托贷款业务，应要求委托人承担以下职责，并在合同中作出明确约定。

（一）自行确定委托贷款的借款人，并对借款人资质、贷款项目、担保人资质、抵质押物等进行审查。

（二）确保委托资金来源合法合规且委托人有权自主支配，并按合同约定及时向商业银行提供委托资金。

（三）监督借款人按照合同约定使用贷款资金，确保贷款用途合法合规，并承担借款人的信用风险。

第九条　商业银行审查委托人资金来源时，应要求委托人提供证明其资金来源合法合规的相关文件或具有同等法律效力的相关证明，对委托人的财务报表、信用记录等进行必要的审核，重点加强对以下内容的审查和测算：

（一）委托人的委托资金是否超过其正常收入来源和资金实力。

（二）委托人在银行有授信余额的，商业银行应合理测算委托人自有资金，并将测算情况作为发放委托贷款的重要依据。

第十条　商业银行不得接受委托人下述资金发放委托贷款：

（一）受托管理的他人资金。

（二）银行的授信资金。

（三）具有特定用途的各类专项基金（国务院有关部门另有规定的除外）。

（四）其他债务性资金（国务院有关部门另有规定的除外）。

（五）无法证明来源的资金。

企业集团发行债券筹集并用于集团内部的资金，不受本条规定限制。

第十一条　商业银行受托发放的贷款应有明确用途，资金用途应符合法律法规、国家宏观调控和产业政策。资金用途不得为以下方面：

（一）生产、经营或投资国家禁止的领域和用途。

（二）从事债券、期货、金融衍生品、资产管理产品等投资。

（三）作为注册资本金、注册验资。

（四）用于股本权益性投资或增资扩股（监管部门另有规定的除外）。

（五）其他违反监管规定的用途。

第十二条　商业银行应按照“谁委托谁付费”的原则向委托人收取代理手续费。

第十三条　商业银行与委托人、借款人就委托贷款事项达成一致后，三方应签订委托贷款借款合同。合同中应载明贷款用途、金额、币种、期限、利率、还款计划等内容，并明确委托人、受托人、借款人三方的权利和义务。

第十四条　委托贷款采取担保方式的，委托人和担保人应就担保形式和担保人（物）达成一致，并签订委托贷款担保合同。

第十五条 商业银行应要求委托人开立专用于委托贷款的账户。委托人应在委托贷款发放前将委托资金划入该账户，商业银行按合同约定方式发放委托贷款。商业银行不得串用不同委托人的资金。

第十六条 商业银行应同委托人、借款人在委托贷款借款合同中明确协助监督使用的主要内容和具体措施，并按合同约定履行相应职责。

第十七条 商业银行应按照委托贷款借款合同约定，协助收回委托贷款本息，并及时划付到委托人账户。对于本息未能及时到账的，应及时告知委托人。

第十八条 委托贷款到期后，商业银行应根据委托贷款借款合同约定或委托人的书面通知，终止履行受托人的责任和义务，并进行相应账务处理；委托贷款到期后未还款的，商业银行应根据委托贷款借款合同约定，为委托人依法维权提供协助。

第三章 风险管理

第十九条 商业银行应严格隔离委托贷款业务与自营业务的风险，严禁以下行为：

（一）代委托人确定借款人。

（二）参与委托人的贷款决策。

（三）代委托人垫付资金发放委托贷款。

（四）代借款人确定担保人。

（五）代借款人垫付资金归还委托贷款，或者用信贷、理财资金直接或间接承接委托贷款。

（六）为委托贷款提供各种形式的担保。

（七）签订改变委托贷款业务性质的其他合同或协议。

（八）其他代为承担风险的行为。

第二十条 商业银行应对委托贷款业务与自营贷款业务实行分账核算，严格按照会计核算制度要求记录委托贷款业务，同时反映委托贷款和委托资金，二者不得轧差后反映，确保委托贷款业务核算真实、准确、完整。

第二十一条 委托贷款的借款人是商业银行存量授信客户的，商业银行应综合考虑借款人取得委托贷款后，信用风险敞口扩大对本行授信业务带来的风险影响，并采取相应风险管控措施。

第二十二条 商业银行应对委托贷款业务实行分级授权管理，商业银行分支机构不得未经授权或超授权办理委托贷款业务。

第二十三条 商业银行应制定统一制式的委托贷款借款合同。因业务需要使用非统一制式合同的，须经总行审查同意。

第二十四条 商业银行应建立健全委托贷款管理信息系统，登记资金来源、投向、期限、利率以及委托人和借款人等相关信息，确保该项业务信息完整、连续、准确和可追溯。

商业银行应及时、完整地在征信系统登记委托贷款相关信息。

第二十五条 商业银行应按照监管要求建立委托贷款业务统计制度，做好委托贷款业务的分类统计、汇总分析和数据报送。

第二十六条　商业银行应定期分析委托贷款业务风险，并组织开展业务检查。

第四章　监督管理

第二十七条　中国银监会按照本办法对商业银行委托贷款业务实施监督管理。

第二十八条　商业银行违反本办法办理委托贷款业务的，由银监会或其派出机构责令限期改正。逾期未改正，或其行为严重危及商业银行稳健运行、损害客户合法权益的，银监会或其派出机构可根据《中华人民共和国银行业监督管理法》第三十七条的规定采取相应的监管措施；严重违反本办法的，可根据《中华人民共和国银行业监督管理法》第四十六条的规定实施行政处罚。

第二十九条　商业银行发放委托贷款后，应严格按照相关监管统计制度要求，准确报送委托贷款明细信息。

第三十条　商业银行违反本办法第二十九条规定，未及时、准确向监管部门报送委托贷款业务信息的，由银监会或其派出机构责令限期改正。逾期未改正的，银监会或其派出机构可根据《中华人民共和国银行业监督管理法》第四十七条的规定实施行政处罚。

第五章　附　　则

第三十一条　银监会依法批准设立的具有贷款业务资格的其他金融机构办理委托贷款业务适用本办法。

第三十二条　本办法由银监会负责解释。

银监会

2018 年 1 月 5 日

关于国有资本加大对公益性行业投入的指导意见

财建〔2017〕743号

各省、自治区、直辖市、计划单列市财政厅（局），新疆生产建设兵团财务局，有关中央管理企业：

近年来，国有资产管理体制改革稳步推进，国有资本布局结构不断优化、运营和配置效率不断提高，但目前部分公共服务领域仍然存在供给不足问题。以多种形式加大国有资本对公益性行业的投入，在提供公共服务方面做出更大贡献，有利于改革发展成果更多惠及广大人民群众。按照《中共中央关于全面深化改革若干重大问题的决定》有关部署，现提出以下指导意见。

一、总体要求

（一）指导思想

全面贯彻党的十八大和十九大精神，认真学习贯彻习近平新时代中国特色社会主义思想，统筹推进“五位一体”总体布局和协调推进“四个全面”战略布局，牢固树立新发展理念，按照“稳中求进”的工作总基调，坚持社会主义市场经济改革方向，正确处理好政府与市场的关系，以改善服务、保障民生为目标，以深化改革为动力，以多种形式加大国有资本对公益性行业的投入，在提供公共服务方面做出更大贡献。

（二）基本原则

合理定位。处理好政府和市场的关系，使市场在资源配置中起决定性作用和更好发挥政府作用。对于市场调节机制失灵的公益性行业，公共财政应当加大投入。

综合施策。综合采取安排财政资金、划拨政府资产、国有资本投资运营公司资本配置、政府投资基金、政府和社会资本合作等方式，加大对公益性行业投入。

绩效导向。发挥好现有政策对于国有资本向公益性行业投入的激励约束作用，加强国有企业提供公共服务质量和效率的考核。

完善监管。加强行业监管，将相关国有企业提供公共产品、公共服务的质量和效率作为重要监管内容，加大信息公开力度，接受社会监督。

二、国有资本加大对公益性行业投入的主要形式

（三）鼓励中央企业对节能环保、科研以及党中央、国务院文件明确规定的其他公益性行业加大投入。各地可根据发展实际，鼓励地方国有企业对城市管理基础设施等公益性行业加大投入。

（四）按照预算管理、财政事权和支出责任划分等有关规定，中央财政与地方财政通

过安排预算资金、划拨政府资产等，支持包括国有企业在内的各类主体更好地在公益性行业发挥作用。

（五）发挥国有资本投资运营公司资本配置功能，坚持市场化运作，探索有效的运营模式，通过开展投资融资、产业培育、资本整合，推动产业聚集和转型升级，优化国有资本布局结构。

（六）发挥税收等政策引导作用，国有企业发生符合条件的研发费用依法享受税前加计扣除优惠，从事公共基础设施、环境保护、节能节水项目的所得，按有关规定享受税收优惠政策。

（七）充分发挥政府投资基金引导作用，坚持市场化运作，鼓励和引导包括国有企业在内的社会资本，促进实现支持关键领域重点产业转型升级和发展等政策目标。

（八）推广政府和社会资本合作，在财政、价格、土地、金融等方面加大支持力度。通过资本市场和开发性、政策性金融等多元融资渠道，吸引国有企业等社会资本参与公共产品和公共服务项目的投资、运营和管理，充分发挥市场机制作用，提高公共产品和公共服务供给管理与效率。

（九）通过深化国有企业混合所有制改革，放大国有资本功能，引导民间资本投入公益性行业。在水电气热、公共交通、公共设施等提供公共产品和服务的行业和领域，根据不同业务特点，加强分类指导，推进具备条件的企业实现投资主体多元化。通过购买服务、特许经营、委托代理等方式，鼓励非国有企业参与运营。

三、保障措施

（十）建立国有资本布局和结构调整机制。国有资产监管机构根据政府宏观政策和有关管理要求，建立健全国有资本进退机制，制定国有资本投资负面清单，推动国有资本更多投向关系国家安全、国民经济命脉和国计民生的重要行业和关键领域。

（十一）实行有针对性的考核措施。对公益类国有企业，重点考核成本控制、产品服务质量、营运效率和保障能力，根据企业不同特点有区别地考核经营业绩指标和国有资产保值增值情况，对社会效益指标引入第三方评价。对主业处于关系国家安全、国民经济命脉的重要行业和关键领域、主要承担重大专项任务的商业类国有企业，在考核经营业绩指标和国有资产保值增值情况的同时，加强对服务国家战略、保障国家安全和国民经济运行、发展前瞻性战略性产业以及完成特殊任务的考核。

（十二）规范地方政府注资行为。地方政府向包括国有企业在内的各类主体注资后不得以任何形式要求其替政府融资，不得新增各类隐性债务，地方政府不得将公益性资产、储备土地等注入国有企业等各类主体。

（十三）发挥社会参与和监督作用。财政部门要继续扎实推进预决算公开工作，特别要做好与民生密切相关的预算支出的公开和政策解读。相关企业应完善提供公共产品和公共服务信息披露机制。

金融、文化等国有企业，中央另有规定的依其规定执行。

财政部

2017 年 11 月 16 日

应收账款质押登记办法

中国人民银行令〔2017〕第3号

（2007年9月26日第21次行长办公会通过，2017年8月24日第8次行长办公会通过修订）

第一章 总 则

第一条 为规范应收账款质押登记，保护质押当事人和利害关系人的合法权益，根据《中华人民共和国物权法》等相关法律规定，制定本办法。

第二条 本办法所称应收账款是指权利人因提供一定的货物、服务或设施而获得的要求义务人付款的权利以及依法享有的其他付款请求权，包括现有的和未来的金钱债权，但不包括因票据或其他有价证券而产生的付款请求权，以及法律、行政法规禁止转让的付款请求权。

本办法所称的应收账款包括下列权利：

（一）销售、出租产生的债权，包括销售货物，供应水、电、气、暖，知识产权的许可使用，出租动产或不动产等；

（二）提供医疗、教育、旅游等服务或劳务产生的债权；

（三）能源、交通运输、水利、环境保护、市政工程等基础设施和公用事业项目收益权；

（四）提供贷款或其他信用活动产生的债权；

（五）其他以合同为基础的具有金钱给付内容的债权。

第三条 本办法所称应收账款质押是指《中华人民共和国物权法》第二百二十三条规定的应收账款出质，具体是指为担保债务的履行，债务人或者第三人将其合法拥有的应收账款出质给债权人，债务人不履行到期债务或者发生当事人约定的实现质权的情形，质权人有权就该应收账款及其收益优先受偿。

第四条 中国人民银行征信中心（以下简称征信中心）是应收账款质押的登记机构。征信中心建立基于互联网的登记公示系统（以下简称登记公示系统），办理应收账款质押登记，并为社会公众提供查询服务。

第五条 中国人民银行对征信中心办理应收账款质押登记有关活动进行管理。

第六条 在同一应收账款上设立多个权利的，质权人按照登记的先后顺序行使质权。

第二章　登记与查询

第七条　应收账款质押登记通过登记公示系统办理。

第八条　应收账款质押登记由质权人办理。质权人办理质押登记前，应与出质人签订登记协议。登记协议应载明如下内容：

（一）质权人与出质人已签订质押合同；

（二）由质权人办理质押登记。

质权人也可以委托他人办理登记。委托他人办理登记的，适用本办法关于质权人办理登记的规定。

第九条　质权人办理应收账款质押登记时，应注册为登记公示系统的用户。

第十条　登记内容包括质权人和出质人的基本信息、应收账款的描述、登记期限。质权人应将本办法第八条规定的协议作为登记附件提交登记公示系统。

出质人或质权人为单位的，应填写单位的法定注册名称、住所、法定代表人或负责人姓名、组织机构代码或金融机构编码、工商注册号、法人和其他组织统一社会信用代码、全球法人机构识别编码等机构代码或编码。

出质人或质权人为个人的，应填写有效身份证件号码、有效身份证件载明的地址等信息。

质权人可以与出质人约定将主债权金额等项目作为登记内容。

第十一条　质权人应将填写完毕的登记内容提交登记公示系统。登记公示系统记录提交时间并分配登记编号，生成应收账款质押登记初始登记证明和修改码提供给质权人。

第十二条　质权人应根据主债权履行期限合理确定登记期限。登记期限最短6个月，超过6个月的，按年计算，最长不超过30年。

第十三条　在登记期限届满前90日内，质权人可以申请展期。

质权人可以多次展期，展期期限按年计算，每次不得超过30年。

第十四条　登记内容存在遗漏、错误等情形或登记内容发生变化的，质权人应当办理变更登记。

质权人在原质押登记中增加新的应收账款出质的，新增加的部分视为新的质押登记。

第十五条　质权人办理登记时所填写的出质人法定注册名称或有效身份证件号码变更的，质权人应在变更之日起4个月内办理变更登记。

第十六条　质权人办理展期、变更登记的，应当提交与出质人就展期、变更事项达成的登记协议。

第十七条　有下列情形之一的，质权人应自该情形产生之日起10日内办理注销登记：

（一）主债权消灭；

（二）质权实现；

（三）质权人放弃登记载明的应收账款之上的全部质权；

（四）其他导致所登记权利消灭的情形。

质权人迟延办理注销登记，给他人造成损害的，应当承担相应的法律责任。

第十八条 质权人凭修改码办理展期、变更登记、注销登记。

第十九条 出质人或其他利害关系人认为登记内容错误的，可以要求质权人变更登记或注销登记。质权人不同意变更或注销的，出质人或其他利害关系人可以办理异议登记。

办理异议登记的出质人或其他利害关系人可以自行注销异议登记。

第二十条 出质人或其他利害关系人应在异议登记办理完毕之日起7日内通知质权人。

第二十一条 出质人或其他利害关系人自异议登记之日起30日内，未将争议起诉或提请仲裁并在登记公示系统提交案件受理通知的，征信中心撤销异议登记。

第二十二条 征信中心应按照出质人或其他利害关系人、质权人的要求，根据生效的法院判决、裁定或仲裁机构裁决撤销应收账款质押登记或异议登记。

第二十三条 质权人办理变更登记和注销登记、出质人或其他利害关系人办理异议登记后，登记公示系统记录登记时间、分配登记编号，并生成变更登记、注销登记或异议登记证明。

第二十四条 质权人、出质人和其他利害关系人应当按照登记公示系统提示项目如实登记，提供虚假材料办理登记、给他人造成损害的，应当承担相应的法律责任。

第二十五条 任何单位和个人均可以在注册为登记公示系统的用户后，查询应收账款质押登记信息。

第二十六条 出质人为单位的，查询人以出质人的法定注册名称进行查询。

出质人为个人的，查询人以出质人的身份证件号码进行查询。

第二十七条 征信中心根据查询人的申请，提供查询证明。

第二十八条 质权人、出质人或其他利害关系人、查询人可以通过证明编号在登记公示系统对登记证明和查询证明进行验证。

第三章 征信中心的职责

第二十九条 征信中心应当采取技术措施和其他必要措施，维护登记公示系统安全、正常运行，防止登记信息泄露、丢失。

第三十条 征信中心应当制定登记操作规则和内部管理制度，并报中国人民银行备案。

第三十一条 登记注销或登记期限届满后，征信中心应当对登记记录进行电子化离线保存，保存期限为15年。

第四章 附 则

第三十二条 征信中心按照国务院价格主管部门批准的收费标准收取应收账款登记服

务费用。

第三十三条　权利人在登记公示系统办理以融资为目的的应收账款转让登记，参照本办法的规定。

第三十四条　本办法自2007年10月1日起施行。

行长　周小川

2017年10月25日

关于开展地方政府性债务投资项目资产清查登记工作的通知

财资〔2017〕25号

各省、自治区、直辖市、计划单列市财政厅（局）：

为了全面摸清地方政府性债务资项目资产“家底”，夯实管理基础，防范地方债风险，依据《中华人民共和国预算法》、《国务院关于加强地方政府性债务管理的意见》（国发〔2014〕43号）有关要求，财政部决定组织开展地方政府性债务投资项目资产清查登记工作。现就有关事项通知如下：

一、充分认识开展地方政府性债务投资项目资产清查登记工作的重要意义

长期以来，地方政府通过融资平台公司等举借政府债务，对推动经济社会发展发挥了积极作用。这些债务绝大部分投向公共基础设施建设和公共服务领域，形成了大量的国有资产。加强地方政府性债务投资项目资产管理，是贯彻落实党的十八大和十八届三中、四中、五中、六中全会关于完善国有资产管理体制要求的重要举措，是深化财税体制改革、完善国有资产管理体系的客观要求，也是加强地方政府性债务管理的重要基础。通过开展地方政府性债务投资项目资产清查登记，建立统计报告制度，全面掌握资产“家底”，对于夯实债务管理和资产管理基础，推进资产管理与预算管理、债务管理有效结合，盘活存量资产并合理有效配置新增资产，防范债务风险，均具有重要意义。

二、主要工作内容

（一）清查登记基准日。本次清查登记工作以2017年6月30日为清查基准日。

（二）清查登记范围。基准日前纳入地方政府性债务管理系统中的政府债务投资项目形成的各类资产，包括2014年末清理甄别认定的存量政府债务投资项目资产、2015年以来按程序转化为政府债务的清理甄别认定的存量政府或有债务投资项目资产，以及2015年以来新增政府债券和外债转贷形成的政府债务投资项目资产。

（三）责任主体。地方各级财政部门按照行政隶属关系，组织本级行政事业单位、企业和社会团体等各类项目单位，对地为政府性债务投资项目形成的各类资产进行清查登记，并负责对下级财政部门报送数据进行审核汇总。

（四）实施步骤。本次清查登记以地方政府性债务管理系统中每笔债务的项目单位为主体进行填报。项目单位负责填报“地方政府性债务投资项目资产情况录入表”（见附件

1），同级财政部门审核汇总后填报“地方政府性债务投资项目资产情况汇总表”（见附件2），上报上级财政部门。省级财政部门逐级汇总审核清查登记数据，转驻地专员办审核。专员办应当于15个工作日内完成审核并将审核意见反馈省级财政部门。省级财政部门报省级政府批准后，于10月31日前向财政部报送清查登记结果。

（五）信息系统支撑。按照《财政部关于推广应用新版地方政府性债务管理系统的通知》（财信办〔2017〕6号）要求，财政部正在推广应用新版地方政府性债务管理系统。为做好债务投资项目资产清查登记工作，财政部将在新版地方政府性债务管理系统中增加资产清查登记子模块，各地方应利用新版地方政府性债务管理系统，完成地方政府性债务投资项目资产的录入、审核、汇总与报送工作，各级财政信息技术部门应当做好技术支撑保障。

三、工作要求

（一）各级财政部门、各项目单位应当高度重视地方政府性债务投资资产清查登记与统计报告工作，建立工作机制，制定工作方案，明确专人负责，并做好动员、培训、录入、审核、汇总、报送等工作。各级财政部门资产管理处室会同债务（预算）管理处室和信息技术部门，共同做好此次清查登记工作，确保清查登记工作按时完成。

（二）财政部将对地方政府性债务投资项目资产清查登记工作情况进行总结和考评，对相关数据进行审核分析，为下一步坚持问题导向、提出整改措施奠定基础。

（三）各级财政部门应当在此次清查登记工作的基础上，建立和完善地方政府性债务投资项目资产数据库，将2017年6月30日以后新形成的资产信息及时录入数据库，实现动态管理，为建立地方政府性债务投资项目资产统计制度夯实基础。地方政府性债务投资项目资产统计制度将由财政部另行制定。

（四）各地方在此次清查登记工作中遇到问题和情况，请及时与财政部资产管理司、预算司和信息网络中心联系。

联系电话：010－68552819（资产管理司）
010－68552589（预算司）
010－68553163（信息网络中心）

附件：1. 地方政府性债务投资项目资产情况录入表
2. 地方政府性债务投资项目资产情况汇总表
3. 填报说明

财政部
2017年7月7日

附件 1

地方政府性债务投资项目资产情况录入表

项目名称：
项目编码：
项目单位：　　　　项目单位性质：
管理（使用）单位：　　　　管理（使用）单位性质：
项目性质：

单位：万元

项目名称	项目信息						资产类型	计量单位	数量	转固/入账时间	价值		运营收益情况		处置情况		抵押、质押及担保金额	备注
	投资额					竣工时间					原值	净值	资产累计收益	上年度收益	处置类型	处置收入		
	合计	其中：一般债务	专项债务	其他财政性资金	其他资金													
项目1																		
项目2																		
……																		

附件 2

地方政府性债务投资项目资产情况汇总表

汇总单位名称：
汇总级次：

单位：万元

项目数量	项目投资					资产情况					收益情况		备注
	总投资	其中：一般债务	专项债务	其他财政性资金	其他资金	类型	单位	数量	价值		资产累计收益	上年度收益	
									原值	净值			
合计						—	—	—					
						交通基础设施类资产	—	—					
						铁路	公里						
						高速公路	公里						
						一级公路	公里						
						二级公路及其他公路	公里						
						机场	平方米						
						其他	—						
……	……	……	……	……	……	市政基础设施类资产	—						
						轨道交通	公里						
						市政道路	公里						
						桥梁	座，米						
						公用事业资产	—						
						其中：供水	座，米						
						供气	座，米						
						供热	座，米						

续表

项目数量	项目投资					资产情况					收益情况		备注
	总投资	其中：一般债务	专项债务	其他财政性资金	其他资金	类型	单位	数量	价值		资产累计收益	上年度收益	
									原值	净值			
……	……	……	……	……	……	供电	座，米						
						城市公交	座，米						
						污水处理	座，米						
						垃圾处理	座，米						
						地下管廊	米						
						其他	—						
						土地储备	公顷						
						保障性住房	平方米						
						廉租房	平方米						
						公共租赁住房	平方米						
						经济适用房	平方米						
						其他	平方米						
						生态建设与环境保护	—						
						污染防治	—						
						自然生态保护	—						
						能源综合利用	—						
						其他	—						
						政权建设	平方米						
						党政机关办公场所	平方米						
						其他	平方米						
						教育、科学、文化	平方米						
						义务教育阶段学校	平方米						

续表

项目数量	项目投资					资产情况					收益情况		备注
	总投资	其中：一般债务	专项债务	其他财政性资金	其他资金	类型	单位	数量	价值		资产累计收益	上年度收益	
									原值	净值			
……	……	……	……	……	……	非义务教育阶段学校	平方米						
						科技馆及设施	平方米						
						文化场馆及设施	平方米						
						博物馆及设施	平方米						
						体育场馆及设施	平方米						
						其他	平方米						
						医疗卫生与社会保障	平方米						
						公立医院	平方米						
						城市社区卫生机构	平方米						
						公共卫生机构	平方米						
						乡镇卫生院	平方米						
						就业服务机构	平方米						
						社会福利机构	平方米						
						其他	平方米						
						农林水利建设	—						
						农业及农村建设	—						
						林业建设	—						
						水利建设	—						
						其他	—						
						储备物资	—						
						储备物资	—						
						储备库及储备设施	—						
						其他	—						

附件3

填报说明

一、《地方政府性债务投资项目资产情况录入表》

（一）本表由各级各类负责政府性债务投资项目建设的项目单位填报。

（二）“项目名称”、“项目编码”、“项目单位”、“管理（使用）单位”、“项目性质”信息需与“地方政府性债务管理系统”保持一致。

（三）“项目单位性质”、“管理（使用）单位性质”根据实际情况，分别选填行政单位、事业单位（参公管理事业单位、财政补助事业单位、经费自理事业单位）、企业、社会团体、其他。

（四）“投资额”栏，需根据实际情况将该项目的总投资额分为“一般债务”、“专项债务”、“其他财政性资金”和“其他资金”分别填列。

（五）“竣工时间”根据项目的实际情况填报。项目尚未竣工的，可不填报。

（六）“资产类型”填写项目实际形成的资产类型，分别选填：铁路、高速公路、一级公路、二级公路及其他公路、机场、其他；轨道交通、市政道路、桥梁、供水、供气、供热、供电、城市公交、污水处理、垃圾处理、地下管廊、其他；土地储备；廉租房、公共租赁住房、经济适用房、其他；污染防治、自然生态保护、能源综合利用、其他；义务教育阶段学校、非义务教育阶段学校、科技馆及设施、文化场馆及设施、博物馆及设施、体育场馆及设施、其他；公立医院、城市社区卫生机构、公共卫生机构、乡镇卫生院、就业服务机构、社会福利机构、其他；农业及农村建设、林业建设、水利建设、其他；储备物资、储备库及储备设施；其他资产。

（七）“计量单位”和“数量”栏，填写与“资产类型”内容相对应的单位与数量。

（八）“转固/入账时间”栏填写每项资产的转固时间或入账时间。尚未转固或入账的资产，可不填写此栏。

（九）“价值”栏相关数据，按照或参照《政府会计准则第3号——固定资产》、《政府会计准则第5号——公共基础设施》填列。计提折旧的资产，需根据实际情况分别填列“原值”与“净值”数据；不计提折旧的资产，“原值”与“净值”相同。

（十）“资产累计收益”栏，填报截至2017年6月30日改资产的经营（运营）总收益；“上年度收益”栏，填报该资产2016年全年的经营（运营）收益。不产生或尚未产生资产运营收益的，此两栏内容填“0”。

（十一）债务投资项目资产如发生处置行为，需在“处置类型”栏根据具体情况分别选填：出售、出让转让、拆除、捐赠、报废、报损、其他（如选其他，需在备注栏中详细列明原因），并在“处置收入”栏相应填写处置收入金额。如果没有发生资产处置行为，“处置类型”和“处置收入”栏可不填报。

（十二）“抵押、质押及担保金额”栏根据每项资产的实际情况填写。如果没有发生此类事项，则填“0”。

二、《地方政府性债务投资项目资产情况汇总表》

（一）本表由各级财政部门汇总填报。

（二）“汇总级次”栏，根据行政级次分别填写省级、地市级、县区级、乡镇级。

（三）本表各栏内容，均由《地方政府性债务投资项目资产情况录入表》相关数据汇总生成。

关于创新农村基础设施投融资体制机制的指导意见（摘录）

国办发〔2017〕17 号

（六）创新政府投资支持方式。发挥政府投资的引导和撬动作用，采取直接投资、投资补助、资本金注入、财政贴息、以奖代补、先建后补、无偿提供建筑材料等多种方式支持农村基础设施建设。鼓励地方政府和社会资本设立农村基础设施建设投资基金。建立规范的地方政府举债融资机制，推动地方融资平台转型改制和市场化融资，重点向农村基础设施建设倾斜。允许地方政府发行一般债券支持农村道路建设，发行专项债券支持农村供水、污水垃圾处理设施建设，探索发行县级农村基础设施建设项目集合债。支持符合条件的企业发行企业债券，用于农村供电、电信设施建设。鼓励地方政府通过财政拨款、特许或委托经营等渠道筹措资金，设立不向社会征收的政府性农村基础设施维修养护基金。鼓励有条件的地区将农村基础设施与产业、园区、乡村旅游等进行捆绑，实行一体化开发和建设，实现相互促进、互利共赢。（国家发展改革委、财政部、人民银行、银监会、证监会等负责）

（七）建立政府和社会资本合作机制。支持各地通过政府和社会资本合作模式，引导社会资本投向农村基础设施领域。鼓励按照“公益性项目、市场化运作”理念，大力推进政府购买服务，创新农村基础设施建设和运营模式。支持地方政府将农村基础设施项目整体打包，提高收益能力，并建立运营补偿机制，保障社会资本获得合理投资回报。对农村基础设施项目在用电、用地等方面优先保障。（国家发展改革委、财政部、工业和信息化部、国土资源部、住房城乡建设部、水利部、农业部、国家林业局、国家能源局等负责）

（九）加大金融支持力度。政策性银行和开发性金融机构要结合各自职能定位和业务范围，强化对农村基础设施建设的支持。鼓励商业银行加大农村基础设施信贷投放力度，改善农村金融服务。发挥农业银行面向三农、商业运作的优势，加大对农村基础设施的支持力度。支持银行业金融机构开展收费权、特许经营权等担保创新类贷款业务。完善涉农贷款财政奖励补助政策，支持收益较好、能够市场化运作的农村基础设施重点项目开展股权和债权融资。建立并规范发展融资担保、保险等多种形式的增信机制，提高各类投资建设主体的融资能力。加快推进农村信用体系建设。鼓励利用国际金融组织和外国政府贷款建设农村基础设施。（人民银行、银监会、证监会、保监会、国家发展改革委、财政部、农业发展银行、开发银行、农业银行等负责）

国务院办公厅

2017 年 2 月 6 日

关于规范土地储备和资金管理等相关问题的通知

财综〔2016〕4号

各省、自治区、直辖市、计划单列市财政厅（局）、国土资源主管部门，新疆生产建设兵团财务局、国土资源局，中国人民银行上海总部，各分行、营业管理部，省会（首府）城市中心支行、副省级城市中心支行，各省、自治区、直辖市银监局：

根据《预算法》以及《中共中央　国务院关于分类推进事业单位改革的指导意见》、《国务院关于加强地方政府性债务管理的意见》（国发〔2014〕43号）等有关规定，为规范土地储备和资金管理行为，促进土地储备健康发展，现就有关问题通知如下：

一、清理压缩现有土地储备机构

各地区应当结合事业单位分类改革，对现有土地储备机构进行全面清理。为提高土地储备工作效率，精简机构和人员，每个县级以上（含县级）法定行政区划原则上只能设置一个土地储备机构，统一隶属于所在行政区划国土资源主管部门管理。对于重复设置的土地储备机构，应当在压缩归并的基础上，按规定重新纳入土地储备名录管理。鉴于土地储备机构承担的依法取得土地、进行前期开发、储存以备供应土地等工作主要是为政府部门行使职能提供支持保障，不能或不宜由市场配置资源，因此，按照事业单位分类改革的原则，各地区应当将土地储备机构统一划为公益一类事业单位。各地区应当将现有土地储备机构中从事政府融资、土建、基础设施建设、土地二级开发业务部分，从现有土地储备机构中剥离出去或转为企业，上述业务对应的人员、资产和债务等也相应剥离或划转。上述工作由地方各级国土资源主管部门商同级财政部门、人民银行分支机构、银监部门等机构提出具体意见，经同级人民政府批准后实施，并于2016年12月31日前完成。

二、进一步规范土地储备行为

按照《国土资源部　财政部　人民银行关于印发〈土地储备管理办法〉的通知》（国土资发〔2007〕277号）和《国土资源部　财政部　人民银行　银监会关于加强土地储备与融资管理的通知》（国土资发〔2012〕162号）的规定，各地区应当进一步规范土地储备行为。土地储备工作只能由纳入名录管理的土地储备机构承担，各类城投公司等其他机构一律不得再从事新增土地储备工作。土地储备机构不得在土地储备职能之外，承担与土地储备职能无关的事务，包括城市基础设施建设、城镇保障性安居工程建设等事务，已经承担的上述事务应当按照本通知第一条规定限期剥离和划转。

三、合理确定土地储备总体规模

各地土地储备总体规模，应当根据当地经济发展水平、当地财力状况、年度土地供应量、年度地方政府债务限额、地方政府还款能力等因素确定。现有土地储备规模偏大的，要加快已储备土地的前期开发和供应进度，相应减少或停止新增以后年度土地储备规模，避免由于土地储备规模偏大而形成土地资源利用不充分和地方政府债务压力。

四、妥善处置存量土地储备债务

对清理甄别后认定为地方政府债务的截至 2014 年 12 月 31 日的存量土地储备贷款，应纳入政府性基金预算管理，偿债资金通过政府性基金预算统筹安排，并逐步发行地方政府债券予以置换。

五、调整土地储备筹资方式

土地储备机构新增土地储备项目所需资金，应当严格按照规定纳入政府性基金预算，从国有土地收益基金、土地出让收入和其他财政资金中统筹安排，不足部分在国家核定的债务限额内通过省级政府代发地方政府债券筹集资金解决。自 2016 年 1 月 1 日起，各地不得再向银行业金融机构举借土地储备贷款。地方政府应在核定的债务限额内，根据本地区土地储备相关政府性基金收入、地方政府性债务风险等因素，合理安排年度用于土地储备的债券发行规模和期限。

六、规范土地储备资金使用管理

根据《预算法》等法律法规规定，从 2016 年 1 月 1 日起，土地储备资金从以下渠道筹集：一是财政部门从已供应储备土地产生的土地出让收入中安排给土地储备机构的征地和拆迁补偿费用、土地开发费用等储备土地过程中发生的相关费用。二是财政部门从国有土地收益基金中安排用于土地储备的资金。三是发行地方政府债券筹集的土地储备资金。四是经财政部门批准可用于土地储备的其他资金。五是上述资金产生的利息收入。土地储备资金主要用于征收、收购、优先购买、收回土地以及储备土地供应前的前期开发等土地储备开支，不得用于土地储备机构日常经费开支。土地储备机构所需的日常经费，应当与土地储备资金实行分账核算，不得相互混用。

土地储备资金的使用范围包括：

（一）征收、收购、优先购买或收回土地需要支付的土地价款或征地和拆迁补偿费用。包括土地补偿费和安置补助费、地上附着物和青苗补偿费、拆迁补偿费，以及依法需要支付的与征收、收购、优先购买或收回土地有关的其他费用。

（二）征收、收购、优先购买或收回土地后进行必要的前期土地开发费用。储备土地的前期开发，仅限于与储备宗地相关的道路、供水、供电、供气、排水、通讯、照明、绿化、土地平整等基础设施建设。各地不得借土地储备前期开发，搭车进行与储备宗地无关的上述相关基础设施建设。

（三）按照本通知规定需要偿还的土地储备存量贷款本金和利息支出。

（四）经同级财政部门批准的与土地储备有关的其他支出。包括土地储备工作中发生的地籍调查、土地登记、地价评估以及管护中围栏、围墙等建设等支出。

七、推动土地收储政府采购工作

地方国土资源主管部门应当积极探索政府购买土地征收、收购、收回涉及的拆迁安置补偿服务。土地储备机构应当积极探索通过政府采购实施储备土地的前期开发，包括与储备宗地相关的道路、供水、供电、供气、排水、通讯、照明、绿化、土地平整等基础设施建设。地方财政部门、国土资源主管部门应当会同辖区内土地储备机构制定项目管理办法，并向社会公布项目实施内容、承接主体或供应商条件、绩效评价标准、最终结果、取得成效等相关信息，严禁层层转包。项目承接主体或供应商应当严格履行合同义务，按合同约定数额获取报酬，不得与土地使用权出让收入挂钩，也不得以项目所涉及的土地名义融资或者变相融资。对于违反规定的行为，将按照《预算法》、《政府采购法》、《政府采购法实施条例》、《政府购买服务管理办法（暂行）》等规定进行处理。

八、加强土地储备项目收支预决算管理

土地储备机构应当于每年第三季度根据当地经济发展水平、上年度地方财力状况、近三年土地供应量、上年度地方政府债务限额、地方政府还款能力等因素，按照宗地编制下一年度土地储备资金收支项目预算，经主管部门审核后，报同级财政部门审定。其中：属于政府采购范围的应当按照规定编制政府采购预算，属于政府购买服务项目的应当同时编制政府购买服务预算，并严格按照有关规定执行。地方财政部门应当认真审核土地储备资金收支预算，统筹安排政府性基金预算、地方政府债券收入和存量贷款资金。土地储备支出首先从国有土地收益基金、土地出让收入、存量贷款资金中安排，不足部分再通过省级政府发行的地方政府债券筹集资金解决。财政部门应当及时批复土地储备机构土地储备项目收支预算。

土地储备机构应当严格按照同级财政部门批复的预算执行，并根据土地收购储备的工作进度，提出用款申请，经主管部门审核后，报同级财政部门审批。其中：属于财政性资金的土地储备支出，按照财政国库管理制度的有关规定执行。土地储备机构需要调整土地储备资金收支项目预算的，应当按照规定编制预算调整方案，经主管部门审核后，按照规定程序报同级财政部门批准后执行。

每年年度终了，土地储备机构要按照同级财政部门规定，向同级财政部门报送土地储备资金收支项目决算，并详细提供宗地支出情况。土地储备资金收支项目决算由同级财政部门负责审核或者由具有良好信誉、执业质量高的会计师事务所等相关中介机构进行审核。

土地储备机构应当按照国家关于资产管理的有关规定，做好土地储备资产的登记、核算、评估等各项工作。

九、落实好相关部门责任

规范土地储备和资金管理行为，是进一步完善土地储备制度，促进土地储备健康发展

的重要举措。各级财政、国土资源部门和人民银行分支机构、银监部门等要高度重视，密切合作，周密部署，强化督导，确保上述各项工作顺利实施。

财政部、国土资源部、人民银行、银监会将按照职责分工，会同有关部门抓紧修订《土地储备管理办法》、《土地储备资金财务管理暂行办法》、《土地储备资金会计核算办法（试行）》、《土地储备统计报表》等相关制度。

省级财政、国土资源主管部门和人民银行分支机构、银监部门应当加强对市县土地储备和资金管理工作的指导，督促市县相关部门认真贯彻落实本通知规定，并于2017年3月31日前，将本地区贯彻落实情况以书面形式报告财政部、国土资源部、人民银行和银监会。

此前土地储备和资金管理的相关规定与本通知规定不一致的，以本通知规定为准。

财政部　国土资源部　中国人民银行　银监会

2016年2月2日